Rudolf Geiger
Der deutsche Amerikaner
Carl Schurz

RUDOLF GEIGER. Prof. Dr. jur., Jahrgang 1937, habilitiert 1978 an der Ludwig-Maximilians-Universität München. Richter am Oberlandesgericht München. 1993 Ruf an die Universität Leipzig, dort bis zur Emeritierung 2003 geschäftsführender Direktor des Instituts für Völkerrecht, Europarecht und ausländisches öffentliches Recht. Mitglied u.a. der Deutschen Gesellschaft für Internationales Recht und der American Society of International Law. Zahlreiche Gastaufenthalte zu Lehrtätigkeiten und Vorträgen an ausländischen Universitäten, insbesondere in den USA. Die Biographie von Carl Schurz, die er nach seinem Eintritt in den Ruhestand verfasste, versteht er als positive Erinnerung nicht nur an den großen Deutschamerikaner, sondern ebenso an einen wichtigen Ausschnitt der gegenseitigen Beeinflussung in den deutsch-amerikanischen Beziehungen.

Für Marianne

Der deutsche Amerikaner

Carl Schurz

Vom deutschen Revolutionär zum amerikanischen Staatsmann

von

Rudolf Geiger

ISBN-13: 978-1537367408
ISBN-10: 1537367404

INHALTSVERZEICHNIS

Vierter Teil
Journalist. Schriftsteller. Unabhängiger Staatsmann

Fünfter Teil
Der Antiimperialist

Einführung

Am 21. Juli 1849 schrieb der zwanzigjährige Bonner Student Carl Schurz in der Festung Rastatt einen Abschiedsbrief an seine Eltern. Schurz war Adjutant des Festungskommandeurs der revolutionären badisch-pfälzischen Armee, die sich in Rastatt verschanzt hatte. Bis zuletzt hatte diese Armee für die demokratischen Ideale der inzwischen aufgelösten Frankfurter Nationalversammlung gekämpft, für die erste demokratische Verfassung Deutschlands, der einzigen, die von einer Volksbewegung mit Waffen verteidigt wurde (Gustav Heinemann). Der Kampf war nun aussichtslos geworden. Nach einer dreiwöchigen Belagerung war der Kommandeur „auf Gedeih und Verderb“ zur Kapitulation vor den preußischen Truppen gezwungen. Deren Oberbefehlshaber war der Prinz von Preußen, von dem man allgemein glaubte, dass er im Jahr zuvor, am 18. März 1848, in Berlin den Befehl gegeben hatte, auf das Volk zu schießen. Das hatte ihm den Titel „Kartätschenprinz“ eingetragen. Von ihm erwartete Schurz keine Gnade. Als Angehöriger der Rheinprovinz galt Schurz als Preuße; er hatte die Waffe gegen seinen König erhoben und rechnete deshalb damit, standrechtlich erschossen zu werden.

In einem Saal des Rastatter Schlosses tagte wenig später ein erstes Standgericht. Neunzehn Revolutionäre wurden dort zum Tode verurteilt. Viele weitere erlitten an anderen Orten das gleiche Schicksal. Die neunzehn Verurteilten wurden alle hingerichtet. Ein Gedenkstein auf dem Alten Friedhof in Rastatt erinnert heute noch an sie. Auf diesem Gedenkstein ist eine gesonderte Plakette dem Studenten Carl Schurz gewidmet, der dem Standgericht entkommen war. Die Inschrift lautet: „Zur Erinnerung an Carl Schurz, dem edlen Kämpfer für Freiheit und Recht“. Schurz war kurz vor der Übergabe am 23. Juli 1849, als in der Festung die Signale zum Antreten ertönten, eine abenteuerliche Flucht in die Schweiz gelungen. In ganz Europa wurde sein Name bekannt, als er sich im nächsten Jahr unter falschem Namen nach Berlin schlich, seinen Lehrer und Freund Gottfried Kinkel aus dem Zuchthaus Spandau befreite und mit ihm in England Zuflucht fand..

Dort blieb Schurz nicht lange. Er hatte nicht die Geduld, mit den anderen flüchtigen Revolutionären in London zu warten, bis irgendwann ein neuer Umsturz ihre Rückkehr nach Deutschland ermöglichen würde. Da bot es sich an, in das Land auszuwandern, das ihm wie damals Hunderttausenden eine hoffnungsvolle Zukunft in Freiheit versprach: nach Amerika.

Im September 1852 betrat er – 23 Jahre alt - amerikanischen Boden, gemeinsam mit seiner 19-jährigen Frau Margarethe, die fünf Jahre später den ersten Kindergarten Amerikas gründete. Im Selbstunterricht lernte er die englische Sprache. Dann beteiligte er sich aktiv am amerikanischen politischen Leben. Bald galt er in der neuen Heimat als Sprecher der Deutschamerikaner. Diese waren für amerikanische Politiker besonders wichtig, weil sie wegen ihrer großen Zahl bei knappen Wahlergebnissen den Ausschlag geben konnten.

Als Helfer und Freund Abraham Lincolns kämpfte Schurz für die Ziele, die seinen aus revolutionärer Zeit in Deutschland entstammenden Idealen entsprachen: für die Befreiung der Sklaven, für einen der Allgemeinheit verpflichteten öffentlichen Dienst, für den Schutz des kleinen Mannes in der Wirtschaftspolitik, gegen die Korruption und später gegen einen um die Jahrhundertwende auch in Amerika um sich greifenden außenpolitischen Imperialismus.

In einem beispiellosen Aufstieg diente er seiner neuen Heimat schon mit 32 Jahren als Botschafter in Madrid. Dann war er Brigadegeneral im Bürgerkrieg, später Senator in Washington und amerikanischer Innenminister, schließlich der weithin beachtete „elder Statesman“, Chefredakteur der New Yorker *Evening Post* und vielgelesener Kommentator in *Harper's Weekly*. Es gab in fünf Jahrzehnten kaum einen amerikanischen Präsidenten, dem er nicht Ratschläge für Wahlkampf und Antrittsrede erteilt hätte, Ratschläge, die zumeist willkommen waren, in jedem Falle aber sehr ernst genommen wurden..

Schurz war ein großer Redner. Einige der Schlußsätze seiner Reden werden heute noch zitiert, so sein Satz zu den doppelten Loyalitäten der Einwanderer, mit dem er die oft fremdenfeindlich gesonnenen geborenen Amerikaner beschwichtigen wollte: *„Wer sein altes Vaterland nicht ehrt, ist auch des neuen nicht wert. Wer seine Mutter nicht verehrt, der wird auch seine Braut nicht lieben.*" Oder seine Abwandlung der Parole: „Right or wrong, my country!", die auch in Amerika zur Rechtfertigung einer imperialistischen Politik herangezogen wurde, einer Politik, die er in seinen letzten Lebensjahren so entschieden bekämpfte. Schurz ergänzte diese Parole: *„My country, right or wrong; if right, to be kept right, if wrong, to be set right!"*

In amerikanischen Geschichtsbüchern erscheint Carl Schurz als einflussreicher Reformer und Mahner; in Deutschland ist die Erinnerung an ihn verblasst. Zu Unrecht: aus der Geschichte der deutsch-amerikanischen Beziehungen ist er nicht wegzudenken. Mit den Idealen der deutschen Freiheitsbewegung von 1848 leistete er einen wichtigen Beitrag zur amerikanischen Politik in der zweiten Hälfte des 19. Jahrhunderts. Ex-Präsident Cleveland rühmte in seinem Nachruf auf Schurz in dessen Todesjahr 1906 die Unerschrockenheit, mit der Schurz für Reformen in öffentlichen Angelegenheiten eingetreten sei, ohne auf die Zahl seiner Gegner zu achten, selbst wenn diese der eigenen Partei angehörten. Sein Freund Mark Twain nannte ihn einen Lotsen, dem er unbedingt vertraut habe; dieses Vertrauen sei nie enttäuscht worden. Und im Spiegel seines Lebens als Amerikaner lassen sich die Wurzeln erkennen, die in Deutschland eine durchaus eigenständige politische Tradition von Demokratie und Rechtsstaat begründeten, trotz aller Umbrüche und Zusammenbrüche, die sie immer wieder verdeckten.

Erster Teil

Der deutsche Revolutionär

1. Kapitel
Elternhaus und frühe Jugend

Das Elternhaus

Carl Schurz wurde am 2. März 1829 als erstes Kind des Lehrers Christian Schurz und seiner Frau Marianne, geborene Jüssen, in der Vorburg des Schlosses Gracht bei Liblar in der Nähe von Köln geboren.

Sein Vater – damals 32 Jahre alt – war der Schulmeister der Dorfschule in Liblar.[1] Er stammte aus Duisburg bei Bonn. Früh hatte er seine Eltern verloren. Als Napoleon im Jahre 1815 plötzlich aus seinem Exil auf Elba zurückkehrte, ließ Preußen auch in seiner neuen Provinz Rheinland Truppen ausheben. Vater Christian, zu dieser Zeit achtzehn Jahre alt, wurde zu einem preußischen Infanterieregiment eingezogen, dann zur Artillerie versetzt und kurze Zeit später – nach Napoleons Niederlage bei Waterloo - im Range eines Bombardiers aus dem aktiven Dienst entlassen. Er besuchte nun das Lehrerseminar in der kleinen Stadt Brühl und fand Anfang der zwanziger Jahre eine Anstellung in dem nahen Liblar, einem an der alten Römerstraße Köln-Trier gelegenen Reihendorf , das zumeist aus zwar bescheidenen, aber recht malerischen kleinen Fachwerkhäusern bestand.

In dem von ihm gegründeten örtlichen Gesangverein lernte er Marianne Jüssen kennen, die er im Jahre 1828[2] heiratete. Sie war die Tochter des Burghalfen des in unmittelbarer Nähe gelegenen Wasserschlosses Gracht des Grafen Wolff-Metternich. Die Bezeichnung Halfen galt ursprünglich den Pächtern größerer landwirtschaftlicher Güter, die als Pachtvergütung die Hälfte (daher Halfen) der Ernte ihres Pachtlandes an den Gutsherrn abzuliefern hatten.[3] Im 19. Jahrhundert war an die Stelle dieser Vergütung ein

Pachtzins in Geld getreten, die Bezeichnung Burghalfen war jedoch geblieben. Die Wohnung des Burghalfen Jüssen befand sich in der großen Vorburg des Schlosses. Einige Zeit lebte auch das junge Paar in dieser Wohnung, in der Carl zur Welt kam. Auch Carls um fünfzehn Monate jüngerer Bruder Heribert war noch in der Vorburg geboren. Im Herbst 1830 zog die Familie in ein kleines Haus im Dorf. Dort vergrößerte sie sich noch um Carls vier und sechs Jahre jüngere Schwestern Anna und Antonie.

In seinen Lebenserinnerungen berichtet Carl Schurz, wie sehr ihn sein Großvater Jüssen, der Burghalfen, beeindruckt habe. Er wurde sein erstes Vorbild. Ein tüchtiger Ackerbauer sei er gewesen, verständig, energisch und unermüdlich, aber ebenso ein Mann, der das Vergnügen liebte, insbesondere die lustigen Gelage mit Wein und Kartenspiel, damals wohl die beliebteste Unterhaltung bei den wohlhabenderen Bauern des Rheinlandes, wenn Feste gefeiert wurden. Er genoss große Autorität, und vom Dorf und aus der Umgebung kamen die Leute zum Burghalfen, um sich bei ihm Rat zu holen oder ihm ihre Streitigkeiten vorzulegen. Gegen seinen Spruch gab es keine Proteste. Die Großmutter dagegen war eine kleine schmächtige Frau, von zarter Gesundheit, fromm, sanft, häuslich, immer tätig und besorgt. Sie hatte darauf zu sehen, dass die nahezu zwei Dutzend Knechte und Mägde ihre Mahlzeiten hatten und an die Arbeit kamen.

Mit der gräflichen Familie, die den Sommer über im Herrenhaus lebte, bestand gutes Einvernehmen. Freilich musste der Standesunterschied zwischen dem Grafen und dem Pächter immer im Auge behalten werden. Der Burghalfen war ein ziemlich wohlhabender Mann. Er hätte sich aber nicht erlauben dürfen, statt mit seiner zweirädrigen Chaise einen vierrädrigen Wagen zu benützen. Ebenso durften die weiblichen Mitglieder seiner Familie zwar hübsche Mützen und Hauben tragen, auch mit kostbaren Spitzen geziert, nicht aber städtische Damenhüte.

Für seine Mutter fand Carl in seinen Erinnerungen schwärmerische Worte: er kenne keine Tugend, die sie nicht besaß. Sie hatte lediglich die Dorfschule besucht, doch sei sie eine Frau von ausgezeichneten natürlichen Eigenschaften gewesen; der Sohn hebt ihre Auffassungsgabe hervor, ihr lebhaftes Interesse für alles, was Interesse verdiente, ihre Rechtschaffenheit, ihre wohlwollende Milde im Urteil über andere, ihre Uneigennützigkeit, ihre Mitgefühl mit fremdem Leid, ihre Heiterkeit. Ihre Handschrift sei zwar ungeschickt gewesen, ihre Orthographie keineswegs tadellos, doch bewegten den Sohn ihre Briefe, die sie ihm in verschiedenen Lebenslagen schrieb. Die unbewußte Größe ihrer Seele habe hier ihre ureigene Sprache gefunden. So habe sich ihr Wesen in seiner Erziehung als beständig erhebend und fördernd ausgewirkt.

Demgegenüber der Vater, mehr ein Schöngeist als ein Mann der Praxis. Er vor allem war auf die geistige Fortentwicklung des Sohnes bedacht. In der bescheiden möblierten Wohnstube der Eltern hingen die Bilder von Schiller, Goethe, Wieland, Körner, Tasso und Shakespeare. Die Dichter und neben ihnen Geschichtsschreiber und Männer der Wissenschaft seien des Vaters Helden gewesen, von deren Schöpfungen und Verdiensten er dem Sohn mit Vorliebe erzählte. Auch habe der Vater Tiere und Blumen geliebt, im Garten am Hause neben Obst und Gemüse einige hübsch angelegte Beete mit seltenen Blumen gepflegt; in allen Räumen des Hauses hingen Käfige mit selbst gefangenen Singvögeln, für die er die Kinder zu interessieren suchte.

Für die Erziehung des Sohnes zu einem umfassend gebildeten Menschen scheute er weder Mühe noch Opfer. Mit einer gewissen Ungeduld suchte er Carls Interesse an Gegenständen zu wecken, die seinem Alter noch nicht entsprachen. Dem aufgeweckten Kind scheint dies nicht geschadet zu haben.

Als Carl noch nicht fünf Jahre alt war[4], nahm der Vater ihn bereits mit in die Dorfschule. Auch außerhalb des Schulunterrichts ermutigte er ihn zum Lesen. Mit Hilfe der Leihbibliothek, die von einem Buchbinder in Brühl geführt wurde, lernte Carl später Heldensagen und Rittergeschichten aus alter Zeit kennen, schließlich auch das „herrlichste aller Jugendbücher", den Robinson Crusoe, daneben den „Landwehrmann", eine volkstümliche Geschichte der Befreiungskriege, aus deren Lektüre er als kindlich-freudiger deutscher Patriot hervorgegangen sei. Auch was Carl im sehr verbreiteten wöchentlichen „Pfennigmagazin" las, machte sein Vater ihm durch seine Erklärungen verständlich. Endlich war es auch sein Vater, der ihn in die höhere Literatur einführte, und ihm, als er einmal von den Masern genesen war, aber noch das Zimmer hüten musste, eine Reihe Schiller'scher Gedichte und zuletzt sogar die „Räuber" vorlas.

In seinen Erinnerungen berichtet der Sohn von diesen Bemühungen des Vaters um seine Erziehung zuweilen mit etwas herablassender Ironie, so wenn er seines Vaters Interesse an großen Dichtern mit dem Satz kommentiert: „Wenn auch die Schule seines Geburtsdorfes und später das Lehrerseminar ihn nicht viel gelehrt hatten, so war doch sein Lerntrieb angespornt worden, und er hatte doch manches mit Eifer und mehr oder weniger Nutzen gelesen." Oder an anderer Stelle, es ging um Klopstocks „Messias" – daß er „sein literarisches Urteil sicher einigermaßen durch die Überlieferung bestimmen ließ, und er Klopstock pflichtschuldigst zu den großen deutschen Dichtern zählte, die man ‚gelesen haben müsse'". Doch hebt Schurz selbst das Bildungserlebnis hervor, das er sogar bei Klopstocks Lektüre erfahren habe. Mit Sicherheit sah er sich durch seinen Vater einem ständigen Erwartungsdruck ausgesetzt , wofür er aber Verständnis zeigte, wenn er urteilt: „Wie so manche, die einen Wissens- und Bildungsdrang in sich fühlen, dem nur geringe Befriedigung geworden ist, so hegte er den Wunsch, dass seinen Kindern durch eine gute Erziehung dasjenige werden solle, was ihm selbst das Schicksal versagt hatte."[5]

Wirtschaftliche Schwierigkeiten

Ein Dorfschulmeister war allerdings sehr schlecht bezahlt, zumal Vater Schurz nur als Praktikant angestellt war. Sein Gehalt war nicht höher als der Lohn eines Handwerksburschen. Vater Schurz hatte überdies seinem im Ruhestand befindlichen Vorgänger, der keine Pension erhielt, einen Teil seiner Bezüge abzuliefern. Mit dem verbleibenden Lohn allein konnte er keine Familie ernähren. Um Nebeneinkünfte zu erzielen, hatte er das kleine Haus im Dorf gekauft. Dort eröffnete er eine Eisenwarenhandlung, für die er einen Teil des Hauses, der früher als Kuhstall gedient hatte, in einen Ladenraum verwandelte. Es war nur ein kleines Geschäft, das er nur deshalb nebenher betreiben konnte, weil seine Frau im Laden stand.

Carl war erst ein Jahr zur Dorfschule gegangen, als sein Vater trotz verzweifelter Eingaben an die Schulbehörde seine Stellung als Lehrer verlor. Die Visitationsberichte der Schulaufsicht waren sehr ungünstig. Der Schulpfleger schlug vor, den Lehrer Schurz zu entlassen, „wenn er nicht von selbst geht“. Die Schule sei eine der schlechtesten im Kreis. Allerdings scheint man von Schurz schier Unmögliches verlangt zu haben. Es ging nicht nur darum, dass er der einzige Lehrer an dieser Schule war und damit 140 Kinder zu unterrichten hatte. Ein- oder zweiteilige Schulen waren auf dem Dorf nichts Ungewöhnliches. Vater Schurz wies aber darauf hin, dass viele der in ärmlichsten Verhältnissen lebenden Kinder in der Sommerzeit die Schule nicht besuchten, weil sie, soweit die Witterung es zuließ, in der Braunkohleverarbeitung beschäftigt waren und im Winter im Unterricht den Anschluß nicht mehr finden konnten. Die Schulbehörde ließ sich gleichwohl nicht umstimmen. Zum Schuljahrsbeginn Ostern 1834 musste er seinem Nachfolger weichen, der allerdings – ebenfalls vergeblich – mit den gleichen Schwierigkeiten zu kämpfen hatte. Christian Schurz war nun zunächst allein auf den Eisenhandel angewiesen. Um überleben zu können, errichtete er ein Nebengebäude mit einem Saal für Festlichkeiten im Erdgeschoß und einem Getreidespeicher darüber. Gemeinsam mit seiner Frau betätigte er sich jetzt als Gastwirt.

Schulausbildung

Seinen wirtschaftlichen Schwierigkeiten zum Trotz hielt Vater Schurz an seinem Vorsatz fest, seinen Kindern eine gute Schulausbildung zu ermöglichen. Dafür genügten ihm sehr bald nicht mehr die Gelegenheiten, die sich in Liblar boten. So beschloss er, zunächst Carl, dann auch seinen Bruder Heribert wöchentlich zweimal in Brühl beim dortigen Organisten Klavierunterricht nehmen und Carl zusätzlich beim Pfarrkaplan in Brühl in den Anfangsgründen des Lateinischen unterrichten zu lassen. Die Stadt Brühl lag einen Fußweg von eineinhalb Stunden von Liblar entfernt; zuweilen wurde die Wanderung dadurch abgekürzt, dass der Postillon der regelmäßig verkehrenden Postkutsche den Kindern erlaubte, neben ihm auf dem Bock zu sitzen.

Als Carl neun Jahre alt war, nahm ihn sein Vater aus der Dorfschule und ließ ihn die Elementarschule in Brühl besuchen, die mit dem Lehrerseminar in Verbindung stand und als eine Musterschule galt. Im Winter lebte Carl nun die Woche über dort bei einer Metzgerswitwe, im Sommer ging er täglich den Weg von Liblar und zurück.

Einige schwere Schicksalsschläge verdunkelten die im heimatlichen Dorf und in Brühl verlebten Jahre der Kindheit. Großvater Jüssen, der Burghalfen, hatte einen Schlaganfall erlitten; sein jüngster Sohn, Carls „Ohm Georg“, war an seine Stelle getreten. Diesem wurde zu Martini 1838 gekündigt. Auch die Großeltern mussten nun ihre Wohnung im Schloss Gracht aufgebe und ins Dorf ziehen. Sie überlebten den als Katastrophe empfundenen Auszug aus der „Burg“ nicht einmal ein Jahr.

Ein furchtbarer Schlag war besonders für Carl auch der plötzliche Tod seines Bruders Heribert, der binnen weniger Tage an einer

Lungenentzündung starb. Noch Monate nach dem Tod des Bruders habe er – Carl –, wenn er sich auf dem Schulweg im Wald allein befand, den Namen des Bruders gerufen und Gott gebeten, er möge ihm wenigstens den Geist des Verstorbenen erscheinen lassen.

Trotz dieser schlimmen Erlebnisse schätzte Schurz in seinen Erinnerungen seine Kindheit im Ganzen als eine sonnige, glückliche Zeit, an die er gerne zurückdachte: an das Leben auf dem Lande, an das Spielen mit den Dorfkindern, an die bescheidenen, für die Kinder aber großartigen Dorffeste wie Kirmeß und vor allem Pfingstmontag, an dem das jährliche Wettschießen auf eine Vogelattrappe stattfand, das die Sankt-Sebastians-Brüderschaft veranstaltete, eine Schützengesellschaft, der fast alle erwachsenen – männlichen und weiblichen – Einwohner des Dorfes angehörten.

Erste Gedanken zur Religion

Zwei Themen müssen noch angesprochen werden, die für sein späteres Leben wichtig oder jedenfalls interessant sein sollten. Das erste betrifft die Religion. Im Rheinland war man katholisch. In Liblar gab es keinen Protestanten und nur einen einzigen Nicht-Christen, nämlich den Metzger, der Jude war. Die Selbstverständlichkeit, mit der man zur Kirche ging, bedeutete aber nicht, dass Gedanken der Aufklärung nicht bis in das Dorf gedrungen wären. Carl Schurz meint im Rückblick, dass zwar die Frauen frommgläubig der Kirche anhingen, die Männer aber alle mehr oder minder von dem „freisinnigen Zeitgeist" berührt gewesen seien. Kirchenkritische Äußerungen im Verwandtenkreise erschienen Carl angesichts der praktizierten Gläubigkeit seiner Mutter als leichtfertig, doch machte auch er sich Gedanken, als er den Pastor wiederholt predigen hörte, die katholische sei die alleinseligmachende Religion; alle Andersgläubigen – Protestanten, Juden, Heiden – seien unrettbar dem ewigen Höllenfeuer verfallen. Ein Jude namens Aaron, der in einem Nachbardorf wohnte, kam zuweilen zu seinem

Vater, um sich mit diesem in freundschaftlicher Weise zu unterhalten. Der Vater bezeichnete ihn als einen guten und rechtschaffenen Mann, „ja sogar rechtlicher, tugendhafter und weiser als mancher Christ". Die Frage, ob auch ein so guter Mann wie Aaron zum ewigen Höllenfeuer verdammt sein werde, gab Carl viel zu denken. Er konnte es sich mit der Gerechtigkeit Gottes nicht zusammenreimen. Als sein Vater ihn dann mit Lessings Nathan bekannt machte und die Lehre der Toleranz erläuterte, gewährte ihm dies große Befriedigung, ohne daß ihm – wie er später schrieb – bewußt gewesen sei, wie bedenklich sie einen der Grundpfeiler des alleinseligmachenden Glaubens erschütterte, von dem er sich später vollends löste.

Erste Kunde von Amerika

Das andere Thema waren Nachrichten über Amerika. Sein Vater, die vier Brüder seiner Mutter und der Mann ihrer Schwester fanden sich häufig als Geistesverwandte in geselliger Unterhaltung, deren Gegenstand nicht nur die alltäglichen Geschäfte waren. Carl war dabei oft ein stummer, aber interessierter Zuhörer. Hier hörte er erstmals von Amerika sprechen. Eine Bauernfamilie aus Liblar hatte sich entschlossen, nach den Vereinigten Staaten auszuwandern. Das ganze Dorf nahm von der Familie Abschied, als sich eines Nachmittags ein mit Kisten und Hausgerät beladener Wagen vor deren Haus in Bewegung setzte und eine große Schar den Auswanderern das Geleit gab, bis der Wagen auf dem Weg nach Köln im Wald verschwand. Bald folgte eine weitere Familie aus einem benachbarten Dorf, die sich in Missouri niederlassen wollte.

In den Gesprächen der Familienrunde hörte Carl nun von einem unermeßlichen Land jenseits des Ozeans, von seinen ungeheueren Wäldern, seinen großartigen Seen und Strömen, von der jungen Republik, wo es nur freie Menschen gebe, keine Könige, keine Grafen, keinen Militärdienst und keine Steuern. Im Pfennigmagazin wurde ein Bildnis Washingtons gezeigt. Ihn nannte der Vater den edelsten aller Menschen in der Geschichte der Welt. Er sei das, was man einen Freiheitshelden nenne. Er habe als Feldherr im Kriege für die Befreiung seines Volkes große Heere kommandiert, und dann, statt sich zum König auszurufen, all seine Gewalt freiwillig niedergelegt und wieder als einfacher Landwirt den Pflug in die Hand genommen. Dann schwärmten die Männer des Familienkreises im Geiste der Blockhausromantik, die auf sie wie auf so viele Deutsche großen Zauber ausübte.

Hier kündigte sich schon die erste Auswanderungswelle des Jahrhunderts an, die wenig später - zwischen 1846 und 1857 - mehr als eine Million Deutscher nach Amerika bringen sollte. Es war vor allem die wirtschaftliche Not, der die Auswanderer zu entkommen trachteten. Das Heimgewerbe konnte der beginnenden Industrialisierung nicht standhalten, Mißernten hatten die Lebensmittelpreise in die Höhe getrieben. Viele Auswanderer folgten den Rufen von Verwandten, die sich in Amerika bereits eine neue Heimat geschaffen hatten. Wenige Jahre später fanden sich auch die Teilnehmer der Familienrunde in der „neuen Welt".

Gymnasium in Köln

Als er zehn Jahre alt war, trat Carl in das Gymnasium über[6]. Dazu war es notwendig, nach Köln überzusiedeln. In den ersten Jahren lebte er bei einem mit seinem Vater bekannten Schlossermeister, der ihn – gegen eine angemessene Vergütung – wie einen Sohn in seine Familie aufnahm. Später besorgte sein Vater ihm ein Zimmer, das ihm ein unabhängigeres Leben gestattete und in dem er vor allem Klavier spielen konnte.

Seine Zeit am Kölner „Jesuiten-Gymnasium" betrachtete er als besonders wichtig für seine weitere Entwicklung. Seit dem Verbot des Jesuitenordens im Jahre 1773 wurde die von Jesuiten gegründete Schule – sie hieß nunmehr amtlich das Marzellengymnasium - von der Stadt betrieben. Bekannte Persönlichkeiten hatten diese Schule besucht oder hatten dort gelehrt. Carl schrieb später, er habe das Glück gehabt, dort auf einige besonders fähige Lehrer zu treffen, die es ausgezeichnet verstanden, in dem Schüler die Lust des Lernens zu wecken und ihn zum selbständigen Weiterlernen zu befähigen. Dies betraf in den ersten Jahren vor allem den Deutsch- und Lateinunterricht. Wenn ihm in seinem späteren Leben die Erkenntnis geholfen habe, dass Klarheit, Anschaulichkeit und Direktheit das Haupterfordernis eines guten Stils sei, so habe er dies in großem Maße dem jungen Lehrer Bone zu verdanken, der seine Schüler nicht mit trockenen Regeln quälte, sondern sie sogleich kleine deutsche Aufsätze anfertigen ließ und sie dabei zu selbständiger Tätigkeit anregte. In den späteren Jahren traf er dann auf einen Lehrer der Geschichte, der ein Handbuch für den Schulgebrauch verfaßt hatte, dessen dürre Angaben ihm im Unterricht nur als Grundriß dienten, in den er dann in freier Rede die Details einfügte, die erforderlich waren, um den Stoff bildhaft und damit anziehend zu machen. Die Schüler hatten dann das Gehörte in der nächsten Stunde ebenfalls in freier Rede zu wiederholen. Geschichtsstunden dieser Art seien ihm ein wahres Vergnügen gewesen.

Als er mit der Tertia die höheren Stufen des Gymnasiums erreicht hatte, stieß Carl auf einen Kreis älterer Mitschüler, die einander selbstgefertigte Verse vorlasen und Fragen der Literatur diskutierten. Dabei lernte er Theodor Petrasch kennen, den Sohn eines Sekretärs der Provinzialregierung, und Ludwig von Weise, den Abkömmling eines alten Kölner Patriziergeschlechts. Mit beiden Freunden stand er noch lange nach seiner Schulzeit in Verbindung. In diesem Kreis begegnete Carl die neuesten deutschen Literatur. Von Heinrich Heine hatte er bis dahin nur den Namen gehört. Nun las er das Buch der Lieder, das ihm in seiner ungekünstelten Natürlichkeit wie eine Offenbarung erschien. Unverzüglich habe er seine eigenen hochtrabend deklamatorischen Verse ins Feuer geworfen. Dann habe er auch Heines neue Lieder, die Reisebilder, das Wintermärchen, den Atta Troll gelesen, die seine Gedanken schon auf den Zustand des Vaterlandes lenkten.

Die revolutionäre Stimmung, die in solchen Gedichten zum Ausdruck kam, seien ihnen allerdings in Wirklichkeit fremd gewesen. Gleichwohl hätten die Angriffe auf die bestehenden Regierungen, besonders die preußische, eine Saite angeschlagen, die in der Brust des Rheinländers leicht widerklang. Die Schüler teilten das vorherrschende Gefühl, dass da manches anders werden müßte: daß es ein Skandal sei, dem Volk Rede- und Pressefreiheit vorzuenthalten; daß der alte preußische Absolutismus einer konstitutionellen Regierungsform zu weichen habe; daß die der deutschen Nation im Jahre 1813 gegebenen Versprechungen schmählich gebrochen worden seien; schließlich: daß das zersplitterte deutsche Vaterland in ein geeinigtes großes Reich mit freien politischen Institutionen zusammengeschmiedet werden sollte. Wie dies allerdings zu erreichen sei, darüber seien sie sich keineswegs klar gewesen.

Carls Leben außerhalb der Schule war sehr bescheiden. Die wirtschaftlichen Verhältnisse seiner Eltern ließen nur die notwendigsten Ausgaben zu. In den oberen Klassen gelang es ihm, ein Stipendium zu erlangen, das einen Teil seines Lebensunterhalts deckte. Im Übrigen gab er gegen geringes Entgelt Nachhilfestunden für Schüler der unteren Klassen.

Externes Abitur und externer Student

Als er sich in der Unterprima, also in der vorletzten Klasse befand, spitzten sich die wirtschaftlichen Nöte seiner Eltern krisenhaft zu. Sein Vater war seinem jüngsten Schwager Georg beigesprungen, als dieser sich in einem Getreidehandel verspekuliert hatte. Zu diesen Schulden kamen noch Verpflichtungen aus dem Bau des Gebäudes, das er neben seinem Haus errichtet hatte, um mit einem großen Saal für Festveranstaltungen und einem darüber gelegenen Getreidespeicher Einnahmen zu erzielen. Auch hier scheint er kein kaufmännisches Geschick gezeigt zu haben. Er griff zwar zu, als er die Gelegenheit fand, das Wohnhaus und das Nachbargebäude zu einem guten Preis zu verkaufen. Damit wollte er seine Schulden abdecken und mit dem übersteigenden Betrag eine neue Existenz gründen. Der preußische König hatte im Jahre 1818 die Stadt Bonn als Sitz seiner Universität für die preußischen Westprovinzen bestimmt. Dies hatte Carls Vater auf den Gedanken gebracht, in Bonn ein Restaurant mit einem Mittagstisch für Studenten zu betreiben und im Übrigen Zimmer an Studenten zu vermieten. Zu diesem Zweck pachtete er dort sogleich ein mehrstöckiges Haus. Gleich nachdem er die Anzahlung für das Haus in Liblar erhalten hatte, zog die Familie in das neue Haus nach Bonn. Als aber die Wechsel seiner Gläubiger fällig wurden, konnte er sie nicht einlösen; der Käufer des Anwesens in Liblar hatte seine Zahlungen eingestellt.

So erhielt Carl in Köln eines Tages eine überraschende Nachricht: einige Gläubiger hatten seinen Vater zur Erzwingung fälliger Zahlungen in Schuldhaft nehmen lassen. Carl lief zum Gefängnis, erschüttert traf er den Vater hinter Gittern an. Jetzt ging es darum, ihn aus seiner entsetzlichen Lage zu befreien. Nach hartnäckigen Bemühungen gelang es, die Gläubiger mit Aussicht auf weitere Zahlungen so weit zu befriedigen, dass sie seinen Vater freiließen. Es war vor allem Carls Mutter zu verdanken, dass die Familie sich in der Folgezeit über Wasser halten konnte. Sie wirkte unermüdlich als gute Köchin und Wirtschafterin. Carls jüngste Schwester Antonie berichtete später, dass „so mehrere Jahre unter schweren Sorgen und harter Arbeit vergingen."[7]

Für Carl selbst, der eigentlich seine Gymnasialzeit mit der Oberprima hätte fortsetzen sollen, war der Aufenthalt in Köln nun nicht mehr zu finanzieren. Um den größten Schaden abzuwenden, fasste die Familie den Entschluss, er solle seine Gymnasialstudien zuhause – also nunmehr in Bonn - im Selbstunterricht fortsetzen und im Herbst des nächsten Jahres in Köln das Abitur als „Auswärtiger" absolvieren. Gleichzeitig sollte er als nichtimmatrikulierter Gasthörer Vorlesungen an der Bonner Universität besuchen. So geschah es.[8] Ein Jahr später - im August 1847 - bestand er die Abiturprüfung, wobei ihm die Prüfungskommission glücklicherweise seine Schwäche in Mathematik und den Naturwissenschaften im Hinblick auf seine im Übrigen gut brauchbaren Leistungen nicht anrechnete. Nun hatte auch sein Gaststudium an der Universität ein Ende, er konnte jetzt als regulärer Student ordentlich immatrikuliert werden.

2. Kapitel
Student in Bonn

Erste Überlegungen zum Beruf

Schon als er sich im Jahr zuvor als Gasthörer einschrieb, hatte er sich über seinen künftigen Beruf Gedanken gemacht. Er interessierte sich vor allem für Geschichte und Literatur und glaubte auch, selbst schriftstellerische Fähigkeiten zu besitzen. Ohne jedes Zeichen von Selbstzweifel erschien ihm eine Universitätsprofessur, und zwar eine Professur für Geschichte erstrebenswert, und er meinte, in der üblichen Zwischenzeit einer unbesoldeten Privatdozentur vom Ertrag literarischer Arbeiten leben zu können. So begann er, historische und philologische Vorlesungen zu besuchen. Daneben pflegte er seine eigene schriftstellerische Tätigkeit. Noch in der Unterprima hatte er – angeregt durch Goethes „Leiden des jungen Werthers" – mit einer Novelle begonnen, in der er, wie er seinem Freund Petrasch schrieb[9], den „Kontrast der idealen Welt in der Phantasie eines jungen Poeten und der krassen Prosa des wirklichen Alltagslebens" zeigen wollte. Diese Arbeit führte er nun fort. Nach ihrem Titelhelden nannte er sie „Richard Wanderer" [10]. Es war die offenbar seinen eigenen Seelenzustand spiegelnde, gefühlvolle und tragisch endende Geschichte eines schüchternen jungen Mannes, dem es nicht gelingen wollte, der Angebeteten seine Zuneigung zu offenbaren[11]. In seinen Erinnerungen bekannte Carl Schurz, dass ihm das Verschwinden seiner dichterischen Erzeugnisse aus jener Zeit eine Beruhigung sei.

Ausdrücklich aber erwähnte er in den Erinnerungen das Projekt, dem er sich anschließend zuwandte, nämlich ein historisches Drama mit politischem Bezug. In seinem ersten Studienjahr hatte Carl sich Europas Reformationszeitalter gewidmet. Die großen Charaktere jener Periode – so schrieb er - hätten ihn mächtig angezogen. So entwarf er den Plan einer Tragödie, deren Hauptfigur Ulrich von Hutten sein sollte. Der furchtlose Reichsritter und große Humanist war für die studentische Jugend ein Symbol freiheitlichen Denkens geworden, sein Leben ein beliebter Gegenstand der zeitgenössischen Literatur. Nur einen seiner besten Freunde, Friedrich Althaus, weihte Carl in sein Vorhaben ein und fand in ihm einen aufmunternden Zuhörer. Jahrzehnte später schrieb Althaus über Carl: „ Er hatte selbst etwas von dem Hutten'schen Geist in sich, der Hutten'sche Wahlspruch: „Ich hab's gewagt!" wurde der Wahlspruch seines eigenen Lebens. ..
Von Carls Fachstudium ist allerdings nicht viel zu berichten. Mit Ausnahme des Besuchs einiger weniger Vorlesungen scheint er sich besonderer Universitätsstudien zu dem in Aussicht genommenen Beruf weitgehend enthalten "[12].

Carl Schurz als Bonner Student

zu haben. Dies ist gut verständlich für sein erstes Jahr als Gasthörer, in dem er sich noch auf das externe Abitur vorbereitete. Doch auch im zweiten Jahr standen im Zentrum seines Interesses die Aktivitäten in einer Studentenverbindung, der Burschenschaft Frankonia, und seine Zugehörigkeit zu dem Kreis liberal gesonnener Menschen, die sich um einen jungen Professor, den Kunsthistoriker Gottfried Kinkel sammelten.

Leben in der Burschenschaft Frankonia

In die Burschenschaft Frankonia wurde er von seinen Schulfreunden Petrasch und von Weise eingeführt, die die Universität schon vor ihm bezogen hatten. Die Frankonia war 1845 an der neuen Bonner Universität gegründet worden. Sie gehörte zur zweiten Generation studentischer Burschenschaften, deren erste Generation nach den Freiheitskriegen entstanden war. Als Napoleon in der Völkerschlacht bei Leipzig im Jahre 1813 besiegt war, hatten sich vor allem Studenten, die in den aus nicht-preußischen Freiwilligen rekrutierten Freikorps auf der Seite Preußens gekämpft hatten, in einer neuartigen Studentenverbindung zusammengeschlossen, um ihre Ideale von deutscher Einheit und bürgerlicher Freiheit lebendig zu halten. Die erste Burschenschaft wurde 1815 in Jena gegründet. Ihr Wahlspruch lautete: „Ehre, Freiheit, Vaterland!“, ihre Farben waren das Schwarz-Rot-Gold des Lützow’schen Freikorps.

Diese Urburschenschaft hatte – so sah es Carl Schurz[13]) – mit Eifer den nationalen Sinn gepflegt, wenn dieser auch zuweilen in eine töricht-übertriebene Deutschtümelei ausartete. Die vom Gottesgnadentum beseelten Fürsten sahen in den Forderungen nach deutscher Einheit und bürgerlicher Freiheit ihre Machtstellung bedroht. Durch Zensur, polizeiliche Überwachung und Strafprozesse betrieben sie die „Demagogenverfolgung“, die sich besonders gegen die Burschenschaften richtete und schließlich zu deren Verbot führte. Erst mit der Thronbesteigung des preußischen Königs Friedrich Wilhelm IV im Jahre 1840 kam es zu einer Lockerung. Die daraufhin neu gegründeten Studentenverbindungen setzten allerdings die primär politisch ausgerichtete Tätigkeit der alten Burschenschaft nicht fort; aber – so Carl Schurz[14] – „Gott, Freiheit, Vaterland“ war doch die Devise geblieben; und man trug das verbotene schwarz-rot-goldene Band noch unter der Weste.

Da Carl im ersten Jahr nur Gasthörer, nicht aber regulärer Student war, wurde er – es war am 21. April 1847 – zunächst nur als sogenannter „Mitbummler“ aufgenommen. Für den Mitbummler Carl bedeutete der Eintritt in die Frankonia die Aufnahme in eine Gemeinschaft von Kameraden, an denen er besonders den „geistig vornehmen Ton“ und das „ernste wissenschaftliche Streben“ schätzte, das er in diesem Kreise vorfand[15] Obwohl es sich um eine schlagende Verbindung handelte, wurde der Fechtboden hauptsächlich als ein Ort sportlicher Ertüchtigung betrachtet. Es wurden kaum Mensuren geschlagen, und Duelle, wie sie in studentischen Kreisen oft mutwillig provoziert wurden, waren verpönt. „Vornehm“ bedeutete für Carl vor allem, dass Ehrenhändel nicht durch ein Duell, sondern durch ein Ehrengericht beigelegt wurden. Viel mehr als die Universität wurde die Burschenschaft, an deren Leben er mit Begeisterung teilnahm, zu seiner Heimat. Die Freuden eines ungezwungenen Studentenlebens mit den gemeinsamen Kneipabenden, den Einstands- und Abschiedsfeiern und den Ausflügen an den Ufern des Rheins hatten für Carl eine besonders wichtige Folge: er lernte, seine Schüchternheit abzulegen und sich in einem Kreis interessierter und selbstbewußter Kommilitonen zu behaupten.

Zunächst war er sich selbst nämlich als ein linkischer Junge vom Lande erschienen, der sich in einer sich städtisch gebenden Gesellschaft nicht zu benehmen wüßte. Vor allem bei den regelmäßigen Kneipabenden litt er darunter, dass seine Rolle sich auf die eines stillen, ja fast stummen Beobachters beschränkte. An einem dieser Abende aber kam seine große Stunde. Der Glanzpunkt manchen Kneipabends bestand in dem Vorlesen der sogenannten Kneipzeitung. Dabei konnte es sich etwa um einen heiteren Aufsatz oder ein satirisches Gedicht handeln. Eine gute Kneipzeitung zu schreiben war schwierig und deshalb Gegenstand besonderen Ehrgeizes. Carl schrieb nun für sich eine Parodie nach der Szene in Auerbachs Keller in Goethes Faust, in der er die führenden Leute der Frankonia als handelnde Personen vorführte. Wie er sich später erinnerte, war ihm das Reimen leichtgefallen, die Satire war gutmütig, aber treffend. Dem Drängen seines Freundes Petrasch, das Produkt am nächsten Kneipabend vorzulesen, wollte er nicht nachgeben, gestattete aber schließlich unter der Bedingung, ihn nicht als Verfasser zu nennen, dass Petrasch es zum Besten gab. Der Erfolg des Vortrags war durchschlagend. Einer der Studenten sah das Manuskript und erkannte Carls Handschrift. Daraufhin stürzten alle unter großem Jubel auf ihn ein, um ihm zu gratulieren. Diese Kneipzeitung, so Carl Schurz später, habe ihm zu jener Zeit einen unschätzbaren Dienst geleistet. Ihr Erfolg habe sein Selbstvertrauen geweckt. Sie machte aus dem befangenen Landjungen plötzlich eine respektierte Person. Seine Schüchternheit habe aufgehört, in diesem Kreise seine Zunge zu lähmen.

Bei seinem Eintritt in die Studentenverbindung war Carl das Amt des Möbelwarts übertragen worden. Nun wurde er sogleich in eines der höchsten Ämter, nämlich in das eines Ehrenrichters berufen. Als er von Februar bis August 1848 wegen der schlechten finanziellen Lage seiner Familie die Mitgliedschaft vorübergehend nicht aufrechterhalten konnte, ernannte man ihn für diese Zeit zum Ehrenmitglied. Als solches war er von den beträchtlichen Beiträgen befreit. An die Burschenschaft war nämlich alles abzuführen, was nach dem einheitlich festgesetzten Mindestbedarf des Studenten von dem jeweiligen väterlichen „Wechsel“ verblieb. Als er im August wieder eintrat, wählte die Frankonia ihn zu ihrem Sprecher. Darüber hinaus entsandte die Bonner Studentenschaft ihn als ihren Vertreter zu dem im September 1848 nach Eisenach einberufenen Allgemeinen Studententag.

Eintritt in den Kreis um Gottfried und Johanna Kinkel

Im Wintersemester 1847/48 besuchte Carl eine kunstgeschichtliche Vorlesung des jungen, aber bereits sehr bekannten Professors Gottfried Kinkel und nahm überdies an einem von Kinkel geleiteten Kurs mit rhetorischen Übungen teil. In Kinkels Rhetorikkurs hatte Carl die Aufgabe, die große Leichenrede des Mark Anton aus Shakespeare's Julius Caesar zu erläutern und insbesondere ihre rhetorischen Elemente zu analysieren; sodann war die Rede vorzutragen. Kinkel war mit Carls Leistung sehr zufrieden und lud ihn zu einem Besuch in seinem Hause ein. Die sich damit anbahnende Beziehung zu Kinkel, aus der sich bald eine enge Freundschaft entwickelte, sollte seinem Leben eine neue Richtung geben. Sie leitete ihn auf das Terrain der Politik. Es waren die politischen Ideale Kinkels, für die er sich nun unermüdlich mit großer Begeisterung einsetzte.

Kinkel war damals 32 Jahre alt. Er war 1815 als Sohn eines reformierten Pfarrers in Oberkassel bei Bonn geboren. In Bonn und Berlin hatte er Theologie studiert. Im Sommer 1837 wurde er Privatdozent für Kirchengeschichte an der evangelisch-theologischen Fakultät der Bonner Universität. Nach einer Italienreise, die ihm die Gelegenheit zu kunstgeschichtlichen Studien bot, war er seit 1839 noch nebenamtlich als Religionslehrer und zwei Jahre später auch als Hilfsprediger der evangelischen Gemeinde in Köln tätig. Daneben fühlte sich Kinkel zum Dichter berufen. Nach einer ersten Gedichtsammlung erschien sein romantisches Versepos „Otto der Schütz“, das ihn in ganz Deutschland bekannt machte; bis zur Jahrhundertwende brachte dieses populäre Werk es auf nahezu 80 Auflagen.

1839 hatte Kinkel seine spätere Frau Johanna kennengelernt. Johanna war fünf Jahre älter als er. In ihrer Jugend galt sie weithin als musikalisches Wunderkind. Sie bot auch das frühe Beispiel einer emanzipierten Frau, als sie sich nicht scheute, ihre Karriere selbst in die Hand zu nehmen. Mit 19 Jahren rief sie in Bonn einen musikalischen Freundeskreis ins Leben, in dem sie als Pianistin, Sängerin, Komponistin und Dirigentin wirkte. Mit 21 heiratete sie den Kölner Buch- und Musikalienhändler Matthieux, eine sich sofort als großen Irrtum erweisende Verbindung. Schon nach wenigen Monaten verließ sie das gemeinsame Haus. Sie flüchtete für einige Jahre nach Berlin, wo sie Bettina von Arnim kennenlernte, deren

Tochter Gisela sie Gesangsunterricht erteilte. Sie lebte bei den Arnims und verkehrte in deren Freundeskreis. Robert Schumann und Felix Mendelssohn-Bartoldy äußerten sich mit Hochachtung über ihr musikalisches Talent. 1839 kehrte sie nach Bonn zurück, hier traf sie nun Gottfried Kinkel. Gemeinsam mit ihm gründete sie den Maikäferbund, einen „Poetenverein" zur Pflege der Literatur, in dem sich Dichter und interessierte Bonner Bürger in geselliger Runde trafen. Carl Jakob Burkhardt und Karl Simrock zählten zu den ständigen Gästen. Endlich im Mai 1840 kam es zu ihrer Scheidung von Matthieux. Im Jahre 1843 heiratete sie Gottfried Kinkel.

Die Eheschließung mit Johanna hatte für Kinkel einschneidende berufliche Folgen. Seine freisinnigen Ansichten waren in der Amtskirche ohnehin schon kritisch betrachtet worden. Nun schloss er die Ehe mit einer geschiedenen Katholikin. Dies kostete ihn zunächst seine Nebenämter als Religionslehrer und Hilfsprediger; auch seine Stellung als Privatdozent an der evangelisch-theologischen Fakultät wurde unhaltbar. Glücklicherweise hatte er Gönner an der philosophischen Fakultät. Im Sommer 1843 las er dort christliche Kunstgeschichte, aus der zwei Jahre später der erste Band seiner „Geschichte der bildenden Künste" hervorging. Für diese Schrift wurde ihm der akademische Grad eines Doktors der Philosophie verliehen. Sie genügte auch, um ihm im Februar 1846 eine außerordentliche Professur für neue Kunst-, Literatur- und Kulturgeschichte zu übertragen.

Das Kinkelsche Haus bildete den Mittelpunkt eines geselligen Kreises von Männern und Frauen, die hier musizierten, Lesungen veranstalteten und über religiöse sowie politische Fragen diskutierten, und zwar, wie Carl Schurz es später formulierte, in „freisinniger Denkart" und „kecker Ungebundenheit". Man habe das Kommen großer Veränderungen gefühlt, wenn man auch nicht erkannt habe, wie nahe sie schon bevorstanden. Er – Carl – habe im Hause Kinkel manches klar ausgesprochen gehört, was ihm bis dahin nur mehr oder weniger klar vorgeschwebt habe. Auf politischem Gebiet habe die traurige Selbstironie, auf die man sich in vergangenen Tagen beschränkt habe, nun endlich dem Streben Platz gemacht, klar gesteckte Ziele ins Auge zu fassen, die auch erreichbar schienen.

3. Kapitel
Die Revolution

Forderungen des Vormärz

Worum ging es? Im Jahre 1806 hatte Napoleon dem Heiligen Römischen Reich Deutscher Nation durch ein Ultimatum den letzten Stoß versetzt. Kaiser Franz II legte in Wien die deutsche Kaiserkrone nieder. Er war jetzt nur noch Kaiser von Österreich. Deutschland bestand nun aus einer Unzahl souveräner Territorien, aus Königreichen, Herzogtümern, Grafschaften, Reichsstädten und sogar Reichsdörfern ohne verbindende Institutionen. Gerade im Vergleich zu dem zentralistisch regierten Frankreich wurde die Zersplitterung als ein Unglück empfunden. Die napoleonischen Kriege hatten das Gefühl einer Zusammengehörigkeit der Deutschen gestärkt. Die politische Einheit herzustellen war ein verbreiteter Wunsch. Wenn der preußische König Friedrich Wilhelm III. genehmigte, dass schnell gebildete Freikorps, die sich aus „Ausländern" rekrutierten, die preußischen Truppen unterstützen sollten, so appellierte er indirekt an die Bereitschaft aller Deutschen, in den Dienst einer gemeinsamen Sache zu treten, denn als „Ausländer" waren hier die nicht-preußischen Deutschen gemeint.

Der Kampf gegen die fremde Besatzung sprach auch den Freiheitssinn an. Schon im vergangenen Jahrhundert war das Zeitalter der Aufklärung angebrochen. Immanuel Kant hatte den Einzelnen aufgerufen, sich seiner selbstverschuldeten Unmündigkeit zu entledigen und sich seines eigenen Verstandes zu bedienen. Diese Aufforderung ließ sich auch auf das politische Denken beziehen. Damit aber war das Regierungsmonopol des Monarchen in Frage gestellt. Das zunehmend selbstbewußte Bürgertum wollte sich ebensowenig wie die Studenten und die Publizistik mit der Rolle des bloßen Untertanen begnügen.

Ein Gelöbnis nationaler Einheit und bürgerlicher Freiheit glaubten die Deutschen aus dem Aufruf „An mein Volk" herausgehört zu haben, mit dem der preußische König am 17. März 1813 zur Erhebung gegen die Herrschaft Napoleons aufforderte, wobei er sich gleichermaßen an Preußen und Deutsche wandte. Wenige Tage später versprach er in der Proklamation von Kalisch gemeinsam mit dem Zaren - wenn nur Napoleon besiegt sei - ein wiedergeborenes Deutschland mit einer gemeinsamen Verfassung und damit ein Werk, „dessen Gestaltung ganz allein den Fürsten und Völkern Deutschlands anheim gestellt bleiben soll. Je schärfer in seinen Grundzügen und Umrissen dies Werk herantreten wird aus dem ureignen Geiste des deutschen Volkes, desto verjüngter, lebenskräftiger, und in Einheit gehaltener, wird Deutschland wieder unter Europens Völkern erscheinen können."

Diese Hoffnungen wurden nach dem Sieg über Napoleon in der Völkerschlacht bei Leipzig im Oktober 1813 schwer enttäuscht. Der Deutsche Bund, den die siegreichen Monarchen Preußens, Österreichs und Rußlands auf dem Wiener Kongreß gründeten, schuf keinen deutschen Staat. Es handelte sich dabei ausdrücklich nur um einen Bund souverän bleibender Fürsten und freier Städte. Die Bundesversammlung, die sich selbst als Bundestag bezeichnete und ihren Sitz in Frankfurt am Main nahm, war lediglich eine ständige Regierungskonferenz. Sie bestand nicht aus Parlamentariern, sondern aus weisungsgebundenen Diplomaten.

Überdies betrachteten die drei Monarchen und mit ihnen die anderen Fürsten des Kontinents den Fortbestand ihrer uneingeschränkten Regierungsgewalt in ihren eigenen Ländern als „gottgewollt". So wurde der Wunsch nach Einheit und Freiheit weithin als nicht erfüllt betrachtet. Zu einem deutlichen Zeichen für die sich aufbauenden Spannungen geriet im Jahre 1817 das Wartburgfest, zu dem die Jenaer Burschenschaft eingeladen hatte. Auf der Wartburg, wo Luther die Bibel ins Deutsche übersetzt und mit einem

Tintenfaß nach dem Teufel geworfen hatte, sollte der dreihundertste Jahrestag seines Thesenanschlags zu Wittenberg begangen und zugleich der Leipziger Völkerschlacht gedacht werden. Einige hundert Burschenschafter und Turner, von denen viele in dem Lützow'schen Freikorps gekämpft hatten und sich nun in ihren Idealen getäuscht fanden, forderten in flammenden Reden ein einheitliches Vaterland. Auch der Ruf nach demokratischen Freiheitsrechten wurde laut. Besonders radikale Teilnehmer veranstalteten nach dem Vorbild von Luthers Verbrennung der päpstlichen Bannandrohungsbulle eine symbolische Bücherverbrennung, die sich gegen für reaktionär gehaltene Autoren richtete, darunter den Schriftsteller August von Kotzebue. Dieser war verhaßt, weil er in den Diensten der zaristischen Regierung über oppositionelle Vorgänge an deutschen Universitäten berichtete. Als Kotzebue im März 1819 von einem radikalen Burschenschafter, dem Studenten Karl Ludwig Sand, ermordet wurde, schlugen die Regierungen zu.

Im August 1819 faßten sie die von dem österreichischen Kanzler Metternich inspirierten Karlsbader Beschlüsse, die von der Bundesversammlung des Deutschen Bundes gegenüber allen Mitgliedern in Kraft gesetzt wurden. Eine scharfe Pressezensur sollte alle den öffentlichen Frieden gefährdenden Schriften, Zeitungen und Druckschriften unterdrücken. Für jede Universität war ein Regierungsbevollmächtigter als Aufsichtsbehörde mit unbeschränkten Vollmachten zu ernennen. Es wurde eine Zentraluntersuchungskommission eingerichtet, die „Tatbestand, Ursprung und Verzweigungen aller gegen die bestehende Verfassung und innere Ruhe des Bundes oder einzelner Staaten gerichteten revolutionären Umtriebe und demagogischen Verbindungen untersuchen und feststellen sollte". Jedes Mitglied des Deutschen Bundes hatte den Weisungen dieser Kommission Folge zu leisten und auf Verlangen jeden Verhafteten nach Mainz zu überstellen.

Trotz dieser „Demagogenverfolgung" – oder gerade wegen ihr – blieb das Ziel der Einheit in Freiheit wach. Das Vordringen des

Liberalismus war eine in ganz Europa zu beobachtende Erscheinung. Der Funke der Juli-Revolution in Frankreich von 1830 sprang auf Belgien über; auch in Polen, in der Schweiz und in Italien brachen Revolutionen aus. In Deutschland zeigte sich beim Hambacher Fest im Mai 1832, dass der Freiheitsgedanke zusehends an Kraft gewann. In der Hambacher Schlossruine hatten sich, zunächst angeblich um den Jahrestag der Bayerischen Verfassung zu feiern, dann aber um ein „deutsches Nationalfest" zu begehen, etwa 25.000 bayerisch-pfälzische und mittelrheinische Bürger und Studenten versammelt, die ihren Unmut über die autoritären Regime und ihre Willkürmaßnahmen bekundeten. Unter schwarz-rotgoldenen und polnischen Fahnen forderte man die Abschaffung der Monarchie, ein vereintes Deutschland und einen europäischen Völkerbund; man trat ein für Presse- und Versammlungsfreiheit, für die Gleichberechtigung von Mann und Frau, gegen Standesvorrechte.

Der Deutsche Bund reagierte unter der Führung Metternichs mit einer Verschärfung der Zensur, dem Verbot aller politischen Vereinigungen, der Beschränkung von Volksfesten, dem Verbot öffentlicher Reden politischen Inhalts und der Bestrafung des öffentlichen Tragens nicht erlaubter Abzeichen wie der Farben Schwarz-Rot-Gold. Bayerische Truppen rückten in die Pfalz ein, die Polizeiaufsicht wurde verstärkt, die „Hambacher" wurden gerichtlich verfolgt, die Organisatoren zu mehrjährigen Freiheitsstrafen verurteilt.

Im Jahre 1840 weckte die Inthronisierung des preußischen Kronprinzen als König Friedrich Wilhelm IV. in Preußen neue Hoffnungen. Als aber die preußischen Landstände, die nur nach Gutdünken einberufen wurden und denen nur beratende Funktionen zugestanden waren, eine Repräsentativverfassung forderten, wurden sie schroff zurückgewiesen. Die Bildung eines Vereinigten Landtags im Jahre 1847 bedeutete kein Nachgeben. In seiner Eröffnungsrede erklärte der König nachdrücklich, es werde keine Verfassung geben. Nie und nimmer könne er das Eindrängen eines „beschriebenen Blatts Papier" zwischen Fürst und Volk zugeben.

Die Krone solle nach den Gesetzen Gottes und des Landes und nach eigener freier Bestimmung herrschen; sie könne und dürfe nicht nach dem Willen von Majoritäten regieren. Diese Haltung der Fürsten steigerte nur den allgemeinen Unwillen über die bestehende Herrschaftsordnung: das war der Obrigkeitsstaat, der Staat der bürgerlichen Bevormundung [16]. In weiten Kreisen – so erinnerte sich Carl Schurz später – verbreitete sich das Gefühl, dass ein wirkliches Gewitter im Anzug sei; die Schnelligkeit seines Kommens habe allerdings fast niemand vorausgesehen.

Ausbruch der März-Revolution

Am Morgen des 26. Februar 1848 – es war ein Sonntag – arbeitete Carl in seinem Dachzimmer ruhig, mit Blick über den Rhein auf den Drachenfels, an seinem Drama „Ulrich von Hutten", als plötzlich – so Schurz in seinen Lebenserinnerungen - einer seiner Freunde fast atemlos zu ihm hereinstürzte und rief: „Da sitzest Du! Weißt Du es denn noch nicht? Die Franzosen haben den Louis Philippe fortgejagt und die Republik proklamiert!" Auf diese Nachricht von der französischen Februarrevolution habe er die Feder hingeworfen; Ulrich von Hutten sei nie wieder berührt worden. Er lief zum Marktplatz. Dort wimmelte es von Menschen. Überall hatten sich Gruppen gebildet und sprachen aufgeregt miteinander. Allgemein habe eine Stimmung geherrscht, als sei ein Erdbeben im Gange, von dem man soeben den ersten Stoß gespürt habe. In der Vorlesung am nächsten Tag schien es unmöglich, sich auf den Vortrag des Professors zu konzentrieren. Er habe das Heft zugeschlagen mit dem Gefühl, dass jetzt Wichtigeres zu tun sei, dass man sich jetzt dem Vaterland zu weihen habe. Es sei der Tag gekommen, die deutsche Einheit zu gewinnen. Jetzt könnten auch die bürgerlichen Rechte und Freiheiten verwirklicht werden, die so lange unterdrückt waren.

Am 24. Februar war in Paris der Thron Louis Philippes auf der Place de la Bastille verbrannt worden. Der revolutionäre Funke war auf die deutschen Länder übergesprungen und hatte dort ein Lauffeuer in Gang gesetzt. Überall kam es zu Aufläufen, Tumulten, Demonstrationen. „Man verlangt Volksbewaffnung, also Bürgerwehr, Miliz: das monarchische Heer soll nicht mehr das Waffenmonopol haben; man verlangt „Preßfreiheit", das Ende der Zensur, Freigabe der vollen politischen Öffentlichkeit, im Grunde: Ende des Parteiverbots; verlangt „Schwurgerichte", das heißt: Demokratisierung der Justiz, zumal bei politischen Vergehen – und: ein deutsches Nationalparlament. Das sind nicht mehr Forderungen, die nur Gesetze ändern; sie wollen das System, die Machtverhältnisse ändern, ... Diese Forderungen sind in ähnlicher Form überall aufgenommen worden, es sind die klassischen ‚Märzforderungen'".[17]

Es war überraschend, wie schnell die alte Ordnung zusammenzubrechen schien. In Baden erfüllte der Großherzog schon Anfang März die liberalen Forderungen. In Württemberg, Nassau und Hessen-Darmstadt erlangte man dieselben Zusicherungen. Der Kurfürst von Hessen-Kassel gab nach, als das Volk sich bewaffnet hatte. Die Bürgerschaft von Leipzig erzwang das Nachgeben des sächsischen Königs. Der bayerische König Ludwig trat zurück. In Wien kam es zu einem Aufstand. Fürst Metternich, der *spiritus rector* der konservativen Kräfte, musste heimlich außer Landes fliehen.

In Berlin kam es seit dem 7. März zu immer größeren Volksversammlungen, am 13. März zu Zusammenstößen zwischen Militär und Demonstranten und zu den ersten Todesopfern. Am 18. März versprach der zaudernde König endlich eine Verfassung und die Reorganisation des Bundes.[18] Als sich eine große Volksmenge vor dem Stadtschloss versammelte und dem König mit Ovationen dankte, fielen - offenbar aufgrund eines Mißverständnisses - einzelne ungezielte Schüsse. Die Menge fühlte sich von den anwesenden Soldaten bedroht und geriet in Panik. Sogleich war ganz Berlin in Aufruhr. Die Bevölkerung lieferte sich mit den Truppen, die auch Artillerie einsetzte, erbitterte Straßen- und Häuserkämpfe.

Über zweihundert Tote wurden gezählt. on den Ereignissen erschüttert gab der König am frühen Morgen des 19. März den Befehl zum Rückzug der Truppen. Es war die Bürgerwehr, die jetzt das Schloss bewachte.

Nun riefen Tausende im Schlosshof nach dem König. Er musste die in langen Reihen aufgebahrten Toten der Revolution ehren. Am 21. März ritt er, einer schwarz-rot-goldenen Fahne folgend und angetan mit einer schwarz-rot-goldenen Armbinde, mit seinem Gefolge durch Berlin. Auch auf der Kuppel des Königsschlosses wehte das Schwarz-Rot-Gold der Revolution. Der König versprach „seinen Berlinern", er wolle sich an die Spitze der Bewegung für ein einiges Deutschland stellen; Preußen solle in dem freien Deutschland aufgehen; er habe nichts im Auge als ein konstitutionelles und geeinigtes Deutschland. So schien die Revolution gesiegt zu haben.

Die Revolution in Bonn

Am 2. März war Carl 19 Jahre alt geworden. Er war – wie er sich später erinnerte – wie viele andere von dem Gefühl beherrscht, dass endlich die große Gelegenheit gekommen sei, dem deutschen Volk die Freiheit und dem deutschen Vaterland Einheit und Größe wiederzugewinnen, und daß es nun die erste Pflicht eines jeden Deutschen sei, alles zu tun und alles zu opfern für diesen heiligen Zweck.

Die erste Aufgabe, die er zu erfüllen hatte, nahm er gerne wahr. Nachdem die Nachrichten von den revolutionären Ereignissen in Frankreich auch die Stadt Bonn erreicht hatten, fürchtete deren Bürgermeister um die öffentliche Sicherheit. Es sollte eine Bürgerwehr aufgestellt werden, die nachts in der Stadt und der näheren Umgebung patrouillierte. Auch die Studenten wurden aufgefordert, dieser Bürgerwehr beizutreten. Da aber von einer Bedrohung der öffentlichen Sicherheit keine Rede sein konnte, fanden die Studenten hier eher eine Gelegenheit zu ihrer eigenen Belustigung, indem sie nachts Passanten, die sich in kleinen Gruppen nach Hause begeben wollten, anhielten und gravitätisch ermahnten, dass Versammlungen verboten seien.

Mit großem Ernst war man aber auch in der kleinen Universitätsstadt Bonn eifrig damit beschäftigt, Schreiben an den König abzufassen, sie zahlreich zu unterzeichnen und nach Berlin zu schicken. Als am 20. März 1848 die Erklärung des Königs, in der er eine Verfassung für ganz Deutschland versprochen hatte, auch Bonn erreichte, schien die Morgenröte der Freiheit angebrochen[19]. Eine ungeheuere Begeisterung brach aus.[20] Es formierte sich ein Zug von Studenten, Bürgern und städtischen Honoratioren, denen sich aus allen Häusern immer neue Teilnehmer anschlossen. Mit ihnen marschierte Professor Gottfried Kinkel mit einer schwarz-rot-goldenen Fahne. Auch andere Teilnehmer, darunter Carl Schurz, führten Fahnen mit den so lange verbotenen Farben mit sich. Die Kolonne holte zwei hochverehrte Professoren von ihren Wohnungen ab, den greisen Ernst Moritz Arndt, der 1819 als „Demagoge“ verfolgt worden war, und Friedrich Christoph Dahlmann, der 1837 als einer der „Göttinger Sieben“ seinem König die Stirn geboten hatte.

Am Rathaus angekommen, bestieg Kinkel die Freitreppe und sprach zu der versammelten Menge[21]. Mit getragener, wohltönender Stimme rief er, diese Fahne fordere alle auf, „im Bunde mit den rechtmäßigen Gewalten“ die Freiheiten, die sie jetzt schon errungen hätten, zu schützen; „dann aber im Bunde mit diesen Gewalten das, was wir heute erst als Versprechen besitzen, zur Tat und zur Wahrheit zu führen.“ Mit großem Pathos schwang er die Fahne in alle Himmelsrichtungen und grüßte symbolisch die angrenzenden Völker. Er rief, es werde aus dem Staatenbund ein Bundesstaat, und ließ schließlich das „durch unsere Eintracht heilige deutsche Reich“ hochleben. Schon während seiner Rede war Kinkel von Jubel unterbrochen worden. Nach seinen Schlußworten kannte, wie Carl Schurz es schilderte, die Begeisterung keine Grenzen. „Man klatschte in die Hände, man schrie, man umarmte sich, man weinte."

Die Paulskirche

Die großen Hoffnungen schienen erfüllt zu werden. Ein in Frankfurt versammeltes „Vorparlament" sollte die Wahlen für ein Nationalparlament vorbereiten. Es arbeitete Wahlrechtsgrundsätze aus, die jedem volljährigen selbständigen Staatsangehörigen (wie selbstverständlich waren damit nur Männer gemeint) das aktive und passive Wahlrecht zuerkannten und die Wahl einer „Deutschen Verfassungsgebenden Nationalversammlung" für den 1. Mai 1848 vorsahen. Die Diplomatenkonferenz der Mitglieder des Deutschen Bundes, die sich Bundesversammlung oder Bundestag nannte und ebenfalls in Frankfurt tagte, hatte sich als Folge der Märzereignisse vom „Saulus der Reaktion" zum „Paulus der Revolution" gewandelt[22] Sie übernahm die Entschließung des Vorparlaments, so wie sie schon die Märzforderungen (z.B. Pressefreiheit, Bundesfarben Schwarz-Rot-Gold, Aufhebung der auf die Demagogenverfolgung zurückgehenden Ausnahmegesetze) in Bundesgesetze umgesetzt hatte.

Die aus den Wahlen vom 1. Mai hervorgegangene deutsche Nationalversammlung, die in der Frankfurter Paulskirche tagte, setzte einen „Reichsverweser" als provisorisches Staatsoberhaupt ein und bekundete mit dieser Entscheidung ihr eigenes Selbstverständnis als höchste demokratisch legitimierte Staatsgewalt. Zum Reichsverweser wählte sie den Erzherzog Johann von Österreich. Diese Wahl fiel den gemäßigten Kräften nicht schwer, hatte der Erzherzog doch eine „bürgerliche" Posthalterstochter zur Frau. Und die im Deutschen Bund vereinten Regierungen setzten die Nationalversammlung an die Stelle der bisherigen Bundesversammlung. Die Revolution hatte damit erfolgreich die grundlegenden ersten Schritte zur Umgestaltung des Deutschen Bundes in einen deutschen

Bundesstaat unternommen.[23] Der Deutsche Bund verfügte nun über zwei demokratisch legitimierte Bundesorgane, nämlich den Reichsverweser als Spitze einer Bundesexekutive und die Nationalversammlung als Gesetzgeber.

4. Kapitel
Politische Betätigung des Studenten Carl Schurz

Für Carl Schurz trat in der Folgezeit das Studium, dem sich der erst 19jährige Student eigentlich hätte widmen sollen, völlig in den Hintergrund. Von seinem Engagement in der Burschenschaft Frankonia abgesehen, widmete er sich nunmehr als Mitglied der Studentenschaft und als engster Mitarbeiter Gottfried Kinkels den neuen politischen Aufgaben.

Studentenvertreter

Im Gefühl des Anbruchs einer neuen Zeit suchten die Studenten ein Recht auf Mitbestimmung in Universitätsangelegenheiten geltend zu machen und sich der Zwänge zu entledigen, die ihnen nunmehr unerträglich schienen. In einer der ersten Studentenversammlungen in der Aula der Universität tat Carl Schurz sich als Debattenredner hervor. Hier erkannte er erstmals selbst sein Rednertalent. Noch Jahrzehnte später erinnerte er sich, dass er mitten in der dicht gedrängten Menge stand und zunächst nicht daran gedacht hatte, an der Diskussion teilzunehmen. „Da hörte ich einen Redner etwas sagen, das meiner Ansicht stark entgegen war und mich aufregte. Einem plötzlichen Impuls folgend verlangte ich das Wort und fand mich im nächsten Augenblick zur Versammlung sprechend. Ich habe mir später nie wieder genau das zurückrufen können, was ich sagte, ich erinnere mich nur, dass ich mich in einem mir bis dahin unbekannten nervösen Zustande befunden, dass ich am ganzen Leibe gebebt, dass mir Gedanken und Worte in einem ununterbrochenen Strome zugeflossen, dass ich mit ungestümer Schnelligkeit gesprochen, und daß der darauf folgende Beifall mich fast wie aus einem Traume aufgeweckt hatte."[24] Seine Rede schien seine Zuhörer sehr beeindruckt zu haben. Er war von da an einer der unbestrittenen Führer der Studentenschaft.

Anfang Juni 1848, als drei Mitglieder des gewählten Präsidiums der Studentenschaft zu einem allgemeinen deutschen Studentenkongreß nach Eisenach reisten, wurde Schurz zum provisorischen Präsidenten der Bonner Studentenversammlung gewählt. Dieses Amt wollte er nutzen, um politisch wichtige Reformvorschläge durchzusetzen. Ein solcher Vorschlag betraf den „Regierungsbevollmächtigten", dessen Amt zum Zwecke der „Demagogenverfolgung" gemäß den Karlbader Beschlüssen geschaffen worden war. Die Aufgabe dieses Beamten bestand unter anderem darin, die politische Haltung der Professoren und Studenten zu überwachen. Dieses Amt passe nicht mehr zu der neuen Ordnung der Dinge und sei deshalb abzuschaffen. Als Vorsitzender der Versammlung wurde Carl beauftragt, eine Adresse an den akademischen Senat zu richten mit der Forderung, den Regierungsbevollmächtigten – Herrn von Bethmann-Hollweg – sofort abzusetzen. Um dem sogleich angefertigten Schreiben den gebotenen Nachdruck zu verleihen, gab die gesamte Versammlung ihrem Vorsitzenden das Geleit zum Hause des Rektors, wo Schurz diesem vor der Haustür das Schriftstück überreichte. Der Rektor Friedrich van Calker, Professor der Philosophie, nach Schurz' Erinnerung „ein bejahrtes, ängstlich aussehendes Männchen"[25], erklärte, wie sehr er sich über den frischen, hochaufstrebenden Geist der deutschen Jugend freue, und versprach, das Schreiben dem akademischen Senat und der Regierung zu übermitteln. Tatsächlich bat von Bethmann-Hollweg von sich aus um seine Entlassung am 1. Juli 1848. Gleichzeitig wurde sein Amt aufgehoben.[26]

Sehr umstritten war die Aufstellung eines eigenen Studentenkorps für die städtische Bürgerwehr. Schurz stellte sich hier auf den Standpunkt, der Student müsse endlich aufhören, sich vom Bürgertum zu trennen und sich in sein kleinliches Kastenwesen zurückzuziehen. Er propagierte deshalb die Vermischung von Bürgern und

Studenten.[27]. Mit diesem Vorschlag allerdings scheiterte er. Es konnte ihm zu denken geben, dass der Streit, der die Gemüter so erhitzt hatte, sich aus mangelndem Interesse der Studenten, die den Übungen fernblieben, von selbst erledigte. Nicht bei allen seinen Kommilitonen hielt die Begeisterung für die neuen Ziele so dauerhaft an wie bei ihm. Als am letzen Übungstag im Sommer 1848 nur ein einziger Student erschienen war, legte der Kommandeur des Studentenkorps sein Amt nieder.

Schurz widmete sich auch sehr intensiv der überregionalen Zusammenführung der deutschen Studentenschaften. Am 29. Mai 1848 schrieb er an seinen Freund Petrasch[28]: „Was unsere studentischen Bestrebungen angeht, so leben wir in einem solchen Schwall von Geschäften, Versammlungen, Wahlen usw., dass uns fast Hören und Sehen vergeht und nur sehr wenig Zeit übrig bleibt, unsere Erfolge zu genießen." Die Beratungen über eine allgemeine deutsche Studentenvertretung und einen Reorganisationsplan für die deutschen Universitäten waren mühsam. Sie wurden auf den Studentenkongressen in Eisenach im Sommer und im Herbst 1848 vereinbart. An dem zweiten Kongreß am 25. September 1848 nahm auch Schurz teil. Dieser Kongreß gründete den deutschen Studentenverein, Bonn wurde – mit Schurz als Schriftführer – zu dessen die Geschäfte führenden „Vorort" bestimmt..[29]

Der in Eisenach beschlossene Verfassungsentwurf der deutschen Universitäten, der an die Nationalversammlung in der Frankfurter Paulskirche gerichtet war, richtete sich insbesondere gegen die Einschränkung der Forschungs- und Lehrfreiheit, die von den Landesherren ausgehen könnte. Dazu formulierten sie folgende Grundsätze[30]:

> - Die Universitäten sind Nationalanstalten, nicht Landesuniversitäten. Ihre Verfassung geht von der deutschen Nationalversammlung aus. Die unumschränkte Lehrfreiheit und die selbständige Verwaltung bleibt der Universität.

- Zur inneren Verfassung der Universität wurde die Bildung einer Mitgliederversammlung (Universitätsausschuß) vorgeschlagen, die aus sämtlichen Lehrenden und einer gleichen Zahl von Lernenden bestehe. Diese wähle den Universitätsvorstand.

- Jeder, der sich dafür befähigt hält, hat das Recht, über wissenschaftliche Gegenstände Vorträge zu halten. Die Beurteilung , ob der Gegenstand ein wissenschaftlicher sei, steht dem Universitätsausschuß zu. Lernender darf auf der Universität jeder sein.

- Die Lehrer an der Universität sind wie bisher besoldete und unbesoldete. Die Hörgelder der Studierenden, die bisher alle Lehrer erhielten, fallen weg. An ihre Stelle tritt eine vom Staat geleistete Vergütung nach Maßgabe der Vorlesungen und der Hörerzahl.

Schurz stand diesen Prinzipien wohlwollend, im einzelnen aber keineswegs unkritisch gegenüber. Er zeigte hier seinen Sinn für die praktische Politik. Es sei nicht gelungen, das Verhältnis der Freiheit der Wissenschaft zu den Eingriffsrechten des Staates[31] klar darzustellen. Der Kongreß habe in einem Punkt zwei miteinander völlig unvereinbare Bestimmungen verabschiedet. Zum einen bestehe der Universitätsausschuß als oberstes Organ der Universität zur Hälfte aus allen Lehrenden. Jedoch sei zum anderen das Recht zu lehren so gut wie schrankenlos. Dazu stellt Schurz die rhetorische Frage: „kann man das eine freie Selbstverwaltung nennen, wenn jeder mitverwalten kann unter der Bedingung, dass er ein wissenschaftliches Colleg ankündigt, eine Bedingung, die eben gar keine Bedingung ist?“

Zur vorgeschlagenen Verpflichtung des Staates, für die abzuschaffenden Hörgelder mit einer Lehrvergütung einzutreten, konstruiert Schurz ironisch folgenden Fall: „Es kommt ein bekannter Narr, um an der Universität über Goldmacherei, Urgesundheit und dergleichen Dinge zu lehren, denen man eben einen wissenschaftlichen Anstrich nicht absprechen kann; eine große Menge lachlustiger Studenten macht sich den Spaß, seine Vorlesung zu hören –

und nun soll der Staat verpflichtet sein, jenem lehrenden Narren die Zahl seiner hörenden Narren zu honorieren!“ Bei häufiger Wiederkehr solcher Fälle sei ein Staatsbankrott unausbleiblich.

Dem Studentenparlament zu Eisenach sei es offenbar mehr darum zu tun gewesen, das Prinzip stark hervorzuheben als das rechte Mittel zu seiner klaren Realisierung ausfindig zu machen: „ein sehr bedeutsames Zeichen eines unzulänglichen Dilettantismus, der sich erst durch klare Anschauung und gründliches Studium der Objekte zu dem nötigen Grade innerer und äußerer Kompetenz heraufarbeiten muss.“[32]

Kinkel und Schurz als „Demokraten“

Die studentischen Angelegenheiten mochten viel Zeit kosten, doch sah Carl sein noch wichtigeres Tätigkeitsfeld in der allgemeinen Politik, in der es um die Sicherung der „Märzforderungen“ ging, um Grundrechte, um Rechtsstaat und demokratische Repräsentation. Schurz schloss sich dabei der Führung Kinkels an, wobei er zunächst als dessen rechte Hand wirkte, mit der Zeit aber eine diesem durchaus ebenbürtige Stellung erlangte. Hier lag der Beginn einer festen Freundschaft, die ein Leben lang andauerte.

Kinkel trat für die Sicherung der Märzforderungen durch eine Verfassungsgebung „auf breitester demokratischer Grundlage“ ein. Um auch weitere Volksschichten als das Bürgertum zu befähigen, am politischen Prozeß mitzuwirken, legte er besonderes Gewicht auf Bildungsmöglichkeiten für Handwerker und Arbeiter. Als die Bundesversammlung des Deutschen Bundes für den 1. Mai 1848 die Wahlen zu einer Deutschen Nationalversammlung anberaumt hatte, die in der Paulskirche in Frankfurt am Main tagen sollte, und gleichzeitig eine entsprechende preußische „Nationalversammlung“ zur Ausarbeitung einer neuen preußischen Verfassung zu wählen war, sollte Kinkel für beide kandidieren. Hierzu hatten er und sein

Kreis ein Grundsatzprogramm aus 24 Artikeln entworfen[33], das auch von dem 19jährigen (und damit noch nicht einmal volljährigen) Studenten Carl Schurz unterzeichnet war. Danach sollte Preußen als konstitutionelle Monarchie fortbestehen. Das Programm zählte die Freiheits- und Justizgrundrechte einschließlich der „Abschaffung der Todesstrafe und aller die Menschenwürde schändenden Strafarten“ und der Gleichheit aller Bürger und Abschaffung der Standesvorrechte im einzelnen auf.

Besonders bemerkenswert waren ferner die für die „Demokraten“ charakteristischen sozialpolitischen Punkte: die Einführung einer Vermögens- und Einkommenssteuer, „nach welcher von dem Vermögen und Einkommen, je höher diese steigen, desto größere Prozente an Steuer entrichtet werden sollen“, dafür Abschaffung aller Abgaben, welche den inneren Verkehr Deutschlands hemmen, die Gewerbe und die Landwirtschaft übermäßig belasten, den Lebensunterhalt der Unvermögenden verteuern und verkümmern“; außerdem die damals eher ungewöhnlichen bildungs- und sozialpolitischen Programmpunkte: Sicherung der Schulpflicht, ausreichende Besoldung der Lehrer, Abschaffung des Schulgeldes, Umbau der Gewerbeordnungen, Einsetzung eines besonderen Ministeriums für Arbeit. „Der Staat trägt Fürsorge, dass den redlichen Arbeitern, welche durch Krankheit oder Alter arbeitsunfähig geworden sind, ihr Lebensunterhalt gesichert sei.“. Schließlich: Errichtung einer einheitlichen Reichsgewalt, die Trennung von Kirche und Staat, Gesetzgebungskompetenzen des Gesamtstaats hinsichtlich des Privatrechts, des Strafrechts, des Handels und des Verkehrs sowie eine einheitliche Vertretung gegenüber dem Ausland.

Es gelang Kinkel aber nicht, ein Mandat für das Frankfurter Parlament oder die preußische Nationalversammlung zu erringen. Zu stark waren am Rhein die Rechtsliberalen und die katholischen Konservativen. Auch fehlte es noch an einer parteiähnlichen Organisation, die seine politische Durchsetzungskraft erhöht hätte. Kinkel und Schurz sahen sich demgemäß vor der Notwendigkeit, eine verläßliche Institution zu errichten, die ihrem politischen Programm mehr praktische Wirksamkeit versprach.

Überall in Deutschland sprossen politische Klubs und Vereine aus dem Boden. Im großen und ganzen bildeten sich zunächst drei Gruppen heraus: die Konservativen, die sich für die weitgehende Wiederherstellung der alten Ordnung aussprachen, die Konstitutionellen, die das Schwergewicht auf die Herstellung einer Verfassung legten, und die Demokraten, die den Aufbau der neuen Zustände „auf breitester demokratischer Grundlage" unter Betonung der sozialen Komponente herbeiführen wollten. Am 27. Mai 1848 erschien in Bonn der Aufruf zur Gründung eines „Demokratischen Vereins".[34] Fünfzehn Gründungsmitglieder unterzeichneten vier Tage später die Satzung. Auch Vater Schurz war mit dabei. Binnen drei Monaten stieg die Zahl der Mitglieder auf einige hundert. Getreu seinem sozialpolitischen Programm errichtete Kinkel daneben noch einen Handwerkerbildungsverein, dessen Vorsitz er ebenfalls übernahm.

Als örtliches Presseorgan des demokratischen Vereins diente die „Bonner Zeitung", ein täglich erscheinendes Blatt, dessen Redaktion ab August 1848 Gottfried Kinkel übernahm. Sein wichtigster Mitarbeiter war Carl Schurz, der täglich einen oder sogar mehrere Artikel zu liefern oder zu redigieren hatte. Die Zeitung stand in lebhafter Konkurrenz zum „Bonner Wochenblatt", dem Organ des konservativen „Zentralbürgervereins Bonn". Nach Differenzen mit einem der Verleger gründete Kinkel die „Neue Bonner Zeitung", die ab Januar 1849 die bisherige Zeitung ablöste. Auch dieses Organ bekannte sich zu der „Fahne der sozialen Demokratie".[35] Die wöchentliche Beilage „zur Belebung des Handwerkerstandes" wurde in „Spartakus" umbenannt. Mit den Lehren des Klassenkampfes, wie sie die von Karl Marx in Köln redigierte Neue Rheinische Zeitung propagierte, wollte das Blatt aber nichts zu tun haben. Es wollte vielmehr nach seinem eigenen Anspruch die „Verbreitung republikanischer Lebensformen durch alle Schichten der Gesellschaft auf dem friedlichen Wege der Gedankenverbreitung" unterstützen.[36]

Neben der Arbeit an der Zeitung war noch die „agitatorische Tätigkeit" für die demokratische Partei im Bonner Umland zu bewältigen. So oft sie Zeit fanden, wanderten Kinkel und Schurz – ein oder mehrmals in der Woche – in die umliegenden Ortschaften, um den Menschen auf dem Lande das „politische Evangelium der neuen Zeit" zu predigen und auch dort demokratische Vereine zu organisieren.[37] Dabei war Carls jugendliches Alter kein Nachteil. Studenten wurden überall freundlich aufgenommen. Nicht selten – so berichtete Carl Schurz später – gestaltete sich ihre Anwesenheit am Ort ihrer Agitation zu einem fröhlichen Fest. Umgekehrt verbanden sie zuweilen das gesellschaftliche Vergnügen mit politischen Demonstrationen. So gab es „patriotische Kneipereien" und manchmal auch nächtliche Ausflüge bei Fackelschein zu einem besonders beliebten Ausflugsort bei Bonn, der Kessenicher Schlucht, wo sie am Lagerfeuer mit patriotischen Reden und Gesang sich bis zur Morgendämmerung vergnügten.[38]

Der Demokratische Verein strebte den Anschluß an eine Gesamtorganisation und deren Ausbau in ganz Deutschland an. Ein Kongreß der demokratischen Vereine tagte am 17. Juni in Frankfurt am Main. Unter der Bezeichnung „motiviertes Manifest" verabschiedete man ein gemeinsames Parteiprogramm[39] Das Manifest forderte im Inneren Deutschlands die vollständige Verwirklichung der demokratischen Staatsform, nach außen die Emanzipation und Selbstregierung aller Völker. In gar nicht ferner Zeit werde es kein anderes Völkerrecht geben als die Dekrete eines souveränen Kongresses freier Nationen. In der Vereinigung als Freie und Gleiche liege die einzig mögliche Lösung der Aufgabe, Einheit und Freiheit in Deutschland herzustellen. Vorbild – so das Manifest - sei die Verfassung der USA, das „nordamerikanische Föderativsystem".

Zu zwei Grundsatzfragen fiel die Stellungnahme des Manifests sehr deutlich aus. Zunächst: eines konstitutionellen Monarchen bedürfe es für den Gesamtstaat Deutschland nicht; „wo ... gar kein Herr vorhanden ist, finden wir uns außerstande, jenen Rest des Herrentums zu erschaffen". Den einzelnen deutschen Staaten stehe es allerdings frei, Monarchien oder wie die freien Reichsstädte Republiken zu sein. Schurz sagte später, man sei jetzt Republikaner geworden, aber „alles mit Maß und Überlegung".

Sodann: die künftige Verfassung sei weder einseitig durch einen Monarchen oder die Fürsten zu „oktroyieren" noch gemeinsam durch eine Vereinbarung zwischen Fürsten und Volksvertretung in Kraft zu setzen. Einheit und Freiheit in Deutschland seien verkörpert in der Nationalversammlung zu Frankfurt am Main. Diese allein sei berufen, die Verfassung des Gesamtstaats zu beschließen, sie sofort in Wirksamkeit zu setzen und die innere und äußere Politik des Gesamtstaates zu handhaben. Nicht die Fürsten unter einen Hut zu bringen sei die Aufgabe; die Aufgabe sei, das Volk zu vereinigen, ohne es zu unterjochen.

Dem Ausbau der rheinisch-westfälischen Parteiorganisation diente ein Mitte August nach Köln einberufener Kongreß demokratischer Vereine, an dem Kinkel und Schurz für Bonn teilnahmen. Dort traf Schurz auf den damals 30jährigen Karl Marx, der in Köln als Redakteur der Rheinischen Zeitung tätig war. Dessen politische Positionen, wie sie in dem ein halbes Jahr zuvor veröffentlichten Kommunistischen Manifest zum Ausdruck kamen, konnten auf dem Kongreß mit dem demokratischen Programm nicht zum Ausgleich gebracht werden. Zum offenen Bruch zwischen „blauen (Demokraten) und roten Republikanern" kam es dann beim Berliner Demokratenkongreß am 26. Oktober 1848. Kinkel verließ den Kongreß vorzeitig wegen der „kommunistischen Forderungen".[40]

Schurz hatte in Köln über die Entwicklung des demokratischen Gedankens in Bonn referiert,[41] aber an der inhaltlichen Diskussion nicht aktiv teilgenommen. In Erinnerung geblieben war ihm der persönliche Eindruck, den er von Marx gewann. Dieser habe bereits im Ruf eines in seinem Fach bedeutenden Gelehrten gestanden, doch habe er durch sein Auftreten auf diesem Kongreß keine neuen Anhänger finden können. In schneidend höhnischem Ton habe er nämlich jeden denunziert, der sich nicht von vornherein seinen Meinungen anschloss oder ihm gar zu widersprechen wagte.

Als wichtigste Erfahrung habe er – Schurz - angesichts des Auftretens von Karl Marx mit nach Hause genommen, dass selbst der überlegenste Geist seinen Einfluß auf andere verliere, wenn er diese durch fortwährende Demonstrationen seiner Überlegenheit zu demütigen suche[42].

Im Übrigen hielt Schurz nichts von der „theoretischen Kühnheit", die sich – abgehoben von allen „praktischen Eventualitäten" - darin gefällt, „das entfernteste Ziel zu ihrem nächsten zu machen. ... Man erinnere sich an das Ideal des Gesellschaftslebens und des socialistischen Staates. Wer ... von der Höhe dieser Ideale herab zu construieren beginnt, der wird einem Menschen zu vergleichen sein, welcher, um eine Pyramide zu bauen, zuerst einen Punkt in der Luft für den obersten Schlußstein bestimmen und dann allmählich heruntersteigend die breite Basis der festen Erde gewinnen wollte."[43] Das hielt Schurz für Traumtänzerei.

5. Kapitel
Die Reaktion

Politischer Wandel in Berlin

Schon in den Sommermonaten 1848 befiel Schurz eine Ahnung, dass die Revolution noch keineswegs gewonnen, die Märzforderungen noch keineswegs gesichert seien. Zum einen kamen aus Berlin befremdliche Nachrichten. Der preußische König, der sich zunächst leutselig bei Sonntagsspaziergängen unter das Volk gemischt hatte, ziehe sich immer stärker zurück. Er schien den Schock der Märzunruhen überwunden zu haben und wieder romantische Vorstellungen von seiner im Gottesgnadentum wurzelnden Stellung zu pflegen. Seine Umgebung – der Hofadel, die Landjunker, vor allem aber das hohe Militär bestärkten ihn offenbar in seiner Gegnerschaft zum Gedanken der Volksrepräsentation. Zum anderen hatte der König in seiner Armee eine entscheidende Stütze seiner Macht, die Nationalversammlung in der Frankfurter Paulskirche hingegen hatte keine Waffen. Ihre Autorität konnte sich nur auf ihr moralisches Ansehen stützen. Dieses aber litt immer mehr unter den Flügelkämpfen radikaler Gruppen, wie sich am deutlichsten bei den Auseinandersetzungen um den Waffenstillstand von Malmö zeigte.

Der Frankfurter Aufstand

Im Frühjahr 1848 hatte Dänemark das Herzogtum Schleswig seinem Staatsverband einverleibt. Die deutschen Einzelregierungen und mit ihnen der Deutsche Bund betrachteten dies als einen Angriff auf eines ihrer Mitglieder und damit als einen Bündnisfall. Die Frankfurter Nationalversammlung übernahm diese Position. Preußische und andere Bundestruppen rückten über Holstein nach Schleswig ein. Ein Vorschlag Großbritanniens, Schleswig entlang der Volksgrenzen zu teilen, scheiterte an den Konfliktparteien. Am 26. August 1848 jedoch schlossen Dänemark und Preußen einen Waffenstillstand, der mit dem vereinbarten Rückzug der preußischen Truppen fast wie eine Kapitulation wirkte[44]. Der Waffenstillstand kam für die Öffentlichkeit völlig überraschend und rief in ganz Deutschland eine Welle der Entrüstung hervor. Am 5. September beschloss die Nationalversammlung zwar mit knapper Mehrheit, den Waffenstillstand auszusetzen. Am 16. September jedoch, nachdem einige Überläufer in ihren Reihen die Seiten gewechselt hatten, stimmte sie dem Waffenstillstand zu.

Schon in den Tagen zuvor war es in ganz Deutschland zu Demonstrationen gegen den Waffenstillstand gekommen. Kinkel ließ die Bonner Zeitung drei Tage lang mit Trauerrand erscheinen.[45] Die Radikalen der Linken riefen in Frankfurt und Umgebung zu einer Großkundgebung gegen die Mehrheit der Paulskirchenversammlung auf, die sie als Hochverräter an der deutschen Nation bezeichneten, deren Mandat nunmehr erloschen sei. Gegen eine angekündigte bewaffnete Demonstration mussten preußische, hessische und österreichische Truppen zu Hilfe gerufen werden. Von überall kamen bewaffnete Radikale angereist, um die Paulskirche zu stürmen. Zwei konservative Parlamentsmitglieder wurden in den Tumulten ermordet. Es folgte ein Kampf in den Straßen von Frankfurt, bis der Aufstand durch die herbeigezogenen Truppen niedergeschlagen war.

Auf seiner Reise zum deutschen Studentenkongreß in Eisenach hatte Carl Schurz noch die in der Stadt aufgeschlagenen Biwaks der siegreichen Truppen gesehen. Er fühlte, dass die Sache der Freiheit und der nationalen Souveränität einen schweren Schlag erlitten hatte. Die Nationalversammlung, die die Souveränität des deutschen Volkes repräsentierte, hatte bei der bewaffneten Macht der Fürsten gegen „das Volk" Schutz suchen müssen. Vor allem die beiden Morde an Parlamentsmitgliedern desavouierten die seit den Märztagen eingetretene politische Entwicklung auch in den Augen des liberalen Bürgertums[46]. Im Rückblick meinte Carl Schurz, der im März begonnenen Revolution, für die er sich so begeistert eingesetzt hatte, sei damit das Rückgrat gebrochen worden.

Wien und die preußische Verfassungskrise

Im Oktober 1848 hoffte Schurz, dass der Funke eines von Ungarn ausgehenden Aufstands, der sich bis Wien ausgebreitet hatte, die Revolution in Deutschland noch einmal entzünden könnte. In der Bonner Zeitung musste er jedoch am 29. Oktober 1848 resümieren[47]: „Gespannt und immer gespannter sehen wir seit einer Reihe von Tagen den Nachrichten von Wien entgegen; Hoffnungen wechselten mit Befürchtungen, und nach und nach bekam der Gedanke immer mehr Wahrscheinlichkeit, dass die Sache der Freiheit dort wohl verloren sei."

Der österreichische Kaiser hatte den Aufstand in Wien niederschlagen lassen. Dies führte in Berlin zu Solidaritätskundgebungen und Demonstrationen. Der König befahl daraufhin am 8. November, die Tagungen der *preußischen* Nationalversammlung in die Stadt Brandenburg zu verlegen. Die preußische Nationalversammlung weigerte sich, diesen Befehl zu befolgen. Sie rief vielmehr in ihrer letzten Sitzung am 15. November zu einer allgemeinen Steuerverweigerung auf; solange sie nicht ungestört in Berlin ihre Beratungen fortsetzen könne, sei die Regierung nicht berechtigt, über Staatsgelder zu verfügen und Steuern zu erheben.

Kinkel und Schurz mussten nun beobachten, dass dieser Aufruf zum passiven Widerstand nur schwach befolgt wurde. Gerade die Kaufleute, Handwerker und sonstigen Selbständigen waren der ständigen Demonstrationen und Tumulte müde, durch die sie auch angesichts der Reaktionen des Militärs ihre persönliche Sicherheit beeinträchtigt sahen. Die Demokraten in Bonn glaubten aber noch, durch Aktionen im lokalen Bereich die allgemeine öffentliche Meinung in Preußen für eine „Steuerverweigerung" gewinnen zu können. Unter Kinkels Führung vertrieben sie die Steuerbeamten von den Stadttoren, wo die Schlacht- und Mahlsteuer auf hereingebrachte Lebensmittel erhoben wurde. Die Bauern waren auch sofort bereit, ihre Produkte steuerfrei in die Stadt zu bringen. Am nächsten Tag begaben Kinkel und Schurz sich mit einem schnell gegründeten „Sicherheitsausschuß" zum Rathaus. Sie forderten vom Oberbürgermeister, die von der preußischen Nationalversammlung als der in ihren Augen höchsten preußischen gesetzgebenden Autorität beschlossene Steuerverweigerung allgemein zur Geltung zu bringen. Doch noch während sie ihm ihre Forderung erläuterten, drang Marschmusik von draußen in den Saal. Eine Infanterietruppe nahm auf dem Marktplatz Stellung.[48] Auf die ironische Frage des Bürgermeisters, ob sie dies hörten, fand die Unterredung mit ihm ein plötzliches Ende.

Das Scheitern der Paulskirche

Noch im November hatte der König in Berlin die preußische Nationalversammlung aufgelöst und aus eigener Machtvollkommenheit eine neue Verfassung für Preußen oktroyiert. So kam es am 5. Februar 1849 zur Wahl eines neuen preußischen Landtags, durch die Kinkel einen Abgeordnetensitz in Berlin erlangte. Schurz musste nun an seiner Stelle die Redaktion der Neuen Bonner Zeitung leiten.

Voll Ungeduld wartete Schurz darauf, dass die in der Frankfurter Paulskirche tagende *deutsche* Nationalversammlung, die ständig mit tagespolitischen Fragen befaßt war, endlich mit ihrer eigentlichen Aufgabe begänne, nämlich mit dem Entwurf einer deutschen Verfassung. Immerhin, am 27. Dezember 1848 war der Grundrechte-Katalog fertiggestellt; er wurde vorab als Bundesgesetz des Deutschen Bundes in Kraft gesetzt. Aber erst am 27. März 1849 konnte die Nationalversammlung endlich die Annahme einer Reichsverfassung beschließen. Sie hatte das Reich als Bundesstaat konzipiert. Die Regierung sollte dem Parlament verantwortlich sein. Für die Staatsspitze war ein Erbkaisertum vorgesehen. Hierfür kam nur der preußische König in Betracht. Am anderen Tag wurde die Reichsverfassung formell verkündet und Friedrich Wilhelm IV zum Erbkaiser gewählt.

Am 3. April 1849 trug eine Delegation von 32 Abgeordneten dem preußischen König in Berlin die deutsche Kaiserkrone an. Dieser aber lehnte ab. Eine solche Entscheidung bedürfe des freien Einverständnisses der gekrönten Häupter, der Fürsten und der freien Städte Deutschlands. Anders würde er sich der Verletzung heiliger Rechte und seiner früheren ausdrücklichen und feierlichen Versicherungen schuldig machen. Im vertraulichen Kreis sprach er von einer Parlamentskrone „aus Dreck und Letten", einem „Hundehalsband, mit dem man mich an die Revolution von 1848 ketten will"[49].

In der Neuen Bonner Zeitung schrieb der schwer enttäuschte Student Carl Schurz am 2. Mai 1849 in zorniger Ironie: „Die Geschichte und als ihr zerbrechliches Werkzeug ein König, haben die Frage, ob ein Kaisertum in Deutschland möglich sei, trefflich beantwortet. ...Die Würfel sind gefallen; das Gericht der Geschichte hat die Wahl unabweisbar gemacht: Vernichtung der Monarchie oder Untergang der Freiheit! Wähle nun, deutsches Volk, und wenn du gewählt hast, wird es sich zeigen, wer von deinen Söhnen den Geist der Zeit versteht und wer ein Narr oder ein Dummkopf ist."[50]

Die Reichsverfassungskampagne

Achtundzwanzig Staaten stimmten der Verfassung zu, nicht aber Preußen, Hannover, Bayern, Sachsen. Am 4. Mai forderte die Nationalversammlung die einzelnen Staatsorgane und das gesamte deutsche Volk auf, „die Verfassung des deutschen Reiches zur Anerkennung und zur Geltung zu bringen". Dies war der Auftakt zu einer letzten Anstrengung, die Märzforderungen von 1848 zu verwirklichen – die sogenannte Reichsverfassungskampagne. In Sachsen sah sich der König zur Flucht genötigt; seine Autorität wurde mit Hilfe preußischer Truppen wiederhergestellt. In der bayerischen Rheinpfalz schien der Widerstand erfolgreich. Hier war es schon am 30. April zu Unruhen gekommen, sogar zur Einsetzung einer provisorischen Regierung. Und im Großherzogtum Baden schloss sich fast die gesamte Armee der Erhebung an und lieferte den Aufständischen die erst seit wenigen Jahren errichtete „Bundesfestung“ Rastatt aus.

6. Kapitel
Der Revolutionär

Der Marsch zum Siegburger Zeughaus

In Köln war angesichts der Stationierung preußischer Truppen jede Erhebung aussichtslos. Nur in den Fabrikdistrikten auf dem rechten Rheinufer, in Iserlohn, Düsseldorf und Elberfeld, kam es zu offenen Meutereien, als die Landwehr mobilisiert wurde, um in Baden und in der Pfalz für Preußen eingesetzt zu werden. Auch Carl Schurz erhielt einen Einberufungsbefehl und wurde gemustert. Die Abneigung der Einberufenen im Rheinland, für das ungeliebte Preußen zu kämpfen, schien Kinkel und seinen Bonner Demokraten ein geeigneter Ansatz, um das Steuer doch noch herumzureißen. Wenn die Landwehr nicht die Verteidiger der Reichsverfassung bekämpfen wollte, so mussten sie selbst die Waffen gegen die preußische Regierung ergreifen. Dazu war es notwendig, sich in den Besitz dieser Waffen zu setzen, die in den Zeughäusern der Landwehr gespeichert lagen. Ein solches Zeughaus befand sich in Siegburg, einige Stunden von Bonn auf der rechten Rheinseite.[51]

Der ehemalige Artillerieleutnant Fritz Anneke war zur Übernahme der militärischen Führung bereit. Am 10. Mai 1849 veranstaltete der demokratische Verein eine Versammlung der Einberufenen aus der Stadt und dem Umland im „Römer". Den ganzen Tag über kamen Landwehrleute hinzu. Sie alle wurden aufgefordert, der Einberufung durch die preußische Regierung nicht Folge zu leisten, sondern die Reichsverfassung und damit die Freiheit und Einheit des deutschen Volkes zu verteidigen. Die Redner schienen damit auf breite Zustimmung zu stoßen.

Die Zeit drängte. Carl Schurz bereitete den Fährdienst über den Rhein vor, der für den Marsch nach Siegburg notwendig war. Er war sich der Tragweite seines Handelns bewußt. In der Abenddämmerung ging er noch nach Hause, um seine Eltern zu informieren und Abschied zu nehmen. Er war erleichtert, als er seine Eltern in gefaßter Stimmung vorfand und auf Verständnis stieß.

Gegen Mitternacht setzte man über den Rhein. Kinkel war mit einer Muskete über der Schulter erschienen. Die meisten waren bewaffnet, aber nur wenige mit Schießgewehren. Carl Schurz hatte man eine Kugelbüchse mitgebracht, aber ohne passende Munition. Auf der anderen Rheinseite angekommen stellte Anneke fest, dass seine Truppe nicht ganz 120 Mann zählte. Diese geringe Zahl war eine bittere Enttäuschung. Bei vielen Teilnehmern an der Versammlung im Römer schien doch die Begeisterung im Laufe des Tages verflogen zu sein. Die Übriggebliebenen formierten sich zu einer Kolonne und marschierten in Richtung Siegburg.

Die revolutionäre Aktion war allerdings nicht geheim geblieben. Nach einer halben Stunde wurden sie von zwei zu ihren Hilfswilligen gehörenden Reitern informiert, dass sie von einer Truppe der in Bonn stationierten Dragoner verfolgt würden. Nach kurzer Zeit konnten sie deren Trabsignal hören. Sofort ließ ihr Anführer Anneke halt machen. Er wies darauf hin, dass sie ohne die Waffen, die sie im Siegburger Zeughaus zu erbeuten trachteten, nicht imstande seien, den Dragonern erfolgreichen Widerstand zu leisten. Jeder sollte, wenn er sich weiter der Sache des Vaterlandes widmen wolle, auf eigene Faust nach Elberfeld gehen, oder nach der Pfalz, wohin er selbst sich begeben werde. Die Kolonne löste sich auf. Schurz konnte von seinem Versteck am Straßenrand beobachten, wie etwa dreißig Dragoner in Richtung Siegburg vorbeiritten. Nun wurde er sich bewußt, welch lächerlichen und schmachvollen Ausgang das gesamte Unternehmen genommen hatte. Sie hatten mit großen Worten Leib und Leben für die Freiheit und Einheit des deutschen Volkes zu opfern versprochen, nun aber waren sie vor einer Handvoll Soldaten auseinander gelaufen, ohne einen Schuß zu feuern.

Schurz hatte in der Dunkelheit Kinkel nicht finden können. Mit zwei Kameraden traf er am frühen Morgen in Siegburg ein, wo sie von ihren Freunden des dortigen Demokratischen Vereins erwartet wurden. Die Stimmung war wenig ermutigend. Im Laufe des Tages versammelte sich eine große Menschenmenge, zumeist einberufene Landwehrleute. Schurz, in geradezu fieberhafter Erregung, forderte die Menge wiederholt zur Erstürmung des Zeughauses auf. Aber trotz seiner immer heftiger werdenden Reden hatte sich die Menge am Abend verlaufen. Nun beschloss er, mit seinen beiden Kameraden nach Elberfeld zu gehen, von wo noch von Kämpfen berichtet wurde. Am nächsten Tag dort angekommen fanden sie zwar Barrikaden auf den Straßen, im Übrigen aber nur viel Lärm in den Wirtshäusern, weder ein systematisches Kommando noch Disziplin. Hier schien der Kampf von vornherein aussichtslos.

Da faßte auch Schurz den Entschluß, nach der Pfalz zu gehen. Einer seiner Kameraden und Mitarbeiter in der Redaktion, der Medizinstudent Ludwig Meyer, war bereit, ihn zu begleiten. In Düsseldorf bestiegen sie einen Dampfer und fuhren rheinaufwärts bis St. Goarshausen. Dort fanden sie bei einem Frankonenfreund sicheren Unterschlupf. Ein weiterer Freund, der Student Philipp Wessel, war ihnen von Bonn nachgekommen. Unter dem Loreleyfelsen wurde die Lage besprochen. Meyer wollte nun doch mit Rücksicht auf seine Familie nach Bonn zurückkehren. Beide – Wessel und Meyer – wurden nach ihrer Rückkehr von der Universität verwiesen. Beiden gelang jedoch später der Wiedereintritt in die akademische Laufbahn. Wessel wurde Privatdozent für Geographie, Meyer war 1884 Rektor der Universität Göttingen.[52] Schurz aber litt zu sehr unter der Schmach der Siegburger Unternehmung. Er meinte, dass eine Rückkehr zu seinen Freunden in Bonn unter diesen Umständen unmöglich sei. Überdies mochte er immer noch nicht glauben, dass eine so große, so gerechte, so heilige Sache wie die der deutschen Einheit und Volksfreiheit verloren gehen könne. So fuhr er allein weiter rheinaufwärts nach Mainz. In der aufständischen Pfalz wollte er der provisorischen Regierung seine Dienste anbieten. Ihm war, als nehme er Abschied von seiner Heimat, seinen Freunden, seiner Studentenzeit, als seien nun die Lehrjahre zu Ende.

Die pfälzisch-badische Erhebung

In Mainz angekommen nahm Schurz Kontakt zum dortigen Demokratischen Verein auf. Er erfuhr, dass Kinkel die Stadt passiert habe. Der Kommandant eines rhein-hessischen Korps in Kirchheimbolanden könne ihm wohl Näheres sagen. So schulterte Schurz seinen Tornister und marschierte die etwa vierzig Kilometer dorthin und – von dort weiterverwiesen – noch fünfunddreißig Kilometer nach Kaiserslautern, der revolutionären Hauptstadt der Pfalz. In Kaiserslautern traf er Kinkel und Anneke. Kinkel fungierte als einer der Sekretäre der provisorischen Regierung, Anneke war der Chef der pfälzischen Artillerie. Anneke riet Schurz, sich ihm anzuschließen, er könne ihm eine seinen Fähigkeiten angemessene Stellung verschaffen. Damit war Schurz einverstanden. Anneke erwirkte bei der provisorischen Regierung seine Ernennung zum Leutnant und seine Verwendung im Stab des Artilleriechefs. Ihm wurde ein junger Pfälzer namens Adam als Bursche zugeordnet. Außerdem erhielt er ein Pferd, nachdem er einen wenige Stunden umfassenden Reitkurs absolviert hatte.

Die Ausrüstung der pfälzischen Freischärler erschien Schurz als unzureichend. Die Artillerie bestand nur aus den Böllern der rheinhessischen Freikorps, aus einem halben Dutzend ähnlicher kleiner Kanonen und aus einer später von der badischen provisorischen Regierung erstandenen Sechspfünder-Batterie. Insgesamt schätzte Schurz, dass man in der Pfalz nicht mehr als sieben- bis achttausend Mann zum großen Teil schlecht bewaffneter und durchweg schlecht disziplinierter Truppen zur Verfügung hatte. In Baden war es um die militärische Stärke besser bestellt. Dort hatten sich Infanterie und Artillerie sowie ein großer Teil der Kavallerie des Großherzogtums Baden den Aufständischen angeschlossen. Sie verfügten somit über ein gut ausgerüstetes Armeekorps von etwa fünfzehntausend Mann. Ohne besondere Schwierigkeit hätten sogar wesentlich mehr Truppen ausgerüstet werden können, weil mit der Festung Rastatt auch deren Waffen-, Munitions- und Montierungsvorräte in die Hände der Aufständischen gefallen waren.

Trotz dieser Schwächen hoffte man noch darauf, der von Preußen betriebenen Gegenrevolution standhalten zu können. Man konnte sich offenbar nicht vorstellen, dass der König von Preußen mit einem militärischen Angriff ernst machen und damit neue Volksaufstände riskieren würde. Wie im März 1848 würden sich die Volkserhebungen über ganz Deutschland hin ausbreiten. Solche Hoffnungen waren jedoch ohne Grundlage. Die Bevölkerung war der Unruhen müde. Die Frankfurter Nationalversammlung, bei der nur noch etwa hundert Abgeordnete verblieben waren, hatte sich als „Rumpfparlament" nach Stuttgart zurückgezogen und wurde am 18. Juni mit Hilfe württembergischer Truppen auseinandergetrieben.

Am 12. Juni rückte eine Abteilung preußischer Soldaten in die Pfalz ein. Da die pfälzischen Streitkräfte deren Übermacht nicht gewachsen waren, mussten sie sich aus der Pfalz in Richtung Baden zurückziehen, um sich mit den dortigen Revolutionstruppen zu vereinen. Sie überquerten den Rhein und nahmen nach kleineren Gefechten mit der preußischen Vorhut schließlich - bei Rastatt angekommen - ihre Stellung an der Murg ein, den linken Flügel an die Festung Rastatt angelehnt. Hier wurden sie dem revolutionären badischen Armeekommando unterstellt.

Schurz hatte den gesamten Rückzug von Kaiserslautern bis Rastatt zu Pferd mitgemacht. Er erklärt in seinen Erinnerungen, er habe die Situation damals selbst nicht klar durchschaut.[53] Seine Aufmerksamkeit war auf das unmittelbare Erleben gerichtet. Zu seiner Verwunderung verspürte Schurz keine Angst, als in den kleinen Gefechten Kanonenkugeln über ihren Köpfen flogen. Auch beim Anblick der Verwundeten kam ihm nicht in den Sinn, dass ihm im nächsten Augenblick Ähnliches geschehen könne. Als Anneke ihn immer wieder mit Befehlen hin und her schickte, habe er an nichts als an den auszuführenden Auftrag und den Gang des Gefechts gedacht, wie er ihn beobachten konnte.

Die Verteidigung von Rastatt

Am Nachmittag des 30. Juni sandte Anneke ihn mit einem Auftrag, der die Artilleriemunition betraf, in die Festung. Anschließend sollte er in einer der großen Bastionen auf ihn warten; er werde bald nachkommen. Als Anneke bei Sonnenuntergang noch nicht erschienen war, bestieg Schurz sein Pferd, um ihm entgegenzureiten. Am Tor musste er jedoch erfahren, dass das Hauptkorps gegen Süden abgedrängt worden sei. Die Preußen hatten die Festung völlig eingeschlossen. Nun war Schurz von seiner Truppe abgeschnitten. Er meldete sich deshalb beim Festungskommandanten Oberst Gustav Tiedemann, der ihn in seinen Stab aufnahm. Im Hause des Konditors Nusser am Marktplatz wurde ihm und seinem Burschen Adam ein Quartier zugewiesen.

Die Aufgaben, denen Schurz sich nun zu widmen hatte, waren nicht schwierig. Oben auf der höchsten Galerie des Schlossturms sollte er in regelmäßigen Abständen mit einem Fernrohr den Feind beobachten und darüber Meldung erstatten. Außerdem sollte er periodisch bestimmte Wälle und Tore abgehen und die Wachtposten inspizieren. Um ihm das notwendige äußere Ansehen zu geben, erhielt er die Uniform eines regulären badischen Infanterieleutnants.

Bei seiner Observation des Feindes sah Schurz die Postenketten und die hin- und her schwärmenden Reiterpatrouillen. Er sah die auf die Festung gerichteten Kanonen und die von Tausenden von Menschen wimmelnden Lager. An einem Morgen lagen sie einige Stunden lang unter Granatfeuer, sonst aber gab es in der Festung keine Kampfhandlungen. Die Soldaten übten sich in ihrer Dienstroutine, die Zivilisten gingen ihren Geschäften nach, soweit ihnen dies in dem bedrängten Zustand noch möglich war. Immer wieder tauchten Gerüchte auf, in denen von Siegen revolutionärer Armeen draußen im Lande die Rede war. Selbst manche Offiziere glaubten zuweilen, den Kanonendonner von Entsatztruppen zu vernehmen. Und doch war es bei ruhigem Nachdenken völlig klar, dass eine Kapitulation unausweichlich auf sie zukam. Und dann? fragte sich

Carl Schurz, und gab sich selbst zur Antwort: sie würden den Preußen in die Hände fallen, dem Oberbefehlshaber der preußischen Truppen in Baden, dem „Prinzen von Preußen". Von diesem glaubte man allgemein, dass er es war, der am 18. März 1848 in Berlin den Befehl gegeben habe, auf das Volk zu schießen, was ihm den Titel „Kartätschenprinz" eingetragen hatte. Die Abneigung der Berliner war damals so groß gewesen, dass er heimlich nach England hatte fliehen müssen. Von ihm war keine Gnade zu erwarten. Geborene Preußen – das waren auch die Bewohner der Rheinprovinz – hatten die beste Aussicht, standrechtlich erschossen zu werden, und zwar vor allem dann, wenn sie im militärdienstpflichtigen Alter standen, wie es bei Carl Schurz der Fall war.

In der dritten Belagerungswoche erschien ein preußischer Parlamentär mit der Aufforderung zur Übergabe der Festung. Er erklärte, es stehe kein bewaffneter Aufständischer mehr auf deutschem Boden. Die badisch-pfälzische Armee habe aufgehört zu existieren. Das preußische Oberkommando war bereit, diese Behauptung durch einen Vertrauensmann der Besatzung von Rastatt überprüfen zu lassen. Festungskommandant Tiedemann ging auf dieses Angebot ein. Der Vertrauensmann kam am dritten Tag zurück und bestätigte, dass die Revolutionsarmee auf schweizerisches Gebiet übergetreten sei und an der Grenze ihre Ausrüstung abgelegt habe. Aus Zeitungen ergebe sich, dass in Deutschland keine Spur einer revolutionären Bewegung mehr zu erkennen sei. Das preußische Oberkommando bestand auf einer Übergabe „auf Gnade oder Ungnade". Damit musste sich der Festungskommandant zuletzt einverstanden erklären. Er gehörte zu den ersten, die in den folgenden Wochen standrechtlich erschossen wurden.

Letzte Briefe

Am Abend des 21. Juli, als die Aussichtslosigkeit jedes Widerstands offenkundig wurde, zog Carl Schurz sich zurück, um an

Eltern und Geschwister einen Abschiedsbrief zu schreiben[54]. Er erläuterte ihnen, dass er nun mit dem Tod oder jedenfalls einer lebenslangen Haft zu rechnen habe. Er sei sich bewußt, wie sehr er seine Familie enttäuscht haben musste, die so viele Hoffnungen auf ihn gesetzt habe. Sei er nur leichtsinnig gewesen und einem kindischen Ehrgeiz gefolgt? Diese Frage laste schwer auf ihm, er meine, er könne von sich sagen, er habe seine Pflicht getan „mit Mut und Ehre“. Diese stolze Behauptung scheint allerdings seine Selbstzweifel nicht ausgeräumt zu haben. Denn im Folgenden gestand er ein, ihm hätten bei der Beurteilung „großer Verhältnisse“ Kenntnisse und Erfahrung gefehlt. Er habe gewußt, dass sein Leben voll von Stürmen und Gefahren sein werde, weil er zu stolz war, um ihnen auszuweichen, nur habe er sich vorgestellt, dass er untergehen werde als ein Mann, dessen Erinnerung ein reiches Leben voll bedeutender Taten umschließe. Der Abschied falle ihm schwer; er könnte weinen wie ein Kind, doch er dürfe nicht mehr weinen, denn er stehe ja vor dem Tode. Er hoffe, den Eltern biete die Gewißheit Trost, „daß ich im Leben wie im Tode es wert war, Euer Sohn zu sein.“

Zwei Tage später sollten die eingeschlossenen Truppen zur festgesetzten Stunde aus den Toren marschieren und draußen die Waffen niederlegen. Zuvor begab Carl Schurz sich noch in sein Quartier, um einen letzten Brief auch an seine Freunde zu richten[55]. Er rief zunächst eine gemeinsame „schöne Vergangenheit“ in Erinnerung, um dann auch hier Selbstkritik zu üben. Er stimmte den Freunden zu, die seinen Ehrgeiz für zu groß gehalten hatten. Er habe nie der Zweite sein wollen, wo er der Erste sein konnte. Er sei auf dem Wege gewesen, ein herrschsüchtiger und intoleranter Mensch zu werden. Erst in der Pfalz habe er erkannt, dass seine mangelhaften Kenntnisse und Erfahrungen ihm den Stempel eines unbedeutenden Individuums aufdrückten. Er habe viel gelernt, doch sei ihm nun die Hoffnung abgeschnitten, ein brauchbarer Mensch werden zu können. „[M]eine Freiheit sehe ich vernichtet, wo mein guter Wille im Begriffe war, sich mit Klarheit zu verbünden.“ Das sei das schwere Unglück, das auf seinen Schultern laste.

Und er wünschte sich: „Gedenkt noch zuweilen eines Freundes, der sein Leben daran setzte, eine Idee zu realisieren, bevor er die Mittel kannte.“

Die beiden Briefe übergab er seinem Wirt, der ihm versprach, sie der Post zu übergeben, sobald die Stadt wieder offen sein werde. Der Wirt hat dieses Versprechen gehalten.

7. Kapitel
Der Flüchtling

Flucht aus der Festung Rastatt

Als die Signale zum Antreten ertönten, erinnerte Carl Schurz sich plötzlich, dass er vor einigen Tagen einen unterirdischen Abzugskanal für das Straßenwasser bemerkt hatte, der bei dem Steinmauerner Tor aus dem Inneren der Stadt unter den Festungswerken hindurch ins Freie führte. Wäre es nicht möglich, durch diesen Kanal zu entkommen? Er wollte es versuchen[56]. Seinen Burschen Adam und den ihm bekannten Artillerieoffizier Albert Neustädter, der auf dem Weg zum Appell zufällig vorbeikam, weihte er in den Plan ein; sie wollten mitmachen. Adam besorgte schnell einigen Proviant.

Als die versammelte Besatzung begann, in geschlossenen Kolonnen über den Markt zu marschieren, schlossen sie sich der letzten Kolonne an und schlugen sich kurz darauf in eine Seitengasse. Sie erreichten den Beginn des Kanals. Es war eine aus Ziegelsteinen gemauerte Röhre, in der sie nur in stark geduckter Stellung Platz fanden und sich nur halb gehend, halb kriechend fortbewegen konnten. Bis über die Fußgelenke standen sie im Wasser. In regelmäßigen Abständen war der Kanal mit Luftschächten versehen, die oben mit eisernen Gittern verschlossen waren. Durch sie kam etwas Tageslicht herein. Sie hatten etwa die Hälfte der Strecke hinter sich gebracht, als sie auf ein Brett stießen, das sich zwischen den Wänden einklemmen ließ und als Sitzbank dienen konnte. Dort wollten sie die Dunkelheit abwarten. Als sie die Turmuhr neun Uhr schlagen hörten, hatte es aber zu regnen begonnen. Das Wasser stieg sehr schnell und reichte ihnen in ihrer sitzenden Stellung bis zu Brust. Sie beschlossen deshalb, ihre Flucht fortzusetzen.

Schon nach einigen Schritten stießen sie in der Finsternis gegen ein eisernes Gitter, das offenbar ein feindliches Eindringen durch den Kanal verhindern sollte. Das Gitter ließ sich nicht bewegen. Es reichte aber nicht ganz zum Boden. Sie konnten unter dem Gitter hindurchtauchen. Danach ging es schnell voran. Als sie glaubten, kurz vor der Mündung des Kanals ins Freie angekommen zu sein, hielten sie inne, um sich einen Moment zu erholen. Da hörten sie Postenrufe, die erkennen ließen, dass draußen eine dichte Kette von preußischen Wachtposten stand, die gerade eine Patrouille passieren ließ. Schurz schlich vorsichtig weiter und erkannte hinter dem Gebüsch, das die Kanalmündung bedeckte, die Gestalten eines preußischen Doppelpostens.

Sie mussten also zurück. Es hatte aufgehört zu regnen. Wieder krochen sie unter dem Gitter durch und rasteten auf dem Brett, wo sie endlich auf das durchnäßte Brot und die Würste zugreifen konnten, ebenso auf eine der von Adam besorgten Flaschen, die allerdings nicht den erhofften Wein, sondern Rum enthielten. Hier berieten sie ihr weiteres Vorgehen. Adam erklärte, er habe eine Base, die nicht weit vom inneren Kanaleingang wohne. Sie sollten versuchen, zunächst bei ihr unterzukommen. Am Eingang des Kanals wieder im Freien sprangen sie über Hecken und Zäune und fanden neben dem Haus der Base eine Scheune, in der sie sich auf dem Heu ausstreckten, um die Morgendämmerung abzuwarten. Um sechs Uhr holte Adam die Base, die mit ängstlicher Miene erklärte, dass noch am Morgen preußische Kavalleristen bei ihr einquartiert würden. Sie könnten deshalb nicht bei ihr bleiben. Sie zeigte aber auf einen Graben auf der anderen Seite des Hofes, in welchem sie sich wohl verstecken könnten. Inzwischen regnete es wieder in Strömen. Sie liefen zu diesem Graben und fanden an seinem Ende gestapeltes Brennholz, das in der Form eines nach einer Seite offenen Vierecks aufgeschichtet war. In diesem Raum ohne Dach setzten sie sich auf die Holzblöcke. Gegen Mittag kam ein Arbeiter mit einer Holzsäge, dem sie sich anvertrauen mussten. Er zeigte ihnen ganz in der Nähe einen großen Schuppen, unter dessen Dach sich ein kleiner Bretterverschlag befand. In diesen Verschlag krochen sie hinein.

Während sie noch warteten, bis der Helfer ihnen, wie er versprochen hatte, etwas zu essen brächte, kam kurz nach vier Uhr ein Trupp Reiter an und begann, den Schuppen zur Unterbringung von Kavalleriepferden einzurichten. Um nicht entdeckt zu werden, durften sie sich in dem engen Verschlag weder rühren noch miteinander sprechen. Nachts wurde es ruhiger, doch hörten sie eine Stallwache umhergehen. Der ganze nächste Tag ging dahin, ohne daß sie sich bewegen konnten. In der Nacht setzte wieder starker Regen ein. Sie tranken herabtröpfelndes Regenwasser. Wieder verging eine Nacht. Sie mussten nun den Versuch riskieren, sich aus dieser Lage zu befreien. Vorsichtig flüsternd verständigten sie sich, dass Neustädter, der am Ausgang lag, versuchen sollte, in einem kleinen Häuschen, das sie in der Nähe bemerkt hatten, Nahrungsmittel zu beschaffen und sich zu erkundigen, ob die preußische Postenkette noch um die Festung herum stehe. Dazu gab Schurz ihm seinen Geldbeutel. Neustädter verschwand lautlos und kehrte nach einer halben Stunde ebenso leise zurück. Er brachte ein Stück Brot – „alles was sie im Hause hatten“ – und einen Apfel. Er habe einen Mann und eine Frau gefunden und ihnen zehn Gulden gegeben, um Nahrung zu beschaffen.

Gegen Mittag hörten sie unter dem Verschlag geräuschvolles Arbeiten. Es war der Mann, den Neustädter aufgesucht hatte. Er schob einen zur Tarnung mit Handwerkszeug gefüllten Korb in den Verschlag, in dem sich ganz unten Brot, Würste und Wein befanden. Die preußischen Wachtposten, sagte er leise, seien nicht mehr draußen. Schurz bat ihn dafür zu sorgen, dass sie in der kommenden Nacht mit einem Kahn über den Rhein gebracht werden könnten. Auch möge seine Frau um elf Uhr nachts etwas zu essen für sie bereit halten. Dafür erhielt der Helfer noch etwas mehr Geld.

Am Nachmittag setzte in dem Schuppen wieder geräuschvolles Treiben ein. Die Reiter zogen ab, doch nahm sofort eine andere Truppe von dem Schuppen Besitz. Es handelte sich um eine Abteilung Husaren. Gegen Abend wurde unten offenbar ein Fest gefeiert. Auch weibliche Stimmen waren zu hören. Doch zur großen Erleichterung der Flüchtlinge ging das Fest um zehn Uhr endgültig zu Ende. Im Schuppen wurde nun so laut geschnarcht, dass man nichts anderes mehr hören konnte. Eine Patrouille ging nichtsahnend vorbei. Gegen elf schlichen sie sich aus ihrem Versteck.

Die Frau des Helfers hielt ein Abendessen für sie bereit. Dann schlichen sie wieder zum Eingang des Kanals, krochen hinein, rasteten kurz auf der Holzbank, krochen unter dem Eisengitter hindurch und standen kurz darauf am Ausgang. Die Postenkette war verschwunden. Sie entfernten sich von der Festung und hatten in weniger als einer Stunde das Dorf Steinmauern erreicht. Am Rheinufer wartete ein Kahn auf sie. Der Bootsmann, den sie wecken mussten, erhielt fünf Gulden. Sie stießen ab, und nach kurzer Fahrt setzte er sie unter einem Weidengebüsch an Land. Bis zur Morgendämmerung warteten sie, dann machten sie sich weiter auf den Weg. Nun mussten sie entdecken, dass sie auf eine Insel gebracht worden waren. Von der anderen Seite der Insel aus sahen sie auf der französischen Seite zwei Zöllner gehen. Sie riefen ihnen zu, dass sie Flüchtlinge seien und darum bäten, zum französischen Ufer geholt zu werden. Einer der Zöllner, ein Elsässer, brachte sie darauf hin mit einem Nachen auf elsässischen Boden. Sie befanden sich jetzt bei dem kleinen Dorf Münchhausen. Die Zöllner informierten sie darüber, dass in dem nahen Städtchen Selz viele deutsche Flüchtlinge angekommen seien. Dorthin wandten sie sich nun.

Der politische Flüchtling

Im Wirtshaus in Selz wurden sie von den anwesenden Flüchtlingen aus Baden willkommen geheißen. Noch waren sie zu erschöpft, um einen großen Bericht zu geben. Nachdem sie einen Zuber warmes Wasser, ein Frühstück und ein Bett erhalten hatten, versanken sie in einen tiefen vierundzwanzigstündigen Schlaf.

Dann aber mussten sie über ihre Flucht berichten. Schurz erfuhr nun auch, was mit Kinkel geschehen war. Er war am 29. Juni in einem Gefecht bei Rastatt am Kopf verwundet und von den Preußen gefangen genommen worden.[57] Er sei in die Festung Rastatt gebracht worden und warte dort auf die Vorführung vor ein Kriegsgericht. Sein Amt als Universitätsprofessor hatte er bereits verloren. Kinkel war nämlich am 30. Mai vom Kölner Landgericht wegen seiner führenden Rolle bei der Steuerverweigerungsaktion zu einem Monat Gefängnis und einer Geldstrafe verurteilt worden. Die Bonner Universität hatte dies sogleich zum Anlaß genommen, ihn seines Amtes zu entheben.

Nachdem Schurz erklärt hatte, dass sie nach Straßburg gehen wollten, erhielten sie vom Bürgermeister einen Laufpaß mit der Anweisung, sich in Straßburg sofort bei der dortigen Präfektur zu melden. Schmerzlich wurde Carl Schurz sich nun bewußt, dass er jetzt ein heimatloser Flüchtling war.

Von Selz wanderten die drei Flüchtlinge nun nach Straßburg. Carl konnte nicht wissen, dass inzwischen sein Vater auf der Suche nach ihm war und wenige Tage später in Selz auftauchen würde. Die Eltern hatten mit größter Bestürzung Carls Abschiedsbrief aus Rastatt erhalten, daraufhin entschloss sich der Vater zu einer Fahrt nach Rastatt, um durch seine Fürsprache den Sohn vor der Verurteilung durch ein Standgericht zu bewahren. In der Festung fand sich der Name Schurz allerdings nicht in der Liste der Gefangenen. Selbst die Suche in den Kasematten blieb vergeblich. Dort traf der Vater allerdings auf Kinkel, der auf sein Gerichtsverfahren wartete. Mit einem Funken Hoffnung wandte sich Christian Schurz nun nach Selz, wo er endlich von Carls Rettung erfuhr. Sofort machte er sich jetzt auf den Weg nach Bonn, um zuhause die freudige Nachricht zu überbringen.

Den drei in Straßburg angekommenen Flüchtlingen eröffnete der Präfekt, dass sie nur vorübergehend bleiben könnten. Die französische Regierung habe angeordnet, die nach Frankreich einströmenden Flüchtlinge auf bestimmte Städte im Landesinneren zu verteilen. Auch einen Paß für den Übertritt in die Schweiz dürfe er nicht ausstellen. Nach dieser Auskunft verabredeten sie sich, ohne Paß auf Schleichwegen in die Schweiz überzuwechseln. In ihrer Unterkunft im Gasthaus Rebstöckl erfuhren sie indessen, dass die einfachen pfälzischen und badischen Soldaten, die in der Revolutionsarmee gedient hatten, vom preußischen Militär ohne Kriegsgerichtsverfahren nach Hause geschickt würden. Nur Offiziere und besondere Übeltäter würden zurückbehalten. Damit stand der Rückkehr Adams in seine pfälzische Heimat nichts mehr entgegen. Dieser entschloss sich denn auch, sofort in die Pfalz zurückzuwandern.

Schurz und Neustädter kauften sich leichte Staubmäntel, die sie über ihren badischen Uniformen tragen konnten, und fuhren mit der Eisenbahn in Richtung Basel. Kurz vor der Schweizer Grenze stiegen sie aus und aßen in einem kleinen Wirtshaus zu Abend. Der Wirt zeigte ihnen einen Schleichweg über die Grenze, dem sie noch in der gleichen Nacht folgten. Auf Schweizer Boden angelangt erfuhren sie durch Zufall, dass die von Schurz gesuchten Freunde wohl unter den vielen deutschen Flüchtlingen in Dornachbruck bei Basel zu finden sein müßten. Schurz entschloss sich daraufhin, den Weg nach Basel einzuschlagen, während Neustädter nach Bern weiterwanderte, weil er dort eher eine Beschäftigung zu finden hoffte. Die beiden trafen sich erst achtzehn Jahre später in St. Louis am Mississippi wieder.

In Dornachbruck musste Schurz feststellen, dass Anneke und andere Freunde bereits vor wenigen Tagen nach Zürich abgereist waren. Doch fand er hier endlich einen Moment der Ruhe, um seinen Eltern zu schreiben, dass er gerettet sei. Seine finanziellen Mittel seien nahezu erschöpft. Er bat die Eltern, den Verleger der Neuen Bonner Zeitung zu fragen, ob er an der Veröffentlichung seines in Rastatt geführten Tagebuchs interessiert sei. Er hoffe, hierfür einen Vorschuß zu erhalten. Auch ein auf einen anderen Namen lautender Reisepaß wäre ihm sehr willkommen, damit er die Grenze nach Frankreich überschreiten könne, ohne als „Revolutionär“ zurückgewiesen zu werden.

Er blieb noch in Dornachbruck, um auf eine Antwort zu warten. Nach etwa zehn Tagen hörte er im Hausflur seinen Namen nennen. Es war sein Frankonenfreund Adolf Strodtmann, der im Auftrag der Eltern von Bonn angereist war. Carls Eltern hatten ihm einen Brief und einen Beutel voll Geld mitgegeben. Auch brachte Strodtmann Briefe von vielen seiner Universitätsfreunde mit, die ihm schrieben, wie sehr sie sich darüber freuten, dass er aus Rastatt entkommen sei. Mit einem Schlag war Schurz’ elegische Stimmung verflogen. Schon am anderen Tag machten sich die beiden auf nach Zürich, zuerst einen Tag lang zu Fuß, dann mit der Postkutsche. Und zu ihrer großen Überraschung standen vor ihnen, als die Kutsche in Zürich hielt, Anneke und die anderen Freunde, die ebenso überrascht waren wie sie selbst. Schurz wurde zunächst bei einer Bäckerswitwe untergebracht, dann – zu Beginn der Winterszeit – in der wärmeren Wohnung eines Kaufmanns.

Strodtmann musste schon zehn Tage nach ihrer Ankunft nach Bonn zurückkehren. Schurz fiel wieder in einen Zustand der Depression. Ihm wurde bewußt, was es bedeutete, als politischer Flüchtling auf neue Zeiten hoffen und warten zu müssen, ohne etwas Sinnvolles tun zu können. Er sehnte sich nach einer geregelten und nützlichen Tätigkeit. Dieses Bedürfnis schien zunächst durch militärische Studien befriedigt zu werden, die er mit seinen Freunden, die fast alle preußische Offiziere gewesen waren, anhand der militärischen Operationen in Baden anstellte. Darüber hinaus vertiefte er sich in historische Werke, die er in einer Bibliothek aufstöberte. Schließlich nahm er am Leben eines politischen Clubs teil, der sich wöchentlich traf. Hier ging es um die Fragen einer künftigen deutschen Revolution, für die man bereit sein wollte. Auch Schurz gab sich der Illusion über das Bevorstehen einer neuen revolutionären Bewegung hin. Glücklicherweise gelang es ihm, von seinem Freund Dr. Hermann Becker, dem wegen seiner roten Haare so genannten „roten Becker“, für die von diesem in Köln redigierte demokratische Zeitung als Korrespondent und Verfasser von

Artikeln arbeiten zu können. Damit war er jetzt in der Lage, einen bescheidenen Lebensunterhalt zu verdienen. Doch änderte dies alles nichts daran, dass das Flüchtlingsleben anfing, ihn „wie eine fürchterliche Öde anzustarren“.[58]

8. Kapitel. Die Befreiung Kinkels

Kinkels Verurteilung

Da erhielt Schurz im Februar 1850 einen Brief von Frau Johanna Kinkel, der ihn aus der Eintönigkeit seines Flüchtlingsdaseins riß und zu einer konkreten Tat aufrief. Es ging um Hilfe für seinen Freund Gottfried Kinkel, der um diese Zeit im Zuchthaus von Naugard bei Stettin eine lebenslange Freiheitsstrafe verbüßte und demnächst für einige Tage nach Köln gebracht werden sollte, um auch wegen des Marsches zum Siegburger Zeughaus vor Gericht gestellt zu werden.

Kinkel war am 4. August 1849 vom Kriegsgericht in Rastatt wegen Kriegsverrats zu einer lebenslänglichen Festungsstrafe verurteilt worden[59]. Er habe als preußischer Untertan mit dem Feind gemeinsame Sache gemacht und sich den preußischen Truppen entgegengestellt. Dieses Verbrechen sei nach den Gesetzen mit Todesstrafe bedroht, wenn dem Staat durch diesen Verrat ein erheblicher Schaden zugefügt wurde. Da im vorliegenden Falle ein solcher Schaden nicht nachgewiesen sei, werde nur auf lebenslängliche Festungsstrafe erkannt.

Die Anklagebehörde war der Auffassung, dass gegen Kinkel von Rechts wegen die Todesstrafe hätte ausgesprochen werden müssen. In einer an den König gerichteten Eingabe stellte sie „ehrerbietigst anheim“, das Urteil als ungesetzlich aufzuheben und über den Angeschuldigten von neuem kriegsrechtlich urteilen zu lassen. Allerdings wies sie zugleich darauf hin, dass ein von mehr als eintausend Einwohnern Bonns unterzeichnetes Begnadigungsgesuch für den Angeschuldigten eingereicht worden sei; auch sei zur Zeit gegen die Individuen, die (wie Kinkel) nur als Gemeine in der badischen Armee gedient hätten, auf Todesstrafe noch nicht erkannt worden. In einer von der preußischen Regierung gegengezeichneten Entscheidung vom 13. September 1849 erklärte der König, dass gegen Kinkel gemäß den Gesetzen zwar auf Todesstrafe hätte erkannt werden müssen, dass er jedoch gnadenhalber die Bestätigung des Urteils mit der Maßgabe befehle, dass die Festungsstrafe in einer Zivilanstalt verbüßt werde.

Die lebenslange Festungsstrafe war damit in eine Zuchthausstrafe umgewandelt. Was auf den ersten Blick als ein besonders wohlwollender Akt gelten mochte, erschien der Öffentlichkeit als eine perfide Strafverschärfung. Die Festungsstrafe sei nicht ehrenrührig. Sie bedeute Haft in einer Festung unter militärischer Bewachung, die die Menschenwürde des Gefangenen nicht angreifen sollte. Er behalte seine bürgerliche Identität, seinen Namen, seine Kleider. Ob hier nicht die Festungsstrafe mit dem bloßen Festungsarrest verwechselt wurde, mag dahinstehen. Die Bürger wurden darüber nicht aufgeklärt. Die Zuchthausstrafe jedenfalls galt dem gemeinen Schwerverbrecher, er war nur eine Nummer, wurde kahlgeschoren, trug Zuchthauskleidung, wurde mit „Du" angesprochen, hatte von früh bis spät schwere oder geisttötende Arbeit zu leisten und wurde, fall er das Arbeitssoll nicht erfüllte, mit Essensentzug und im Wiederholungsfalle mit Stockschlägen bestraft.

Die Behandlung Kinkels stieß in der rheinischen Bevölkerung auf allgemeine Entrüstung. Der bekannte idealistisch gesonnene Professor, der Autor der in ganz Deutschland gelesenen Ballade „Otto der Schütz", sollte mit kahlrasiertem Kopf in der grauen Kluft des Zuchthäuslers den Rest seines Lebens mit Wollespulen verbringen? Sein Student Adolf Strodtmann verfaßte in seiner Empörung das Gedicht „Das Lied vom Spulen", das am 17. Oktober 1849 in der Neuen Bonner Zeitung erschien.[60]. Bereits eine Woche später wurde dies zum Anlaß genommen, ihn von der Universität Bonn zu verweisen.

In ihrem Brief an Schurz schilderte Frau Johanna Kinkel nun die entsetzliche Lage ihres Mannes. Seit Monaten schon hatte sie sich bemüht, in Eingaben und Briefen, auch mittelbar über ihre zahlreichen Freunde, Hafterleichterung zu erwirken. Auch über Möglichkeiten einer Befreiung war im engsten Freundeskreis gesprochen, dieser Gedanke aber wegen mangelnder Aussicht auf Erfolg fallengelassen worden. Doch Frau Kinkel blieb unermüdlich. In ihrem Brief meinte sie, dass sich vielleicht eine günstige Gelegenheit für einen Befreiungsversuch bieten könnte, wenn Kinkel demnächst in Köln wegen des Marsches zum Siegburger Zeughaus erneut vor Gericht stehe. Sie bat Carl Schurz um Rat, weil sie, wie sie schrieb, sowohl seiner Freundschaft als auch seinem Urteil vertraue.

Durch den Brief innerlich aufgewühlt sah Carl Schurz vor seinem geistigen Auge den Professor Kinkel in seiner Zuchthäuslerjacke am Spulrad sitzen. Nicht nur seiner Familie, sondern auch Deutschland müsse er zurückgegeben werden. Es schmeichelte Schurz, dass Johanna ihm, dem zwanzigjährigen Studenten, eine solche Aufgabe zutraute. Aber konnte er es seinen Eltern gegenüber verantworten, nochmals Leben und Freiheit aufs Spiel zu setzen? Niemanden, auch nicht seine Eltern, durfte er um Rat fragen, weil schon der Gedanke an eine Befreiungsaktion streng geheim bleiben musste. Er musste sich die Frage selbst beantworten.

Er dachte daran, dass seine Eltern patriotisch gesonnen und Kinkel freundschaftlich zugetan waren. Das genügte ihm. Am anderen Tag schrieb er an Johanna Kinkel unter einem Pseudonym einen Brief, in dem er verklausuliert seine Bereitschaft anzeigte, einen Befreiungsversuch zu unternehmen. Dies sei allerdings nicht bereits zur Zeit des in Köln zu erwartenden Prozesses möglich. Dort stünde Kinkel sicherlich unter strengster Bewachung. Sie möge warten, bis sie wieder von ihrem Freunde höre.

Erste Vorbereitungen

Sofort begann er mit seinen Vorbereitungen. Er schrieb an seinen Vetter Heribert Jüssen in Lind bei Köln, er möge sich einen Reisepaß besorgen und ihm diesen zusenden. Schon wenige Tage später hielt er diesen Paß in Händen. Dann erwähnte er gegenüber dem Vorstand des deutschen Flüchtlingskomitees in der Schweiz seine Bereitschaft, an verschiedenen Orten in Deutschland geheime Zweigklubs zu organisieren und diese mit dem Komitee in Verbindung zu setzen. Dieser Gedanke stieß sofort auf große Zustimmung. Er wurde mit ausführlichen Instruktionen ausgestattet und erhielt eine lange Liste zuverlässiger Personen, die er in Deutschland aufsuchen konnte. Unter diesen Umständen wunderte sich niemand, dass er eines Tages ohne jeden Abschied aus Zürich verschwunden war.

Mit der Eisenbahn fuhr er von Basel nach Frankfurt, um dort und in den Städten des weiteren Umkreises gemäß dem angeblichen Zweck seiner Reise unter dem Namen Heribert Jüssen Kontakte zu Gesinnungsgenossen zu knüpfen, die, wie er feststellte, noch auf eine neue Revolution hofften. Über den jeweiligen Stand der Dinge berichtete er nach Zürich. Zuletzt nahm er von Koblenz aus die Nachtpostkutsche rheinabwärts. In Bonn suchte er seine Eltern auf. Hier traf er auch Johanna Kinkel. Bei einem Gespräch unter vier Augen eröffnete er ihr, dass er bereit sei, sich der Befreiung ihres Mannes zu widmen. Sie müsse allerdings das Vorhaben ganz und ausschließlich in seine Hände legen, dürfe mit niemandem darüber sprechen, niemandem seinen Namen nennen und von ihm auch keine Berichte über den Fortgang der Sache anfordern. Damit war sie einverstanden. Schließlich führte er sie auch noch in den Gebrauch einer „Zaubertinte“ ein, die nur zu sehen war, wenn das mit ihr beschriebene Blatt erwärmt wurde.

Sein Vetter Heribert Jüssen, mit dessen Paß er unterwegs war, brachte ihn dann mit seinem Fuhrwerk nach Köln. Dort besuchte er den Chefredakteur der demokratischen Westdeutschen Zeitung Hermann Becker, den „roten Becker“, der auch Vorsitzender des Kölner demokratischen Vereins war. Auf seine beiläufige Frage sagte ihm Becker, es spreche zwar alle Welt davon, dass zugunsten Kinkels etwas getan werden müsse, es gebe aber keine konkreten

Pläne - auch nicht für den Siegburg-Prozeß. Insoweit beruhigt fuhr Schurz mit dem Nachtzug über Brüssel nach Paris. Er hatte mit Becker vereinbart, nunmehr dort für einige Zeit als Korrespondent für seine Zeitung tätig zu werden. Auch wolle er mit den in Paris lebenden deutschen Flüchtlingen Kontakt aufnehmen. Der wahre Beweggrund für diese Reise war allerdings, dass er den Kölner Prozeß gegen Kinkel in gehöriger Entfernung vorübergehen lassen wollte.

Vier Wochen brachte Schurz nun in Paris zu, besuchte die Stätten der großen Revolution, besichtigte Kunstwerke in den Museen, verbesserte seine in der Schule erworbenen Sprachkenntnisse; er las französische Zeitungen, nahm Kontakt zu deutschen Flüchtlingen auf und schrieb Berichte und Kommentare für Beckers Zeitung.

Der Prozess um das Siegburger Zeughaus

Währenddessen fand in Köln der Prozeß gegen die Teilnehmer an dem Marsch zum Siegburger Zeughaus statt. Von den zehn Personen, die angeklagt waren, den Umsturz der bestehenden Verfassung und die Erregung eines Bürgerkriegs versucht zu haben, waren nur vier anwesend, nämlich Gottfried Kinkel, Anselm Unger, Ludwig Meyer und Johann Bühl. Die anderen, darunter Friedrich Anneke und Carl Schurz, waren flüchtig. Am 29. April 1850 begann die öffentliche Verhandlung vor dem Geschworenengericht. In Köln herrschte fieberhafte Aufregung. Eine große Menschenmenge drängte sich vor dem Gerichtsgebäude, um Kinkel zu sehen. Kinkel wurde in Zivilkleidung vom Zuchthaus zum Gerichtshof gefahren, begleitet von einer Kavallerietruppe. Als er ausstieg, empfing die Menge ihn mit donnernden Hochrufen.

Der Prozeß dauerte einige Tage. Nach der Beweisaufnahme beantragte der öffentliche Ankläger die Todesstrafe. Als letzter der Angeklagten ergriff Kinkel am 2. Mai das Wort. In einer im Saal atemlos verfolgten Rede gab er zunächst einen Überblick über die politische Lage in Deutschland nach der Märzrevolution 1848. Nach der Weigerung des Königs von Preußen, mit der Annahme der Kaiserkrone das nationale Einheitswerk zu vollenden, und der Auflösung der preußischen Kammer sei die Möglichkeit der Verständigung wie auch die Hoffnung auf die Verwirklichung sozialer Reformen vernichtet gewesen. Es sei nichts übrig geblieben als ein Appell zu den Waffen. Er sei Sozialist nicht in dem Sinne, dass er eine gänzliche Umwälzung der hergebrachten Gesellschaftsordnung verlange, wohl aber in dem Sinne, dass sein Herz sich zu den armen Unterdrückten im Volke gehalten fühle, und nicht zu den Reichen und Gewaltigen dieser Welt.[61] Er sei Demokrat, weil er glaube, dass seine eigenen Wunden nur das Volk selbst zu empfinden, zu reinigen und zu heilen vermöge. Er bekenne sich zur Revolution, weil ein Volk das Recht und die Pflicht habe, seine demokratischen Einrichtungen auch mit der Waffe zu verteidigen. Nicht die Angeklagten, sondern ihre Gegner hätten die bestehende Verfassung gestürzt. Er schloss mit den Worten: „Ich will Ihr Mitleid nicht; mein Recht verlange ich von Ihnen; mein Recht wälze ich auf Ihr Gewissen, und weil ich weiß, dass Sie, Bürger Geschworene, Ihrem rheinischen Mitbürger sein Recht nicht versagen können, darum erwarte ich mit der ruhigsten Zuversicht aus Ihrem Munde das „Nicht schuldig“. Ich habe gesprochen, nun richten Sie!“[62]

Johanna Kinkel hat in einem Brief den Eindruck beschrieben, den das Schlußwort Kinkels im Gerichtssaal hervorrief. „Alle behaupten, eine solche Szene nie erlebt zu haben. Während Kinkel sprach, schluchzte der ganze Saal, der Staatsanwalt und die Gendarmen mit.“[63] Erst nach einigen Minuten fand der Gerichtspräsident seine Fassung wieder, dann dauerte es nur wenige Minuten, bis die Geschworenen ihr auf „Nicht schuldig“ lautendes Urteil gefällt hatten. Ein donnernder Jubel erhob sich im Saal, die Gendarmen öffneten eine Gasse für Johanna Kinkel, die von der Zuschauerbank zu ihrem Mann lief, um ihn zu umarmen. Die anderen Angeklagten konnten das Gericht nun als Freie verlassen. Kinkel dagegen wurde in die Haftanstalt zurückgebracht, allerdings nicht mehr nach Naugard in Pommern, sondern in das Zuchthaus in Spandau bei Berlin.

Schurz (alias Jüssen) in Berlin

Als die öffentliche Aufregung sich gelegt hatte, reiste Carl Schurz von Paris nach Deutschland zurück. Mit neuen Instruktionen des Züricher Komitees besuchte er demokratische Führer im Rheinland und in Westfalen und traf Anfang August in Köln ein. Er sprach dort wieder mit Johanna Kinkel, die ihm berichtete, dass die für die Befreiung ihres Mannes verfügbare Summe ansehnlich gewachsen sei. Sie verabredeten, dass das Geld an eine vertraute Person in Berlin übermittelt werden solle, bei der Schurz es nach Bedarf in Empfang nehmen könne. Kurze Zeit später kam Schurz - immer noch als Heribert Jüssen – in Berlin an. Dort suchte er zunächst zwei Universitätsfreunde der Bonner Frankonia auf, bei denen er wohnen konnte. Den wahren Zweck seines Besuchs erfuhren sie nicht. Nur einem ihm von Johanna Kinkel als besonders vertrauenswürdig empfohlenen Arzt, Dr. Ferdinand Falkenthal, ein Junggeselle, der in Moabit wohnte, teilte er sein Vorhaben mit. Dieser machte ihn mit dem Gastwirt Friedrich Krüger bekannt, der in Spandau ein Gasthaus führte. Krüger war mehrere Jahre lang Ratsherr gewesen und nahm eine sehr geachtete Stellung ein. Er kannte den inneren Dienst und die Beamten des Zuchthauses. Mit ihm konnte Carl Schurz mögliche Wege einer Befreiung Kinkels erörtern. Auch zwei Vertraute Krügers, der Bäckermeister Wilhelm Leddhin und der Nagelschmied August Poritz, waren behilflich. Dabei erkannte Schurz sehr bald, dass eine Befreiung unter Anwendung von Gewalt völlig aussichtslos war. Auch war es nicht möglich, Kinkel in die Lage zu versetzen, von sich aus Gitterstäbe durchzusägen oder eine Mauer zu durchbrechen. Vielmehr musste versucht werden, einen der Zuchthausbeamten zur Mithilfe zu gewinnen.

Dies erwies sich als schwierig. Schurz nahm nacheinander Kontakt zu drei Beamten auf, gab sich als ein Freund Kinkels zu erkennen, dem daran gelegen sei, Kinkel zuweilen kräftigere Kost, ein Stück Fleisch, einen Schluck Wein zukommen zu lassen, um ihn einigermaßen bei Kräften zu erhalten, bis ein Gnadengesuch an den König erfolgreich sei. Mit der Bitte, Kinkel etwas Stärkendes zu kaufen, schob er dem ersten einen Zehntalerschein in die Hand. Einige Tage später traf er den Beamten wieder, der ihm berichtete, er habe dem Gefangenen eine Wurst und einen kleinen Laib Brot zugesteckt. Nun ging Schurz einen Schritt weiter. Er schrieb auf einen Zettel „Deine Freunde sind treu. Halte Dich aufrecht!" und bat ihn, Kinkel diese Nachricht zu überbringen. Auch dieser Bitte kam der Beamte nach und brachte ihm den Zettel zurück, auf den Kinkel ein Wort des Dankes geschrieben hatte. Nun schien Schurz die Gelegenheit gekommen, dem Beamten die alles entscheidende Frage zu stellen, ob es nicht möglich sei, Kinkel mit seiner Hilfe zu befreien. Bei dieser Frage aber schreckte der Beamte auf und erklärte sofort, dass er mit einem solchen Versuch nichts zu tun haben wolle. In gleicher Weise ging Schurz bei zwei weiteren Beamten vor; auch diese Versuche scheiterten.

Nun befürchtete er, dass die Beamten untereinander über das Vorgefallene sprechen könnten und das Vorhaben nicht mehr geheim bliebe. Deshalb wollte er zunächst einmal zu seiner Sicherheit mit weiteren Versuchen abwarten. Er verabschiedete sich von seinen Frankoniafreunden und vermittelte ihnen den Eindruck, dass er Berlin auf Dauer verlassen wolle. Tatsächlich fuhr er nur für einige Wochen nach Hamburg zu seinem Freund Adolf Strodtmann. Gegen Ende September kehrte er zurück, dieses Mal aber nach Moabit, wo er bei Dr. Falkenthal wohnte. Hier nahm er seine Sondierungen bei Zuchthausbeamten wieder auf. Wieder war er zunächst erfolglos. Doch der fünfte Versuch versprach endlich, ihn seinem Ziel näher zu bringen.

Er lernte einen Beamten namens Georg Brune kennen, der ihm schon auf die erste vorsichtige Frage von sich aus erklärte, es sei eine Schande, dass ein so gelehrter und tüchtiger Herr mit gemeinen Halunken im Zuchthaus sitze. Er würde ihm sofort heraushelfen, wenn er nicht für Frau und Kinder zu sorgen hätte. Schurz eröffnete ihm nun, dass er zum Zweck der Befreiung Kinkels gekommen sei und über Geld verfüge, das zur Absicherung der Familie verwendet werden könne. Daraufhin bat Brune sich Bedenkzeit aus. Nach drei Tagen trafen sie sich erneut. Jetzt erklärte Brune sich zur Mithilfe bereit. Er hatte sich inzwischen bereits einen Plan überlegt, den er Schurz nun entwickelte. Die Befreiung könnte am besten in der Nacht vom 5. zum 6. November ausgeführt werden. In dieser Nacht habe er die Wache in den oberen Räumen des Zuchthauses, wo sich auch Kinkels Zelle befand. Der Schlüssel für diese Zelle werde nachts in der Revierstube im ersten Stock aufbewahrt. Für den Zugang zu dieser Stube sei der dort zum Wachdienst eingeteilte Beamte zuständig. Deshalb müsse zunächst für ihn – Brune - ein Nachschlüssel für die Revierstube angefertigt werden. Er würde Kinkel aus der Zelle holen und über den Korridor des ersten Stockwerks zum Torweg im Erdgeschoß bringen. Schurz solle ebenfalls mit einem Nachschlüssel die kleine Pforte im großen Gefängnistor von außen öffnen und im Innenhof auf Kinkel warten. Kinkel könne von dort in Krügers Gasthaus gebracht werden.

Kinkels Befreiung

Schurz war mit diesem Plan einverstanden. Er traf sogleich alle Vorbereitungen, die für die Flucht notwendig waren. Er legte die Fluchtroute über Rostock fest, um durch eine Fahrt über die mecklenburgische Grenze das preußische Gebiet möglichst bald verlassen zu können. Anschließend fuhr er selbst diese Route entlang, um mit den am Weg wohnenden demokratischen Gesinnungsgenossen Verabredungen für eine Staffel aus Pferden und Wagen zu treffen, die die etwa dreißigstündige Fahrt ohne Verzögerung bewältigen könnten. Die Kutsche für die erste Teilstrecke wollte ihm durch Krügers Vermittlung der Gutsbesitzer Hensel stellen. In Rostock suchte er den Rechtsanwalt Moritz Wiggers auf, den er auf dem Demokratenkongreß in Braunschweig persönlich kennengelernt hatte. Dieser versprach ihm, für die Bereitstellung eines Schiffes zu sorgen.

Zurück in Spandau traf Schurz sich nochmals mit Brune, um sicherzugehen, dass nichts vergessen worden sei. Bei dieser Gelegenheit bat Brune ihn, ihm den versprochenen Betrag schon vorweg zu übergeben. Bei einem so riskanten Unternehmen müsse das Geld in den Händen seiner Familie sein, ehe er seinen Kopf wage. Johanna Kinkel hatte Schurz ermächtigt, die zur Verfügung stehende Summe in Berlin bei einer mit ihr befreundeten Dame, einer Verwandten des Komponisten Felix Mendelssohn-Bartholdy, persönlich abzuholen. Dies war inzwischen geschehen. Am Abend des 5. November brachte Schurz die Geldscheine in einer Zigarrenkiste in Brunes Wohnung. Zur Höhe des Betrags ließ Schurz in seinen Lebenserinnerungen nur verlauten, dass sie beträchtlich gewesen sei. Moritz Wiggers nannte in seinem Bericht über die abenteuerliche Flucht, den er 1863 in der Familienzeitschrift „Die Gartenlaube“ veröffentlichte, einen Betrag von 400 Talern.

Kurz nach Mitternacht wartete Schurz verabredungsgemäß in der dunklen Türnische eines gegenüber dem Zuchthaus gelegenen Hauses. Nachdem der Nachtwächter vorbeigegangen war, öffnete er mit dem Nachschlüssel die kleine in das Tor eingelassene Pforte und wartete im Inneren des Torwegs auf Brune und Kinkel. Dr. Falkenthal hatte ihm Pistolen mitgegeben. In einer Tasche hatte er ein Jagdmesser eingesteckt, in einer anderen einen sogenannten Totschläger. Verdächtig lange ließ sich nichts hören. Endlich, Schurz wartete schon eine halbe Stunde, erschien Brune an anderen Ende des Torwegs. Er war allein. Er flüsterte Schurz zu, die Sache sei misslungen, die Schlüssel hätten nicht in dem Spind der Revierstube gelegen. Der Plan sei gescheitert.

Bei Krügers Gasthaus stand Hensel mit seiner Kutsche zur Abfahrt bereit. Schurz überbrachte ihm die schlechte Nachricht. Nun ging es darum, die Kutschen an den verschiedenen Stationen auf der Strecke nach Rostock abzubestellen. Mit Hensel fuhr er zur ersten Station und bat den dort wartenden Kutscher, seinerseits zum nächsten Wechselpunkt zu fahren, um die Nachricht nach Art einer Stafette weiterzugeben.

Nach Spandau zurückgekehrt begab Schurz sich zu Brunes Wohnung. Brune erläuterte nun ausführlicher, dass er den Zellenschlüssel in der Revierstube nicht habe finden können. Am Morgen habe sich herausgestellt, dass der diensthabende Vorgesetzte den Schlüssel versehentlich nicht in das Spind zurückgelegt, sondern mit nach Hause genommen habe. Inzwischen habe er sich überlegt, dass man versuchen könnte, Kinkel doch noch zu befreien, und zwar schon in der kommenden Nacht. Der an sich für den Wachdienst vorgesehene Beamte sei nämlich krank geworden. Er – Brune – habe sich erboten, ihn zu vertreten. Allerdings sei es dieses Mal nicht möglich, Kinkel über den Korridor des ersten Stockwerks zu führen. Er müsse sich über eine Dachluke an einem Seil

Gottfried Kinkel flieht an einem Seil aus dem Zuchthaus in Spandau. Zeitgenössisches Gemälde

auf die Straße herablassen. Damit war Schurz einverstanden. Er begab sich sogleich zu Krügers Gasthaus. Dort wurde ein Seil beschafft. Hensel erklärte sich wieder bereit, den Kutschdienst zu übernehmen. Da aber keine Staffel organisiert war, musste man hoffen, dass die Pferde bis Neustrelitz durchhielten, wo der nächste Demokratenfreund wohnte.

Um Mitternacht stand Schurz wieder in der dunklen Türnische gegenüber dem Zuchthaus. Der Nachtwächter ging vorüber. Plötzlich war in einer Dachluke Licht zu erkennen. Ein dunkler Körper bewegte sich langsam über die Mauerkante herunter. Es war Kinkel. Am Boden angekommen, wurde Kinkel vom Seil befreit. Schnell eilte Schurz mit ihm durch eine Seitengasse zu Krügers Gasthof. Kinkel wechselte dort die Zuchthausuniform gegen bereitliegende Zivilkleider.

Dann fuhren sie in Hensels Wagen, um etwaige Verfolger zu täuschen, durch das nach Hamburg führende Potsdamer Tor aus Spandau hinaus und bogen erst später zur Strelitzer Chaussee ab. Die Pferde trabten, so schnell es ging. Hensel holte eine Flasche Rheinwein hervor. Sie tranken auf Kinkels „glückliche Wiedergeburt“ und auf das Wohl ihres Helfers Brune, der im Zuchthaus zurück geblieben war.

9. Kapitel
Flucht aus Deutschland

Flucht an die Ostsee

Nun ging es über Oranienburg, Teschendorf, Löwenberg bis zu einem Wirtshaus bei Gransee, wo den Pferden eine halbe Stunde Rast gegönnt werden musste. Die Fahrt ging bald nicht mehr so schnell weiter. Die Pferde wurden sichtlich immer müder. Endlich erreichten sie die mecklenburgische Grenze. Jetzt fühlten sie sich doch ein wenig sicherer vor der Verfolgung durch preußische Polizei. In Dannenwald mussten sie wieder eine Rast einlegen, dann wieder in Fürstenberg. Schließlich erreichten sie am Nachmittag nach einer Fahrt von mehr als dreizehn deutschen Meilen das Städtchen Strelitz, wo sie der Stadtrichter und demokratische Freund Dr. Petermann freudig empfing. Hier verabschiedeten sie sich von Hensel und fuhren mit Petermann und frischen Pferden weiter. In Neubrandenburg und in Teterow wechselten sie wieder die Pferde. Endlich, am nächsten Morgen, dem 8. November, erreichten sie an der Neubrandenburger Chaussee bei Rostock das Gasthaus zum Weißen Kreuz. Hier holte Petermann den Rechtsanwalt Moritz Wiggers herbei, der sie zu dem Wöhlert'schen Gasthaus in Warnemünde weiterleitete.

Am anderen Tag brachte Wiggers sie zu seinem Freund, dem Kaufmann und Fabrikherrn Ernst Brockelmann in Rostock, der sich bereit erklärt hatte, die beiden Flüchtlinge mit einem seiner Schiffe über See nach England zu bringen. Es war der Schoner „Anna", der eine Ladung Weizen nach England bringen und am 17. November ablegen sollte.

In der Zwischenzeit wurden die beiden Flüchtlinge unter dem Decknamen Kaiser und Hensel im Hause Brockelmann beherbergt.

Dort konnten sie auch die Nachrichten über Kinkels Flucht lesen, die in allen deutschen Zeitungen Schlagzeilen machten. Auch der gegen Kinkel erlassene Steckbrief war in den Zeitungen abgedruckt. Beruhigend erschien, daß die Behörden noch nichts von der Teilnahme von Carl Schurz wußten. Auch der Fluchtweg war noch nicht bekannt geworden. Über diesen waren oft abenteuerliche Gerüchte im Umlauf, die zum Teil offenbar von demokratischen Freunden bewußt gestreut waren. So hatte Pastor Dulon in Bremen in seinem Blatt geschrieben, daß Kinkel durch Bremen gekommen und zu Schiff nach England gefahren sei. Einige Freunde berichteten von seinem Eintreffen in Zürich, andere nannten Paris. In einer Zeitung fand sich sogar ein ausführlicher Bericht über ein Bankett, das deutsche Flüchtlinge in Paris Kinkel zu Ehren gegeben hätten, sogar Kinkels Tischrede war auszugsweise abgedruckt.

Trotz der offenbaren Verwirrung der Verfolger schien Eile geboten. Deshalb war die Erleichterung groß, als sie ohne Verspätung an dem vorgesehenen Tag – es war ein frostiger Sonntagmorgen – am Ankerplatz der „Anna“ an Bord gehen konnten. Kurz nach Fahrtbeginn wurde das Wetter stürmisch. Erst nach zehn Tagen, als sie die Sundzollstätte Helsingör längst hinter sich gelassen hatten, klärte der Himmel auf. Da der Wind sich gedreht hatte, sah der Kapitän davon ab, zum Hafen von Newcastle anzukreuzen; er steuerte nordwärts nach Leith, dem Hafen von Edinburgh. Wieder zwei Tage später – es war an einem Sonntag – ging das Schiff dort vor Anker.

Nach London und Paris

Brockelmann hatte ihnen vorsorglich ein Empfehlungsschreiben auch an einen Geschäftsfreund in Edinburgh namens MacLaren mitgegeben. Dessen Bekanntschaft war für die beiden Flüchtlinge eine besonders wichtige Stütze, weil er die deutsche Sprache beherrschte. Weder Schurz noch Kinkel hätten sich in englischer Sprache verständigen können. So war es ihnen möglich, noch in Edinburgh die notwendigsten Kleidungsstücke zu kaufen. Nach einem Abendessen im Kreise der Familie McLaren fuhren sie indessen schon nachts nach London weiter.

In London waren sie von Brockelmann dem Chef des Bankhauses Hambro & Sohn empfohlen worden, der den beiden einen seiner deutschen Angestellten zur Seite stellte. Sie blieben jedoch nur wenige Tage. Kinkel hatte in London einen Brief seiner Frau erhalten, in dem sie ihm schrieb, daß sie von Bonn nach Paris reisen wolle, um ihn dort zu treffen. Aus diesem Grund reisten sie beide weiter nach Frankreich.

Erst in Paris wurde den beiden Flüchtlingen bewußt, welches Aufsehen ihre Flucht in ganz Europa erregt hatte. Wie aus den Zeitungsberichten zu erkennen war, waren die Einzelheiten der Flucht jedenfalls für die Öffentlichkeit immer noch im Dunkeln. Es war jedoch bekannt geworden, daß es Carl Schurz war, der seinen Freund und Lehrer befreit hatte. In Paris wurden sie mit Fragen bestürmt. Die Eltern Schurz schrieben voller Stolz, daß sich über sie eine Flut von Glückwünschen ergossen habe, die zum Teil von gänzlich unbekannten Personen kamen. Mit einem Schlag war der Student Carl Schurz eine auch im Ausland allgemein bekannte und zumeist bewunderte Persönlichkeit geworden. Allerdings wurden ihm – so schrieb er später - die Überschwenglichkeiten, die er zur hören und zu lesen bekam, bald geradezu peinlich. Ihm sei stets der Gedanke gegenwärtig geblieben, daß ohne Brunes kühne Entschlossenheit im entscheidenden Augenblick alle seine Bemühungen vergeblich gewesen wären. Von Brune aber durfte er nicht sprechen, weil dieser inhaftiert war und sein Strafverfahren erwartete.

Die Freude über die gelungene Flucht war verdunkelt durch den Gedanken an das Schicksal der zurückgebliebenen Helfer. Brune musste für vier Jahre und zwei Monate ins Gefängnis. Nach der Verbüßung der Strafe zog er mit Frau und vier Kindern nach Soest in sein heimatliches Westfalen. Er hatte seine Pensionsansprüche verwirkt. Seine Belohnung blieb unentdeckt. Er hatte vor Gericht erklärt, von Kinkel zur Hilfe bei seiner Flucht überredet worden zu sein; er habe hierfür kein Geschenk erhalten. Dies wurde ihm geglaubt. Schurz beruhigte sein Gewissen damit, daß Brune von seiner unentdeckt gebliebenen Belohnung „behaglich und geachtet" gelebt habe. Im Jahre 1891 empfing Schurz einen Brief von Brunes Tochter, in dem sie den Tod ihres Vaters mitteilte.

Auch gegen den Gastwirt Krüger wurde ein Gerichtsverfahren eingeleitet. Krüger bestritt aber unwiderleglich, die Befreiungsaktion als solche erkannt zu haben. Er habe mit einem Herrn „Gissem" (gemeint war: Jüssen) gesprochen. Er könne nicht immer genau untersuchen, wer die Fremden seien, die er beherberge. Dabei berief er sich listigerweise auf einen früheren Vorfall: auch am 18. März 1848 sei ein Herr mit seinen Freunden in seinem Gasthof abgestiegen. Die Herrschaften seien in Eile gewesen und in großer Hast wieder abgereist. Erst später habe er erfahren, daß der vornehmste dieser Herren seine königliche Hoheit der Prinz von Preußen gewesen sei. Krüger wurde freigesprochen. Die Regierung rächte sich indessen auf andere Weise. Er verlor die Konzession für seine Gastwirtschaft und seinen Sitz im Stadtrat von Spandau. Dem von ihm präsentierten Pächter wurde die Konzession verweigert. Krüger stand mit seinen sieben Kindern nahezu mittellos da.[64] Schurz ließ ihm anbieten, ihm bei einer Auswanderung nach Amerika behilflich zu sein. Krüger machte davon aber keinen Gebrauch.

Schurz wies darauf hin, daß auch Pohritz, Leddihn und Hensel aus Mangel an Beweisen freigesprochen wurden. Pohritz und Hensel seien schon wenige Jahre später gestorben. Leddihn habe er – Schurz – im Jahre 1888 in Berlin wiedergesehen. Er habe dort die geachtete Stellung eines Stadtverordneten bekleidet.

Im Jahre 1863 erschien in der Familienzeitschrift „Die Gartenlaube" ein ausführlicher Fortsetzungsbericht über die Befreiung und die Flucht Kinkels, der von dem Rostocker Freund und Helfer Moritz Wiggers verfaßt war. Der Bericht fußte auf den Mitteilungen, die Kinkel und Schurz ihm zur Zeit der Flucht gemacht hatten, und auf dem eigenen Erleben unmittelbar nach der Befreiung. Anders als bei vielen anderen stark ausgeschmückten Geschichten hatte Schurz gegen diesen Bericht nichts einzuwenden.

Korrespondent in Paris

In Paris endlich konnte Kinkel seine Frau wiedersehen, deren energischem Einsatz er seine wiedergewonnene Freiheit verdankte. Da ihm ein Aufenthalt in Deutschland nicht möglich war, beschlossen beide, sich mit ihren vier Kindern in London niederzulassen. Johanna reiste nach einigen Tagen in Paris nach Bonn zurück, um die Übersiedlung ihrer Familie nach London zu organisieren. Auch ihr Mann verließ Paris und fuhr nach London.

Schurz hingegen entschloss sich, noch einige Zeit in Paris zu bleiben. Er wollte wohl näher an dem Ort bleiben, an dem wie schon 1830 und 1848 das Signal für eine neue Revolution geben würde.[65] Er nahm seine Tätigkeit als Zeitungskorrespondent wieder auf. Seine journalistischen Verbindungen nach Deutschland waren bald wieder angeknüpft. Er konnte ein monatliches Einkommen von etwa 180 Franken erwarten und rechnete bei allerdings sehr bescheidener Lebensführung mit Ausgaben von 100 Franken. Auch seine historischen Studien wollte er in Paris wieder aufnehmen. Kurze Zeit wohnte er in einer gemeinsamen Wohnung mit seinem Freund Strodtmann, der schon vor einiger Zeit nach Paris gezogen war. Dann mietete er sich ein Zimmer bei einer Witwe im Haus Quai Saint-Michel No. 17.

Vor allem aus finanziellen Gründen blieb sein gesellschaftlicher Umgang beschränkt. Gelegentlich besuchte er den Salon der Gräfin D'Agoult, der Freundin Franz Liszts, im Übrigen verkehrte er im Kreis der deutschen Flüchtlinge, einiger junger Künstler und deutscher und französischer Studenten. Regelmäßig traf er dabei auch seinen Freund Strodtmann, der wegen seiner Begeisterungsfähigkeit, seiner Freimütigkeit und seines Humors der große Liebling des Kreises war. In besonders angenehmer Erinnerung waren ihm später die Gespräche mit Mme la Princesse de Beaufort, einer verarmten Adeligen, bei der er Französischunterricht nahm.

Bei einem kurzen Besuch in London drängte ihn Kinkel, der inzwischen mit seiner Frau und den Kindern in einem kleinen Haus in der Vorstadt St. John's Wood lebte, ebenfalls nach London zu ziehen. In London befand sich das Zentrum der Emigration, dort könnte er Kinkel als einen der Anführer der Flüchtlinge unterstützen. Schurz ließ sich überreden; er fuhr zurück nach Paris, um seinen kleinen Haushalt dort aufzulösen.

Sein Abschied von der französischen Hauptstadt verzögerte sich jedoch durch einen merkwürdigen Zwischenfall, der zeigte, daß er als Revolutionär erkannt war und in Frankreich nicht länger geduldet werden sollte. Bei einem Spaziergang in der Nähe des Palais Royal trat ein ihm unbekannter Mann an ihn heran und eröffnete ihm, er sei ein Polizeibeamter mit dem Auftrag, ihn festzunehmen und sofort zur Polizeipräfektur zu bringen. Dort angekommen wurde er zunächst zur Person vernommen und anschließend ohne Angabe von Gründen festgehalten. Erst am Morgen des vierten Tags brachte man ihn in das Büro des Präfekten. Dort wurde er einem freundlichen Herrn vorgeführt, der sein Bedauern darüber aussprach, daß man ihm Unbequemlichkeiten verursacht habe. Es liege gegen ihn keine Anklage vor, doch wünsche die französische Regierung, daß er das Land möglichst bald verlasse. Zu weiteren Auskünften über die Gründe dieses Verhaltens war der Beamte nicht zu bewegen. Als Schurz nach Hause kam, berichtete ihm seine Zimmerwirtin, daß Polizeibeamte sein Zimmer durchsucht und Auskünfte über ihn gewünscht hätten. Sie - die Zimmerwirtin – habe ihm ein glänzendes Zeugnis ausgestellt. Auch seien einige seiner Freunde aktiv geworden, um ihn aus seiner mißlichen Lage zu befreien.

Als Grund seiner Festnahme vermutete Schurz, daß der amtierende Präsident Louis Napoleon im Frühjahr 1851 einen Staatsstreich vorbereitet habe, durch den er die Befugnisse eines Monarchen erlangen wollte. Er habe deshalb die Fremden ausweisen lassen, die sich an einem Widerstand gegen die geplante Neuordnung hätten beteiligen können. In einem polizeilichen Pamphlet, das die drohenden Gefahren beschrieb, war Schurz namentlich als ein besonders verwegener Umstürzler bezeichnet worden, der sich schon in seinem Vaterland die unerhörtesten Dinge habe zuschulden kommen lassen. Schurz räumt in seinen Erinnerungen ein, daß dieses Pamphlet so unrecht nicht gehabt habe. Es wäre nicht unwahrscheinlich gewesen, daß er in einem solchen Fall auf den Barrikaden mitgekämpft hätte. Da es im Dezember tatsächlich zu dem Staatsstreich kam, sei es allerdings ein gnädiges Schicksal gewesen, das ihn vor der Tenahme an einem hoffnungslosen Unternehmen und vielleicht einem elenden Ende bewahrte.

10. Kapitel
Im Londoner Exil

Flüchtlinge unter sich

Mitte Juni 1851 übersiedelte Schurz nach London. Die Kinkels hatten seinen Aufenthalt bereits vorbereitet. In ihrer Nähe hatten sie auf St. Woods Terrace eine Wohnung für ihn gefunden, die er günstig mieten konnte. Kinkel hatte ihm auch die Gelegenheiten verschafft, seinen Unterhalt durch deutschen Sprachunterricht und Musikstunden zu verdienen.

In seinem gesellschaftlichen Umgang nahm die Familie Kinkel natürlich die erste Stelle ein. Deren Angebot, in ihrem Hause zu leben, hatte er zwar abgelehnt. Er nahm aber gerne Kinkels Vorschlag an, seine jüngste Schwester Antonie von Bonn nach London zu holen. Kinkel wollte sie in seine sechsköpfige Familie aufnehmen. Dies erwies sich als ein glücklicher Einfall. Antonie war eine rheinische Frohnatur, die sich gut im Hause Kinkel einlebte. Gottfried Kinkel hatte sich ersichtlich von den Strapazen seiner Gefangenschaft erholt. In rastloser Tätigkeit war es ihm gelungen, durch Privatstunden, Vorlesungen und eine Beschäftigung an Lehrinstituten in London eine finanziell gesicherte Existenz aufzubauen. Er konnte zwei Dienstmädchen beschäftigen. Seine Frau hatte einen ausgezeichneten Ruf als Musiklehrerin. Im Übrigen kümmerte sich Johanna um die Erziehung ihrer vier Kinder. Auf Drängen Johannas nahm Carl Schurz seine musikalischen Studien wieder auf und ließ sich von ihr weiteren Klavierunterricht geben. Nicht zuletzt durch die bei Johanna erworbenen Kenntnisse in der Harmonielehre wurde Musik für ihn zu einem wichtigen Mittel des beruhigenden Ausgleichs..

Die Kinkels führten ihn auch in ihre gesellschaftlichen Kreise ein. Da aber seine englischen Sprachkenntnisse nicht ausreichten, war er auf Gesprächspartner angewiesen, die sich mit ihm in deutscher oder französischer Sprache unterhalten konnten. Dies war in diesen Kreisen auch bei Engländern nicht selten der Fall. Schurz meinte, es habe an der Popularität des Prinzen Albert gelegen, daß die deutsche Sprache damals in Mode war. Besonders die deutschen Volkslieder erfreuten sich einer großen Beliebtheit.

Seit 1848 gab es in London eine große Zahl politischer Flüchtlinge aus fast allen Ländern des Kontinents. Deren Interesse beschränkte sich gewöhnlich auf die eigene nationale Gruppe. Nur die herausragenden Führungspersonen standen auch mit den anderen Gruppen in Verbindung. Da Schurz trotz seiner Jugend durch die abenteuerliche Befreiung Kinkels ein bekannter Mann war, wurde er als eine der führenden Persönlichkeiten angesehen und dementsprechend behandelt. Dadurch machte er die ehrenvolle Bekanntschaft mit den berühmten in England lebenden Freiheitshelden wie dem Italiener Giuseppe Mazzini und dem Ungarn Lajos Kossuth.

Die deutsche Gruppe war gespalten. Gottfried Kinkel war zweifellos einer ihrer führenden Köpfe. Er fand aber auch Kritiker, die in ihm einen politischen Träumer sahen, der nicht das Zeug für politische Führungsaufgaben besitze. Zu diesen kritisch eingestellten Flüchtlingen zählten der „Agitationsverein“ um Arnold Ruge sowie selbstverständlich die Sozialisten um Karl Marx, der sich über Kinkel – wie allerdings auch über alle anderen, die nicht zu seinen Gefolgsleuten zählten – nur verächtlich äußerte. Schließlich gab es auch deutsche Flüchtlinge, die sich um diese Zwistigkeiten nicht kümmerten und ihre eigenen Wege gingen. Johanna Kinkel hat in ihrem 1860 erschienenen, stark autobiographische Züge tragenden Roman „Hans Ibeles in London“ die im Londoner Exil herrschende Atmosphäre plastisch eingefangen.

Gottfried Kinkel und Carl Schurz in London. Fotografie

Eines schien allen gemeinsam zu sein: wie Carl Schurz es schon in der Schweiz erlebt hatte, betrachteten die Flüchtlinge in London sich als im Wartestand befindlich. Sie hofften auf die Revolution in ihren Herkunftsländern und glaubten an sie. Ihre Fähigkeit zur Selbsttäuschung schien grenzenlos. Dies traf auch für Kinkel und Schurz zu. Nur so konnte sich Schurz später erklären, daß es zum Projekt einer „Deutschen Nationalanleihe“ kommen konnte, für das beide sich einsetzten. Die Idee war, einige Millionen Taler als Anleihe zu sammeln, rückzahlbar in einer gewissen Zeit nach der Etablierung der deutschen Republik. Das auf diese Weise gesammelte Geld sollte einem Zentralkomitee zur Verfügung gestellt und zu revolutionären Zwecken in Deutschland verwendet werden. Die Ausstattung mit bedeutenden Geldmitteln sollte die Exilpolitiker zu einer realen Macht werden lassen, deren Existenz dem revolutionären Element in Deutschland frischen Mut verleihen würde. Kinkel und Schurz sollten die zur Ausführung dieses Plans notwendigen Vorbereitungen treffen. Kinkel wurde nach Amerika entsandt. Er sollte vor allem bei den dort ansässigen deutschen Auswanderern namhafte Beiträge einwerben. Schurz erhielt den Auftrag, in die Schweiz zu reisen, um die Führer der dort lebenden deutschen Exilanten für den Plan zu gewinnen und dadurch die Grundlage für eine allgemeine Exilorganisation zu schaffen.

Schurz traf in der Schweiz, wo er sich den September 1851 über aufhielt, durchaus auf genügend Bereitschaft, sich einer gemeinsamen Organisation anzuschließen. Als aber Kinkel nach einem halben Jahr im März 1852 aus Amerika zurückkam, trat eine große Ernüchterung ein. Kinkel war – unterstützt von Dr. Heinrich Tiedemann, dem bereits nach Philadelphia ausgewanderten Bruder des hingerichteten Festungskommandeurs von Rastatt - von Ort zu Ort gezogen und überall festlich empfangen worden. Es waren überall Anleiheausschüsse organisiert und zur Ausgabe von Anleihescheinen ermächtigt worden, doch belief sich das Ergebnis schließlich nur auf einige tausend Dollar, ein Betrag, mit dem sich keine großen Unternehmungen ins Werk setzen ließen. Das Geld wurde später zur Unterstützung der demokratischen Presse und zu Propagandazwecken verwendet.[66]Es war ein Glück, meinte Schurz später, daß der Anleiheplan mißlang. Dabei stellte er eine dem jungen Schurz noch fremde Kosten-Nutzen-Analyse an: „Man hätte auch mit großen Summen nur hoffnungslose Verschwörungen organisieren und Menschen in persönliches Unglück führen können, ohne der Sache der Völkerfreiheit zu nützen.“[67]

Nach Amerika!

Die Stimmung der von revolutionären Gedanken beseelten Flüchtlinge verdüsterte sich schlagartig, als in Frankreich, von wo man nach wie vor den Initialfunken für eine sich über den Kontinent ausbreitende Revolution erwartete, Präsident Louis Napoleon am 2. Dezember 1851 den Staatsstreich wagte und damit Erfolg hatte. Er hätte gemäß der Verfassung nach Ablauf seiner vierjährigen Amtszeit als Präsident nicht wiedergewählt werden können. Nun ließ er die Nationalversammlung, die sich geweigert hatte, eine Verfassungsänderung zu beraten, durch Militär auseinandertreiben und ihre Führer verhaften. Den Aufruhr, der sich in den Arbeitervierteln von Paris ausbreitete, ließ er blutig niederschlagen. Damit, so meinte Schurz, war jede Hoffnung auf ein Ende der Herrschaft der Reaktion auch in Deutschland und damit auf eine baldige Rückkehr in die Heimat und ein Ende des Flüchtlingslebens illusorisch geworden. Schurz fühlte in sich den Drang, sich ein neues Zuhause zu schaffen, weniger im Sinne einer geregelten Lebenstätigkeit, als vielmehr im Sinne eines weiteren politischen Wirkens in einem freien Land. Deutschland war ihm verschlossen, England war ihm eine Fremde geblieben „und würde es immer bleiben".

„Wohin dann?"

„Nach Amerika!" sagte ich zu mir selbst. „Die Ideale, von denen ich geträumt und für die ich gekämpft, fände ich dort, wenn auch nicht voll verwirklicht, doch hoffnungsvoll nach ganzer Verwirklichung strebend. In diesem Streben werde ich tätig mithelfen können. Es ist eine neue Welt, eine freie Welt, eine Welt großer Ideen und Zwecke. In dieser Welt gibt es für mich wohl eine neue Heimat. Ubi libertas, ibi patria.'[68]

Margarethe

Diese Entscheidung, eine neue Heimat zu suchen, fiel ihm umso leichter, als sich seit einigen Wochen auch in seinen persönlichen Verhältnissen eine wesentliche Änderung ankündigte. Er hatte den deutschen Flüchtling Johannes Ronge in Hempstead in seiner Wohnung besucht. Ronge zählte zu dem Führungskreis um Kinkel. Als beide ihr Gespräch beendet hatten, rief Ronge in das anliegende Zimmer nach seiner Schwägerin Margarethe, die aus Hamburg zu Besuch nach London gekommen war; hier sei ein Herr, den sie kennenlernen sollte. Schurz berichtet: „Ein Mädchen von etwa achtzehn Jahren trat herein, von stattlichem Wuchs, mit schwarzem Lockenkopf, kindlich-schönen Zügen und großen dunklen wahrhaftigen Augen."[69] Es war wohl Liebe auf den ersten Blick. Anfang 1852 gaben sie ihre Verlobung bekannt.

Ihre Freunde waren über diese Verbindung begeistert. Die mit Kinkels befreundete Schriftstellerin und Vorkämpferin für Frauenrechte Malwida von Meisenbug, die ebenfalls im Londoner Exil lebte, schrieb an ihre Mutter, daß Margarethe Meyer, das hübsche Mädchen, an das sie sich wohl noch erinnere, das große Los gezogen habe. Sie sei nunmehr die Verlobte von Carl Schurz, einem der besten und edelsten Männer, die sie kenne.

Die Familie Meyer war allerdings skeptisch. Sie war eine wohlhabende Hamburger Kaufmannsfamilie, deren Geschäfte Margarethes Brüder führten. Beide Eltern waren verstorben, die Mutter bei der Geburt Margarethes. Die Familie hatte bereits Margarethes sechzehn Jahre ältere Schwester Bertha an einen flüchtigen Revolutionär – eben an Johannes Ronge - verloren. Johannes Ronge war katholischer Priester gewesen. Im Jahre 1844 hatte er sich in der aufsehenerregenden Auseinandersetzung um die Wallfahrt zum Heiligen Rock in Trier – nach seinen Worten einem „Götzenfest" - mit seiner Kirche überworfen und war exkommuniziert worden. Nun war er der Führer der freireligiösen Gemeinde der Deutsch-Katholiken. Margarethes Schwester, die mit einem Teilhaber des Meyer'schen Unternehmens verheiratet war, hatte ihn in dem Kreis um den Begründer der Kindergarten-Pädagogik Friedrich Fröbel kennengelernt, für dessen Ideen sie sich begeistert einsetzte. Gemeinsam mit Ronge und weiteren Gleichgesinnten gründeten sie in Hamburg eine „Hochschule für das weibliche Geschlecht", in der Lehrerinnen und Kindergärtnerinnen in den Fröbel'schen Erziehungsprinzipien unterwiesen werden sollten. Die Hochschule nahm am 1. Januar 1850 ihren Betrieb auf. Berthas Schwester Margarethe war eine der Studentinnen. Wegen interner Zwistigkeiten und dem politisch motivierten Widerstand des Hamburger Senats, der die als revolutionär eingeschätzte Einrichtung nicht dulden wollte, musste der Lehrbetrieb am 1. April 1852 eingestellt werden. Schon im Jahr zuvor hatte Bertha sich scheiden lassen und war mit Johannes Ronge nach London geflohen. Dort hatten sie geheiratet. Sie wurden in den nächsten zehn Jahren die Gründer der ersten englischen Kindergärten.

Nun sollte die Familie auch noch Margarethe an einen Flüchtling verlieren, der überdies seine Ausbildung nicht abgeschlossen hatte, der über kein gesichertes Einkommen verfügte und ihr kein standesgemäßes Leben bieten könne. Margarethes ältester Bruder Adolf Meyer drängte sie, nach Deutschland zurückzukommen und Carl zunächst allein nach Amerika reisen zu lassen. Margarethe fuhr zwar nach Hamburg zurück, allerdings über Bonn, um ihre künftigen Schwiegereltern kennen zu lernen. Zwischen ihrem Verlobten und ihrem Bruder entspann sich ein Briefwechsel, der Carl die Gelegenheit gab, sich selbst über seine nähere Zukunft klar zu werden. In seinem Brief vom 19. April 1852[70] beschwichtigte er den künftigen Schwager; dessen Befürchtungen seien unbegründet.

Zunächst erläuterte er, warum es ihn nach Amerika ziehe. Er sei gewöhnt, hart zu arbeiten, doch arbeite er nicht für Brot allein. Er wolle über seine vier Wände hinaus wirken. In England sei dies schwer möglich. Ein Fremder bleibe hier immer ein Fremder. Er aber wolle in dem Land, in dem er lebe, ein vollwertiger Staatsbürger sein. Wenn er schon nicht Bürger in einem freien Deutschland sein könne, wolle er wenigstens Bürger in einem freien Amerika werden.

Sehr positiv schätzte er seine Erwerbsaussichten ein. Schon jetzt habe er in London ein Auskommen gefunden, das für zwei Personen genüge. Er verwies auf die Einkünfte aus seinem Sprachunterricht, den er noch ausbauen könnte. In Amerika wolle er seinen wissenschaftlichen Neigungen folgen und sie zu seinem Beruf machen. Es gebe dort viele Gelegenheiten für ihn, Vorlesungen und Vorträge zu halten. Seine politischen Bekanntschaften – es waren die vielen nach Amerika ausgewanderten „Achtundvierziger“ – erleichterten ihm diesen Plan. Auch wolle er eine Geschichte Amerikas schreiben, die auf beiden Seiten des Atlantiks gekauft würde. Eine Vortragsreise werde ihm auch die Gelegenheit geben, den Ort zu finden, an dem er sich mit Margarethe endgültig niederlassen könne.

Als wichtigen Grund für die Auswanderung nach Amerika nannte er auch die Sorge um seine Eltern. Diese wurden seit der Befreiung Kinkels durch ständig wiederkehrende Haussuchungen schikaniert. Ohne Angabe von Gründen wurde Vater Schurz in Bonn die Verlängerung seiner Konzession als „Schenk- und Logierwirt" entzogen. Die Entscheidung wurde auf seinen Einwand, daß er damit dem Bettelstab preisgegeben sei, nur teilweise rückgängig gemacht.[71] Ständige Kontrollen und Störungen ruinierten das Geschäft. Carl erklärte Adolf Meyer, er wolle deshalb seinen Eltern mit den beiden Schwestern zu einer neuen Existenz in Amerika verhelfen. Die Familie Schurz habe bereits Verwandte in Wisconsin. Die Brüder seiner Mutter – die Onkel Ferdinand, Georg und Jakob Jüssen - waren bereits dorthin ausgewandert. Sie könnten seinen Eltern beistehen. Damit seien alle Seiten einverstanden.

Eine überraschende Passage seines Briefs an den künftigen Schwager betraf Margarethes körperliches und seelisches Wohlbefinden. Um Margarethes Gesundheit war es nicht gut bestellt. Sie wurde wohl leicht krank und erschien zuweilen depressiv, ohne daß man eine klare Ursache finden konnte. Carl meinte, Margarethe sei „in sich zu keiner wahren Zufriedenheit gekommen". In diesem Sinne dürfte sein Therapievorschlag zu verstehen sein, daß nur eines ihr „volle körperliche und geistige Gesundheit" geben könne, nämlich eine „angeregte Tätigkeit". In ihrem Leben habe es ihr an Aufgaben gefehlt. Da sie nie eine Existenz gründen musste, habe sie auch nie gelernt, sich an einer Existenz zu erfreuen. Eine eigene Tätigkeit sei, was ihr bisher gefehlt habe. Wenn sie mit ihm nach Amerika führe, wolle er ihr diese schaffen. Dies war wohl – wie der chronisch fragile Gesundheitszustand Margarethes in Amerika nahelegt - eine recht oberflächliche monokausale Erklärung, die sich über den Verdacht, hier könnte es sich um ein tieferliegendes Problem handeln, allzu leicht hinwegsetzte.

An Margarethe schrieb er, er würde zunächst auch allein auswandern, wenn er keine andere Wahl hätte. Aber er fühle sich jetzt schon so einsam, daß alle seine Träume zerstört wären, wenn sie zurückbliebe. Margarethe kam nach London zurück. Am 6. Juli 1852 wurden sie im engeren Familien- und Bekanntenkreise getraut. Durch Margarethes Erbanteil – es handelte sich um den für damalige Verhältnisse beträchtlichen Betrag von 78575 Mark[72] – war es ihnen möglich, im August in Plymouth an Bord des komfortablen Seglers „City of London" zu gehen, der das junge Paar – er war 23, sie wurde während der Überfahrt 19 – in die neue Welt bringen sollte.

Zweiter Teil

Vom Einwanderer zum U.S. Senator

11. Kapitel
Erste Eindrücke im amerikanischen Osten

Ankunft in Amerika

Am 17. September 1852 erreichte die *City of London* nach einer Seereise von 28 Tagen den Hafen von New York. Carl und Margarethe hatten die Reise in der „Kajüte" unternommen, der „ersten Klasse", die nur zwanzig Passagiere umfaßte. Dank Margarethes Mitgift blieb ihnen der Aufenthalt im Zwischendeck erspart, in das mehrere hundert Auswanderer eingepfercht waren. An einem sonnigen Morgen fuhren sie in die Bay ein. Die Anstrengungen einer 29tägigen Seereise, während der Margarethe oft seekrank war, waren sofort vergessen. Das vornehme Astor-Hotel, das sie mit ihrer Kutsche als erstes ansteuerten, war bereits voll belegt. In der 14. Straße fanden sie schließlich im Union Square Hotel ein einfaches Zimmer. Endlich war Schurz im ersehnten Land der Freiheit angekommen.

„Amerikas erster Anblick machte einen berauschenden Eindruck auf uns beide.", berichtete Schurz seinem Freund Kinkel nach London; „New York ist prächtig; wie viel lustiger ist hier alles als in London!"[73]. Und an eine Freundin Margarethes schrieb er[74]: „New York gibt an Lebendigkeit den belebtesten Punkten Londons nichts nach. Aber es ist doch ein großer Unterschied. Hier ist mehr Heiterkeit im Leben, nicht jene öde Monotonie in den Physiognomien, nicht jene mürrische Schweigsamkeit des geschäftlichen Wesens. ... Der Broadway, die Hauptstraße, besitzt nicht die stolze Pracht der Regent-Street in London, wohl kommt er aber der reichen Eleganz der Pariser Boulevards nahe. Glänzende Läden, Restaurants und Gasthöfe in dichter Reihe." Bei ihren ersten Spaziergängen waren sie beeindruckt von den geschäftigen Menschenmassen, die sich „mit energischer Geschwindigkeit" durch die Straßen wälzten.[75] Es fiel ihnen auf, daß keine militärischen Wachtposten vor den öffentlichen Gebäuden zu sehen waren, keine Soldaten in den Straßen, keine Kutscher oder Diener in Livree, keine Uniformen außer jenen der Polizisten. Doch stellten sie zu ihrer Verwunderung auch fest, daß New York nicht viel an Sehenswürdigkeiten zu bieten hatte, weder Museen noch Galerien, allenfalls *Barnum's American Museum*, das Schurz eher für ein Kuriositätenkabinett hielt.

Bald machte die hohe Erwartung einer gewissen Ernüchterung Platz. Margarethe erkrankte plötzlich schwer – der Arzt diagnostizierte Cholera - und blieb zwei Wochen bettlägerig. Wenngleich Schurz das freundliche Entgegenkommen und die Hilfsbereitschaft anderer Hotelgäste, die von der Erkrankung erfuhren, als besonders wohltuend empfand, so überkam ihn doch ein Gefühl großer Einsamkeit.

Jetzt wurde ihm erstmals der große Nachteil bewußt, daß er die englische Sprache nicht beherrschte. Monatelang hatte er in London gelebt, und doch hatte er dort nicht Englisch gelernt. Wie sehr hatte er sich dagegen um die Verbesserung seiner Französischkenntnisse bemüht, als er sich in Paris aufhielt. Der Grund für seine Abneigung gegen das Englische war wohl, daß er seinen Aufenthalt in England nie anders als nur vorübergehend betrachtet hatte. Er hatte geglaubt, er wäre dort immer ein Fremder geblieben. Auch hatte in der abgeschlossenen Welt der Flüchtlinge keine zwingende Notwendigkeit bestanden, sich der englischen Sprache zu bedienen. Deutsch und Französisch genügten vollauf. In New York dagegen war ohne Englisch kein Auskommen.

So verbrachte er viele Stunden an Margarethes Krankenlager. Nur selten unternahm er einen Gang durch die Stadt. Er traf sich mit anderen Flüchtlingen wie etwa Gustav Struve, dem Badener Revolutionär, und einigen Deutschamerikanern, die die Spendenaktion für die künftige Revolution betrieben, die Kinkel bei seiner Amerikareise angestoßen hatte. Angesichts der Lage in Europa schien Schurz die Sache nicht mehr eilig. Er wollte vielmehr, wie schon vor seiner Ankunft geplant, eine Erkundungsreise unternehmen, um sich nach einem festen Wohnsitz umzusehen. Sein erstes Ziel war Philadelphia.

Philadelphia

In dem unweit entfernten Philadelphia lebten einige Freunde, mit denen Schurz in Kontakt stand. Sein alter Gefährte Adolph Strodtmann betrieb dort einen deutschen Buchladen und gab das humoristische deutsche Wochenblatt „Die Lokomotive" heraus.[76] Dr. Heinrich Tiedemann, der Bruder des von den Preußen hingerichteten Kommandanten von Rastatt, praktizierte dort als Arzt. In Philadelphia angekommen, konnte er endlich auch seine bereits ungeduldig wartenden Eltern mit seinen beiden Schwestern nachkommen lassen. Die Großfamilie mietete ein Haus. Die beiden Schwestern eröffneten ein Modegeschäft.

Schurz hatte sich vorgenommen, seinen künftigen Lebensunterhalt durch Zeitungsartikel und Vorträge aus dem Bereich von Geschichte und Politik zu bestreiten. Das erschien ihm nicht allzu schwierig. Schon in Paris und London war er ja als Zeitungskorrespondent tätig gewesen. In Amerika gab es überdies ein großes Interesse an allgemeinbildenden Vorträgen, die vor allem in sogenannten *lyceums* – einer Volkshochschule vergleichbar - abgehalten wurden. In Philadelphia fühlte Schurz sich in einem anregenden Ambiente, umgeben von Freunden und Familie, in dem er sich der Sprache, der Geschichte und den politischen Institutionen der neuen Heimat widmen konnte, ehe die Entscheidung darüber zu treffen war, wo die Familie sich endgültig niederlassen sollte. Er schrieb Zeitungsartikel über aktuelle politische Ereignisse und arbeitete an einem Buch über die neuere Geschichte. Die an seiner Arbeit sehr interessierte Margarethe unterstützte ihn dabei.[77]

Vor allem aber wollte er in möglichst kurzer Zeit Englisch lernen. Dies gelang ihm in einer von Freunden und Zuhörern oft bewunderten Weise. Er habe dazu – so erläuterte er später allen, die ihn nach der Methode seines so erfolgreichen Sprachstudiums fragten – keiner englischen Grammatik bedurft. Er habe lediglich mit großer Gründlichkeit englische Texte übersetzt. Er begann mit einer englischsprachigen Zeitung – zufällig dem „Philadelphia Ledger". Jeden Tag arbeitete er sich durch die Leitartikel, die Nachrichten und sogar die Anzeigen. Später folgte die Lektüre englischer Romane, bis er sich zuletzt an Shakespeares Dramen mit ihrem ungeheueren Wortschatz wagte. Er widmete sich dieser Aufgabe mit größter Gewissenhaftigkeit, nie erlaubte er sich, ein schwer verständliches Wort zu überspringen. Einer besonderen Übung unterzog er sich dadurch, daß er die vor achtzig Jahren in London erschienenen satirischen *Briefe des Junius*, die in einer wegen ihrer Klarheit im Ausdruck gerühmten Sprache die politische Szene Englands geißelten, zunächst ins Deutsche übersetzte und schließlich die deutsche Übersetzung ins Englische zurückübertrug. Nach weniger als sechs Monaten war er soweit fortgeschritten, daß es ihm nicht mehr schwer fiel, Unterhaltungen in englischer Spräche zu führen oder einen Brief zu schreiben.

Im Frühjahr 1853 war Margarethe hochschwanger. Sie wurde von düsteren Ahnungen heimgesucht und fürchtete, die Geburt nicht zu überleben. Am 3. Mai wurde ihr erstes Kind Agathe geboren. Glücklicherweise war ihre Furcht nicht begründet gewesen. Sie erholte sich schnell. Erleichtert schrieb sie ihrer Schwester nach London, daß es ihr an nichts fehle. Karl sei ein liebevoller Vater und Ehemann. Wer ihn von früher kannte, sei erstaunt, wie sehr er in seinem Familienleben aufging. Den Sommer verbrachte die junge Familie in dem nahe gelegenen Ferienort Bethlehem. Von der späteren Industrie war in dem kleinen, von Mährischen Brüdern gegründeten Ort noch nichts zu spüren. Bethlehem Steel war noch kein Begriff.

In Philadelphia waren Carl und Margarethe in ein reges gesellschaftliches Leben eingebunden, das neben vielen Einwanderern auch gebürtige Amerikaner umfaßte. Besonders erfreut war er über die Bekanntschaft mit Lucretia Mott, einer der bekanntesten Vertreterinnen des Quäkertums, das in Philadelphia fest verankert war. Lucretia Mott, damals schon eine ältere Dame, wurde wegen ihres Eintretens für „viele fortschrittliche Bewegungen", wie Schurz schrieb, allgemein verehrt. Ihre Anliegen waren ihr Leben lang vor allem die Rechte der Frau und der Kampf gegen die Sklaverei gewesen. Schurz war von ihr tief beeindruckt. Ein Gespräch blieb ihm besonders im Gedächtnis, nämlich jenes, in dem sie ihm gegenüber die Hoffnung aussprach, daß er sich als Bürger niemals der Sklavenfrage gegenüber gleichgültig verhalten werde, wie es zu ihrem Kummer jetzt so häufig geschehe[78].

Washington und die Sklavereifrage

In der Tat hatte es seit längerem den Anschein, als hätte sich die praktische Politik mit der Existenz der Sklaverei in den Südstaaten abgefunden. Da kein Weg ersichtlich war, wie der Sklavenhaltung ein Ende zu setzen wäre, nahm man sie als unabänderlich hin. Der Missouri Compromise von 1820 hatte ihr nur nach Norden eine Grenze gesetzt. Gleichwohl fand sich die Sklavenfrage im Zusammenhang mit besonderen Ereignissen, die auch die nördlichen Staaten betrafen, immer wieder in den Schlagzeilen. Im Jahre 1853 ging es dabei um die Frage, ob die Sklaverei in den neuen Territorien im Westen und den dort zu bildenden Staaten eingeführt werden dürfe. Die Frage war in Bezug auf das Nebraska-Territory aktuell geworden, das sich von der texanischen Nordgrenze bis zur Grenze zu Kanada hinzog. Dem amerikanischen Senat lag ein von dem Senator Douglas aus Illinois eingebrachter Gesetzentwurf vor – die Kansas-Nebraska-Bill - , die nicht nur die Nation, sondern auch die Parteien spaltete. Danach sollte das Territorium in die zwei Gebiete Kansas und Nebraska geteilt und die Sklavenfrage der Entscheidung der Bevölkerung eines jeden der künftigen Einzelstaaten überlassen werden. Die Befürworter dieser Regelung sahen dies als einen Kompromiß an; sie erwarteten dabei, daß das südlich gelegene Kansas in der Mehrheit von aus dem Süden stammenden

Anhängern der Sklaverei besiedelt würde, das nördliche Nebraska dagegen von Sklavereigegnern.

Als die Kansas-Nebraska-Bill im Frühjahr 1854 auf der Tagesordnung des Senats stand, faßte Schurz den Entschluß, nach Washington zu reisen. Nach seinen eigenen Angaben ging es ihm darum, sich einen persönlichen Eindruck vom praktischen Funktionieren des amerikanischen politischen Prozesses zu verschaffen. Der eigentliche Zweck der Reise war aber wohl, im Auftrag der in London und Zürich auf die Wiederkehr der Revolution in Deutschland wartenden Emigranten die Chancen für eine außenpolitische Unterstützung durch die amerikanischen Regierung zu erkunden. Seinem Mentor Kinkel schrieb er als Ergebnis seiner in Washington in dieser Hinsicht gewonnenen Erkenntnisse etwas ironisch nach London, die amerikanische Regierung habe überhaupt keine Außenpolitik.

Schurz war vom ersten Eindruck der Bundeshauptstadt enttäuscht. Washington erschien ihm damals als ein großes langausgestrecktes Dorf. Einige öffentliche Gebäude, darunter das Kapitol, an dessen Seitenflügeln noch gebaut wurde, und das Weiße Haus seien im Mittelpunkt zerstreuter Häusergruppen gestanden. In vielen Straßen hätten noch Gänse, Hühner, Schweine und Kühe ihre unbestrittenen Wegerechte geltend gemacht.

Es spricht für das Selbstbewußtsein des 24jährigen Schurz, daß er sich, ausgestattet mit entsprechenden Empfehlungsschreiben, beim Kriegsminister melden ließ, um diesem einen Besuch abzustatten. Der Minister Jefferson Davis – er war der spätere Präsident der abtrünnigen Südstaaten - empfing ihn mit würdevoller Höflichkeit. Die Unterhaltung beschränkte sich allerdings auf konventionelle Gemeinplätze. Von einer Unterstützung der revolutionären Szene in Europa durch die USA konnte keine Rede sein. Der zaghafte Versuch, die Schurz besonders interessierende neue Phase der Sklavereifrage anzusprechen, die durch die Kansas-Nebraska Bill eingeleitet war, blieb ohne Erfolg. Nach einigen Fragen zu seinen eigenen Erfahrungen und Zukunftsplänen wurde er verabschiedet.

Als am 30. Mai 1854 der amerikanische Präsident Franklin Pierce das Kansas-Nebraska Gesetz unterzeichnete, erhob sich im Norden ein Sturm der Entrüstung. Sklaverei sei ein moralisches, soziales und politisches Übel, das bekämpft werden müsse. Mit diesem politischen Bekenntnis gründeten wenige Wochen später Dissidenten der konservativen Whigs, Unzufriedene der demokratischen Partei und unabhängige Free-soiler in Michigan die Republikanische Partei. Schurz hatte den Eindruck, daß die entscheidende Auseinandersetzung immer näher rückte; als entschiedener Gegner der Sklaverei fühlte er in sich den unwiderstehlichen Drang, sich vorzubereiten, um an diesem Kampf teilzunehmen.[79]

12. Kapitel
Erkundungsreise in den Westen

Von Philadelphia nach Wisconsin

In Philadelphia hatte Schurz sich in seine Studien zu Geschichte und Gesellschaft der amerikanischen Republik sowie zu Theorie und Praxis ihrer Institutionen vertieft. Er meinte aber, noch nicht genügend von diesem Land zu wissen, um aktiv an seiner Politik mitwirken zu können. Es gab noch den großen Westen, wo neue politische Gemeinwesen heranwuchsen, von denen es hieß, daß sie das „wirkliche Amerika“ seien. Er hatte noch einige Verwandte und Freunde in den damals am weitesten westlich gelegenen Staaten Illinois, Wisconsin und Missouri und machte sich im Herbst 1854 auf, um sie zu besuchen.

Über Pittsburg, Cincinnati und Cleveland gelangte er nach Indianapolis, wo Freunde ihn dem Governor Joseph A. Wright vorstellten, der drei Jahre später als amerikanischer Botschafter nach Berlin ging. Der Governor lud ihn ein, sich doch in Indiana niederzulassen. Schurz erwog dies ernstlich; ihm gefiel die aufstrebende Stadt, deren Bewohner – wie übrigens in allen Städten, die er auf dieser Reise besuchte – so viel Zuversicht ausstrahlten, und ihm gefiel auch der ungezwungene Umgang der Menschen untereinander, die sich offenbar als Gleiche gegenübertraten, wobei es sich weniger um eine Gleichheit des Vermögens als um Gleichwertigkeit der Person handelte.

Besonders interessant empfand er das am Mississippi gelegene St. Louis, die Hauptstadt des jüngst in die Union aufgenommenen Staates Missouri. Dort war aufgrund des Missouri-Compromise von 1820 die Sklaverei erlaubt. Allerdings fand sich in seiner Bevölkerung eine starke gegen die Sklaverei gerichtete Partei, die sich hauptsächlich aus deutschstämmigen Einwohnern zusammensetzte. Der Anteil der deutschen Bevölkerung war groß. Zumeist handelte es sich um Ackerbauern, kleine Kaufleute, Handwerker und Arbeiter. Doch hatten die deutschen revolutionären Bewegungen von 1830 und 1848 auch ganze Scharen von Studenten und Intellektuellen nach Amerika getrieben. Zu ihnen zählten die wegen ihrer deutschen Gymnasialbildung so genannten *Latin farmers*, die „lateinischen Farmer", ebenso Rechtsanwälte, Ärzte, Schriftsteller und Journalisten. Franz Sigel, der als Major in der badischen Revolutionsarmee gedient hatte, hatte sich mit seinen Brüdern in St. Louis niedergelassen. Den Revolutionär Friedrich Hecker, den Helden des in Deutschland als Volkslied gesungenen Hecker-Lieds, der mit Gustav Struve den badischen Aufstand von 1848 angeführt hatte, besuchte Schurz auf seiner in der Nähe gelegenen Präriefarm.

Weiter ging es über Chicago, die Schurz als eine unschöne, fast gänzlich aus Holz gebaute Stadt von ungefähr 65 000 Einwohnern beschrieb, nach Wisconsin. Hier genoß er nun eine ihm äußerst sympathische Atmosphäre. Dies galt zunächst für die Stadt Milwaukee mit ihrem sehr großen Anteil an deutscher Bevölkerung, der noch durch die Einwanderung von 1848 stark aufgestockt worden war. Die Achtundvierziger charakterisierte Schurz als überwiegend junge Leute voller Tatendrang, die sich, was ihm besonders gefiel, auch der Pflege der Kultur annahmen. Ein Musikverein war gegründet worden, der in kurzer Zeit Oratorien und leichte Opern mit eigenen Kräften aufführte, ein deutsches Theater bildete bald einen gesellschaftlichen Mittelpunkt, und auch ein deutscher Turnverein bereicherte das gesellschaftliche Leben mit kulturellen Veranstaltungen.

Von Milwaukee reiste Schurz 45 Meilen weiter nach Westen zu der kleinen Stadt Watertown. Dort traf er seinen Onkel Jakob Jüssen, den früheren Bürgermeister von Jülich, und seine Familie. Jakob Jüssen betrieb damals ein offenbar gutgehendes Spirituosengeschäft. Carl wurde überaus herzlich empfangen. Er schrieb Margarethe[80], er – Carl – sei geradezu der Liebling und der Stolz der Familie geworden.

Die Bevölkerung von Watertown – nicht ganz zehntausend Einwohner -bestand vorwiegend aus Deutschen. Auch hier begegnete Schurz mehreren Achtundvierzigern, darunter Emil Rothe, mit dem er im September 1848 den Studentenkongreß in Eisenach besucht hatte. Unter den Farmern der Umgebung, die in Watertown ihre Geschäfte besorgten, waren viele Pommern und Mecklenburger. Deren erste Heimstätte mochte zunächst aus einer einfachen Blockhütte bestanden haben, sie hatten sich aber dann im Laufe einiger Jahre zu einem bescheidenen Holzhaus und schließlich zu einem stattlichen Backsteingebäude emporgearbeitet. Die Menschen waren keine Hinterwäldler mehr.

Entscheidung für Watertown

Schurz fand sich von Watertown angezogen. Er genoß die Lebensweise des Westens. Hier meinte er den Prozeß verfolgen zu können, in welchem der Neuankömmling sich zu einem selbstbewußten Amerikaner entwickelte. Er meinte hier das Amerika zu erkennen, das er in seinen Träumen gesehen hatte: „Ein neues Volk aus freier Mischung der kräftigen Elemente aller Nationen ... , das nicht Altengland allein, sondern die ganze Welt zum Mutterlande hatte, mit fast unbegrenzten Möglichkeiten, die allen offenstanden, und mit den gleichen Rechten, die ihnen durch die freien Institutionen der Regierung gesichert wurden."[81] Er sah sehr wohl, daß er feinere kulturelle Genüsse hier entbehren müßte, glaubte aber ausreichenden Ersatz dadurch zu erhalten, daß er das Wachstum dieser Gesellschaft miterleben und ihre Entwicklung mitgestalten könnte.

Für eine Niederlassung in Watertown sprach auch noch ein wirtschaftlicher Gesichtspunkt. Es war eine aufstrebende Stadt, die um diese Zeit einen wahren Boom erlebte. Sie war die zweitgrößte

Stadt in Wisconsin, nach Milwaukee, aber noch vor der Hauptstadt Madison. Im Jahre 1852 hatte sie noch dreitausend Einwohner gezählt, 1853 waren es schon viertausend, und 1855 sollten es zehntausend werden. Drei Eisenbahnlinien sollten die Stadt mit dem weiteren Umland verbinden. Die Fertigstellung der Strecke nach Milwaukee war für den Herbst 1855 vorgesehen. Weitere Eisenbahnprojekte betrafen die Strecken über Madison nach Prairie du Chien, über Columbus nach La Crosse, und über Fond du Lac zum Lake Winnebago. Schurz hatte den Eindruck, die Stadt sei dabei, sich zu einem veritablen Eisenbahnzentrum zu entwickeln. Die Preisentwicklung auf dem Grundstücksmarkt lud zum Kauf ein. Wie sich den Zeitungsanzeigen entnehmen ließ, konnte etwa eine Farm von 80 acres, die 1853 für 700 Dollar gekauft wurde, nun schon für 2200 Dollar verkauft werden. Auch Schurz dachte daran, auf diese Weise in einigen Jahren zu Wohlstand zu gelangen. Die Jackson-Farm wurde ihm angeboten, zu der 89 acres Grund gehörten. Er könnte die Farm betreiben, aber einen Teil ihrer Fläche parzellieren und die Parzellen als Baugrundstücke verkaufen.

Schließlich erschien ihm besonders bedeutsam, daß ein Einwanderer, nachdem er ein Jahr in Wisconsin gewohnt hatte, voll am politischen Leben teilhaben konnte. Er müßte also nicht lange warten, um politische Ämter bekleiden zu können, und er rechnete mit genügend deutsch-amerikanischen Wählern, die ihn dabei unterstützen würden. „Dort ist das deutsche Element mächtig durch die Zahl der Eingewanderten und ringt nach politischer Geltung", schrieb er an Kinkel; es fehle nur an Köpfen, die nicht ausschließlich an den Lebenserwerb denken müßten. „Dort ist der Platz, wo ich einen soliden, nach und nach sich erweiternden Wirkungskreis finden werde".[82] Hier lebten auch mehrere seiner Verwandten, und auch seine Eltern und Schwestern könnten sich deshalb hier wohlfühlen. So kehrte er nach Philadelphia mit dem Vorsatz zurück, mit Frau und Kind nach Watertown zu ziehen.

Warum Amerika?

Für Schurz stand schon jetzt fest, daß er in Amerika bleiben, daß er Amerikaner sein wollte. In einem Brief an seine noch in London lebende Freundin Malvida von Meysenbug[83] faßte er zusammen, was er als die vom europäischen Politikverständnis so verschiedenen Prinzipien demokratischer Praxis in Amerika empfand, die ihn unwiderstehlich anzogen.

„In der Tat ist es wahr", so schrieb er, „ der erste Anblick dieses Landes erfüllt uns mit stummem Erstaunen." Es sei ein Land der Extreme: hier sehe man das Prinzip der individuellen Freiheit bis zu den letzten Konsequenzen getrieben; dort den krassesten religiösen Fanatismus sich austoben; hier die Emanzipation der großen Masse des arbeitenden Volkes, daneben den Spekulationsgeist des gewaltigen Kapitals; hier eine Partei, die sich die demokratische nennt und die zugleich die Hauptstütze der Sklaverei bildet, dort eine Partei, die gegen das himmelschreiende Unrecht des Sklaventums donnert, aber all ihre Argumente auf die Autorität der Bibel stützt; hier der unaufhaltsame Geist der Emanzipation, dort das tätige Gelüst der Unterdrückung - alles dies in voller Freiheit, in buntem Gewirre durcheinander, nebeneinander.

Der von Europa herübergekommene Demokrat, der bisher in der Welt der Ideen gelebt und noch keine Gelegenheit gefunden hatte, diese Ideen in die Praxis umgesetzt zu sehen, frage sich stutzend: Ist das ein freies Volk? Ist das eine wirkliche Demokratie, wenn sie all diese entgegengesetzten Prinzipien umfaßt? Ist das mein Ideal? – Erst wenn der Europäer die mitgebrachten Vorurteile abgestreift habe, komme er zur Lösung des Rätsels: „Ja, so sind die Menschen, wenn sie frei sind. Die Freiheit bricht die Fesseln der Entwicklung entzwei. Alle Kräfte, alle Schwächen, alles Gute, alles Schlechte, zeigen sich am Licht des Tages und in ihrer Wirksamkeit;... . Wer die Freiheit will, darf sich nicht wundern, wenn die

Menschen sich nicht besser zeigen wie sie sind. Die Freiheit ist der einzige Zustand, in welchem es den Menschen möglich ist, sich selbst kennen zu lernen, indem sie sich hinstellen, wie sie sind.“

Man zwingt die Menschen hier nicht zum Besseren, man regiert hier nicht mit Verboten: „Hier läßt man die Jesuiten wirtschaften, man schlägt sie nicht tot und treibt sie nicht aus - denn: die Demokratie statuiert die Freiheit eines jeden Bekenntnisses, so lange es nicht die bürgerliche Freiheit anderer beschränkt, - man bekämpft sie nicht mit der Waffe der offiziellen Gewalt, sondern einfach mit der öffentlichen Meinung. Das ist nicht allein demokratischer, sondern auch solider, denn geht der Kampf der öffentlichen Meinung gegen die geistige Abhängigkeit langsam, so ist das ein Zeichen, dass die Menschen eben noch nicht reifer sind. Dieser Kampf hat den Vorteil, dass er stets gleichen Schritt hält mit dem Standpunkt der Menge, darum sind seine Siege weniger schnell, weniger glänzend, aber dauerhafter und entscheidender. So geht's hier mit allem.“

Der europäische Revolutionär werde darüber ungeduldig . Er würde die Menschen durch seine bloße Regierungslust, durch den bloßen Drang, alles schnell und positiv besser zu machen, in die Reaktion hineintreiben. Jeder Blick in das politische Leben Amerikas zeige aber, dass die Aufgabe einer Revolution nichts anderes sein kann, als dem Volkswillen Raum zu schaffen und die Schranken der individuellen Freiheit so weit wie möglich niederzureißen:

„Hier in Amerika kann man täglich sehen, wie wenig ein Volk nötig hat, regiert zu werden. In der Tat, was man in Europa nur mit Schaudern nennt, die Anarchie, sie existiert hier in schönster Blüte. Es gibt wohl Regierungen, aber keine Herren; es gibt Gouverneure, aber sie sind Kommis [Handlungsgehilfen]. Was hier in Amerika an großen Unterrichtsanstalten, an Kirchen, an großen Verkehrseinrichtungen u.s.w. entsteht, verdankt fast alles seine Existenz nicht der offiziellen Autorität, sondern dem spontanen Zusammenwirken der Privatleute. Man tut hier einen Blick in die Produktivität der Freiheit. Hier sehen Sie eine kostbar gebaute Kirche: eine Aktiengesellschaft hat sie gegründet; dort eine Universität: ein reicher

Mann hat zu Erziehungszwecken ein bedeutendes Legat hinterlassen, das dient nun als Kapitalstock, und die Universität gründet sich fast ganz auf Subskription; dort ein Waisenhaus von weissem Marmor gebaut: ein reicher Bürger hat es errichtet - und so geht's weiter ins Unendliche. Man wird hier erst gewahr, wie überflüssig die Regierungen in einer Menge von Angelegenheiten sind, wo man sie in Europa für durchaus unentbehrlich hält, und wie die Möglichkeit, etwas tun zu können, die Lust weckt, etwas zu tun."

13. Kapitel

Zwischen Watertown und Europa

Kurze Visite in England

In Philadelphia fand Schurz seine Frau bei schwacher Gesundheit. An welcher Krankheit sie litt, geht aus seinen Briefen nicht klar hervor. Er sprach davon, daß Margarethe während seiner Abwesenheit einige Tage von einer gefährlichen Lungenkrankheit bedroht gewesen sei.[84] Sie klagte über Schmerzen in Brust und Rücken. Vielleicht würde ihr ein Aufenthalt in einem Kurort in Europa Heilung bringen. Deshalb faßten sie den Entschluß, nach Europa zu reisen.

Zuvor allerdings wollte Carl seine Eltern mit den beiden Schwestern, wie dies schon in Europa geplant gewesen war, nach Watertown bringen. Schurz hatte dort für seine Eltern für tausend Dollar ein Haus gekauft. Er ließ jetzt noch den Winter vorübergehen; Anfang März 1855 kehrte er mit Eltern und Schwestern nach Watertown zurück und überließ sie dort der Fürsorge seines Onkels Jakob Jüssen.

Nun war Schurz frei für die Reise seiner Familie nach Europa. Ihr Ziel war London. Am 21. April 1855 nahm er mit Frau und Kind die „Washington" nach England. In London lebten sie kurz bei den Kinkels. Dann brachte er seine Frau in den Kurort *Malvern Hills*, wo sie eine Besserung ihres chronisch schlechten Gesundheitszustands erhofften.

In London hatte er ein Erlebnis, das ihn – den großen Musikliebhaber - sein Leben lang begleiten sollte[85]. Johanna Kinkel lud ihn zu einem Konzert ein, in dem Richard Wagner seine Ouvertüre zu Tannhäuser dirigierte. Johanna verabscheute Wagner, weil sie glaubte, daß er „in verwegener Weise das musikalische Gewissen demoralisierte". Doch ließen sich viele davon hinreißen, „sogar einige Musiker, von denen man besseres erwarten könnte." Schurz war gespannt, er hatte Wagner noch nie gehört. „Der einleitende Pilgerchor", so berichtet er, „gefiel mir sehr, ohne mich jedoch als etwas Überwältigendes zu berühren. Als aber dann die Violinen einsetzten mit dem geheimnisvollen, sich immer steigernden Aufruhr der Leidenschaft, die frommen Töne des Pilgerchors durch wilden Aufschrei und unheimliches Rasen übertönend, dann in klagendes Stöhnen der Erschöpfung versinkend, da konnte ich mich kaum mehr beherrschen. Es war mir, als müsse ich aufspringen und schreien.." Nach den letzten Noten sei er ganz still sitzen geblieben, unfähig ein Wort auszusprechen. Johanna sah ihn traurig an und seufzte: „Hören Sie denn nicht, daß alles verkehrt ist? ... Und so geht es. Was soll nur aus unserer Kunst werden!". Schurz aber sagte von sich später: „Ich war wirklich gefesselt, und ich blieb es auch." Er war Wagnerianer geworden.

Der Kauf der Farm

Schurz selbst kehrte noch im Juli nach Amerika zurück und eilte nach Watertown, um den Kauf der Jackson-Farm formell abzuschließen. Er musste allerdings warten, weil der Eigentümer noch verreist war. Inzwischen lebte er bei seinen Eltern. Diese hatten sich gut eingelebt. Sein Vater ging seiner Gartenarbeit nach. Seine Mutter schien davon angetan, daß das Leben im Westen billig war. Sie brauchte für den Haushalt nicht mehr als 12 bis 14 Dollar im Monat. Seine Schwestern nahmen hier ihr schon in Philadelphia betriebenes Geschäft wieder auf, wobei sie nun in Zeitungsanzeigen darauf hinweisen konnten, daß ihnen die neueste Mode der Ostküste geläufig sei. Sie betrieben dieses Geschäft, bis seine Schwester Antonie im Sommer 1856 ihren Cousin Edmund Jüssen heiratete und in den nahe gelegenen Ort Columbus übersiedelte.

Wohl wissend, daß Margarethe seine Begeisterung für Amerika und insbesondere für ein Leben im Westen nicht im gleichen Maße teilte, schilderte er ihr in seinen Briefen in leuchtenden Farben die Schönheiten des Landes, die Aufbruchsstimmung seiner Bevölkerung, und seine Jagdausflüge mit Emil Rothe, dem alten Bekannten vom Studentenkongreß in Eisenach, der sich bereits in Watertown niedergelassen hatte. Sogar von dem gemeinsamen Freund Adolph Strodtmann konnte er berichten, der inzwischen nach Watertown übergesiedelt war.

Schurz entwarf jetzt den Plan für das Wohnhaus, das er für seine Familie auf einem Hügel im Gelände der Farm errichten wollte. Außerdem vermaß er das Gelände, das er in Parzellen aufteilte. Am 23. September 1855 konnte endlich der Vertrag über den Kauf der Farm unterzeichnet werden. Der Kaufpreis betrug einschließlich einiger weiterer Baugrundstücke 15700 Dollar, wofür er eine Hypothek von 8500 Dollar aufnahm. Schurz glaubte, allein innerhalb der nächsten drei Jahre 50000 Dollar für die Bauparzellen erzielen zu können.

So angenehm die Aussicht auf künftigen Wohlstand sein mochte, so unbefriedigt ließ ihn das ständige Grübeln über geschäftliche Dinge und der Umgang mit dem Zahlenwerk. Er schien weder die Leidenschaft noch das Zeug zum Geschäftsmann zu haben. Als er vom Fall von Sewastopol im gerade andauernden Krimkrieg hörte, klagte er in einem Brief an Margarethe, daß er sich hier zur Untätigkeit verdammt fühle, während anderswo große Entscheidungen zu treffen wären.

Das Haus der Familie Schurz in Watertown

Aber die Politik meldete sich bereits. In Wisconsin standen im November 1855 die Gouverneurswahlen an. Der demokratische Gouverneur suchte seine Wiederwahl. Da Schurz als ein Mann mit potentiellem Einfluß auf die große Gruppe der deutschen Wähler galt, kam eine Delegation der Demokratischen Partei zu ihm und bat ihn, den Gouverneur bei seinem nächsten Wahlkampfauftritt in Watertown willkommen zu heißen und seine Wiederwahl zu empfehlen. Doch Schurz entzog sich dieser Bitte. Ihm mißfiel nicht nur, was er von der Amtsführung des Gouverneurs gehört hatte, er war auch nicht mit der Politik der Demokratischen Partei einverstanden, die diese auf nationaler Ebene verfocht. Seine Einwände galten vor allem dem Eintreten dieser Partei für die Sklaverei, wie er dies bei der Diskussion um die Kansas-Nebraska-Bill mitverfolgt hatte. Schurz war sich bewußt, daß die Deutschen als Anhänger der Demokraten galten.. Doch lieber wollte er in der Gruppe der deutschen Landsleute zu einer Minderheit gehören, als in der für ihn alles überragenden Frage der Sklaverei nachgeben.

Er gab noch den Bau des nach seinen Plänen zu errichtenden Wohnhauses in Auftrag, dann konnte er endlich die Rückreise in den Osten und von dort die Fahrt nach Europa antreten. Am 17.

Dezember 1855 kam er in London an, wo ihn Margarethe mit der kleinen Agathe und den Kinkels erwarteten.

Wiedersehen mit Europa

Die Verhältnisse in London fand er stark verändert vor. Der Kreis der politischen Flüchtlinge mit seinen Gruppen und Grüppchen bestand nicht mehr. Viele von ihnen waren wohl nach Amerika ausgewandert. Die Familie Kinkel allerdings hatte sich in London fest etabliert. Gottfried Kinkel hielt immer noch seine gut besuchten Vorträge über Kunstgeschichte, Johanna war als Musiklehrerin gefragt. Sie bewohnten jetzt ein größeres Haus. Schurz traf auch seinen Studienfreund Friedrich Althaus, der Unterricht erteilte und überdies Prinz Albert bei der Ordnung seiner Kupferstichsammlung unterstützte. Seine Freundin Malwida von Meisenbug lebte mit dem russischen Emigranten Alexander Herzen und dessen Töchtern zusammen.

Der ungarische Freiheitskämpfer Kossuth befand sich noch in London. Er war inzwischen auf Einladung der amerikanischen Regierung in den Vereinigten Staaten gewesen, war dort – wie schon im Oktober 1851 in London – von einer großen Menschenmenge enthusiastisch empfangen worden, und gleichwohl enttäuscht nach London zurückgekehrt. Ein diplomatisches Eingreifen der amerikanischen Regierung zugunsten des ungarischen Freiheitskampfes, wie er es sich erhofft hatte, war nicht zu erreichen gewesen, und auch die allgemeine Begeisterung für die revolutionäre Sache der Ungarn war inzwischen verflogen. Armut hatte ihn gezwungen, sich in ein bescheidenes Quartier in London zurückzuziehen. Als Schurz ihn besuchte, sah er sich einem enttäuschten alt gewordenen Mann gegenüber, der ihm ein trübes Bild der gegenwärtigen Verhältnisse in Europa zeichnete, wenngleich er immer noch hoffte, daß derartige Zustände nicht von Dauer sein könnten. Schurz sah in ihm das traurige Abbild der Niederlage, welche die revolutionäre Bewegung von 1848 erlitten hatte. Nirgendwo zeigte sich ein Hoffnungsstrahl, der die noch in London lebenden Verbannten hätte ermutigen können. Es existierte noch ein internationales Komitee, das im Falle eines Wiederauflebens der Revolution die Führung übernehmen wollte. Schurz erschien es wie eine Versammlung von Gespenstern auf einem Kirchhof.

Der Gesundheitszustand Margarethes hatte sich nicht gebessert. Die Ärzte empfahlen ihr einen Kuraufenthalt in der Schweiz. Als endlich die Reisedokumente für die Fahrt durch Frankreich ausgestellt waren, reiste die Familie auf Einladung des jüngeren Schwagers Heinrich Meyer nach Montreux, wo Heinrich sich mit seiner jungen Frau Emilie ebenfalls zur Kur befand. Der gemeinsame Aufenthalt in Montreux in harmonischer Gesellschaft mit der weiteren Familie, in einer großartigen Landschaft mit angenehmem Klima, das Margarethes Gesundung deutlich förderte - diese Wochen zählten, wie Schurz Jahrzehnte später schrieb, zu den glücklichsten Tagen seines Lebens.

Zurück in Watertown

Im Juni 1856 kehrte die Familie Schurz über London nach Amerika zurück. Carl war bereits ungeduldig. Er wollte seine mit den Grundstücksverkäufen in Watertown verbundenen Geschäfte weiterführen. Und er wollte, nachdem ihm der hoffnungslose Zustand Europas so deutlich vor Augen geführt worden war, wieder in das Land zurückkehren, das er zu seiner Heimat gemacht hatte, zu einem Volk, das – wie er es sah – „erfüllt war von dem Bewußtsein seines eigenen hohen Geschicks als Anführer der Menschheit im Kampfe für Freiheit und Gerechtigkeit, für allgemeinen Frieden und allgemeine Menschenliebe.“ Und er wollte teilnehmen am Kampf gegen die Sklaverei, „diesem einzigen Flecken auf dem Wappenschild der Republik“, von dem er meinte, daß er die Erfüllung der amerikanischen Mission in der Welt bedrohte.[86]

In Watertown erwartete ihn zunächst eine Enttäuschung. Das Haus, dessen Bau Schurz in Auftrag gegeben hatte, war noch nicht fertig. Die Familie musste in ein kleines altes Haus ausweichen, bis sie im Herbst das neue, auf einem Hügel mit Blick auf die Stadt und den Fluß gelegene Anwesen umziehen konnte. Seinem Freund Kinkel beschrieb Schurz seinen neuen Wohnsitz so: „Denke Dir ein hübsches Landhaus auf einer sanften Anhöhe auf Flintenschußweite von der Stadt, mit einem weiten freien Blick auf Fluß und Stadt und die umschließenden Hügel vor sich und einem hier und da von kleinen Häusern belebten Eichenwald hinter sich; und im Hause rechts von der Hausflur zwei hohe und geräumige Zimmer, die durch eine breite Schiebetür miteinander in Verbindung stehn, und im ausgebauten Erkerfenster des einen eine hübsche junge Frau arbeitend und ein spielendes kleines rotbäckiges Posaunengesicht, und im andern Zimmer ein männliches Wesen am Schreibtisch, von Büchern umgeben, unter denen sich Blackstone und Kant und ähnliche Gesellen durch ihre Dicke hervortun, und an den Wänden Gewehre und Jagdgeräte und dergleichen, und die ganze umgebende Einrichtung so recht gemütlich und behäbig, im vordern Erkerzimmer nicht ohne einen Anflug von Eleganz“ – das sei seine Familie, wie sie im Augenblick leibe und lebe.[87]

Watertown war jetzt ein Ort von etwa zehntausend Einwohnern, der aus einer Geschäftsstraße mit Läden, Werkstätten, Wirtshäusern bestand, um die sich verstreut liegende Wohnhäuser gruppierten. Die Straßen waren noch nicht gepflastert, Gehsteige waren nicht vorhanden. Es herrschte aber eine sehr rege Bautätigkeit, die den weiteren Ausbau der Infrastruktur erwarten ließ.

Die meisten Einwohner waren keine geborenen Amerikaner. Mehr als die Hälfte der Bevölkerung stammte aus Deutschland. Ein Gesangverein erfreute sich großer Beliebtheit. Margarethe Schurz, seine Tante und seine Schwester Antonie zählten zu den Mitwirkenden der dort aufgeführten Konzerte. Das neue Wohnhaus wurde sehr bald zu einem gesellschaftlichen Mittelpunkt für den großen Kreis der Verwandten und an „gehobener Geselligkeit“ interessierter Menschen, für die Margarethe die Rolle der Gastgeberin übernahm. Freunde aus dem Osten kamen zu Besuch und wurden gerne aufgenommen. Selbst während des strengen Winters fehlte es nie an Gesellschaften mit anregenden Gesprächen über Politik, Philosophie, die Tagesneuigkeiten und manchmal auch Abendunterhaltungen mit Musik. Im März 1857 wurde Schurz' zweite Tochter geboren, die nach seiner Mutter den Namen Marianne erhielt. Gleich nach dieser Geburt unternahm Schurz eine Reise nach New York, um im Osten für den Kauf von Immobilien in Watertown zu werben. Mit seinem Geschäftspartner C. T. Paine hatte er eine Kanzlei als *notary public* und *land agent* eröffnet. Überdies war er Präsident einer Versicherungsgesellschaft geworden. Nun ging es darum, Kunden zu requirieren. Auch die Kommunalpolitik hatte ihn erfaßt. Er war von der Stadt zum Direktor der öffentlichen Bauten (Commissioner of Public Improvements) ernannt worden.[88]

Der erste Kindergarten

. Da Margarethe in Hamburg an der von ihrer Schwester Bertha und ihrem Schwager Ronge gegründeten „Hochschule für das weibliche Geschlecht" eine Ausbildung als Kindergärtnerin genossen hatte, richtete sie gegen Ende 1856 für ihre Tochter Agathe und die Kinder ihrer Verwandten einen Kindergarten ein. Es war eine Gruppe von sechs Mädchen, die sie zunächst in ihrem Haus betreute. Auf Bitten interessierter Eltern nahm sie dann weitere Kinder auf und betrieb von da an den Kindergarten, in dem Deutsch gesprochen wurde, im Sinne der Fröbel'schen Prinzipien in einem kleinen Haus in der Stadt. Er gilt heute als der erste in Amerika errichtete

Margarethe Schurz

Kindergarten. Die Pädagogin Elizabeth Palmer-Peabody, die Fröbels Idee in Amerika weitertrug und 1860 in Boston den ersten englisch-sprachigen Kindergarten eröffnete, bezeichnete Margarethe Schurz als 'brillante Kreuzritterin' und 'Nestorin' der Kindergartenbewegung in den Vereinigten Staaten von Amerika[89].

14. Kapitel
Politische Anfänge

Seine erste Rede

Nach seiner Rückkehr aus Europa im Sommer 1856 wurde – wie von Carl Schurz erwartet und auch gewünscht – in Watertown die Tür zu seiner politischen Karriere aufgestoßen. Diesmal war es die erst jüngst gegründete Republikanische Partei, die in ihm einen willkommenen Mittler sah, der die Verbindung zu der großen Gruppe der deutschen Einwanderer herstellen konnte. Die Deutschen wählten traditionell die Demokratische Partei, die im Ruf stand, sich für die Eingewanderten einzusetzen, während die mehrheitlich konservative Republikanische Partei des „nativism" verdächtigt wurde, also einer Bevorzugung der bereits in Amerika geborenen Bürger und der Bekämpfung des politischen Einflusses der neu angekommenen Fremden..

In diesem Sommer befanden sich die USA in dem Präsidentschaftswahlkampf des Republikaners Frémont gegen den Demokraten Buchanan. Einer der republikanischen Führer in Wisconsin, Louis P. Harvey, suchte Carl Schurz auf. Ihm war bekannt geworden, daß Schurz mit der Anti-Sklaverei-Bewegung sympathisierte. Wolle er nicht auf Seiten der Republikaner im Präsidentschaftswahlkampf mitwirken? Er sei herzlich eingeladen, in einer eben bevorstehenden Wahlversammlung in dem nahegelegenen Städtchen Jefferson eine kurze Rede in deutscher Sprache zu halten. Schurz allerdings meinte, daß er sich für eine solche Aufgabe noch nicht genügend gerüstet sehe. Daraufhin bat ihn Harvey, wenigstens als Versammlungsteilnehmer nach Jefferson zu kommen, um ihn selbst bei dieser Versammlung reden zu hören. Darin willigte Schurz gerne ein.

Die Versammlung fand im Freien statt. Sie wurde von vielen auf dem Lande lebenden Menschen besucht. Schurz wurde aufgefordert, einen Platz auf dem Podium bei den örtlichen Honoratioren einzunehmen. Harvey hielt, wie Schurz es empfand, eine klare und kraftvolle Rede, die mit überaus eindrucksvollen Schlußsätzen endete. Nachdem der Applaus sich gelegt hatte, erhob sich der Versammlungsleiter und erklärte, er habe jetzt das große Vergnügen, der Versammlung Carl Schurz aus Watertown vorzustellen, der in seinem Geburtsland für die Freiheit der Menschen gekämpft habe und nach Amerika gekommen sei, um dies auch in seinem Adoptivlande zu tun. Er werde sich jetzt in seiner Muttersprache an seine in Deutschland geborenen Mitbürger wenden. Schurz war leicht schockiert. Er stammelte einige einleitende Worte über die gänzlich unerwartete Ehre und sprach dann, nach den ersten Worten sicherer geworden, über Themen, die ihm gerade in den Sinn kamen, so über die Sklavereifrage, über die Bedeutung dieser Wahl und über die Pflichten, die die deutschen Amerikaner als Bürger ihrem neuen Heimatland und als Weltbürger der Menschheit schuldeten. Die Rede hatte etwa eine halbe Stunde gedauert. Wie der herzliche Beifall zeigte, waren die Zuhörer von ihr sehr angetan. Es war dies seine erste politische Rede in Amerika. Das Eis war gebrochen. Von allen Seiten wurde er nun zur Teilnahme an weiteren Wahlveranstaltungen aufgefordert. Er wagte es noch nicht, eine Rede auch in englischer Sprache zu halten, aber – wie er selbst bekannte - er sprach gern vor deutschen Zuhörern in deutscher Sprache und sammelte wertvolle Erfahrungen im Umgang mit den Menschen in Wisconsin, mit einfachen Farmern in kleinen Dorfschulen, mit gewitzten Stadtmenschen, mit Parteigängern der eigenen und der gegnerischen Partei.

Die „Know-Nothings" als Gegner

Gegner gab es genügend. Besonders unangenehm war der Umgang mit den Anhängern der erst jüngst gegründeten *Native American-* oder *Know Nothing-Partei*, die aus dem geheimen *Order of the Star-Spangled Banner* hervorgegangen war. Diese richtete sich vor allem gegen die Immigranten, speziell gegen diejenigen römisch-katholischen Glaubens, und damit in erster Linie gegen die zahlreichen Iren, aber auch gegen die Deutschen. Ihr Name leitete sich von der stereotypen Antwort „I don't know nothing" ab, die ihre Anhänger gaben, wenn sie nach gewaltsamen Ausschreitungen polizeilich verhört wurden. Schurz betrachtete diese Vorfälle mit großer Sorge.

In Wisconsin versuchten die Nativisten und die Sklavereianhänger, den als arrogant empfundenen jungen Eindringling auch mit Drohungen einzuschüchtern. Seine Reden wurden zuweilen durch Johlen und Pfeifen unterbrochen, gelegentlich wurden auch Fensterscheiben des Versammlungsraums eingeworfen, in dem er sprach. Schurz reagierte darauf, indem er in seinen Reden mehr seine Argumente für die Sache als für die Partei vorbrachte. Seine Zuhörer sollten selbst darüber nachdenken, wie am besten der Sache der Gerechtigkeit und dem Wohl des Landes gedient sei. Sein Einsatz konnte zwar den Wahlsieg Buchanans nicht verhindern. Doch hatte die junge Republikanische Partei gut abgeschnitten. Für Schurz bedeutete seine Teilnahme am Wahlkampf, daß er jetzt in Wisconsin zu den Hoffnungsträgern der Partei zählte. Er wußte, es war ein schwieriges Unterfangen, die traditionelle Einstellung der deutschen Wählerschaft zu ändern. Da er aber überzeugt war, der gerechten Sache zu dienen, zweifelte er nicht daran, daß ihm dies gelingen werde.

Eine mißglückte Kandidatur

Bei den Kommunalwahlen wurde er 1857 zum Mitglied des Stadtrats von Watertown gewählt, im August wurde er Mitherausgeber der Deutschen Volkszeitung[90] und vereinbarte eine journalistische Mitarbeit beim Watertown Chronicle. Beide Zeitungen waren republikanisch ausgerichtet und erschienen ihm deshalb politisch hilfreich. Im September waren die Kandidaten für den Gouverneur und andere Staatsämter Wisconsins aufzustellen. Sein Protektor Harvey meinte, er könne die Nominierung Schurz' für das Amt des Lieutenant Governors, also des Vizegouverneurs, erreichen. Schurz stünde damit auf Platz zwei des Republikanischen Wahlvorschlags. Schurz war hocherfreut, wenngleich er betonte – wie immer, wenn er sich später in einem Wahlkampf engagierte–, daß es ihm bei seinem politischen Wirken keineswegs um politische Ämter gehe. Am 3. September fand die Nominierungsversammlung der Partei in Madison statt. Der Zeitungsverleger Sherman Booth[91] übernahm es, Schurz den Delegierten vorzustellen. Dabei versäumte er nicht, die Leistungen des jungen Aspiranten in der deutschen Revolution von 1848 herauszustellen. Schurz selbst hielt eine Rede, die sehr beifällig aufgenommen wurde. Die Delegierten nominierten ihn erwartungsgemäß für das Amt des Lieutenant Governors.

Am 3. November fanden die Gouverneurswahlen statt. Die Wahlergebnisse waren äußerst knapp. Die Kandidatur des Governors war erfolgreich. Schurz dagegen verlor gegen den demokratischen Kandidaten mit 44.844 gegen 45.013 Stimmen[92]. Es milderte die Enttäuschung über seine Niederlage, daß er nur um eine Handvoll Stimmen unterlegen war. Harvey schrieb ihm, er habe der Republikanischen Partei einen großen Dienst erwiesen. Irgendein anderer Name auf dem republikanischen Wahlvorschlag an seiner Stelle hätte zur Niederlage des gesamten Tickets geführt. Die Partei schulde ihm jetzt großen Dank.

Finanzielle Probleme

Am 15. Januar 1858 schrieb Schurz seinem Schwager Heinrich Meyer, er freue sich, daß das schlimme Jahr 1857 der Vergangenheit angehöre[93]. Dabei meinte er nicht nur diese jüngste politische Niederlage. Schlimmer noch hatte ihn die Wirtschaftskrise getroffen, die ganz Amerika erfaßt hatte. Banken waren zusammengebrochen, Aktien der Eisenbahngesellschaften abgestürzt, Zahlungen wurden eingestellt, Wirtschaftsbetriebe und Fabriken geschlossen, Tausende waren arbeitslos. Die Aussichten, Watertown zu einem „Eisenbahndrehkreuz" auszubauen, waren geschwunden. Der Immobilienmarkt stagnierte. Schurz musste um Stundung seiner Hypothekenzinsen nachsuchen. Käufer seiner Parzellen wollten von ihren Verträgen nichts mehr wissen.

So stand Schurz vor der Frage, wie er seinen Lebensunterhalt finanzieren und seine Schulden abtragen könne. Sein Ausflug in das Immobiliengeschäft hatte ihm gezeigt, daß er wenig Veranlagung zum Geschäftsmann hatte. Er besann sich jetzt wieder auf die Möglichkeit, auf die er schon in London vor seiner Auswanderung nach Amerika gesetzt hatte: er konnte allgemeinbildende Vorträge halten, wie sie allenthalben von örtlichen Volkshochschulen, den sog. lyceums, organisiert wurden. Anfang 1858 wurde in Watertown ein solches lyceum gegründet. Dort hielt er am 20. Januar den Eröffnungsvortrag zum Thema: „Democracy and Despotism in France"[94]. An diesem Vortrag hatte er schon vor Jahren in Philadelphia gearbeitet. Er sollte ihn noch viele Male wiederholen.

Im März reiste er mit Frau und Kindern wieder an die Ostküste. Margarethe blieb bei den Freunden in Philadelphia, während er in New York versuchte, Interessenten für seine Grundstücksparzellen zu finden. Im Sommer kam er wieder zurück. Jetzt hielt er Vorträge an neu gegründeten Colleges im Mittelwesten. Er hatte inzwischen einen Vortrag zu einem neuen Thema ausgearbeitet, von dem er annahm, daß er besonders die Einwanderer ansprach. Es war seine Antwort auf den „Nativism“ und die Know-Nothing-Bewegung, die den „Americanism“ propagierten. Er gab seinem Vortrag den Titel: „America and Americanism“[95]. Durch Hinweise auf Geschichte und auf moralische Prinzipien suchte er aufzuzeigen, daß die politische Schlechterstellung der Einwanderer den wahren Zielen der amerikanischen Staatsphilosophie widerspreche, die auf eine Demokratie auf der Grundlage der Gleichheit gerichtet sei.

Am 12. Juli behandelte er dieses Thema am Beloit College. Eine Woche später wiederholte er den Vortrag an der University of Wisconsin in Madison. Das darauf folgende Angebot einer Professur an dieser Universität lehnte er ab, weil er Watertown nicht verlassen wollte, ehe seine geschäftlichen Angelegenheiten wieder im Lot waren. Der Vortrag brachte ihm aber die Ernennung zum Mitglied des Boards of Regents der University of Wisconsin ein, ein Amt, dem er sich mit großem Eifer widmete.

Beides, die Vortragstätigkeit und seine Beteiligung an immer neuen Wahlkämpfen begründeten seinen Ruf als interessanter und intelligenter Redner mit hohen Idealen, der zu überzeugen vermochte. Vorträge und politische Reden förderten einander in ihrer Anziehungswirkung auf die Zuhörer und machten überdies seinen Namen über die Grenzen Wisconsins hinaus bekannt.

15. Kapitel
Wahlkampf in Illinois

Zuspitzung der Sklavereifrage

1858 kämpfte der Demokrat Stephen A. Douglas in seinem Heimatstaat Illinois um die Wiederwahl als Senator in Washington. Sein Gegner war der Rechtsanwalt Abraham Lincoln aus Springfield, Illinois, der für die Republikanische Partei antrat. Da auch in Illinois sehr viele deutschstämmige Wahlberechtigte lebten, deren Stimmen für den Wahlausgang entscheidend sein konnten, wurde Schurz um Unterstützung für Lincoln gebeten. Schurz kam der Einladung gerne nach. Er war sich bewußt, daß auch hier die deutschen Wähler sich traditionell für die Demokratische Partei entschieden hatten. Den Angriffspunkt, der einen Meinungsumschwung herbeiführen könnte, sah er in der Sklavereifrage. Diese hatte sich im vergangenen Jahr besonders stark zugespitzt.

Erst im Sommer 1856 war es in Kansas zwischen Gegnern und Befürwortern der Sklaverei zu schweren Gewalttätigkeiten gekommen. Da die als Gesetz in Kraft getretene Kansas-Nebraska-Bill, deren Urheber Douglas war, die Entscheidung über die Sklavenhaltung nach dem Prinzip der *popular sovereignty* den Einzelstaaten überließ, kam es zu einem Wettlauf von Anhängern und Gegnern der Sklaverei bei der Besiedlung von Kansas; jede der beiden Parteien wollte dort die Mehrheit erlangen. Sie gründeten jeweils gesonderte Siedlungen, die einander bekämpften. Es herrschte ein regelrechter Bürgerkrieg, in dem bewaffnete Banden ganze Ortschaften verwüsteten. Die Farmer bestellten ihre Felder nur noch in bis an die Zähne bewaffneten Gruppen. Man sprach von *bleeding Kansas.*

Zu allem Überfluß hatte der amerikanischen Supreme Court mit seiner berüchtigten *Dred Scott* - Entscheidung vom 6. März 1857 noch Öl ins Feuer gegossen. Dred Scott war ein Sklave aus Missouri, der, gestützt von einer Antisklaverei-Organisation, vor Gericht geltend machte, daß er durch eine Reise mit seinem Herrn nach Illinois und Wisconsin seine Freiheit gewonnen und durch die Rückkehr nach Missouri nicht wieder verloren habe. Das Bundesgericht in Missouri hatte gegen ihn entschieden. Er sei immer Sklave geblieben und, da er als solcher nicht US-Bürger sei, auch nicht berechtigt, eine Klage zu erheben. Der Supreme Court in Washington hielt diese Entscheidung aufrecht. Der Neger, so führte er aus, sei kein Staatsbürger. Die amerikanische Verfassung sei nur für Weiße geschaffen worden. Entgegenstehendes Recht des Bundes oder der Einzelstaaten lasse sich nicht mit der amerikanischen Verfassung vereinbaren. Diese garantiere jedem Bürger das Grundrecht auf Eigentum. Ein Sklave sei das Eigentum seines Herrn. Er habe keine Rechte, die sein Eigentümer zu beachten hätte. Dies sei die allgemeine Meinung bei der Annahme der amerikanischen Verfassung gewesen und gelte mangels einer ausdrücklichen Änderung dieser Verfassung noch jetzt: „Er wurde gekauft und verkauft und behandelt wie ein gewöhnliches Stück Ware im Handelsverkehr, wann immer dadurch Gewinn zu erzielen war" (*„He was bought and sold and treated as an ordinary article of merchandise and traffic, whenever profit could be made by it."*[96]) Die Verfassung gestatte keine Gesetze, die einem Bürger der Vereinigten Staaten dieses Eigentum entzögen. Da diese Entscheidung sich unmittelbar auf die Verfassung stützte, ließ sie keinen Raum für eine gegenteilige Regelung durch den Gesetzgeber, sei es eines Einzelstaats oder der Union. Der Richterspruch machte nicht nur Douglas' „popular sovereignty" für die neuen Territorien im Westen zunichte, soweit die Sklaven aus dem Süden importiert würden. Die sklavereifreien Staaten im Norden wären auch ohne weiteres verpflichtet, entflohene Sklaven gefangen zu nehmen und dem Sklavenhalter zu übergeben. So trieb der Konflikt auf ein „alles oder nichts" zu.

Am 28. September 1858 sprach Schurz auf einer Großveranstaltung der Republikanischen Partei in Chicago über den „Irrepressible Conflict", der sich in der Sklavenfrage zeige.[97] Der Konflikt könne nicht dadurch entschärft werden, daß die Sklaverei auf die traditionellen Sklavenhalterstaaten im Süden beschränkt würde. Er lasse sich nicht eingrenzen. Er bleibe vielmehr bestehen, bis diese schändliche Einrichtung auch im Süden ausgerottet sei. Der Ausdruck „Irrepressible Conflict" wurde zum Schlagwort, mit dem die Republikanische Partei in den Wahlkampf zog.

Schurz hielt diese Rede auf englisch. Am nächsten Tag sprach er im gleichen Sinne zu den Deutschen von Chicago in ihrer Muttersprache. Die Rede wurde in der Presse hoch gelobt. Die weitverbreitete New York Tribune druckte sie, mit einem begeisterten Kommentar, im vollen Wortlaut. Es war eine Rede, von der eine Million Exemplare verteilt wurden und die nun in ganz Amerika auf ihn aufmerksam machte.

Erste Begegnung mit Abraham Lincoln

Anschließend ging Schurz auf Wahlkampfreise in Illinois, wobei er abwechselnd deutsch und englisch sprach. Auf seiner Eisenbahnfahrt zu dem kleinen Ort Quincy traf er zum ersten Mal persönlich den Kandidaten, für den er hier kämpfte: Abraham Lincoln.

Der Zug hatte an einer kleinen Station kurz angehalten. Nachdem er wieder abgefahren war, bemerkte Schurz ein großes Gedränge um einen soeben eingestiegenen Mann, der alle um Haupteslänge überragte. „Das ist ja Lincoln selbst!" rief sein Nachbar. In seinen Erinnerungen berichtet Schurz, er sei von der Erscheinung Lincolns etwas überrascht gewesen. Das dunkle Gesicht mit seinen tiefen Falten und seinen wohlwollenden, melancholischen Augen sah noch hagerer, eingefallener und gramvoller aus als auf den späteren Fotografien, auf denen er mit Bart abgebildet war. Auf dem Kopf trug Lincoln einen etwas zerknitterten Zylinderhut, die hagere Gestalt war von einem schwarzen, schon etwas schäbigen Frack bekleidet, mit Ärmeln, die etwas länger hätten sein sollen; auch die

Hosenbeine waren zu kurz geraten. In der linken Hand hielt er einen Regenschirm und eine alte Aktentasche, die rechte Hand hatte er zum Händeschütteln freigehalten, das andauerte, bis jeder Fahrgast im Waggon persönlich begrüßt war. Er – Schurz - habe in Washington und im Westen schon manchen Mann des öffentlichen Lebens getroffen, dessen Äußeres ungeschliffen war, doch keinen, dessen Erscheinung ihm als ganz so ungeschickt, um nicht zu sagen grotesk auffiel.

Lincoln war auf Schurz hingewiesen worden. Er begrüßte Schurz herzlich wie einen alten Bekannten und setzte sich neben ihn. Nun erläuterte er ihm den Stand des Wahlkampfs, die Streitpunkte, die er und Douglas in ihren öffentlichen Debatten erörtert hatten, die Fragen, die er in Quincy am nächsten Tag zu diskutieren gedenke, und er nahm Schurz sogleich für sich ein. Schurz erinnerte sich später: „Als er mich, den Anfänger in der Politik, dann mit vollkommener Unbefangenheit befragte, was ich über dieses und jenes dächte, hätte ich mich durch sein Vertrauen sehr geehrt fühlen können, wenn mir sein Wesen erlaubt hätte, ihn als großen Mann zu betrachten. Aber er sprach in so einfacher und vertraulicher Weise, und sein Auftreten und seine schlichte Ausdrucksweise waren so gänzlich frei von jedem Schein anspruchsvollen Selbstbewußtseins, daß mir bald zumute war, als hätte ich ihn mein ganzes Leben gekannt und als wären wir schon lange gute Freunde gewesen.“[98] Dieses Treffen war der Beginn einer dauerhaften politischen und persönlichen Freundschaft mit dem Mann, dem Schurz viele Jahre später in einem in Harper's Weekly erschienenen biographischen Essay ein allgemein bewundertes Denkmal setzte.

Am anderen Tag strömte eine riesige Menschenmenge zu Fuß und zu Pferd, auf Kutschen und Leiterwagen oder auch in feierlicher Prozession aus umliegenden Ortschaften, mit Fahnen und Trommeln, an der Spitze weißgekleidete Jungfrauen mit farbigen Schärpen, die die Göttin der Freiheit und die einzelnen Staaten der Union darstellen sollten. Die große Debatte fand nachmittags auf einem freien Platz statt, wo ein großes hölzernes Podium für die Veranstalter, die Redner und die Honoratioren, zu denen auch

Schurz zählte, errichtet worden war. Lincoln sollte mit einer einstündigen Rede die Veranstaltung eröffnen, darauf Senator Douglas mit einer Rede von eineinhalb Stunden folgen, und Lincoln wieder mit einer Ansprache von einer halben Stunde schließen. Schurz war von dem Aufeinandertreffen der beiden so ungleichen Kandidaten gefesselt. Inhaltlich ganz auf der Seite Lincolns meinte er doch, daß dieser keinen von den äußeren Vorzügen hatte, die bei einem Redner für wünschenswert gehalten werden. Er hatte eine hohe Stimme, die in der Erregung leicht schrill wurde, wenn sie auch nicht unangenehm wirkte. Seine Gesten waren ungeschickt. Zuweilen schwang er seine langen Arme hin und her, oder beugte seine Knie, wenn er etwas besonders hervorheben wollte, und schnellte dann wieder in die Höhe. Und doch hörte ihm das Publikum gebannt zu. Schurz führte dies auf den Ton ernster Wahrhaftigkeit und wohlwollenden Verständnisses zurück, der bei allem, was er sagte, sehr zu seiner Überzeugungskraft beitrug. Wenn er im Laufe seiner Rede die moralische Seite der Frage berührte, wirkte er gewaltig und eindrucksvoll.

Douglas machte äußerlich einen sehr gepflegten Eindruck. Er sprach mit einer starken Baritonstimme. Seine Sätze waren gut gefügt, seine Argumentation erschien klar und plausibel. Im Gegensatz zu Lincoln – so meinte jedenfalls dessen Parteigänger Schurz – appellierte Douglas auf gewissenlose, unverantwortliche, doch schlau gezielte Weise an die schlimmsten Vorurteile, und die schmähende Art seines Angriffs wirkte besonders aufreizend. Wie zuvor Lincoln wurde auch er mit viel Beifall belohnt. Dann kam Lincolns Schlußrede, die die Stimmung zu verändern schien. Er reagierte auf Douglas' Argumente schlagfertig und humorvoll und bewahrte dabei ganz seine gute Laune, so daß sich die Versammlung immer wieder zu Beifallsstürmen hinreißen ließ, von denen sogar die Gegner mitgezogen wurden.

Die Veranstaltung in Quincy war die vorletzte der berühmt gewordenen Lincoln-Douglas-Debatten, und die einzige, die Carl

Schurz selbst erlebte. Schurz kehrte nach Milwaukee zurück, um nunmehr auch seine Parteifreunde zuhause im laufenden Kongresswahlkampf zu unterstützen. Dies war nicht vergeblich. Die Republikanische Partei hatte in Wisconsin Erfolg, was allgemein den Stimmen der Deutschen und damit auch dem Einsatz von Schurz zugeschrieben wurde, der, wie der *Milwaukee Sentinel* schrieb[99], in wenigen Tagen Wunder bewirkt habe. Er habe in einer Versammlung nach der anderen zu seinen deutschen Landsleuten mit einer Kraft und Eloquenz gesprochen, die sich als unwiderstehlich erwiesen hatten. In Illinois konnte demgegenüber Douglas seinen Senatssitz erfolgreich verteidigen. Doch war auch Lincoln sehr zufrieden, weil er Douglas in der letzten Debatte in Freeport zur Frage der Dred Scott- Entscheidung in Widersprüche verwickeln konnte, die sich für Douglas bei den im nächsten Jahr anstehenden Präsidentschaftswahlen als verhängnisvoll erweisen sollten.

Schurz hatte das Schauspiel der öffentlichen Debatte zwischen Lincoln und Douglas, das er in Quincy erlebt hatte, nachdenklich gemacht. Er hatte erlebt, wie viele Menschen auch einem Demagogen, für den er Douglas hielt, auf den Leim gehen konnten. Der Appell an Vorurteile und Egoismus könnte sich unter Umständen als wirksamer erweisen als der Appell an Vernunft und Gewissen. Doch noch viel größere Sorge bereitete ihm die Beobachtung, daß viele Menschen so sehr vom Parteigeist gelenkt wurden, daß sie Argumente, nur weil sie von der anderen Partei stammten, nicht mehr wahrnehmen wollten, und daß Parteimitglieder aus Furcht vor der Kritik aus den eigenen Reihen eine eigene Meinung nicht zu vertreten wagten. Er hatte Verständnis dafür, daß man eine abweichende Meinung in weniger bedeutenden Dingen der Parteidisziplin opferte. Doch der Gehorsam gegenüber der Partei in einer so wesentlichen Frage wie der vollständigen Abschaffung der Sklaverei erschien ihm unverständlich; hier sah er eine der tückischsten Gefahren, die die Lebensfähigkeit freiheitlicher Institutionen bedrohten.

Nach den Wahlen hielt er am 18. November 1858 in Milwaukee eine Rede, in der er dieser Sorge Ausdruck verlieh[100]. Wie schon zuvor in Wahlveranstaltungen appellierte er an die zuhörenden Parteimitglieder, sich ihre eigene politische Meinung zu bilden, aus ehrlicher Überzeugung zu handeln und sich nicht einer Partei als Sklave zu unterwerfen. Sein eigenes Pochen auf Unabhängigkeit, das ihm noch schwere Konflikte mit der eigenen Partei einbringen sollte, war hier bereits dokumentiert. Die Abwehr des Parteigeistes sollte noch Schurz' gesamte politische Laufbahn prägen.

16. Kapitel
Ausbau der politischen Position

Neuer Anfang im Berufsleben

Das Jahr 1859 begann für Carl Schurz mit einem hoffnungsfrohen Akt für seine berufliche Karriere. Im Jahr 1858 hatte er sich intensiv mit juristischen Studien beschäftigt und schließlich den Antrag auf Zulassung als Rechtsanwalt beim Circuit Court von Jefferson County in Wisconsin gestellt. Zu seiner Überraschung wurde der Antrag sogleich ohne weitere Prüfung genehmigt. Das Verfahren gestaltete sich nach seiner Schilderung äußerst einfach: „Es bestand in der Überreichung des Gesuches durch einen Advokaten von Watertown, einem Lächeln und Kopfnicken des Richters, einem Händeschütteln, dem Unterschreiben eines Papieres und schließlich in einem mäßigen Umtrunk und einem Austausch von juristischen Witzen im nahegelegenen Dorfwirtshaus."

Mit dem jungen Rechtsanwalt Halbert E. Paine, der bereits in Milwaukee praktizierte, ging er eine Sozietät ein. Er wollte nun abwechselnd im Winter in Milwaukee, im Sommer in Watertown wohnen. Von seiner eigenen Tätigkeit als Anwalt ist allerdings nicht viel bekannt geworden. Sein Sozius hielt den Betrieb aufrecht. Schurz fand nach seinen eigenen Worten nie die Zeit, sich der eigentlichen juristischen Praxis zu widmen. Ständig sei er aufgefordert worden, politische Aufgaben zu übernehmen. Sein Sozius habe es ihm sehr erleichtert, solchen Wünschen nachzukommen und ihn sogar ermutigt, dem Ruf in die Politik zu folgen.

„True Americanism"

Schon im April wurde er nach Neu-England gerufen. In Massachusetts, wo die „Native American"– oder „Know-Nothing"-Bewegung die Regierung beherrschte, sollte dem Volk ein Ergänzungsartikel (*Amendment*) zur Staatsverfassung unterbreitet werden, wonach eingewanderte Personen erst zwei Jahre nach Erlangung der US-Staatsbürgerschaft das Stimmrecht erhalten sollten. Einwanderer sollten also mindestens sieben Jahre warten müssen, bis sie am politischen Prozeß teilnehmen konnten. Dieses Zwei-Jahre-Amendment betrachteten viele Einwanderer als diskriminierend. Die Demokratische Partei bestärkte sie in dem Glauben, daß die Republikaner mit der Know-Nothing-Bewegung sympathisierten. Dies konnte der Demokratischen Partei viele Stimmen gewinnen. In dieser Situation rief der Senator Henry Wilson aus Massachusetts Carl Schurz zu Hilfe, damit dieser ihn in Boston im Kampf gegen den Nativismus unterstütze und damit deutlich mache, daß auch in der Republikanischen Partei für diese fremdenfeindliche Politik kein Raum sei. Formal wurde Schurz als Repräsentant des Nordwestens zu einem öffentlichen Bankett zur Erinnerung an den Geburtstag Thomas Jeffersons eingeladen. In Wahrheit ging es darum, durch eine öffentliche Kundgebung mit hervorragenden Anti-Sklaverei-Kämpfern die für das Ansehen der Republikanischen Partei gefährliche nativistische Strömung einzudämmen.

Auf dem Jefferson-Bankett war Schurz nur einer von fünfzehn Rednern. Zwei Tage später aber, am 18. April 1859, lud Senator Wilson ihn zu einem öffentlichen Empfang in der Faneuil-Hall ein. Hier sprach er allein. Er hielt die von ihm erwartete Rede gegen den Nativismus, gegen die Benachteiligung der Immigranten – es ging in Massachusetts hauptsächlich um die irischen Einwanderer, die oft arm und ohne Schulbildung waren, traditionell die Demokratische Partei wählten und als von der katholischen Kirche leicht manipulierbar galten, aber auch um die massenhaft einströmenden Deutschen.. Schurz sprach hier mit großem Nachdruck über „True Americanism“[101].

Dabei schöpfte er aus den Reden, die er ein Jahr zuvor im Beloit College und an der University of Wisconsin gehalten hatte. Er betonte die wichtige Stellung, die die USA im Fortschritt der

Menschheit zu demokratischen Regierungsformen einnahmen und die daraus erwachsende große Verantwortung des amerikanischen Volks gegenüber der ganzen zivilisierten Welt. Er ließ, wie er es später selbst sah, seinem überströmenden amerikanischen Enthusiasmus die Zügel schießen. In blumigen Wendungen und poetischen Bildern stellte Schurz der Versammlung den Einwanderer vor, der sehnsüchtig zu diesem Land blickte, um hier seine Ideale verwirklicht zu sehen. Wie durch das Zusammenströmen der kräftigsten Elemente aller zivilisierten Völker eine neue jugendfrische Nation geschaffen werde, wie die Gleichheit der Rechte, in allgemeiner Selbstregierung verkörpert, das große moralische Element wahrer Demokratie sei, das einzige zuverlässige Sicherheitsventil in der Maschinerie der modernen Gesellschaft. Eine große Zahl der Einwanderer sei nicht dahin erzogen, an den öffentlichen Angelegenheiten teilzunehmen, „wie der Mann, der so glücklich war, sich schon in der Wiege von der Milch der Freiheit zu nähren“. Die wahre Demokratie berge aber in sich selbst das Heilmittel gegen alle Schwierigkeiten, die aus ihr erwüchsen. Es sei ein alter Kniff der Despoten, daß sie behaupteten, sie wünschten die Teilnahme des Volkes an den öffentlichen Angelegenheiten, doch müßten die Menschen erst einmal zu der Fähigkeit erzogen werden, sich selbst zu regieren. In Wahrheit fürchteten sie die selbständige Mitwirkung des Volkes an der Regierung. Selbstregierung könne nur in der Praxis erlernt werden. Dieser Grundsatz sei der wahre Amerikanismus, auf den Massachusetts stolz sein sollte.

Die Rede konnte nicht verhindern, daß das Zwei-Jahres-Amendment in die Verfassung von Massachusetts eingefügt wurde. Sie stärkte jedoch Carls Ansehen. Überall wurde sie in der Presse kommentiert. Schurz galt nun auch an der Ostküste als ein wichtiger Vertreter des Nordwestens und als Sprecher seiner deutschen Landsleute. Und er war besonders glücklich darüber, daß er beim Jefferson Dinner und bei einem Essen im Hause eines Patriziers der Stadt die Bekanntschaft der führenden Intellektuellen der Ostküste machte, zu deren Freundeskreis er gerne zählte. Es waren angesehene Männer wie der Dichter Henry Wadsworth Longfellow, der Philosoph Ralph Waldo Emerson, der Jurist Oliver Wendell Holmes, der Dichter James R. Lowell, der Kunsthistoriker Charles E. Norton, der Geologe Louis Agassiz, und der Politiker Charles Sumner.[102]

Wahlkampf in Wisconsin und Minnesota

Nach weiteren Reden in Massachusetts und in New York kehrte Schurz mit gesteigertem Selbstbewußtsein nach Wisconsin zurück. Dort sollten bald wieder Gouverneurswahlen stattfinden. Der republikanische Governor Randall war an seiner Wiederwahl interessiert. Schurz hielt sich selbst allerdings für den besseren Kandidaten für einen sicheren Wahlsieg. Er meinte, mit seiner Kandidatur könne sich die Partei am besten gegen den Vorwurf schützen, sie bevorzuge die gebürtigen Amerikaner vor den Einwanderern. Ende August 1859 trat der Parteikonvent zusammen, um den Kandidaten zu bestimmen. Prompt erhielt Schurz die Quittung für seine Hybris. Er erhielt nur 48 von 174 Stimmen.[103] Die Versammlung bot Schurz aber, wie schon für die letzte Gouverneurswahl, den zweiten Platz auf dem Ticket an, der dem Amt des Lieutenant Governors galt. Dieses Angebot lehnte Schurz jedoch ab. Er hatte inzwischen eine zu hohe Meinung von seinem Wert für die Partei, um sich mit einem geringeren als dem ersten Platz zufrieden zu geben. Schurz versprach der Versammlung aber, mit ganzer Kraft an der Wahlkampagne mitzuwirken. Dies erschien ihm nötig, um die Enttäuschung der deutschen Wähler wettzumachen, die in Schurz' Niederlage eine Folge des Nativismus in der Republikanischen Partei sehen wollten.

Schurz erwies sich auch jetzt wieder als unermüdlicher Redner. Er stürzte sich zugunsten Randalls in den Wahlkampf, sprach überall im Staat, debattierte in zwei Veranstaltungen sogar mit dem Kandidaten der Demokratischen Partei. Randall gewann die Wahl zum Gouverneur. Es war offenbar gelungen, die befürchtete Entfremdung der deutschen Wähler zu verhindern. Nach allgemeiner Meinung verdankte Randall seinen Sieg nicht zuletzt Carl Schurz.

Noch während des Wahlkampfs war Schurz auch einer Einladung nach Minnesota gefolgt, wo es ebenfalls darum ging, die Deutschen für die Republikanische Partei zu gewinnen. In St. Anthony debattierte er öffentlich mit seinem früheren Studienfreund Emil Rothe, der der Demokratischen Partei wegen ihres Eintretens gegen den Nativismus treu geblieben war. Rothe war Gründer und Herausgeber des „Watertown Weltbuerger". Es zeigte sich als sein Handicap, daß er auf die in englischer Sprache vorgetragenen Passagen in der Rede seines Opponenten offenbar nur auf deutsch antworten konnte. Auch in Minnesota waren die Republikaner erfolgreich. 31 Reden hatte Carl Schurz für den republikanischen Kandidaten für das Gouverneursamt gehalten.[104]

Auftritte an der Ostküste

Bei all dieser zeitraubenden politischen Tätigkeit musste Schurz auch an seine Einkünfte denken. Als die in Milwaukee in deutscher Sprache erscheinende Wochenzeitung *Atlas* in eine Tageszeitung umgewandelt wurde, wurde er als Kommentator verpflichtet. Seine Haupteinnahmequelle blieb aber die Vortragstätigkeit. Für die Zeit ab November erhielt er wieder eine Einladung zu einer Vortragsreise an die Ostküste. Da Margarethe ihm schon während des Sommers heftige Vorwürfe gemacht hatte, weil sie sich durch seine ständige Abwesenheit allein gelassen fühlte, fuhr er nun gemeinsam mit ihr und den Kindern nach Philadelphia. Von dort begann er seine Vortragstournee, die ihn zunächst nach Boston führte. Er sprach zum Thema „Louis Napoleon und Frankreich". Im Januar kehrte er nach Boston zurück und setzte seine Vorträge in Concord, Springfield, Nashua, Hartford, New Haven und Albany fort.

Schurz vergaß aber nicht, die Republikanische Partei weiter auf sich aufmerksam zu machen. Am 21. Dezember besuchte er ein Treffen des Nationalkomitės der Republikanischen Partei in New

York. In Springfield, Massaschusetts, hielt er eine politische Rede gegen den mutmaßlichen Präsidentschaftskandidaten der Demokratischen Partei Douglas[105]. Sie betraf wieder Douglas' Haltung in der Sklavereifrage. Schurz suchte in seiner langen Rede deutlich zu machen, daß es hier um den Kampf zweier antagonistischer Systeme der gesellschaftlichen Ordnung gehe, zwischen einem Fortschreiten der Zivilisation und einem Rückfall in die Barbarei. Dieser Kampf lasse keine Kompromisse zu. Die Druckausgabe dieser Rede wurde weit verbreitet. Abraham Lincoln sandte ihm seine Glückwünsche.

17. Kapitel
Die Präsidentenwahl

Die Kandidatur Lincolns

Am 27. Februar 1860 hatte Abraham Lincoln mit einer Rede im Cooper Union Saal in New York auf sich als Bewerber für eine Präsidentschaftskandidatur der Republikanischen Partei aufmerksam gemacht. Trotz seines linkischen Auftretens, das ihn als Hinterwäldler erscheinen ließ, fesselte er sein Auditorium durch seine klare Ablehnung der Anmaßungen des Südens zur Frage der Anerkennung der Sklaverei in den neuen westlichen Territorien und zur Auslieferung von in die Nordstaaten geflohenen Sklaven. Zwei Tage später tagte die Republikanische Partei von Wisconsin in Madison, um die Delegierten für den Nationalen Parteikonvent zu wählen, der für Mitte Mai nach Chicago einberufen wurde. Schurz wurde zum Leiter der Delegation aus Wisconsin bestimmt.

Gleich anschließend fuhr er nach Chicago. Auf Lincolns Rat hin war Schurz von der Parteiführung in Chicago gebeten worden, ihren Bürgermeisterkandidaten zu unterstützen. Bei allen Wahlen in Illinois konnte es darauf ankommen, ob es den Republikanern gelang, möglichst viele Stimmen der Deutschamerikaner auf ihre Seite zu ziehen. Schurz sprach vor großem Publikum in deutscher und englischer Sprache. Der Kandidat der Republikanischen Partei machte das Rennen.

Am 2. März 1860, seinem 31. Geburtstag, kehrte Schurz nach Milwaukee zurück. Nach wie vor drückten ihn finanzielle Sorgen. Für seine politischen Auftritte hatte er jeweils nur Unkostenbeiträge erhalten, die hinter seinen Aufwendungen zurückgeblieben waren. Deshalb kam er nicht umhin, sofort wieder auf Vortragsreise zu gehen. Hatte ihm die letzte Vortragstournee 50 Dollar pro Vortrag gebracht, so konnte er es sich jetzt immerhin erlauben, in größeren Städten nur noch für 100 Dollar pro Vortrag aufzutreten. Er begann am 6. März in Jacksonville, Illinois, besuchte dann sechs Städte in Indiana und fuhr von dort nach Columbus, Ohio. Eine weitere Vortragstour führte ihn im Mai bis nach Rochester, Minnesota.

Von dort begab er sich zum Republikanischen Nationalkonvent in Chicago, wo der republikanische Präsidentschaftskandidat gekürt werden sollte. Schon am 14. Mai trafen sich die deutschamerikanischen Delegierten zu einer Vorberatung. Sie legten sich nicht auf einen Kandidaten fest – dies hätte bei den anderen Delegierten Trotzreaktionen hervorrufen können -, sondern nannten nur die Anforderungen, denen ein Kandidat genügen musste, darunter als wichtigste sein Eintreten für die politischen Rechte der Einwanderer. [106]

Der Wahlakt begann am 18. Mai. In den Tagen zuvor hatte es den Anschein gehabt, daß Senator Seward aus New York den Sieg davontragen würde. Ihm und seinen New Yorker Parteifreunden fühlte Schurz sich mit seinen Wisconsiner Delegierten verpflichtet. Als aber im dritten Wahlgang Lincoln die notwendige Mehrheit erhielt und der Leiter der New Yorker Delegation die Versammlung aufforderte, nunmehr den Mehrheitskandidaten einstimmig zu bestätigen, erklärte Schurz für Wisconsin, daß er diesen Antrag unterstütze. Lincoln konnte nun als einstimmig gewählter Präsidentschaftskandidat den Wahlkampf beginnen.

Wie üblich waren die Bewerber um die Präsidentschaftskandidatur bei der Nominierungsversammlung nicht anwesend gewesen. Ein Komitee, dem auch Schurz angehörte, sollte Lincoln die Nachricht von seiner Wahl überbringen. An jeder Eisenbahnstation, an der ihr Zug hielt, wurde die Gruppe mit großem Hallo empfangen. In Springfield führte Lincoln das Komitee in das Wohnzimmer seines einfachen Holzhauses. Schurz berichtet, es sei ein ziemlich kahler Raum gewesen; in der Mitte des Zimmers stand der damals übliche kleine Tisch mit einer Marmorplatte, darauf die

Familienbibel, ein Fotoalbum, die versilberte Kanne für Eiswasser, an den Wänden einige Stühle und ein Sofa. Die meisten Mitglieder der Abordnung hatten Lincoln nie zuvor gesehen und betrachteten ihn mit erstaunter Neugierde. Das war allerdings nicht der Staatsmann, wie sie sich ihn vorgestellt hatten; ungewöhnlich erschien ihnen – so Schurz - „ die herzliche Einfachheit von Lincolns Natur“. Mancher, der ihn noch nicht kannte, habe sich gefragt, ob dieser harmlose Mann, dieses Naturkind, der großen Welt und den großen und verwickelten Probleme gewachsen sei, die ihn erwarteten.

Der Wahlkampf

Schurz erhielt nun viele Bitten um eine Teilnahme an Wahlversammlungen. Vor allem sollte er wieder die deutschstämmigen Wähler in ihrer Muttersprache ansprechen und für den republikanischen Kandidaten einnehmen. Auch Lincoln hielt dies für wichtig, hatte er doch schon im Mai 1859 insgeheim den in seiner Heimatstadt Springfield erscheinenden deutschsprachigen „Illinois Staatsanzeiger“ von dem in Geldnöten befindlichen Herausgeber Dr. Canisius gekauft.[107] Damit verfügte Lincoln über ein die deutschen Einwanderer erreichendes Sprachrohr,[108], mit dem er deren Stimmen in Illinois für die Republikaner und damit auch für sich zu gewinnen hoffte. Die ihm gestellte Aufgabe führte Schurz nun zu einer schier endlosen Reihe von Veranstaltungen in den Staaten Wisconsin, Illinois, Indiana, Ohio, Pennsylvania und New York, und zwar nicht nur in die großen Städte, sondern auch in die kleinen Landstädtchen und in die Dörfer, zu Veranstaltungen in Schulhäusern und geräumigen Scheunen und zuweilen auch zu Versammlungen im Freien.

Schurz hielt in diesem Wahlkampf zwei Reden, die besondere Aufmerksamkeit erregten, die er immer wieder variierte und die in Zeitungen und Flugschriften verbreitet wurden. Mit der einen begann er am 1. August 1860 in St. Louis im Sklavenstaat Missouri, wo er die städtische Bevölkerung in ihrer Abneigung gegen die

Sklaverei bestärken sollte. In einer großen Versammlung sprach er dort über den Niedergang der Sklaverei („The Doom of Slavery“[109]). Die andere große Rede, erstmals gehalten am 13. September im großen Saal des Cooper Instituts in New York, war seine Anti-Douglas-Rede[110], die Rede gegen den Präsidentschaftskandidaten der Demokratischen Partei der Nordstaaten, den seiner Ansicht nach gefährlichsten und am meisten zu fürchtenden Demagogen Amerikas. Es war eine Rede, die, von viel Applaus unterbrochen, die Versammlung drei Stunden lang in ihren Bann zog.

Schurz berichtet von einem Wahlkampf der großen Emotionen. Aus seiner Sicht hatte die Gegnerschaft zur Sklaverei eine politische Bewegung in Gang gesetzt, in der das moralische Motiv vorherrschend und schließlich sogar allein entscheidend war. Es handelte sich bei dem Kampf gegen die Sklaverei schlicht um die Empörung des Volksgewissens gegen eine Einrichtung, die als großes Unrecht empfunden wurde, um ein Zeichen der Abscheu gegen die despotische Überheblichkeit einer sklavenhaltenden Aristokratie, die sich anmaßte, die ganze Republik ihrem eigenen Interesse zu unterwerfen.

In diesem Wahlkampf bedurfte es keiner großen Anstrengungen, um zum Besuch von Verstaltungen zu animieren. Eine einfache Ankündigung genügte, um eine große Menschenmenge zu versammeln. In seinen Lebenserinnerungen schildert Schurz einige Erlebnisse, die für den Wahlkampf im Mittelwesten charakteristisch waren.

An einem Abend im Juli, nachdem er in einer großen Dorfversammlung in Indiana eine Rede gehalten hatte, fährt er in die nächste Stadt, um dort zu übernachten und am nächsten Morgen sogleich weiterzufahren. Sofort spricht sich dort seine Anwesenheit herum. Beim Abendessen sucht ihn das Wahlkomitee der Stadt auf, meldet ihm, das Stadttheater sei gedrängt voll von Menschen, die eine Rede von ihm hören wollten. Eine Musikkapelle gibt ihm das Geleit. Das Theater ist bis zum letzten Platz gefüllt. In der unerträglichen Hitze legt ihm ein Teilnehmer öffentlich nahe, er möge doch sein Jackett ablegen und es sich auch sonst bequem machen, die Damen hätten sicherlich nichts dagegen. Als die Damen ihm zum Zeichen der Zustimmung mit ihren Taschentüchern zuwinken, entledigt er sich seines Jacketts, seiner Weste, der Halsbinde und des Kragens. Er hat fast eine Stunde lang gesprochen, als er – selbst am Rande der Erschöpfung - meint, auch den eng gedrängt sitzenden Zuhörern bei dieser unerträglichen Temperatur ein weiteres Ausharren nicht länger zumuten zu können. Doch es erhebt sich Protest von allen Seiten. Schurz muss fortfahren und spricht noch eine weitere Stunde. Selbst als er dann endet,

Als Schurz auf einem Dampfschiff von einem Flußstädtchen zum anderen den Ohio hinunterreist, versammelt sich an einem der Landeplätze schon um sieben Uhr morgens eine Menge von mehreren hundert Menschen, die erfahren hatten, daß er dort vorbeikomme. Schurz hatte nicht beabsichtigt, dort eine Rede zu halten. Die Sprecher der Menge überreden jedoch den Kapitän, eine halbe Stunde anzuhalten, damit Schurz zu ihnen sprechen könne. Schurz bleibt nichts anderes übrig als vom Deck des Schiffes aus diesem Wunsch nachzukommen.

Bis Ende Oktober spricht Schurz fast täglich und oft mehr als einmal pro Tag. Nur im September legt er eine Pause von zwei Wochen ein, nachdem ihn in Evansville, Indiana, ein Brief seiner Frau erreicht hatte, in dem sie ihm bittere Vorwürfe machte, weil er seine Familie vernachlässige. Anfang November fuhr er dann mit Margarethe und den Kindern nach Philadelphia, wo die Familie den Winter über blieb[111].

Lincoln wird Präsident

Am 6. November 1860 war der Tag der Präsidentschaftswahlen. Schurz verbrachte diesen Tag schon wieder in Milwaukee, wo er im Kreise seiner Freunde auf die telegraphischen Ergebnisse wartete. Lincoln hatte die Wahl gewonnen. In Watertown erholte Schurz sich von den Strapazen der letzten Wochen. Am 9. November richtete er ein Gratulationsschreiben an Lincoln, am 18. November nahm er an der Feier des Wahlsiegs in Milwaukee teil. Zufrieden registrierte er, daß die Stimmen der Deutschamerikaner offenbar den Ausschlag zugunsten Lincolns gegeben hatten. Dies jedenfalls war die allgemeine Meinung der Parteiführer auf beiden Seiten.[112] Seinem eigenen Einsatz zugunsten Lincolns rechnete man einen großen Teil dieses Erfolges zu.

Nunmehr, da der Wahlkampf vorbei war, traten erneut Schurz' finanzielle Probleme in den Vordergrund. Vom 4. Dezember an begab er sich wieder auf Vortragstournee. Gestützt auf seine Erfahrungen im Wahlkampf, insbesondere auch in Erinnerung an die Übergriffe „demokratischer Rowdies", sprach er am 5. Dezember in Auburn zum Thema „American Civilization" und am 11. Dezember in Boston über „Free Speech". Bis zum 15. Januar 1861 hielt er mehr als zwanzig Vorträge in Boston und Umgebung, in New York, in Ohio, Michigan, Illinois und Iowa. Sein Zeitplan gestattete ihm nicht einmal, den Weihnachtsabend 1860 bei seiner Familie in Philadelphia zu verbringen.[113]

Am 10. Februar 1861 besuchte Schurz Lincoln in dessen Wohnhaus in Springfield, Illinois. Sie sprachen über die Reaktion der Südstaaten auf Lincolns Wahl und über die allenthalben einsetzenden Versuche, Kompromißformeln zu entwerfen, um eine Abspaltung der Sklavenhalterstaaten zu vermeiden. Schurz hatte sich schon früher heftig dagegen verwahrt, auf diese Weise den Wahlsieg zu verspielen. Es dürfe in dieser Frage keinen Kompromiß geben. Da schloss Lincoln die Zimmertür und zog ein Schriftstück aus dem Schreibtisch. Es war seine Antrittsrede, die Inaugural Address, die er bei seiner Vereidigung am 4. März in Washington zu halten gedachte. Mit diesem Vertrauensbeweis wollte er Schurz davon überzeugen, daß ihm der Gedanke fern lag, den Sklavenhaltern Konzessionen zu machen.

Die Rede war allerdings überaus vorsichtig formuliert. Lincoln beschwor darin den Süden vor allem, die nationale Einheit zu bewahren. Auf die Wahrung der nationalen Einheit habe er als Präsident soeben seinen Eid abgelegt. Er gestehe den Einzelstaaten zu, selbst darüber zu entscheiden, ob sie für oder gegen die Sklaverei seien. Es sei auch zutreffend, daß jeder Staat von einem anderen verlangen könne, einen flüchtigen Sklaven dem rechtmäßigen Eigentümer auszuliefern. Auch dies sei ein verfassungsmäßiges Recht. Allerdings könne eine Mehrheit des Volkes die Verfassung ändern. Er selbst beabsichtige aber nicht, eine solche Änderung herbeizuführen. Er habe nicht einmal Einwendungen dagegen, das Recht zur Sklavenhaltung ausdrücklich in der Verfassung zu verankern. Entscheidend sei, daß die Einheit der Nation bewahrt und im Übrigen auf die Richtigkeit eines Urteils des Volkes vertraut werde. Wenn der Allmächtige auf der Seite des Nordens oder des Südens sei, so werden dessen Urteil in der Entscheidung des großen Tribunals des amerikanischen Volkes zum Ausdruck kommen.

Schurz wohnte der Vereidigungszeremonie in Washington bei. Er verstand die Inaugurationsrede des Präsidenten als eine an das gesamte amerikanische Volk gerichtete Botschaft des Friedens und des Wohlwollens. Was ihn nicht befriedigen konnte, war die Rangordnung der beiden Ziele „Einheit der Nation“ und „Sklavenbefreiung“. Das eine war ein politisches, das andere ein moralisches Prinzip. Das letztere durfte dem politischen Ziel nicht untergeordnet werden, wenn dieses erfolgreich verfolgt werden sollte. Er war sich aber auch im Klaren darüber, daß Lincolns Rede den Süden nicht würde beschwichtigen können.

18. Kapitel
Ernennung zum Botschafter

Zwischen Frieden und Krieg

Es war selbstverständlich, daß Schurz angesichts seiner Verdienste um die Wahl des Präsidenten mit einem hohen Amt ausgezeichnet würde. Die Frage war nur, welches Amt für den allgemein als Vertreter der wichtigen deutsch-amerikanischen Wählergruppe betrachteten Schurz angemessen sei. Schon im November hörte er, daß er als Missionschef am sardinischen Hof in Turin im Gespräch sei. Sogleich malte er Margarethe aus, daß sie im Zuge der Einigung Italiens demnächst in Rom residieren könnten. Doch wartete er Woche um Woche auf ein konkretes Wort Lincolns. Außenminister Seward hatte Bedenken, den aus Europa geflüchteten Revolutionär an einen der europäischen Höfe zu entsenden. Die erste Reaktion aus Turin war ablehnend. Lincoln befand sich in einem Dilemma. Er sah wohl ein, daß Sewards Haltung sachlich nicht unbegründet war. Andererseits wollte er eine seiner wichtigsten politischen Stützen nicht enttäuschen.

Als er am 17. März 1861 den Politiker, Gelehrten und früheren Diplomaten George P. Marsh aus Vermont zum Botschafter in Turin ernannte, bot er Schurz einen Posten in Lateinamerika an; Brasilien oder Chile kämen in Betracht. In Europa könnte man noch an Portugal denken. Doch Schurz war sich seines Wertes bewußt. Schurz wollte nicht nach Lateinamerika gehen. Sein Einverständnis mit Lissabon scheiterte daran, daß Seward sich weigerte, die dortige Mission auf die Ebene der in den anderen Hauptstädten tätigen amerikanischen Missionen anzuheben. Durch die Vermittlung politischer Freunde gelang es schließlich, den Posten in Madrid freizumachen – der für Spanien vorgesehene Kandidat Cassius

D. Clay aus Kentucky war damit einverstanden, die Mission in St. Petersburg zu leiten. Am 28. März konnte Lincoln Schurz die Übernahme der Botschaft in Madrid anbieten. Der Widerstand des Außenministers wurde übergangen. Dieser hatte seine Stellung in Lincolns Kabinett durch seine nachgiebige Haltung in dem sich weiter zuspitzenden Konflikt mit den Südstaaten geschwächt. Auch auf die negative Stellungnahme des spanischen Botschafters wurde keine Rücksicht genommen. Wegen der Intervention Spaniens im Bürgerkrieg von Haiti, die Washington gemäß der Monroe-Doktrin als Einbruch in seine ausschließliche Interessensphäre kritisierte, und wegen Spaniens den sklavenhaltenden Staaten gegenüber freundlichen Politik schien es ohnehin an der Zeit, Härte zu zeigen. Das abschließende Schreiben des spanischen Außenministers, es liege nicht im Interesse ihrer katholischen Majestät, einen europäischen Republikaner und amerikanischen Sklavereigegner in Madrid zu empfangen, der dort zum Zentrum demokratischer Verschwörungen würde, hatte Washington noch nicht erreicht. Es traf zu spät, nämlich erst Anfang Juni ein. Schurz fühlte sich außerordentlich geschmeichelt, daß er nun mit allen Würden eines „Bevollmächtigten Ministers und außerordentlichen Gesandten" der Vereinigten Staaten nach Europa zurückkehren sollte, nur wenige Jahre nachdem er den alten Kontinent als politischer Flüchtling verlassen hatte.

Der Beginn des Bürgerkriegs

Während des Tauziehens um eine diplomatische Mission für Carl Schurz hatte sich der Konflikt mit dem Süden weiter zugespitzt. Schon kurze Zeit nach der Präsidentschaftswahl erklärte South Carolina als erster der Südstaaten am 20. Dezember 1860 seinen Austritt aus der Union. Es verlangte von der Bundesregierung die Übergabe aller auf seinem Boden befindlichen militärischen Garnisonen und Forts, darunter das Fort Sumter im Hafen von Charleston. Als die Besatzung des Forts nicht zur Übergabe bereit war, wurde die Festung vom Nachschub abgeschnitten. Auf die Aufforderung der Bundesregierung, den Zugang zum Fort freizugeben, antwortete South Carolina am 12. April 1861 mit einer dreitägigen Kanonade. Dies bedeutete den Beginn des amerikanischen Bürgerkriegs. Lincoln ordnete die Mobilmachung an und verhängte eine Seeblockade.

Schurz wurde von diesen Ereignissen in Milwaukee überrascht, wo er sich auf die Abreise nach Spanien vorbereitete. Er eilte zurück nach Washington, um mit Lincoln zu sprechen. Die Voraussage eines *irrepressible conflict* war eingetroffen. Im Kampf für die Einheit der amerikanischen Union und gegen die Sklavenhalter im Süden wollte er nicht abseits stehen. Er überzeugte Lincoln, daß er seinem Land am besten dadurch dienen könne, daß er nun aus den zahlreichen jungen Deutschen in Neu-England, die oft schon in ihren Armeen zuhause gedient hatten, ein Kavallerieregiment von Freiwilligen organisiere. Militärische Angelegenheiten hatten bei Schurz immer schon größtes Interesse erweckt. Schon im Schweizer Exil hatte er sich mit Studien über Strategie und Taktik befaßt. Hier könnte er beweisen, daß er auch in der Praxis bestehen könne. Lincoln wollte ihm seinen Wunsch nicht abschlagen. Außenminister Seward erklärte sich schließlich bereit, ihm einen Sonderurlaub von drei Monaten zu gewähren. Wenig begeistert zeigte sich der Generalstabschef Winfield Scott. Er hielt Schurz für einen militärischen Dilettanten und eine Kavallerie aus Freiwilligen für unnötig.

Gleichwohl begab sich Schurz mit seiner Familie nach New York. Mit großem Eifer machte er sich an die Arbeit, wobei er sich auf die Unterstützung alter Freunde aus der Revolutionszeit, insbesondere Louis Blenker und Alexander von Schimmelpfennig, stützen konnte. Schon drei Wochen später meldete er Lincoln eine aus vier Regimentern bestehende Brigade zum Dienst in Fort Monroe.

Schurz wäre nun gerne auch Kommandeur der von ihm organisierten Truppe geworden, doch hatten inzwischen die Spannungen mit Spanien zugenommen. Die Annexion San Domingos hatte in Washington einen scharfen Protest ausgelöst. Diesem sollte nun weiter Nachdruck verliehen werden. Seward bestand deshalb darauf, daß Schurz sich unverzüglich nach Madrid begab.

Als Botschafter in Madrid

Am 8. Juni schiffte sich Schurz mit Familie nach England ein. Er wollte zunächst mit den amerikanischen Missionschefs in London und dann in Paris konferieren, um seine Tätigkeit in Madrid vorzubereiten. In Paris trennte sich die Familie. Margarethe, der es gesundheitlich nicht gut ging, begab sich von dort mit den Kindern zu ihren Brüdern nach Hamburg. Schurz ließ sich in Paris die dem strengen spanischen Hofzeremoniell entsprechende Uniform eines Missionschefs anpassen und setzte seine Reise nach Madrid fort. Dort traf er am 12. Juli ein. Er wurde von seinem Chargé d'affaires Horace Perry empfangen, der erfreulicherweise dank seiner spanischen Ehefrau über beste Beziehungen zur spanischen Regierung und zum Hof verfügte. Dies erwies sich als besonders vorteilhaft, weil der spanische Hof sich im Aufbruch zum Sommersitz der Königin in Santander befand. Noch am Abend seiner Ankunft stellte er sich beim Außenminister vor, von dem er freundlich empfangen wurde und mit dem er ein angenehmes Gespräch in französischer Sprache führte.

Gleich am anderen Tag sollte er Königin Isabella II. sein Beglaubigungsschreiben überreichen. Als Folge der großen Eile waren allerdings einige Schwierigkeiten zu überwinden, die im Rückblick komödienhafte Züge trugen. Da die Diplomatenuniform bei seiner Abfahrt in Paris noch nicht fertiggeworden war und nachgesandt werden sollte, verfügte Schurz nur über einen Abendanzug. Ein Auftritt im Anzug bedurfte gerade bei dem auf förmliches Zeremoniell bedachten spanischen Hof einer besonderen Genehmigung der Königin persönlich. Diese Genehmigung musste noch am gleichen Abend eingeholt werden und wurde gewährt. Anderntags fuhr Schurz mit Perry in einer Kutsche bei Hofe vor. Erst dort bemerkte er, daß sich sein Beglaubigungsschreiben nicht in seiner

Mappe befand. Es war unter die anderen Papiere geraten, die er in seinem Büro zurückgelassen hatte. Doch auch hier wußte Perry Rat. Vor dem Gang zur Königin vereinbarte er mit dem Außenminister, daß in den zur Übergabe vorbereiteten verschlossenen Umschlag statt des Beglaubigungsschreibens eine Zeitung gesteckt würde. Das Beglaubigungsschreiben würde nachgereicht. Da unmittelbar vor Schurz der neue britische Botschafter sein Beglaubigungsschreiben übergab, konnte Schurz erkennen, was von ihm sonst noch gefordert war. Er sagte einige passende Sätze in englischer Sprache, die die Königin, die kein Englisch verstand, in spanischer Sprache erwiderte, der nun wieder Schurz nicht mächtig war. Der Form war damit aber Genüge getan.

In der inneramerikanischen Auseinandersetzung zwischen Nord- und Südstaaten stand Spanien trotz einer Neutralitätserklärung auf der Seite des Südens. Es war Schurz' Aufgabe, die weitere Unterstützung des Südens durch Spanien zu verhindern. Dafür bedurfte es einer überlegten Öffentlichkeitsarbeit. Es gelang ihm, feindselige Kommentatoren in den Regierungsblättern zum Schweigen zu bringen. Im Hinblick auch auf Frankreich und England, die ebenfalls auf der Seite des Südens standen, meinte Schurz in einem Brief an Seward vom 14. September, daß eine Politik der generellen Sklavenemanzipation notwendig sei, um zu zeigen, daß der Krieg nicht um wirtschaftlicher Vorteile des Nordens willen geführt werde, sondern das zivilisatorische Ziel einer allgemeinen Sklavenbefreiung auch in den Südstaaten verfolge.

Sewards Antwort vom 10. Oktober enttäuschte Schurz schwer. Im Kern verwies der Außenminister lediglich auf die Notwendigkeiten der amerikanischen Innenpolitik. Die nationale Politik dürfe nicht von außen bestimmt werden. Dies bedeutete, daß die Politik der Union primär auf die Bewahrung der nationalen Einheit gerichtet war und sich im Übrigen noch immer auf die bloße Abwehr des Sklavereiexports in die neuen Territorien im Westen beschränkte, nicht aber die Abschaffung der Sklaverei in den Südstaaten zum

Ziel hatte. Seward hatte damit das Prinzip zur Seite geschoben, das Schurz notwendig erschien, um die dem Süden wohlwollenden Regierungen von dessen Unterstützung abzuhalten.

Zurück nach Washington

Die Nachrichten über den Lauf des Kriegs für die Union waren äußerst deprimierend. Die erste größere Schlacht, das Gefecht von Manassis am Bull Run River, war schmählich verloren worden. Schon in einem auf dem Dienstweg über Seward an Lincoln gerichteten Brief vom 13. August hatte Schurz nach den ihm vorliegenden Meldungen den Verlauf dieser Schlacht analysiert und scharfe Kritik an General Scott geübt. Zugleich hatte er darum gebeten, von seinem Posten in Madrid abgelöst zu werden, um nach Amerika zurückkehren zu können. Dies war ihm von Seward am 3. September verweigert worden. Nun, nach einer weiteren unbefriedigenden Antwort vom 10. Oktober[114], schrieb Schurz an Lincoln, er beantrage Urlaub, andernfalls werde er von seinem Amt zurücktreten. Nachdem er dann auf Umwegen erfahren hatte, daß ihm der Urlaub gewährt würde, wartete er das amtliche Schreiben nicht mehr ab. Am 18. Dezember 1861 brach er nach Hamburg auf, blieb dort über Weihnachten und fuhr sodann mit seiner Familie zurück nach Amerika, wo er sich in Bethlehem, Pennsylvania, niederließ.

Hier in den USA verfolgte Schurz sein politisches Ziel weiter. Im Februar 1862 traf er sich in New York mit Gleichgesinnten und gründete die *Emancipation Society*, die für die bedingungslose Befreiung der Sklaven auch in den bisherigen Sklavenhalterstaaten eintreten sollte. Für den 6. März 1862 wurde eine öffentliche Veranstaltung im Cooper Institute vereinbart. Schurz sprach mit Lincoln über dieses Vorhaben. Lincoln zeigte sich interessiert, ging mit Schurz dessen Redeentwurf durch und entließ ihn mit der Bitte, diese Rede über die Abschaffung der Sklaverei in dieser Form am vorgesehenen Tag zu halten. Er selbst werde zum Thema ebenfalls eine Erklärung abgeben. Schurz' Rede in der Cooper Hall fand großen Beifall. Die Veranstaltung war noch nicht zu Ende, als durch ein Telegramm bekannt wurde, daß Lincoln zur gleichen Zeit eine Botschaft an den Kongreß gerichtet hatte, in der er die stufenweise Emanzipation der Sklaven gegen Entschädigung der Sklavenhalter befürwortete. Unter großem Beifall wurde dieses Telegramm verlesen.

Es dauerte allerdings fast zwei Jahre, bis am 1. Januar 1864 als nächster Schritt die berühmte Emanzipations-Deklaration des Präsidenten folgte, die mit sofortiger Wirkung die Abschaffung der Sklaverei in allen Gebieten anordnete, in der die Bevölkerung sich „in Rebellion" befand. Die sklavenhaltenden Staaten, die sich der Rebellion nicht angeschlossen hatten – wie Delaware, Kentucky, Missouri, Maryland – und die vom Norden bereits besetzten Gebiete waren davon nicht betroffen; hier galt noch das Angebot einer Entschädigung.

19. Kapitel
General Schurz

Schurz wird Brigadegeneral

Einige Tage nach der Tagung der Emancipation Society kehrte Schurz nach Washington zurück. Er erstattete Präsident Lincoln Bericht über diese Tagung und über die allgemeinen in New York gewonnenen Eindrücke. Lincoln meinte, er hoffe noch, daß sein Vorschlag, die Sklavenhalter für den Verlust der Sklaven zu entschädigen, in einigen der Grenzstaaten günstig aufgenommen werde, die sich noch nicht von der Union losgesagt hatten. Würde der Vorschlag zurückgewiesen, trüge der Süden die Verantwortung. Wie die Entwicklung zeigte, war Lincolns Hoffnung vergeblich. Schurz brachte das Gespräch auch auf seine eigenen Angelegenheiten. Er erklärte Lincoln nochmals, es sei ihm ein unerträglicher Gedanke, in Madrid ein behagliches Leben zu führen, während die Republik um ihre Existenz kämpfe. Die Beziehungen zu Spanien seien derzeit günstig. Er wolle deshalb gerne seine Stellung am spanischen Hof aufgeben und in das Heer eintreten.

Lincoln war davon nicht begeistert und bat ihn, mit Außenminister Seward, der ihn weiterhin gerne in Madrid sähe, darüber zu sprechen. Auch Seward versuchte mit großem Nachdruck, Schurz den Gedanken an ein Ausscheiden aus dem diplomatischen Dienst auszureden. Er lud ihn und – auf deren Hilfe hoffend - auch Frau Margarethe Schurz zum Mittagessen ein. Sewards Ausführungen über die große Bedeutung der Mission in Madrid und die Leistungen, die Schurz dort erbracht habe, hörte dieser einerseits mit Genugtuung, konnte sich aber des Verdachts nicht erwehren, daß Seward ihn wegen seines Eintretens für eine bedingungslose Sklavenemanzipation von Lincoln fernhalten wollte. Nach einiger Zeit, die er nur anstandshalber noch verstreichen ließ, teilte er Lincoln seinen endgültigen Entschluß mit. Selbst Lincolns letzter Hinweis, daß er ein gutes Gehalt und eine geachtete Stellung mit einer Tätigkeit vertausche, die ihm viel Arbeit und Gefahren bringen werde, konnte ihn nicht mehr umstimmen, ebensowenig die Frage, ob er die Sache auch gemeinsam mit seiner Frau gründlich überlegt habe. Nun, sagte Lincoln, wenn Frau Schurz einverstanden sei, dann sei auch er es. Er werde Schurz' Namen auf die nächste dem Senat vorzuschlagende Liste von Brigadegeneralen setzen und hoffe, für ihn bald ein geeignetes Kommando zu finden. Lincoln leitete Schurz' Nominierung an den Kriegsminister. Am 15. April stimmte der Senat seiner Ernennung zu.

Die Suche nach einer für den Brigadegeneral geeigneten Kommandostelle erwies sich als schwierig. Als Schurz selbst krank zuhause in Bethlehem lag, sprach Margarethe in seinem Auftrag noch einmal bei Lincoln vor. Nach seiner Gesundung, nun schon ungeduldig geworden, suchte er den Präsidenten am 14. Mai persönlich auf. Aber Lincoln konnte ihm nicht helfen, riet ihm sogar, doch noch nach Madrid zurückzukehren, wenn er kein passendes Kommando für ihn finden könne. Im Übrigen mahnte er ihn zu Geduld. Zu seiner Überraschung wurde Schurz aber schon nach wenigen Tagen wieder nach Washington gerufen. Im Kriegsministerium erhielt er den Befehl, sich bei General Frémont zu melden, dem Kommandeur des Mountain-Department, das in West-Virginia stationiert war. Ehe er Washington verließ, verabschiedete Schurz sich bei Lincoln. Wie schon vor der Abreise nach Spanien war Lincoln damit einverstanden, daß Schurz ihn auch künftig in unmittelbar an ihn gerichteten Schreiben über alles unterrichtete, was Schurz als für den Präsidenten relevant betrachtete. Auf diesen unmittelbaren Zugang zum Präsidenten legte Schurz größten Wert.

Er versprach sich davon die Möglichkeit einer direkten Einflußnahme auf die Regierungspolitik.

Schurz als Divisionskommandeur

Am 10. Juni meldete sich Schurz bei Frémont in Harrisburg. Der Kommandeur, ein in Amerika höchst populärer Mann, der eine aufregende Geschichte als Pfadfinder im fernen Westen hinter sich hatte, blieb allerdings nur noch wenige Tage im Dienst. Seine Armee des Mountain-Department wurde im Zuge einer Heeresreform zum 1. Korps einer neuen Armee, der *Army of Virginia* unter Generalmajor Pope. Kommandeur des 1. Korps wurde auf Betreiben von Schurz sein guter Bekannter aus der Zeit der pfälzisch-badischen Revolution Franz Sigel.

Das 1. Korps bestand aus drei Divisionen. Schurz erhielt den Befehl über die dritte Division, die sich aus zwei Brigaden zusammensetzte, deren eine von Wladimir Krzyzanowski, die andere von seinem „Lehrmeister der Taktik" aus der Züricher Exilzeit, dem preußischen Offizier Alexander von Schimmelpfennig unterstand. Auch der Kommandeur der zweiten Division, Adolph von Steinwehr, war ein deutscher Einwanderer, der eine preußische Offizierslaufbahn absolviert hatte. Der Kommandeur der ersten Division, der frühere Kongreßabgeordnete Robert C. Schenck aus Ohio, wurde bald nach einer Verwundung durch den ehemaligen Angehörigen des österreichisch-ungarischen Heeres Julius Stahel geführt. Etwa die Hälfte der Truppen des 1. Korps waren deutsch-amerikanische Freiwillige. Berühmt wurde ihr Lied „I goes to fight mit Sigel!", das gleichermaßen auf die Popularität ihres Korpschefs wie auf die Verbesserungsbedürftigkeit ihres Englisch schließen ließ.

Die Lage der Army of Virginia war prekär. Der Krieg hatte sich nicht so entwickelt, wie man es angesichts der höchst ungleichen Größenverhältnisse der Kriegsgegner in Nord und Süd vermutet hätte. Nach der Strategie des Nordens sollten die Nachschublinien des Südens durch eine vollständige Hafenblockade und auf dem Landweg durch eine zweifache Durchschneidung der West-Ost-Verbindungen durchbrochen werden, nämlich durch eine Besetzung des Mississippi-Tals und durch einen Riegel von Tennessee bis an die Atlantikküste von Georgia. Schließlich sollte Richmond eingenommen werden, die Hauptstadt der Konföderation, die nur 190 Kilometer südlich von Washington in Virginia lag. Während die Operationen im Westen und im Südosten zufriedenstellend verliefen, war die Lage in Virginia für den Norden höchst deprimierend. Nicht einmal vor der Einnahme von Washington durch einen Ausfall der Südstaaten-Armee war man sicher. Die schockierende Niederlage des Nordens in der Schlacht am Bull Run River, von der Schurz in Madrid gehört hatte, stand noch vor aller Augen. Nun waren die konföderierten Truppen mit ihren ausgezeichneten Generälen Robert E. Lee, „Stonewall" Jackson und James Longstreet wieder im Anmarsch.

Zweite Schlacht von Bull Run

Am 8. August 1862 erhielt das Korps den Marschbefehl. Es war von geradezu symbolischer Kraft, daß es am 29. August erneut zu einem Kampf an der Manassas Junction am Bull Run kam. Die Niederlage des Nordens war ebenso vollständig wie in der ersten Schlacht im Jahr zuvor. Das Feuer von dem nur 35 Meilen südwestlich von Washington gelegenen Schlachtfeld war selbst in der Hauptstadt zur sehen. Nach schweren Verlusten erhielt die Armee am 30. August den Befehl zum Rückzug, den Schurz mit seinen Leuten zu decken hatte. Er zählte zu den letzten, die gegen Mitternacht die Brücke über den Bull Run überquerten. Wenn auch die Schlacht verloren war, so hatten sich doch Schurz und seine Leute, wie im Armeebericht anerkannt, durch Umsicht und Tapferkeit ausgezeichnet.

Das 1. Korps wird 11. Korps der Potomac Armee

Als Folge der Niederlage legte General Pope sein Kommando nieder. In einem allgemeinen Revirement wurde Sigels Korps der Potomac-Armee unter General McClellan zugeordnet und in 11. Korps umbenannt. Seine Aufgabe war nun der unmittelbare Schutz der Hauptstadt. Das Hauptquartier lag in dem Washingtoner Vorort Fairfax. Für Schurz hatte dies den Vorteil, daß er von Fairfax aus leichten Zugang zu den führenden Politikern, insbesondere zu Präsident Lincoln und dem Kriegsminister Stanton hatte. Andererseits konnte er unschwer besucht werden, wovon auch Margarethe und andere private Besucher Gebrauch machten.

Schurz zeigte angesichts der Möglichkeit des unmittelbaren Zugangs zum Präsidenten keine Zurückhaltung. Schon drei Tage nach seinem Eintreffen in Frémonts Hauptquartier hatte er auf den schlechten Ernährungszustand der Truppen verwiesen und erläutert, daß aus diesem Grund Frémonts Truppen den Konföderierten unter Stonewall Jackson nicht hätten entgegentreten können.[115] Nunmehr, unmittelbar vor Washington, galt seine Kritik vor allem dem General McClellan, dem Kommandeur der Potomac Armee, der in einer allgemein als unverständlich betrachteten Passivität verharrte und sich nicht entschließen konnte, den Gegner anzugreifen und insbesondere dessen Hauptstadt Richmond einzunehmen. Erst am 5. November wurde McClellan endlich ersetzt.

20. Kapitel
Ein „wahrer Freund“ kritisiert Lincoln

Der Briefwechsel

Kurz darauf kam es zu einem Briefwechsel mit Lincoln, in dem der Politiker, der sich in dem Brigadegeneral Schurz verbarg, von keinem Selbstzweifel angekränkelt seinem Präsidenten die Leviten las. Die Erkenntnis, daß der Krieg sich in die Länge zog, die ständigen Niederlagen, die Folgenlosigkeit einzelner Siege hatten auf die Bevölkerung des Nordens entmutigend gewirkt. Auch in der Republikanischen Partei selbst griff die Enttäuschung um sich. In den Kongreßwahlen vom November 1862 hatten nun die Demokraten erfolgreich abgeschnitten. Die Verantwortung hierfür wurde der Regierung zugeschoben. In dieser Lage schrieb Schurz am 8. November 1862 vom Hauptquartier des 11. Korps den Brief „eines wahren Freundes“[116]. Er hielt Lincoln vor, daß es die Regierung sei, die die Schuld für die schwere politische Niederlage trage. Sie habe ihre Gegner zu ihren Beratern gemacht. Sie habe die Armee in die Hände ihrer Feinde gegeben. In der Besetzung der Kommandostellen der Armee seien Lincolns Feinde sogar seinen Freunden vorgezogen worden. Zwar sei endlich das Kommando der Potomac Armee in neue Hände gelegt. Doch bedeute der Wechsel der Personen noch nicht einen Wechsel des Systems. Generäle, die die Erwartungen nicht erfüllten, müßten sofort ersetzt werden. Nur durch Erfolge könne die Regierung bestehen, und Erfolge seien das Ergebnis tatkräftigen Handelns, an dem es gefehlt habe.

Dieser Brief schien Schurz so wichtig, daß er ihn Margarethe anvertraute, als sie ihn im Hauptquartier besuchte. Sie persönlich sollte ihn Lincoln übergeben. Offenbar deshalb, weil Lincoln

Schurz' Handschrift schlecht lesen konnte, kam es zu der erstaunlichen Situation, daß sie selbst dem Präsidenten den Brief vorlas. Lincoln antwortete schon am übernächsten Tag[117]. Die Antwort war offenbar in großer Hast geschrieben. Lincoln wehrte sich darin entschieden gegen den Vorwurf, er habe die Feinde seiner Politik seinen Freunden vorgezogen. Es habe gar nicht genügend Republikaner gegeben, um die militärischen Führungsstellen zu besetzen. Überdies habe Schurz nie erklärt, daß alle, die nicht Republikaner seien, als Feinde der Regierung zu gelten hätten. Nur wenige Freunde hätten eine militärische Ausbildung. Er habe selten einem Demokraten eine Stelle übertragen, der nicht auch von vielen Republikanern empfohlen worden sei. Auch bei der Ernennung McClellans zum Kommandeur der Potomac Armee habe er sich auf solche Empfehlungen gestützt. Und schließlich seien die Erfolge der republikanischen Kommandeure nicht so überwältigend gewesen, daß man die Mißerfolge nur jenen zuschieben könnte, die keine Republikaner waren.

Schurz erhielt diesen Brief am 17. November. Er meinte, Lincoln habe ihn vollkommen mißverstanden. Trotz des gereizten Tons in Lincolns Antwort wollte er deshalb die Sache nicht auf sich beruhen lassen. Am 20. November verfaßte er ein langes Schreiben[118], in dem er seinen Standpunkt zu den Gründen des militärischen und politischen Mißerfolgs dieser Regierung ausführlich zu erläutern suchte.

Es seien nicht die schlechtesten Freunde, so schrieb er, die dem Präsidenten auch unangenehme Wahrheiten vorzuhalten wagten, und er wolle klarstellen, daß er nicht von Republikanern und Nicht-Republikanern gesprochen habe, sondern von der überwältigenden Zahl von Anhängern, über die Lincoln zur Zeit seiner Wahl zum Präsidenten verfügt habe. Es sei der Regierung nicht gelungen, die mehrheitliche Unterstützung ihrer Politik aufrechtzuerhalten. Wie die letzten Kongreßwahlen gezeigt hätten, seien selbst viele Republikaner abgefallen oder nicht zur Wahl gegangen. Was die Feinde in den militärischen Kommandostellen angehe, so werfe er dem Präsidenten nicht vor, sie ernannt zu haben; vorzuwerfen sei ihm aber, daß er sie nicht entlassen habe, als klar war, daß sie nicht in seinem Sinne handelten. Er nannte ausdrücklich die Generäle McClellan und Halleck, die keinen Angriffswillen gezeigt hätten, und verwies auf das Durchsickern vertraulicher Informationen aus dem Umkreis des Generals Thomas. Im Übrigen sei Lincoln ernsthaft zu fragen, welcher republikanische General jemals eine faire Chance gehabt habe, eine höhere Kommandostelle zu erlangen. Tatkraft und Erfolg würden in der öffentlichen Meinung nunmehr nicht mehr dem Weißen Haus zugeschrieben, sie seien vielmehr ein Kennzeichen des Feindes geworden und begründeten dessen Prestige. Lincoln müsse um jeden Preis das Vertrauen des Volkes zurückerobern. Die schrecklichen Opfer, die von den Soldaten, den Witwen und Waisen gebracht würden, dies alles dürfe nicht vergeblich sein. Und Schurz endete mit dem Satz: Er wisse nicht, ob Lincoln jemals ein Schlachtfeld gesehen habe. Er versichere ihm aber, es sei ein furchtbarer Anblick.

Lincoln antwortete sofort und mit ungewohnter Schärfe[119]. Er wisse, wenn der Krieg scheitere, dann scheitere auch die Regierung, und die Schuld werde ihm gegeben werden, ob er dies nun verdiene oder nicht. Schurz wolle nunmehr auch die Unterstützung jener annehmen, die nicht Republikaner seien, wenn sie nur „mit dem Herzen" auf seiner Seite stünden. Das wolle er auch. Wer aber sollte beurteilen können, ob jemand mit dem Herzen dabei sei? Wenn er sich nicht auf sein eigenes Urteil verlasse, sondern auf das Urteil von Schurz, müsse er auch die Meinung anderer einholen, und wenn er alle Ernennungen verweigern wolle, von denen ihm jemand abrate, bleibe am Schluß niemand übrig. „Denn, seien Sie versichert, mein Herr, es gibt Menschen, die mit dem Herzen' auf unserer Seite stehen, aber glauben, daß Sie ihre Sache ebenso schlecht bewältigen, wie Sie es von mir glauben." *["For, be assured, my dear Sir, there are men who have „heart in it" that think you are performing your part as poorly as you think I am performing mine."]* Die Schwierigkeit liege in der Lage selbst, nicht bei bestimmten Generälen.

Was er brauche, sei nicht Sympathie, sondern Erfolg. In dieser Hinsicht aber seien alle, Sympathisanten oder nicht, ziemlich gleich.

Beilegung der Kontroverse

Einige Tage später brachte ein Eilbote eine eigenhändige Note Lincolns mit der Bitte, Schurz möge ihn aufsuchen, sobald sein Dienst es gestatte, und zwar möglichst früh am Morgen, ehe der übliche Schwarm von Besuchern eintreffe. Schurz nahm sogleich Urlaub und meldete sich am anderen Morgen um 7 Uhr im Weißen Haus. Er wurde sofort in ein kleines Sitzungszimmer geführt, wo er Lincoln in seinem Lehnstuhl vor dem Kaminfeuer antraf, mit den Füßen in seinen riesigen Pantoffeln. Lincoln begrüßte ihn herzlich und bot ihm einen Platz am Kamin an. Dann schlug er ihm mit der Hand auf das Knie und fragte ihn, ob er ihn wirklich für einen so elenden Kerl halte, wie er in seinem Brief geschrieben habe. Schurz war zunächst verlegen, drückte sein Bedauern aus, und erläuterte sodann seine Einschätzung der politischen Lage, die zu seinen Briefen geführt hatte. Danach begann Lincoln, seine eigenen Ansichten hierzu zu entwickeln. Es sei von allen Seiten Kritik gekommen, Schurz' Brief habe ihn als ein Résumé aller Kritiken besonders getroffen und zu seiner Entgegnung veranlaßt. Es sei nicht seine Absicht gewesen, ihn zu verletzen. Er würde sich freuen, wenn er bald wieder käme. Schurz konnte nicht die Frage unterdrücken, ob er ihm noch weiter schreiben dürfe. Lincoln lud ihn ein, ihm immer zu schreiben, wenn er sich danach fühle.

Von dieser Einladung machte Schurz auch weiterhin unverdrossen Gebrauch. Schon am 24. Januar 1863 erhielt Lincoln von ihm einen Brief über den deprimierenden Zustand der Potomac Armee mit Ratschlägen zur Verbesserung der militärischen Taktik[120].

21. Kapitel
Kritik an Schurz

Schurz' Sonderstellung

Nicht nur der unmittelbare Zugang zum Präsidenten kennzeichnete eine Sonderstellung von Carl Schurz in der Armee. Er war zugleich ein Seiteneinsteiger ohne eigentliche militärische Ausbildung, und er war überdies ein einflußreicher Politiker. All dies setzte ihn den kritischen Blicken der Kollegen aus. Seine militärische Praxis in Baden war nur kurz gewesen. Schurz legte zwar in seinen Lebenserinnerungen Wert darauf, daß er immer um den Erwerb theoretischer Kenntnisse in militärischen Dingen bemüht war, daß die politischen Flüchtlinge schon in Zürich eine Art militärisches Fortbildungsseminar abgehalten hatten, und daß er militärische Studien auch in London und später in Philadelphia betrieben hatte. Was immer davon zu halten war, er wurde als Amateur betrachtet. Aber: Militärische Fehlleistungen waren ihm nicht vorzuwerfen, im Gegenteil, für die umsichtige und tapfere Deckung des Rückzugs nach der Niederlage in der zweiten Schlacht am Bull Run wurde ihm viel Anerkennung zuteil. Das Verhältnis zu seinem unmittelbaren Vorgesetzten Franz Sigel war gut, bei seiner Truppe war er beliebt. Am 14. März 1863 wurde er – wiederum zum Mißvergnügen vieler anderer, die sich übergangen fühlten - zum Generalmajor befördert.

Auch weiterhin blieb es bei dem verständlichen Mißtrauen höherer Vorgesetzter, wenn Schurz als ein ihrem Befehl Unterworfener den Dienstweg mied, in von ihnen nicht zu kontrollierender Weise mit dem Präsidenten korrespondierte und – wie zu erwarten war – an der erfolglosen Kriegführung Kritik übte. Es kam hinzu, daß er auch als Politiker noch großen Einfluß hatte. Er fühlte sich als der Vertreter der Deutschamerikaner, die mit über 170.000 Mann das größte nationale Kontingent von Freiwilligen der Nordstaatenarmee stellten, und unterhielt auch in dieser Beziehung einen eifrigen Briefwechsel. Nicht nur die höheren Vorgesetzten mussten dies mit Argwohn betrachten. Auch die Presse der Demokratischen Partei, die Anhänger des *nativism* oder die kleineren Volksgruppen wachten mit Argusaugen darüber, ob er nicht Anlaß zur Kritik bot. Daran sollte es bei den nächsten großen Schlachten, an denen seine Division beteiligt war, nicht fehlen.

Chancellorsville

Die Potomac-Armee hatte kein Glück mit ihren ständig wechselnden Befehlshabern. Im Dezember 1862 hatte der an die Stelle McClellans getretene General Burnside – gegen den dringenden Rat seiner Umgebung, insbesondere von Sigel und Schurz – die Armee in die Niederlage von Fredericksburg geführt. Das 11. Korps war dort nicht mehr zum Einsatz gekommen. Es war jedoch beteiligt an der Schlacht von Chancellorsville, dieses Mal unter dem Oberbefehl von General Hooker, der Burnside ersetzte.

Auch die Schlacht von Chancellorsville, in der das 11. Korps vom 1. bis 3. Mai 1863 kämpfte, führte zu einer schweren Niederlage. Korpskommandant war General Howard, der den erkrankten General Sigel abgelöst hatte.[121] Durch eine Truppenaufstellung ohne seitliche Deckungsmöglichkeit wurde der Flügel, in dem auch Schurz stand, das Opfer eines Überraschungsangriffs, dem die Divisionen der Generäle Devens und Schurz schutzlos ausgeliefert waren. Als Schurz Anzeichen dafür sah, daß er von der ungedeckten Seite angegriffen würde, machte er Korps- und Armeeleitung darauf aufmerksam und drängte auf schnelle Entscheidungen. Seine Warnungen wurden jedoch als übertrieben betrachtet. Die Folge war eine verheerende Niederlage, bei der fast ein Viertel seiner Leute den Tod fand. Die betroffenen Truppenteile waren zunächst zurückgewichen, hatten dann aber, als sie Deckung gefunden hatten, hinhaltenden Widerstand geleistet, so daß ein geordneter Rückzug möglich wurde.

Dieses Mal griff die Presse ein. Die New York Times schob die Schuld an der Niederlage dem 11. Korps, und dort insbesondere den deutschen Truppen zu. Sie hätten, ohne einen Schuß abzuwarten, eine beschämende Flucht ergriffen. Besonders die Division des Generals Schurz, die als erste angegriffen worden sei, habe sofort nachgegeben. Diese Kritik wurde von anderen Zeitungen übernommen.

Schurz traf diese Kritik schwer. Er sollte offenbar von den demokratischen Zeitungen zum Sündenbock gestempelt werden. Dabei machte es wenig aus, daß von den 27 Infanterieregimentern, die in diesem Korps kämpften, nur 13 deutschamerikanische Regimenter waren und daß die zuerst angegriffene Division nicht seine, sondern die unter dem Kommando von General Devens stehende 1. Division war. Schurz schrieb die Niederlage dem Oberkommandierenden der Potomac Armee, General Hooker, und dem Korpskommandanten Howard zu, die die Warnungen der Untergebenen nicht hatten hören wollen. Die Schadenfreude der Nativisten war groß. Der Spott über die „Flying Dutchmen" machte die Runde. General Schimmelpfennig und Schurz verlangten eine amtliche Untersuchung, stießen aber im Kriegsministerium auf taube Ohren. Am 3. Juni fand in New York eine große Protestversammliung der Deutschamerikaner statt, die Schurz und seine Leute gegen Verleumdungen in Schutz nahm.

Gettysburg

Am 28. Juni 1863 wurde General Hooker von General Meade abgelöst. Die Konföderierten waren inzwischen unter General Lee wieder nach Norden gezogen, hatten den Potomac überquert und waren in Pennsylvania einmarschiert. Dort kam es am 1. Juli zu der dreitägigen Schlacht bei Gettysburg, aus der der Norden endlich siegreich hervorging. Zusammen mit dem zur gleichen Zeit erfochtenen Sieg der Westarmee bei Vicksburg am Mississippi bedeutete dies die langersehnte Wende im Bürgerkrieg. Einige Monate später – am 19. November 1863 – wurde auf diesem Schlachtfeld ein Soldatenfriedhof errichtet. Dabei hielt Präsident Lincoln seine berühmte *Gettysburg Address*, die mit dem Ausdruck seiner Hoffnung endete, „... that government of the people, by the people, for the people, shall not perish from the earth."

Carl Schurz als Generalmajor
Fotografie um 1863/64

Auch in dieser Schlacht konnte das 11. Korps keine Lorbeeren ernten. Es sollte – unter der Führung von Schurz – mit zwei Divisionen dem 1. Korps zu Hilfe kommen und den vom Feind besetzten Oak Hill erobern. Schurz ritt mit einer Division voran. Durch einen Fehler in der Positionierung der anderen Division unter Brigadegeneral Barlow konnten Einheiten der Konföderierten jeweils von den ungeschützten Seiten angreifen. Schurz` Pferd brach unter den Schüssen zusammen. Bei dem ungeordneten Zurückweichen in die Stadt Gettysburg verlor das Korps die Hälfte seiner Männer. Barlow blieb schwer verwundet auf dem Schlachtfeld. Wieder schien das 11. Korps versagt zu haben. „Schurz traf daran keine Schuld", schreibt Larry Tagg in seinem Werk *„The Generals of Gettysburg: The Leaders of America's Greatest Battle"*. „Er hatte Energie gezeigt und blieb bei seinen Männern an der Spitze. Er war nicht verantwortlich für Barlows falsche Position, außer daß er mit ihm kein Gespräch geführt hatte, als dieser seine Division in großer Eile in Stellung führte. Aber die Niederlage, die das 11. Korps befleckte, befleckte auch ihn."

Wauhatchie

Der Süden gab aber nicht auf. Das 11. Korps ging zurück nach Virginia. Eine der drei Brigaden der Schurz'schen Division wurde nunmehr von Friedrich Hecker kommandiert, dem legendären Badener Revolutionär, den Schurz bei seiner ersten Reise an den Mississippi auf seiner Farm besucht hatte. Am 24. September wurden das 11. und 12. Korps unter General Hooker nach Tennessee befohlen, um die Versorgungslinie von Brown's Ferry am Tennessee River nach Chattanooga wieder zu öffnen. Dort waren Streitkräfte des Nordens von Konföderierten eingeschlossen. In der Nacht zum 29. Oktober griffen diese die Wauhatchie Station der National & Chattanooga Railroad an. Die beiden Divisionen des 11. Korps, die sich in Hörweite bei Browns Ferry befunden hatten, kamen zu Hilfe. Die Konföderierten wurden zurückgedrängt, die Nachschublinie konnte wieder geöffnet werden.

Schurz' Marsch nach Wauhatchie hatte aber noch ein Nachspiel. Er war um 1 Uhr nachts mit der ersten Brigade aufgebrochen; der kommandierende General Hooker wies ihn während des Marsches durch einen Adjutanten an, einen Hügel zu seiner Linken einzunehmen und dort auf weitere Befehle zu warten. Friedrich Hecker wurde mit der anderen Brigade von General Hooker persönlich zurückgehalten. Am frühen Morgen kamen Schurz und Hecker mit ihren zurückgebliebenen Brigaden nach und erreichten Wauhatchie, wo sie noch in die Kämpfe eingreifen konnten. Noch am gleichen Tag warf General Hooker dem Divisionskommandeur Schurz vor, daß er nicht unmittelbar auf Wauhatchie vorgestoßen sei. Schurz Hinweis darauf, daß er und Hecker die ihnen erteilten Befehle befolgt hätten, wollte er aus unerfindlichen Gründen nicht gelten lassen.

Nachdem das 11. Korps noch zur Unterstützung des Generals Sherman eingesetzt worden war, bezog es bei Chattanooga das Winterquartier. Dort erfuhr Schurz im Januar 1864 von dem Bericht des Generals Hooker über den Feldzug. Der General erhob darin gegen Hecker und seine Brigade den Vorwurf, er habe sich mit Ausreden vor dem Nachtmarsch nach Wauhatchie gedrückt. Gegen diese ehrenrührige Anschuldigung beantragte Hecker, unterstützt von Schurz, eine amtliche Untersuchung, die in diesem Falle auch gewährt wurde. Das Verfahren führte zu Heckers wie zu Schurz' vollständiger Rehabilitierung.

Die Vorwürfe wegen stümperhafter militärischer Leistungen und der Spott über die „flying dutchmen" hatten Schurz tief getroffen. Das Armeekorps sei stets der Sündenbock für alle möglichen Unglücksfälle gewesen, mit denen es nichts zu tun hatte; es sei sogar vorgekommen, daß Kommandeure von Verstärkungstruppen, die dem Korps attachiert werden sollten, wegen seines „Rufes" laut dagegen protestierten. [122] Noch in seinen nach der Jahrhundertwende geschriebenen Lebenserinnerungen beschreibt Schurz die Vorgänge bis ins kleinste Detail, um den Nachweis zu führen, daß das 11. Korps und auch er selbst ein Opfer übler Nachreden geworden waren.

22. Kapitel
Das Ende des Bürgerkriegs

Der neue Wahlkampf

Als das Kriegsministerium das 11. und 12. Armeekorps zum 20. Korps unter General Hooker zusammenlegte, war eine Generalmajors-Stelle überzählig. Schurz suchte nun nach der Möglichkeit einer Versetzung. Unter Hooker wollte er nicht mehr dienen. Schurz ging nun als Kommandeur eines Instruktionskorps nach Nashville, Tennessee, wo neu aufgestellte Regimenter zum Felddienst ausgebildet wurden. Der Dienst in diesem Instruktionskorps ließ ihm genügend Muße, um einen lebhaften Briefwechsel mit politischen Freunden in Washington und in den nördlichen Staaten zu führen. Er beobachtete, daß die Unzufriedenheit mit dem schleppenden Fortgang des Kriegs, für den die Regierung verantwortlich gemacht wurde, trotz Gettysburg wieder um sich griff. Zwar nominierte die Republikanische Partei, die sich für diese Wahl National Union Party nannte, Lincoln am 8. Juni 1864 in Baltimore wieder als Präsidentschaftskandidaten für die nächste Amtsperiode. Doch wurde dies von vielen offenbar als eine Verlegenheitslösung empfunden, weil ein anderer Kandidat, der mit Aussicht auf einen Wahlsieg hätte antreten können, nicht in Sicht war.

Einige Freunde wie die Kongressabgeordneten Elihu Washburn aus Illinois und Taddeus Stevens aus Pennsylvania[123] bedrängten Schurz nun, in dieser gefährlichen politischen Lage wieder am Wahlkampf mitzuwirken. Schurz ließ sich von dieser Notwendigkeit bereitwillig überzeugen und bot Lincoln seine Dienste an. Lincoln wollte das Angebot gerne annehmen, machte Schurz aber darauf aufmerksam, daß er damit seinen aktiven Dienst in der Armee riskiere. Dies störte Schurz nicht. Seinem Antrag, vorübergehend von seinen militärischen Pflichten entbunden zu werden, wurde stattgegeben. Über Bethlehem, wo sich seine Familie befand, reiste er nach Washington, um in einem persönlichen Gespräch mit Lincoln den bevorstehenden Wahlkampf zu erörtern. Am 11. August traf er Lincoln in der Nähe des Weißen Hauses in einem Landhaus, das der Präsident im Sommer bewohnte.

Lincoln wirkte sichtlich bedrückt. Er berichtete Schurz von den Angriffen gegen ihn aus der eigenen Partei und von Anstrengungen seiner Freunde, ihn zur Niederlegung seiner Kandidatur zu bewegen. Er meinte allerdings, ein Rücktritt würde die Verwirrung nur vermehren. Sie besprachen die wichtigsten Punkte, die im Wahlkampf hervorgehoben werden sollten. Beim Abschied hatte Schurz den Eindruck, Lincoln habe sich wieder beruhigt. „Die Dinge könnten besser, sie könnten aber auch viel schlimmer sein.“

Die Demokratische Partei nominierte am 22. August 1864 in Chicago den General McClellan als ihren Präsidentschaftskandidaten. Schurz machte sich auf einen schwierigen Wahlkampf gefaßt, doch jetzt endlich wendete sich das Blatt. Am 3. September marschierte General William T. Sherman in Atlanta ein. Der Sieg war nunmehr zum Greifen nah. In allen Nordstaaten wich die Niedergeschlagenheit einer großen Begeisterung. Niemand wollte mehr behaupten, daß der Krieg ein Mißerfolg sei.

Schurz hielt vier große Wahlreden. Am 16. September sprach er in Philadelphia, am 7. Oktober in Brooklyn, am 28. Oktober in Milwaukee und am 4. November in der Cooper Union in New York über “Die Sklaverei als Verrat”[124]. Die Mühe war nicht vergeblich geblieben. Am 8. November wurde Präsident Lincoln für eine zweite Amtszeit gewählt.

Nach seiner letzten Wahlrede war Schurz nach Bethlehem zu seiner Familie zurückgekehrt. Margarethe war hochschwanger und überdies krank. Sie wurde von Todesahnungen heimgesucht.

Schurz blieb deshalb bei ihr und beschäftigte sich damit, seine Reden zu sammeln und zu einem Buch zusammenzustellen. Am 24. Dezember 1864 nahm General Sherman die Hafenstadt Savannah ein. Aus Freude darüber gab Schurz seiner eine Woche später geborenen dritten Tochter die Vornamen *Emma Savannah.*

Schurz' letzte militärische Tätigkeiten

Der Krieg war für den Süden zwar aussichtslos geworden. Gleichwohl weigerten sich die Rebellen, die Waffen niederzulegen. Am 3. Februar trafen Lincoln und Außenminister Seward eine Verhandlungsdelegation aus dem konföderierten Süden in Hampton Roads, Virginia. Als Lincoln die Wiederherstellung der Union und die Abschaffung der Sklaverei als Grundforderungen für einen Waffenstillstand nannte, brachen die Vertreter der Konföderierten die Verhandlungen ab.

Schurz wollte nun seinen aktiven Militärdienst wieder aufnehmen. General Grant aber, seit März 1864 Oberkommandierender der Streitkräfte, hatte keine Stelle für einen Generalmajor frei. Er riet Schurz, bei der Aufstellung eines Veteranenkorps mitzuhelfen, das aus Freiwilligen bestehen sollte, die ihren dreijährigen Kriegsdienst bereits abgeleistet hatten. Schurz bereiste hierzu den Mittelwesten und besuchte Gouverneure und Bürgermeister, die ihm ihre Unterstützung versprachen. Ein praktischer Erfolg war der Aktion aber nicht beschieden. Nach Washington zurückgekehrt beauftragte ihn der Kriegsminister, dem Präsidenten, der sich nach City Point am James River begeben hatte, um näher bei General Grant zu sein, eine vertrauliche mündliche Mitteilung zu überbringen. Schurz fand Lincoln in bester Stimmung. Die Einnahme von Richmond und damit das Ende des Krieges stand unmittelbar bevor. Die trostlose Stimmung ihres letzten Beisammenseins war nun einer Atmosphäre der Hoffnung gewichen. Nach seiner Rückkehr – Schurz war mit Mrs. Lincoln mit dem Schiff nach Washingon zurückgefahren – wurde Schurz zu General Sherman in Goldsborough, North Carolina, befohlen. Dort waren neben Shermans eigener Armee weitere drei Armeen des Nordens versammelt, darunter die Georgia Armee unter General Slocum. In dessen Armee sollte Schurz seinen Dienst antreten. Da Slocum kein passendes Kommando frei hatte, ernannte er Schurz kurzerhand zu seinem Generalstabschef.

Am 1. April kam es beim Marsch seiner Leute nach Raleigh, wo sie die Verbindung zwischen den Armeen Lees und Johnstons unterbrechen sollten, noch zu einem kleineren Scharmützel. Es war das letzte Mal, daß Schurz die Kugeln pfeifen hörte. Am 12. April überbrachte eine Meldereiter die Nachricht, daß General Lee sich ergeben habe.

Lincolns Tod

Es war Karfreitag, der 14. April 1865, als Unionstruppen im Fort Sumter im Hafen von Charleston das Sternenbanner hochzogen, das vor genau vier Jahren dort eingeholt worden war. Damals hatte dort der Krieg begonnen. Am gleichen Abend saß Präsident Lincoln mit Freunden in Washington in Ford's Theater, als ein Verschwörer in seine Loge drang und einen tödlichen Kopfschuß auf ihn abfeuerte. Es handelte sich um ein sorgfältig geplantes Mordkomplott, das sich auch gegen Außenminister Seward und General Grant richtete. Seward, der krank zuhause lag, wurde durch Messerstiche verletzt. Er überlebte. Die Attacke auf General Grant schlug fehl.

Am 17 April war die Nachricht von Lincolns Ermordung im Hauptquartier in Raleigh angekommen. Die Nachricht schlug ein „wie ein Blitz aus heiterem Himmel“. Erst am anderen Tag hatte Schurz sich wieder so weit gefaßt, daß er seiner Frau einen Brief schreiben konnte[125]. Er frage sich noch immer, so schrieb er, ob diese fürchterliche Nachricht wahr sein könne. Er berichtete ihr, daß die Soldaten an ihren Lagerfeuern gesessen hätten, zunächst in düsterer Bestürzung, dann habe man überall gehört „wir wünschten, daß der Kampf noch nicht vorüber wäre!“ Der Süden möge Gott danken, daß der Krieg vorbei sei; die Rache des Nordens wäre furchtbar gewesen. Überall in der Stadt seien die Wachen verstärkt worden. Nach Einbruch der Dunkelheit habe ein Ausgehverbot bestanden, weil zu befürchten war, daß die Soldaten die Stadt in Brand setzen könnten. Margarethe suchte ihren Mann zu trösten[126]. Sie habe, obwohl noch kaum genesen, zuhause in Bethlehem einen Trauergottesdienst besucht. In einer langen Prozession habe sie, als ihre Trauer sie zu überwältigen drohte, immer wieder gedacht, daß Lincoln doch ohne Schmerzen und mit vollem Blick auf seine Siege gestorben sei - so sei er als ein Held gefallen. Mit Recht habe Carl immer gesagt, daß Lincoln, nach Washington, unser größter Präsident, der größte aller Kämpfer für die Freiheit sei. Sie sei so glücklich darüber, daß er ihm so treu gedient habe.

Wie sehr Lincoln im Norden der Präsident des einfachen Volkes gewesen war, sollte sich in den nächsten Wochen zeigen, als sein Sarg in seine Heimat nach Springfield in Illinois gebracht wurde. Am 21. April, nach der Trauerfeier in Washington, setzte sich der Eisenbahnzug mit Lincolns Sarg in Bewegung, der über 1600 Meilen langsam von Stadt zu Stadt und von Ort zu Ort fuhr, zuerst nach Norden bis Albany, dann durch den Mittelwesten, bis er schließlich über Chicago am 4. Mai Springfield erreichte. Hunderttausende hatten sich zu den vielen Trauerfeiern an den Haltestellen des Zugs versammelt, und weitere Hunderttausende waren von weither gekommen, um an der Strecke den Zug zu erwarten, der langsam an ihnen vorbeifuhr.

23. Kapitel
Die „Reconstruction“ des Südens

Der neue Präsident Andrew Johnson

Schurz war sich bewußt, wie sehr Lincoln als der Mann fehlte, der die Nation wieder hätte einigen können. Er setzte seine Hoffnung zunächst auf den Nachfolger im Präsidentenamt, den bisherigen Vizepräsidenten Andrew Johnson aus Tennessee. Johnson war wie Lincoln in einfachsten Verhältnissen auf dem Land aufgewachsen. Er hatte nie eine reguläre Schule besucht. Es hieß, daß ihm erst seine Frau Lesen und Schreiben beigebracht habe. Er war bei einem Dorfschneider in die Lehre gegangen und hatte sich sodann als Schneider selbständig gemacht. Johnson hatte sich früh politisch in der Demokratischen Partei engagiert, war aber ein strikter Gegner der Sklavenwirtschaft gewesen und damit auch ein Gegner der Sezession. Er war das einzige aus den Südstaaten stammende Kongreßmitglied, das nach der Sezession seinen Sitz in Washington behalten hatte.

Schurz hatte ihn während des Bürgerkriegs als Militärgouverneur von Tennessee kennengelernt. Er bezweifelte nun, ob Johnson wirklich fähig sei, die neue Ordnung des Südens auf der Basis der Kriegsergebnisse herbeizuführen, ob es ihm also gelingen würde, die Sklavenhaltergesellschaft im Süden in eine sich auf freie Arbeit gründende Gesellschaft umzuwandeln. Wie dies zu erreichen sei, dazu hatte selbst Lincoln noch keine klaren Vorstellungen entwickelt. Er schien aber auf der Seite derer gestanden zu haben, die an eine großzügige Amnestie dachten.

Johnson erklärte, an Lincoln anknüpfen zu wollen. Die unbeschränkte Aufnahme der Südstaaten in die Union sollte nur von der Rücknahme der Sezessionserklärungen und der Verabschiedung neuer Verfassungen abhängig gemacht werden. Dazu zählte auch die Ratifizierung des 13. Amendments zur Bundesverfassung, wonach Sklaverei und Zwangsarbeit abgeschafft seien.

Der von dem „radikalen“ Flügel der Republikaner beherrschte Kongreß war mit einer solchen den Süden möglichst schonenden Politik ohne besondere sichernde Maßnahmen nicht einverstanden. Die Radikalen befürchteten, daß die Südstaaten, sobald sie nicht mehr unter Militärverwaltung standen, eine Arbeitsverfassung schaffen würden, die sich von der Sklaverei kaum unterschiede. Die Bevölkerung der Südstaaten habe ihre Einstellung zur Sklaverei keineswegs geändert. Sie habe der Abschaffung der Sklaverei nur unter dem Zwang der Verhältnisse zugestimmt. Sobald sie ihre Autonomie wiedererlangt habe, würde sie die Sklavenwirtschaft unter einer anderen Bezeichnung fortführen. Die Bundesregierung hätte dann aber keine Möglichkeit mehr, dagegen vorzugehen.[127]

Carl Schurz glaubte zunächst, Präsident Johnson in diesem Sinne beeinflussen zu können. In mehreren längeren Gesprächen mit ihm gewann er den Eindruck, daß er sein Vertrauen genieße. Doch war er sich dessen bald nicht mehr so sicher. Johnson bereitete eine Amnestieerklärung vor, die für alle ehemaligen Rebellen gelten sollte, ausgenommen nur ihr führendes Personal, dessen Begnadigung aber individuell und wohlwollend geprüft würde. Darüber hinaus wollte er die Wahl einer verfassungsgebenden Versammlung für North Carolina veranlassen, die gemäß den Bestimmungen der alten Verfassung vorzunehmen sei. Als er Carl Schurz den Entwurf zeigte, riet Schurz ihm dringend, wenigstens die Passage zu entfernen, die eine Wahlberechtigung gemäß der alten Verfassung vorsah, weil dies bedeutete, daß die schwarze Bevölkerung kein Stimmrecht hätte. Johnson beruhigte ihn damit, daß die für North Carolina zu treffende Regelung keinen für das Vorgehen in den anderen Südstaaten relevanten Präzedenzfall bilden solle. Am 29. Mai wurde die Proklamation unverändert verkündet.

Der Auftrag des Präsidenten

Nach Bethlehem zurückgekehrt wandte Schurz sich gleichwohl am 6. Juni erneut an den Präsidenten, um ihn davor zu warnen, entsprechende Bestimmungen auch für die anderen Südstaaten zu erlassen. Dies sei schon deshalb undenkbar, weil etwa die alte Verfassung von South Carolina das Stimmrecht an den Besitz von Land und einer bestimmten Zahl von Sklaven binde. Zu diesen Fragen – so teilte er dem Präsidenten mit – wolle er, wenn ihm dies nicht unangenehm sei, in einer Reihe an ihn gerichteter Briefe Stellung nehmen, die er in der Presse veröffentlichen würde. Auf diese Ankündigung erhielt Schurz keine ausdrückliche Antwort. Vielmehr telegraphierte ihm der Präsident, er möge zu einem Gespräch nach Washington kommen.

Erleichtert und sicherlich auch etwas geschmeichelt folgte Schurz dieser Aufforderung. Im Weißen Haus erläuterte ihm der Präsident zunächst, daß es ihm immer noch an verläßlichen Informationen aus dem Süden fehle, und er deshalb gezwungen sei, gleichsam blindlings zu handeln. Dann überraschte er Schurz mit der Bitte, eine Erkundungsreise durch die Südstaaten zu unternehmen, um die dort vorherrschenden Verhältnisse unter die Lupe zu nehmen, ihm seine eigenen Auffassungen über das Gesehene und Gehörte mitzuteilen und ihm entsprechende Vorschläge zu unterbreiten.

Die Erkundungsreise in den Süden

Schurz war über die Aussicht, nach so kurzer Zeit seine Familie wieder verlassen und zwei bis drei Monate der heißesten Jahreszeit in den Südstaaten zubringen zu müssen, nicht gerade erfreut. Überdies kam ihm die ganze Sache etwas merkwürdig vor. Er bat deshalb um einige Tage Bedenkzeit, die ihm gewährt wurde. Sogleich begab er sich zu Kriegsminister Stanton und zum Präsidenten des Obersten Gerichtshofs Chase, beide vertrauenswürdige

Republikaner, um sie um ihren Rat zu bitten. Keiner der beiden war über den Vorschlag des Präsidenten unterrichtet, beide aber rieten Schurz, den Auftrag anzunehmen, schon um dem Präsidenten später das Argument abzuschneiden, er sei nicht ausreichend informiert gewesen und von seinen Kritikern in der Republikanischen Partei im Stich gelassen worden. Dies schien Schurz überzeugend. Er erklärte dem Präsidenten, daß er den Auftrag übernehmen wolle. Der Kriegsminister, dem er formell unterstellt wurde, teilte ihm einen Adjutanten zu und ordnete an, daß alle im Süden stationierten Offiziere und Beamten der Union Schurz zu unterstützen hätten.

Am 12. Juli 1865 trat Carl Schurz seine Reise an Bord des Dampfers Arago an, der ihn nach Hilton Head in South Carolina brachte. Von dort ging es nach Charleston.

Was Schurz vorfand, war schrecklich: ein zerstörtes und verarmtes Land, in dem nahezu jede wirtschaftliche Tätigkeit erloschen war. Niemals, so schrieb Schurz in seinen Memoiren, werde er den ersten Blick auf Charleston vergessen. Sein Schiff machte an einer verfallenen Landungsbrücke fest. Auf den Kais war keine Menschenseele zu sehen. Die Packhäuser und Ladungsschuppen schienen verödet. Weiter oben in der Stadt sah es wie in einem riesigen Friedhof aus, mit zerfallenen Mauern und geschwärzten Schornsteinen, die von den Trümmern des Doms überragt wurden. Das Charleston-Hotel, in dem er untergebracht war, früher der Treffpunkt der Reichen und der gesellschaftlichen Elite, machte einen trostlosen und verödeten Eindruck.

Auch außerhalb der Stadt bot das Land einen schlimmen Anblick. Meilenweit glich die Straße, auf der gegen Ende des Kriegs Shermans *March to the Sea* stattgefunden hatte, einem breiten schwarzen Streifen der Verwüstung. Hecken und Zäune waren verschwunden; wo Häuser gestanden hatten, waren schwärzliche Trümmerhaufen geblieben. Die Felder waren von dichtem Unkraut überwachsen. Auch im weiteren Land war das Elend groß. Der

Krieg hatte die wirtschaftlichen Ressourcen der Südstaatler aufgebraucht. Ihr Eigentum war zerstört. Sie alle waren in extreme Armut gestoßen.

Damit begann eine Reise, die Schurz mit Kutsche, Eisenbahn und Schiff durch South Carolina, Georgia, Alabama und Mississippi führte, sodann von Vicksburg den Mississippi hinunter nach New Orleans, und schließlich auf dem Mississippi wieder zurück nach Vicksburg und von dort über St. Louis zurück nach Washington.

Die Reise durch das vom Krieg verwüstete Land, noch dazu in der heißesten Jahreszeit, war außerordentlich beschwerlich. Hunderte von Meilen legte Schurz in wackligen Eisenbahnwagen auf jahrelang nicht reparierten Gleisen mit einer Geschwindigkeit von 10 bis 15 Meilen pro Stunde zurück. Wo die Eisenbahnen fehlten, fuhr er, um die glühende Tageshitze zu vermeiden, gewöhnlich nachts in den Kutschen, die ehedem der alten Südstaatenaristokratie gedient hatten, nunmehr aber für Postdienste gebraucht wurden. Ihre Polster waren zerrissen, ihre Laternen waren verschwunden; immer wieder riß das mit Schnüren zusammengeflickte Geschirr. In Alabama kam es vor, daß Schurz und sein Begleiter im stockfinsteren Wald vor dem Wagen hergehen und mit Laternen den Weg beleuchten mussten, damit der Kutscher Baumwurzeln und tiefen Löchern ausweichen konnte.

Schurz traf auf seiner Reise, in den Städten wie auf Straßen und Dampfschiffen, Menschen der verschiedensten Gesellschaftsschichten, die er zu ihren Erlebnissen und Meinungen befragte. Er ließ sich von den Militärposten und den Regierungsbeamten informieren, die im Süden stationiert waren, insbesondere auch von den Leitern der *Freedmen's Bureaus*, die die Bundesregierung zur Unterstützung der schwarzen Bevölkerung und zur Beratung beim Abschluß von Arbeitsverträgen eingerichtet hatte.

Die Informationen, die er erhielt, waren nicht günstig. Von verschiedenen Seiten wurde Schurz mitgeteilt, daß den Weißen ein Wirtschaftssystem ohne Sklavenarbeit unvorstellbar erschien. Die Schwarzen seien von Natur aus faul. Sie müßten durch strenge Behandlung zur Arbeit angehalten werden. Die Pflanzer glaubten, daß sich eine Ordnung wie ehedem entwickeln werde, und setzten alles daran, ihre ehemaligen Sklaven auf den Pflanzungen festzuhalten, um sie auch in Zukunft identifizieren und als ihr Eigentum beanspruchen zu können. Es wurden Arbeitsverträge abgeschlossen, die ein erst am Jahresende zu leistendes Entgelt vorsahen; der Anspruch hierauf erlösche, wenn die Arbeit unterbrochen werde. Marodierende Banden aufgebrachter Weißer durchstreiften das Land auf der Suche nach Schwarzen, die sich nicht auf der ihrem bisherigen Herrn gehörenden Plantage aufhielten. Wo sie wüteten, war es selbst für die schwach besetzten Militärposten gefährlich, sich ihnen entgegenzustellen. Auch Übergriffe Einzelner waren an der Tagesordnung. Krankenstationen der Unionsarmee und Freedmen's Bureaus übergaben Schurz Listen von erschossenen, erstochenen oder gehängten Schwarzen und berichteten vom Zustand ihrer Verletzten, denen die Ohren abgeschnitten waren oder die schwere Wunden durch Peitschenhiebe erlitten hatten.

Schon jetzt ließen Gemeinden und Provinzräte die Neger unter schärfste polizeiliche Aufsicht stellen. Auch der Plan, Schulen für die Schwarzen zu errichten, stieß auf lebhaften Widerspruch. Wo die Unionstruppen sie nicht unmittelbar kontrollierten, wurden die Schulgebäude in Brand gesetzt und die Lehrer vertrieben.

Die reale Lage kennzeichnete kurz und bündig ein Bericht des Freedmen's Bureaus für Mississippi, in dem es hieß[128]: „Die Weißen sehen die Schwarzen kraft natürlichen Rechtes als ihr Eigentum an. Sie geben wohl zu, daß die Beziehungen zwischen Herren und Sklaven durch den Krieg und durch die Emanzipationsproklamation des Präsidenten zerstört worden sind, aber sie haben doch ein tief eingewurzeltes Gefühl, daß im großen und ganzen der Schwarze dem Weißen gehöre, und wann und wo sich Gelegenheit bietet, behandeln sie die Schwarzen je nachdem wie es ihnen ihr Interesse, ihre Leidenschaft oder die Laune des Augenblicks eingibt."

Der Konflikt mit Johnson

Sechs Wochen war Schurz schon unterwegs, als er aus Zeitungsmeldungen erfuhr, daß Präsident Johnson Maßnahmen ergriffen habe, um den Südstaaten zu mehr Autonomie zu verhelfen. Er habe nunmehr für alle Südstaaten provisorische Gouverneure ernannt und sie angewiesen, in ihrem Staat gesetzgebende Versammlungen wählen zu lassen. Die Wahlen sollten nach dem Modell der North Carolina Proklamation durchgeführt werden. Wahlberechtigt sollten die „loyalen" weißen Staatsbürger sein, also jene, die den vorgeschriebenen Treueid auf die Bundesverfassung geleistet hatten, wenn sie auch - wie zumeist - Anhänger der Rebellion gewesen waren.

Schurz war entsetzt. Welchen Sinn sollte seine Mission noch haben, wenn derart vollendete Tatsachen geschaffen wurden? Der Präsident habe offenbar die Folgen seiner Maßnahme nicht bedacht. Wenn die einzelnen Staaten sich autonom regieren sollten, dann hatte dies notwendig den Rückzug der Unionstruppen und der Behörden des Bundes zur Folge. Damit wären nicht nur diejenigen Personen, die während des Krieges zur Union gehalten hatten, der überwiegenden Mehrheit ihrer Landsleute schutzlos ausgeliefert; auch das Schicksal der emanzipierten Sklaven wäre in die Hände der ehemaligen Herren gelegt, denen eine auf freie Arbeit gegründete Gesellschaftsordnung fremd war.

Wie schnell die befürchtete Konsequenz eintreten würde, erfuhr Schurz, als er in Vicksburg am Mississippi angelangt war. Dort machte ihn Generalmajor Slocum, der die Unionstruppen im Departement Mississippi befehligte, auf eine kürzlich erlassene Proklamation des provisorischen Gouverneurs Sharkey aufmerksam, der eine Freiwilligenmiliz bilden wollte. Deren Aufgabe sollte es sein, an Stelle der Unionstruppen die öffentliche Ordnung im Staat aufrechtzuerhalten. Als Freiwillige seien aber gerade die jungen Weißen angesprochen, deren Umfeld nach allen Berichten für die Ausschreitungen verantwortlich war. Slocum befürchtete Zusammenstöße solcher Milizen mit seinen Unionstruppen und wollte von Schurz wissen, ob der Präsident die Aktion Sharkeys tatsächlich gebilligt habe. Schurz richtete eine entsprechende Anfrage an den Präsidenten. Darüber hinaus sprach er in der Hauptstadt Jackson mit Gouverneur Sharkey selbst, der ohne weiteres einräumte, daß sämtliche bisherigen Ausschreitungen sich gegen Neger und unionsfreundlich gesinnte Menschen gerichtet hatten, und daß, wenn die Bundestruppen zurückgezogen würden, kein Nordstaatler im Staate Mississippi mehr seines Lebens sicher wäre. Gleichwohl wünschte er dringend den Rückzug der Bundestruppen, um Platz für die Freiwilligen zu schaffen.

Schurz befand sich schon auf dem Mississippi auf der Fahrt nach New Orleans, als ihn aus Washington die Antwort auf seine Anfrage zur Aufstellung einer Freiwilligenmiliz erreichte. Es war ein in förmlichem Ton gehaltenes Telegramm, in dem der Präsident ausführte, daß die Unionstruppen den provisorischen Gouverneur bei der Ausübung seiner Pflichten zu unterstützen hätten. Sie seien in keiner Weise befugt, dem Gouverneur bei der Ausübung seiner Pflichten Hindernisse in den Weg zu legen.

In New Orleans angekommen fand Schurz eine kurze Zeitungsmeldung aus Washington vor, wonach der Präsident mit ihm sehr unzufrieden sei und besonders gerügt habe, daß Schurz, statt ihm zu berichten, Zeitungsartikel veröffentlicht habe. Schurz war außer sich über diese Meldung. In einem sogleich aufgesetzten Schreiben erinnerte er den Präsidenten daran, daß er ihm laufend berichtet habe; auch habe er die anonym signierten Artikel für den in Boston erscheinenden *Adviser* über einzelne „Reiseerlebnisse aus dem Süden“ mit Erlaubnis des Kriegsministers abgefaßt, dem er mit seiner Mission formell unterstand. Er habe den Auftrag zur Reise in die Südstaaten nicht gesucht, sondern nur angenommen, um dem Vaterland einen Dienst zu erweisen.

Geschwächt von den Strapazen der Reise erlitt Schurz in New Orleans einen Fieberanfall. Auf ärztlichen Rat fuhr er, nachdem er noch einige Interviews geführt hatte, auf dem Mississippi über

Natchez und Vicksburg nach St. Louis, um sich von dort nach Washington zu begeben. In Vicksburg erfuhr er von General Slocum, daß Gouverneur Sharkey seinen Plan einer Freiwilligenmiliz als zu gefährlich aufgegeben habe. Vom Präsidenten erhielt Schurz keine Nachricht mehr.

Der “Report on the Condition of the South”

In Washington angelangt meldete er sich im Weißen Haus. Der Präsident ließ ihm jedoch ausrichten, daß er beschäftigt sei. Am anderen Morgen sprach Schurz nochmals im Vorzimmer vor. Wieder erhielt er die Auskunft, der Präsident sei beschäftigt. Nun bat Schurz den Sekretär, dem Präsidenten zu unterbreiten, daß er von einer viermonatigen, auf Wunsch des Präsidenten unternommenen Reise zurückgekehrt sei und sich zurückmelden wolle; der Präsident möge ihn deshalb wissen lassen, ob und wann er ihn zu diesem Zweck empfangen wolle. Schurz erhielt darauf den Bescheid, er möge in einer Stunde wiederkommen. Nun wurde er tatsächlich vorgelassen. Johnson empfing ihn äußerst kühl. Schurz eröffnete das Gespräch mit den Worten, er sei von der auf Wunsch des Präsidenten angetretenen Reise zurückgekehrt und nunmehr bereit, zu den bereits übersandten Berichten weitere Auskünfte zu geben. Daraufhin trat Schweigen ein. Schurz unterbrach die Stille mit den Worten, er wolle seine Erfahrungen und Ansichten in einem zusammenfassenden Bericht darlegen. Jetzt erwiderte Johnson, daß Schurz sich um seinetwillen diese Mühe nicht zu machen brauche. Schurz setzte dem entgegen, er halte die Abfassung eines Schlußberichts für seine Pflicht. Als anschließend das erneute Schweigen peinlich zu werden begann, verabschiedete er sich[129]. Es war ihm klar, daß Präsident Johnson keinen Wert auf einen Bericht legte, der seiner inzwischen eingeschlagenen Politik nur widersprechen würde. Schurz war gleichwohl fest entschlossen, diesen Bericht zu erstatten.

Mehrere Wochen arbeitete Schurz nun mit größter Sorgfalt an seinem ausführlichen *Report on the Condition of the South,* dem er die schriftlichen Auskünfte und Stellungnahmen beifügte, die ihm von den verschiedensten Seiten übermittelt worden waren. Dabei kam er zu folgender Schlußfolgerung: die Loyalität der weißen Bevölkerung und der meisten ihrer Führer habe sich der neuen Lage nur unter dem Zwang der Waffen gefügt. Das Gefühl der Zugehörigkeit zu einer einzigen amerikanischen Nation, das die Basis eines echten Patriotismus sei, sei nicht einmal in Ansätzen vorhanden. Die Emanzipation der Sklaven werde nur insoweit hingenommen, als die Sklaverei in der alten Form nicht aufrechterhalten werden könne. Das bedeute, daß die befreiten Sklaven zwar nicht mehr als Eigentum bestimmter Herren angesehen werden könnten, doch würden sie nun als Sklaven der südstaatlichen Gesellschaft betrachtet. Mit Sicherheit würde eine vom Bund unabhängige Gesetzgebung der Südstaaten dieses Ziel anstreben. Dies dürfe nicht ermöglicht werden. Die Bundesregierung müsse die Kontrolle über die Südstaaten beibehalten, bis eine freiheitliche Arbeitsverfassung mit Aussicht auf Dauer errichtet sei und die Vorteile der neuen Ordnung von der weißen Gesellschaft erkannt und akzeptiert seien. Abschließend schlug Schurz vor, einen Untersuchungsausschuß des Kongresses einzusetzen, der die tatsächliche Entwicklung beobachte, bis eine endgültige Entscheidung über den Status der Südstaaten im Rahmen der Bundesverfassung getroffen werde.

Am 22. November 1865 sandte er den Bericht an den Präsidenten mit der Bitte, ihn ganz oder in den vom Präsidenten genehmigten Auszügen veröffentlichen zu dürfen. Schurz erhielt darauf aber keine Antwort. Vielmehr beauftragte Präsident Johnson den General Grant, sogleich eine Inspektionsreise durch einige der Südstaaten zu unternehmen, um den augenblicklichen Zustand der Truppen in Augenschein zu nehmen und so gut wie möglich die Standpunkte und Wünsche der Bürger dieser Staaten in Bezug auf die Bundesregierung zu ermitteln.

Als am 12. Dezember der Senat im Rahmen seiner Beratungen zur „Rekonstruktion“ des Südens vom Präsidenten die Vorlage des

Schurz'schen Berichts verlangte, fügte Johnson diesem Bericht einen Brief des Generals Grant *concerning affairs of the South* vom 18. Dezember bei, offenbar um die Wirkung des Schurz'schen Berichts abzuschwächen. Grant wies in seinem Brief darauf hin, daß er in North Carolina einen Tag, in South Carolina und in Georgia je zwei Tage verbracht habe. Dabei habe er mit Offizieren der Armee und mit Bürgern dieser Staaten gesprochen. Nach seinem Eindruck nehme es die Mehrzahl der vernünftigen Bürger hin, daß die Sklaverei abgeschafft sei und kein Einzelstaat das Recht habe, sich von der Union zu lösen. Insgesamt aber sei der Gehorsam gegenüber der Union noch nicht gesichert. Deshalb müßten kleine Garnisonen der Bundesarmee über die Staaten verteilt werden, bis die Arbeit ordnungsgemäß wiederaufgenommen und die öffentliche Ordnung gesichert sei. Auch die Fortführung der Freedmen's Bureaus sei absolut notwendig. Weder bei den Schwarzen noch bei den Weißen sei zu erwarten, daß sie ihr Denken in kürzester Zeit umstellen könnten. Die befreiten Sklaven benötigten noch einige Jahre nicht nur den Schutz des Gesetzes, sie bedürften auch der bundesstaatlichen Fürsorge. Obwohl der Brief General Grants den Kernpunkten des Schurz'schen Berichts keineswegs widersprach, behaupteten die Parteigänger Johnsons dar, er befürworte die schnelle Wiedereinsetzung der Südstaaten in ihre autonomen Rechte.

Der Schurz'sche Bericht wurde als Regierungsdokument im ganzen Land bekannt. Schurz freute sich über eine wahre Flut von zustimmenden und beglückwünschenden Briefen, die von allen Seiten auf ihn einströmten. In der Rückschau über sein politisches Leben war er davon überzeugt, daß dieser Bericht das beste gewesen sei, was er je in öffentlichen Angelegenheiten geschrieben habe. Nur der Teil, in dem er für das sofortige Wahlrecht der Neger eingetreten sei, habe gewisse Schwächen gezeigt, weil er verschiedene, sehr wichtige Gesichtspunkte nicht bedacht habe. Diese Einschränkung sollte bei seinen nächsten Stellungnahmen zu der gegenüber dem Süden einzuschlagenden Politik bald näher dargestellt werden.

24. Kapitel
Schurz wird Journalist

Als Korrespondent in Washington

Mit der Vorlage des Berichts über den Süden hatte Schurz seine Aufgabe erfüllt. Er wollte wieder in den Westen zurückkehren, als ihn im November 1865 eine Bitte des Verlegers Horace Greeley erreicht, er möge das Washingtoner Büro der New York Tribune leiten. Schurz wäre zwar lieber in den Westen gegangen, wo er seine politische Basis hatte, war aber nach seinem Ausscheiden aus der Armee auf regelmäßige Einkünfte angewiesen. Greeley macht ihm klar, wie wichtig es sei, daß er als Kenner des Südens über die Beratungen und Maßnahmen berichte, die nunmehr in Washington in dieser Hinsicht zu erwarten seien. Auch lasse ihm die Tätigkeit genügend Zeit für die Vorträge, die ihm ein zusätzliches Einkommen verschafften. Schurz willigte schließlich ein, gab seine Zusage aber nur für die laufende Wintersession des Kongresses. Seine Familie blieb in Bethlehem. Weihnachten verbrachte er zuhause.

Schon seit seiner Studentenzeit hatte Schurz immer wieder für Zeitungen geschrieben. Nunmehr war er hauptberuflich Journalist geworden. Jetzt konnte er den politischen Betrieb von der anderen Seite her beobachten. Am angenehmsten erschien ihm der Verkehr mit seinen Berufskollegen. Er lernte eine große Zahl von Zeitungskorrespondenten kennen, die er als außerordentlich intelligent und von einem hohen Berufsethos erfüllt ansah. Weniger erfreulich erschien ihm sein Umgang mit den Politikern. Zwar traf er auch hier Personen, die uneigennützig für das Gemeinwohl eintraten und mutig für ihre Überzeugungen kämpften. Als ungleich größer schätzte er jedoch die Zahl der Kleingeister, die nur das Parteiinteresse oder ihren eigenen Vorteil kannten, die stets ängstlich nach der Volksgunst schielten und deren Reden sich im Anprangern der Gegenpartei erschöpften. Sie waren schon daran zu erkennen, daß sie um eine günstige Erwähnung ihrer Angelegenheiten oder um das Verschweigen einer für sie schädlichen Nachricht baten. Schurz meinte später, er habe nie geglaubt, daß Mitglieder des Kongresses so feige sein könnten. Eigentlich hätten diese Politiker den Journalisten dankbar sein müssen, daß sie so vieles, was der Sensationslust der Öffentlichkeit willkommen gewesen wäre, mit Stillschweigen übergingen.

Chefredakteur in Detroit

Im Januar 1866 erhielt Schurz das Angebot, die Chefredaktion einer in Detroit zu gründenden Zeitung, der *Daily Post*, zu übernehmen. Lieber wäre er zwar nach St. Louis in Missouri gegangen, wo er für eine Stelle als Mitherausgeber der *Westlichen Post* im Gespräch war. Da aber ein konkretes Angebot von dort ausblieb, nahm er die Offerte aus Detroit an. Nachdem er, wie er Greeley versprochen hatte, den Winter über noch in Washington geblieben war, reiste er Anfang März nach Detroit.

Detroit war damals eine Stadt mit etwa 75 000 Einwohnern, darunter etwa 20 000 deutsche Einwanderer[130]. Der Umzug dorthin stand unter keinem guten Stern. Die Kisten mit dem Haushaltsgut waren bereits in der Lagerhalle des Bahnhofs von Detroit angekommen, als in der Halle ein Feuer ausbrach. Die Kisten verbrannten, darunter sein Tagebuch der letzten vierzehn Jahre, ebenso seine Briefe an Margarethe, die diese sorgfältig aufbewahrt hatte, ein großer Teil seiner persönlichen Korrespondenz, die Fotografien der Familie und viele andere Andenken. Seinem Freund Petrasch schrieb er, Margarethe und er hätten sich gefühlt, als sei ihnen ein Teil ihres Lebens geraubt.[131]

Der Aufbau einer neuen Zeitung war nicht leicht. Schurz war von früh bis spät mit Redaktionsarbeiten beschäftigt. Schwierig war auch nach wie vor seine finanzielle Lage. Er war noch immer zu Vortragsveranstaltungen gezwungen. Allein im Januar 1867 begann er eine Vortragsreise, in deren Verlauf er dreißigmal über die Lage Deutschlands nach dem preußisch-österreichischen Krieg von 1866 referierte. Dies konnte aber nicht verhindern, daß er die Hypotheken nicht mehr bedienen konnte, die auf seiner Farm in Watertown lasteten. Der Grundstücksboom, auf den er bei ihrem Kauf spekuliert hatte, war ausgeblieben. Noch im Januar 1867 kam es zur Zwangsversteigerung[132]. Auf der Farm hatten zuletzt seine Eltern gelebt; sie mussten zu ihrer ältesten Tochter Anna ziehen, die in Monee, Illinois, mit August Schiffer verheiratet war.

25. Kapitel
Schurz und die Politik der Reconstruction

„Das wahre Problem“

Das Werk einer großen Reform der Union, wie Schurz den Kampf gegen die Sklavereigesellschaft im Süden betrachtete, befand sich im Jahre 1866 in einer gefährdeten Phase. Der Bürgerkrieg war gewonnen, aber seine Ergebnisse noch nicht gesichert. Schurz trat in der Republikanischen Partei entschieden dafür ein, die schwarze Bevölkerung im Süden jetzt nicht im Stich zu lassen. In der Kampagne zu den Zwischenwahlen für den amerikanischen Kongreß hielt er eine Reihe von Wahlreden. Die Rede, die er am 8. September 1866 in Philadelphia hielt, wurde unter dem Titel „*The Logical Results of the War*“[133] als Broschüre gedruckt und weit verbreitet. In dieser Rede wies er darauf hin, daß wie in jeder historischen Reformbewegung auch hier zwei Phasen zu unterscheiden seien: zunächst die Zeit der Aktion, der Kampf um die Ziele; dann die Zeit der Reaktion, der Kampf um die Erhaltung der Ergebnisse. Gefährlich sei diese zweite Phase, weil die reformatorische Bewegung sich im Glauben an das Erreichte entspannt und sicher fühlte, während ihre Gegner langsam wieder die Kraft fanden, sich zu sammeln, um die alten Zustände wiederherzustellen. Auf der Unionsebene wurde der Kampf um die Konsolidierung der Ergebnisse des Bürgerkriegs zwischen dem reformatorischen Kongreß und dem Präsidenten ausgefochten, der schon in der Wiederherstellung der Union das eigentliche Ziel für unwiderruflich erreicht hielt und sich damit begnügen wollte.

Der Demokrat Johnson sah sich einem Kongreß gegenüber, den die Republikanische Partei beherrschte. Dem Kongreß ging es darum, der schwarzen Bevölkerung eine echte Gleichberechtigung zu sichern. Diese sah er vor allem dadurch gefährdet, daß die von Johnson eingesetzten südstaatlichen Regierungen bemüht waren, die alte Ordnung so weit wie möglich wiederherzustellen. Sie hatten insbesondere sogenannte *Black Codes*[134] erlassen; dies waren Gesetze, die die ehemaligen Sklaven einer ständigen Kontrolle unterwarfen und einen Zustand nicht weit von der früheren Sklaverei aufrechterhielten. Neger, die „faul“ und „wohnungslos“ waren, erhielten einen Vormund – meistens ihre früheren Herren - , für den sie ohne Entgelt zu arbeiten hatten. Das Wahlrecht wurde von Voraussetzungen abhängig gemacht, die die schwarze Bevölkerung nicht erfüllen konnte. Überdies wurden Schwarze wegen geringster Vergehen zu Auspeitschungen verurteilt; die Verurteilung zur Auspeitschung hatte den dauernden Verlust des Wahlrechts zur Folge. Die empörte Kongreßmehrheit suspendierte diese Regelungen und trat dafür ein, die Entwicklung im Süden weiterhin unter Bundesaufsicht zu halten und diese Aufsicht auch durchzusetzen.

In seiner im März 1867 im *Atlantic Monthly* unter der Überschrift „The True Problem“ erschienenen Darstellung faßte Schurz seine Position zusammen. Zunächst verwies er auf die aus der Verfassung und aus dem Ergebnis des Bürgerkriegs erwachsende Pflicht der Vereinigten Staaten, jedem Bürger zu garantieren, daß auch jeder Gliedstaat der Union in demokratischer Weise regiert werde. Dazu zähle die Gleichheit der Wahl, also auch das Wahlrecht für Schwarze. Es genüge nicht, daß im Falle eines Verstoßes hiergegen – wie im Entwurf des 14. Zusatzartikels zur Bundesverfassung vorgesehen – ein Südstaat, der das Wahlrecht für Schwarze einschränke, einen Teil seiner Sitze im Bundeskongreß verliere. Dadurch würde indirekt anerkannt, daß ein Gliedstaat das Recht habe, zwischen seiner eingeschränkten Repräsentation in Washington einerseits und der Aufrechterhaltung einer undemokratischen Regierungsform andererseits zu wählen. Die Bundesverfassung müsse vielmehr die Voraussetzungen festlegen, von deren Erfüllung der demokratische Charakter der Verfassung eines Einzelstaats abhänge, und für ihre dauerhafte Durchsetzung sorgen.

Dabei war Schurz durchaus bewußt, daß eine Verwaltung der Südstaaten durch die Bundesregierung in Washington nicht für unbegrenzte Zeit in Betracht kam. Die benachteiligte schwarze Bevölkerung müsse deshalb mit politischen Rechten ausgestattet werden, die sie in die Lage versetzten, sich selbst gegen die ausschließliche Herrschaft der weißen Bevölkerung zu schützen. Dies sei das wahre Problem.

Jede Demokratie – so Schurz - ruhe auf zwei Pfeilern: auf der Selbstregierung der Bevölkerung, gestützt auf ein allgemeines und uneingeschränktes Wahlrecht und – dies war ein neuer Ton angesichts der großen Zahl schwarzer Analphabeten und des Widerstands der Weißen gegen Schulen für schwarze Kinder - auf einer allgemeinen Volksbildung, die das Wahlvolk intellektuell zur Selbstregierung befähige. Beide Pfeiler müßten für den schwarzen Bevölkerungsteil in Bundesgesetzen verankert sein. Die Überwachung durch den Bund muss solange dauern, bis die benachteiligte Bevölkerung durch Wahlrecht und Schulbildung in der Lage sei, sich selbst zu schützen.

Der Reconstruction Act des Kongresses

Im März 1867 erließ der Kongreß gegen das Veto des Präsidenten den Reconstruction Act, in dem die im Bürgerkrieg unterlegenen Südstaaten in fünf Militärdistrikte aufgeteilt wurden, die jeweils unter dem Oberbefehl eines Generalmajors der Bundesarmee standen. Die Militärverwaltungen sollten neue verfassungsgebende Versammlungen auf der Grundlage eines allgemeinen und gleichen Wahlrechts einberufen. In den neuen Staatsverfassungen sei das Wahlrecht für die Schwarzen vorzusehen. Die Staatsverfassungen mussten vom Kongreß genehmigt werden. Der Gesetzgeber jedes Staates hatte den 14. Zusatzartikel der Bundesverfassung zu ratifizieren, der das Wahlrecht für Schwarze betraf. Erst dann könne der Einzelstaat wieder in die Union aufgenommen werden. Der Schurz'sche Vorschlag zur Volksbildung hatte in diesen Artikel keinen Eingang gefunden.

26. Kapitel

Umzug nach Missouri

Schurz wird Mitherausgeber der „Westlichen Post“

Anfang März 1867 erhielt Schurz endlich das seit langem ersehnte, gleichwohl unerwartete konkrete Angebot, Mitherausgeber der „Westlichen Post“ zu werden, einer deutschsprachigen Tageszeitung, die in St. Louis, Missouri, erschien. Dort wollte sich einer der Herausgeber, Theodor Olshausen, in den Ruhestand zurückziehen und seinen Anteil an der Zeitung verkaufen. Das Angebot wurde von Dr. Emil Preetorius übermittelt, einem der weiteren Mitherausgeber. Preetorius war ebenfalls ein Achtundvierziger, geboren in Alzey in der bayerischen Pfalz, der noch in seiner Heimat den Dr. jur. gemacht hatte, als Teilnehmer der deutschen Revolution nach Amerika geflohen und nun in seiner neuen Heimat in der Antisklaverei-Bewegung hervorgetreten war. Schurz hätte den Anteil Olshausens an der Zeitung nicht übernehmen können, wenn nicht Preetorius binnen 24 Stunden dafür gesorgt hätte, daß zwanzig wohlhabende Deutschamerikaner, nur um Schurz zu gewinnen, ein Darlehen über 10.000 Dollar zur Verfügung stellten.

St. Louis war eine aufstrebende Industriestadt. Hier wuchsen die Fabrikschlote in die Höhe, hier wurden die Lokomotiven für die Western Pacific Bahn gebaut, hier fuhren die Dampfschiffe auf dem Mississippi, der großen Verkehrsachse von Nord nach Süd. Von hier hatte die Reise der Goldsucher nach Kalifornien ihren Ausgang genommen. Nach St. Louis und in das umliegende Land strömten pausenlos die Einwanderer aus Deutschland und Irland, die dem Hunger in ihrer Heimat entfliehen wollten. Allein in den zwanzig Jahren von 1840 bis 1860 stieg die Bevölkerungszahl der Stadt St. Louis von 20.000 auf 160.000. Das Zeitungsgeschäft ging gut. Die jährliche Rendite belief sich auf 50 Prozent. Nach zwei Jahren hatte Schurz das Darlehen zurückgezahlt.

Die Tageszeitung in deutscher Sprache

Die Westliche Post war eine der beiden großen deutschsprachigen Zeitungen in St. Louis. Im Jahre 1857 war sie sehr erfolgreich neben den älteren „Anzeiger des Westens“ getreten.[135] Wie in vielen anderen Städten machte damit die „Greens“ – nämlich die neu eingewanderten Achtundvierziger – den schon lange ansässigen „Grays“ Konkurrenz. Die Deutschen in Amerika waren eifrige Zeitungsleser. Überall, wo deutsche Einwanderer sich niederließen, konnten sie Zeitungen in ihrer Muttersprache erhalten. Die deutschsprachige Presse befriedigte damit – wie Schurz es sah - das dringende Bedürfnis der massenhaft ins Land strömenden deutschen Einwanderer, die oft ohne die geringste Kenntnis der englischen Sprache nach Amerika gekommen waren. Diese konnten, besonders wenn sie schon älter waren, zwar schnell das für den täglichen Gebrauch benötigte Englisch lernen, aber nicht genügend, um englischsprachige Zeitungsartikel über politische oder wirtschaftliche Fragen oder auch nur die Berichte über Tagesereignisse zu verstehen. Hätte es nicht die in der Heimatsprache erscheinenden Zeitungen gegeben, so hätten die Einwanderer sich nicht etwa den englischen Zeitungen zugewandt. Diese hätten sie nicht verstanden. Sie wären vielmehr von jeglicher öffentlicher Diskussion abgeschnitten gewesen. Auch wenn sie die englische Sprache beherrschten, griffen deutsche Einwanderer gerne neben den englischen auch zu den deutschsprachigen Zeitungen, weil sie darin Themen angesprochen fanden, die besonders die Deutschen interessierten. Dies half der ersten Generation, den Verlust der Heimat zu verwinden.[136]

Den zuweilen erhobenen Vorwurf, daß die deutschamerikanische Presse durch den Gebrauch der deutschen Sprache bei ihren Lesern die Entwicklung eines „gesunden amerikanischen Patriotismus“ behindere, wies Schurz als praxisfremd zurück. Auch wer nur aus wirtschaftlichen Gründen ausgewandert sei, erkenne bald die Vorzüge eines Lebens in der „neuen Welt“, die man nicht mehr missen wolle. Der beste Beweis für ihre Akzeptanz Amerikas als ihrer neuen Heimat sei der Eifer, mit dem sich zu Beginn des Bürgerkriegs Tausende von jungen Deutschen zu den Waffen meldeten. Er habe im Unionsheer Regimenter kennengelernt, in deren Reihen kaum ein Wort Englisch gesprochen wurde. Für die meisten Einwanderer gelte, daß die amerikanische Republik das Land ihrer Wahl sei, und sie auf diese Wahl stolz sein und stolz bleiben wollten.

So sehr Schurz von der neuen beruflichen Position in St. Louis angetan war, er musste zunächst allein dorthin ziehen. Ein Umzug der Familie nach St. Louis fand nicht statt. Nach einer kurzen Krankheit war Ende März der Liebling der Familie gestorben, die zweieinhalb Jahre alte *Emma Savannah.* Margarethes Gesundheit war angegriffen. Sie litt an Depressionen. Die Aussicht, in die Industriestadt St. Louis zu ziehen, war nicht geeignet, ihre Lage zu verbessern. Sie brauchte Erholung, die sie am besten in Deutschland zu finden hoffte. Anfang Juni brachte Schurz die Familie nach New York. Von dort fuhr Margarethe mit den Töchtern Agathe und Marianne auf dem Dampfschiff Alemannia über Southhampton nach Hamburg. Schurz selbst konnte nicht mitfahren. Die neue berufliche Aufgabe in St. Louis ließ dies nicht zu. Er versprach Margarethe aber, im Winter nachzukommen.

Carl Schurz war nun allein in St. Louis. Er hatte das Glück, in dem Mitherausgeber Dr. Emil Preetorius einen guten Freund gewonnen zu haben. Schurz lebte zunächst im Hause Preetorius. Dies war als eine vorübergehende Lösung gedacht, weil Frau Preetorius und die Kinder verreist waren. Als im September der Tag ihrer Rückkehr nahte, wollte Schurz anderswo eine Unterkunft mieten. Preetorius und seine Frau bestanden jedoch darauf, daß er in ihrem Haus wohnen bleibe. Es wurde ihm ein neues Zimmer im ersten Stock des Hauses eingerichtet.[137].

In der Redaktion gab es viel Arbeit. die Schurz gerne auf sich nahm. Der dritte Herausgeber, Louis Willich, war für die Lokalnachrichten zuständig, Schurz für die Politik. Besonders freute er sich über die ständige Zusammenarbeit mit Preetorius, den er als einen Mann mit hohen Idealen einschätzte, der etwas „Anfeuerndes“ an sich hatte. Die beiden waren keineswegs immer gleicher Meinung. Schurz lebte in größerer innerer Distanz als Preetorius zu der von ihrer Zeitung unterstützten Republikanischen Partei. Für ihre gegenseitige Wertschätzung blieb dies ohne Belang. Im gleichen Jahr stieß der zwanzigjährige Joseph Pulitzer zur Zeitung, der als Veteran des Bürgerkriegs eine Stellung suchte. Schurz war auf ihn – den späteren Zeitungsmogul und Begründer der amerikanischen *Yellow Press* - durch eine Reportage aufmerksam geworden, die in der Westlichen Post gedruckt wurde. Pulitzer erhielt eine Anstellung als Reporter und blieb bei der Zeitung – zuletzt als Mitherausgeber – bis 1873. Gelegentlich erhielt die Redaktion Besuch von deutschen Schriftstellern wie Friedrich Gerstäcker oder den Reiseschriftsteller und Übersetzer Udo Brachvogel. Auch Friedrich Hecker, der alte badische Revolutionär, ließ sich zuweilen sehen und unterhielt die Gesellschaft mit lustigen Geschichten, bis er plötzlich wieder auf seine Farm verschwunden war.

Neben der Trennung von seiner Familie gab es einen weiteren Umstand, der die Zufriedenheit Schurzens beeinträchtigte: er fand nicht mehr die Zeit, seine Ideen, Gedanken und Pläne in einem größeren Zusammenhang darzustellen, wie dies bei seinen großen politischen Reden der Fall gewesen war. In den Briefen an Margarethe klagte er darüber, daß seine besten Ideen in unzählige Artikel aufgespaltet würden. Die Artikel mussten kurz gehalten sein und blieben deshalb oft oberflächlich. Die journalistische Tätigkeit fordere, so schrieb er[138], daß man gleichzeitig über hundert Angelegenheiten berichte, die nur Kleinigkeiten beträfen. Diese Kleinigkeiten nähmen aber die gesamte zur Verfügung stehende Zeit in Anspruch. Er lebe in dem bedrückenden Gefühl, daß er eigentlich mehr und Größeres leisten sollte und könnte. Wenn aber des Tages Arbeit getan sei, sei er erschöpft und sehne sich nach Ruhe.

Schurz besuchte abends des öfteren das German Summer Theater, ein Freilufttheater, in dem auch Chorgesang gepflegt und einmal sogar Carl Maria von Webers *Freischütz* aufgeführt wurde. Die Liebe zur Musik empfand Schurz als eine der großen Bereicherungen, die speziell die Deutschen nach Amerika mitgebracht hätten. Die Anregung hierzu hätten die deutschen Volkslieder gegeben, die sich in weiten Kreisen großer Beliebtheit erfreuten. Überall gab es den deutschen Gesangverein, den German Glee Club und die German Musical Society, die auf amerikanischem Boden feste Einrichtungen geworden waren.[139]

Mit Preetorius unternahm er an Wochenenden Ausflüge zu den in der Umgebung gelegenen deutschen Siedlungen, wo sich auch ihre Abonnenten befanden. Er berichtete Margarethe über eine Dampferfahrt den Mississippi hinauf bis zur Einmündung des Missouri und sodann weiter in die Weingegend bis zu dem Ort Augusta, wo es außer den deutsch sprechenden Einwanderern nur einen einzigen Amerikaner gab, den Schusterlehrling, der aber bereits Deutsch lernte, und einige schwarze Familien, deren Kinder schon deutsch sprachen. Zu Ehren des Besuchs wurde ein kleines Volksfest veranstaltet, mit deutschen Liedern und selbstgezogenem Wein.

Obwohl es sich um eine kleine Kolonie handelte, in der die Tradition hochgehalten wurde, meinte Schurz, daß der „deutsche Geist" in der zweiten und dritten Generation den Wellen des „American way of life" nicht standhielt. Die Kinder der Einwanderer lernten in der Regel ohnehin sehr schnell Englisch. Sie hätten dadurch den unschätzbaren Vorteil, zweisprachig aufzuwachsen. Auch Augusta würde in wenigen Jahren, wenn die deutschen Patriarchen nicht mehr lebten, von dieser allgemeinen Bewegung erfaßt.

Schurz hatte dagegen nichts einzuwenden. Dort nämlich, wo bewußt am Deutschtum festgehalten und die Berührung mit anderen Amerikanern vermieden werde, komme es zu dem stupiden „Pennsylvania Germanism". Die angebliche Mission des „deutschen Wesens", von der manche so laut sprächen, könne allenfalls in einer gewissen Modifikation der amerikanischen Entwicklung bestehen, in deren Verlauf alle der hier verschmelzenden Nationalitäten ihren Beitrag leisteten.

27. Kapitel
Die Reise nach Deutschland

Der Weg an die Ostküste

Mit Margarethe stand Schurz in einem ständigen Briefwechsel. Im Abstand von wenigen Tagen erhielt er jeweils einen Brief, den er sogleich erwiderte. Margarethe hatte zunächst kurze Zeit in Hamburg Station gemacht und war dann in die Schweiz gereist, um sich in Bad Ragatz zu erholen. Im August fragte sie, ob Carl nicht im September nach Europa kommen könne, um sie und die Kinder abzuholen. Carl sah sich jedoch nicht in der Lage, die Reise über den Atlantik schon im Herbst anzutreten. Noch Mitte November müsse er auf Einladung der *Equal Rights League* einen Vortrag in Washington halten, an dem ihm sehr gelegen sei. Er werde versuchen, zu Weihnachten in Hamburg zu sein, um dort mit ihr und den Kindern die Feiertage zu verbringen.

Im Oktober fanden in einigen Staaten Wahlen statt. Die Aussichten der Republikanischen Partei standen nicht gut. Nach Schurz' Meinung fehlte es an glaubwürdigen Persönlichkeiten. Zu oft waren die örtlichen Parteiorganisationen in die Hand von Drahtziehern gefallen, die die guten Leute abstießen. Vor allem aus Pennsylvania und Ohio erhielt er die dringende Bitte, dort in den Wahlkampf einzugreifen. Schurz schrieb an Margarethe, er sei es leid, den wegen der Dummheit anderer Leute in den Graben gefahrenen Karren wieder aus dem Schlamm zu ziehen. Mehr als drei oder vier Kundgebungen wolle er nicht abhalten. Anfang Oktober machte er eine Rundreise über Chicago nach Cleveland mit einem Abstecher nach Monee, wo er seine Eltern besuchte. Er ließ sich allerdings noch erweichen, den Hilferufen aus Wisconsin zu folgen und dort weitere sechs Veranstaltungen zu bestreiten. Bei dieser

Gelegenheit besuchte er auch Watertown, weil Onkel Jakob Jüssen um den Besuch gebeten hatte. Wehmütig – so berichtete er Margarethe – fuhr er zweimal am früheren Haus der Familie vorbei. Dabei stellte er enttäuscht fest, daß der neue Besitzer in Margarethes Blumenbeeten nun Kartoffeln und Zwiebeln pflanzte.

Noch von St. Louis aus schrieb er an den amerikanischen Gesandten in Berlin, Bancroft, und bat ihn, bei der preußischen Regierung zu ermitteln, ob er in Preußen auf Schwierigkeiten stoßen könnte, weil die verschiedenen Amnestiegesetze, die die Revolution von 1848 betrafen, seines Wissens seinen Fall – die Befreiung Kinkels - nicht voll erfaßten. Er reiste dann noch für einige Tage nach Washington und ging am 5. Dezember 1867 in New York an Bord der *America*, die ihn nach Bremen brachte. Dort erhielt er sogleich die Nachricht, daß seinem Aufenthalt in Preußen nichts entgegenstehe.

Margarethe war inzwischen aus der Schweiz nach Wiesbaden gereist, um dort eine Wasserkur zu machen. Hier traf Schurz sie und die Kinder. Auch Margarethes ältester Bruder Adolf Meyer sowie einigen ihrer weiteren Verwandten kamen zu Besuch. Hier konnten sie gemeinsam Weihnachten feiern. Allerdings musste Schurz hören, daß Margarethes Gesundheit noch nicht wieder voll hergestellt war. Ihr Arzt brachte ihm gegenüber die Hoffnung zum Ausdruck, im Laufe des nächsten Sommers die Ursache ihrer Krankheit in den Griff zu bekommen; dann könne Margarethe im nächsten Herbst nach Amerika reisen.

Die politische Lage in Deutschland fand Schurz stark verändert. Im Jahre 1866 hatte die Schlacht von Königgrätz den Kampf um die Vorherrschaft im Deutschen Bund zugunsten Preußens entschieden. Wien musste der Gründung eines norddeutschen Bundesstaats – des Norddeutschen Bundes – unter der Führung Preußens zustimmen. Der Kanzler des Norddeutschen Bundes war der preußische Ministerpräsident Otto von Bismarck. Carl Schurz, obwohl Achtundvierziger, sah dies nicht ohne Wohlwollen. Er erkannte, daß die Gründung des Norddeutschen Bundes den ersten Schritt zur staatlichen Einheit ganz Deutschlands bildete. Mehrere der alten Revolutionäre von 1848 saßen nun im Parlament des Norddeutschen Bundes. Schurz meinte zu spüren, daß das ganze Volk voller Hoffnung sei und ein frischer Wind des Liberalismus sogar in den hohen Sphären der Regierung wehe.

Besuch bei Bismarck

Er war kaum in Wiesbaden angelangt, als er einen Besuch des Polizeipräsidenten erhielt. Dieser stellte sich als alter Bekannter aus Universitätszeiten vor und hieß ihn herzlich willkommen. Er sprach die Hoffnung aus, daß Schurz vor seiner Rückkehr in die Vereinigten Staaten Berlin besuchen werde. Dort gebe es manches zu sehen, was ihn als alten Achtundvierziger erfreuen würde. In der Tat reizte es Schurz, die Stadt wiederzusehen, in der er als Student die Befreiung Kinkels vorbereitet hatte, zumal auch Margarethe interessiert war; sie hatte Verwandte dort, die in engem Kontakt zur Berliner Kulturszene standen. Mitte Januar fuhren sie - ohne die Kinder - über Weimar, wo sie Margarethes Schwägerin Emilie besuchen konnten, in die preußische Hauptstadt.

Schurz wußte, daß einer der früheren Revolutionäre, den er zuletzt vor sechzehn Jahren als Mitflüchtling in London gesehen hatte, Lothar Bucher, Mitglied des Reichstags und einer der engsten Mitarbeiter Bismarcks geworden war. Ihm schrieb er mit wenigen Zeilen, daß er ihn gerne wieder begrüßen würde. Bucher antwortete umgehend und fragte zugleich, ob Schurz nicht Bismarck kennenlernen wolle, der den Wunsch geäußert habe, ihn zu sprechen. Eine Stunde, nachdem Schurz erwidert hatte, daß er diese Ehre zu schätzen wisse, erhielt er eine handschriftliche Einladung des Grafen Bismarck für acht Uhr desselben Abends in das Bundeskanzlerpalais in der Wilhelmstraße.

Pünktlich begab Schurz sich dorthin.[140] Bismarck begrüßte ihn sehr freundlich an der Tür seines Arbeitszimmers. Er meinte sogleich, daß er Schurz wohl schon einmal gesehen habe, und zwar in den fünfziger Jahren in einem Eisenbahnzug von Frankfurt nach Berlin. Schurz entgegnete, er müsse sich wohl täuschen, weil er -

Schurz - sich damals nicht in Deutschland aufgehalten habe, und fügte zur Bekräftigung hinzu, daß Bismarck ihn andernfalls damals wohl hätte verhaften lassen. Bismarck wies dies weit von sich. Die „Sache mit Kinkel“ habe ihm vielmehr Spaß gemacht.

Nachdem beide bei einem Glas Wein in bequemen Lehnstühlen Platz genommen hatten, wollte Bismarck gleich zu Beginn wissen, welchen Eindruck Deutschland heute auf den früheren Revolutionär mache. Schurz antwortete, er habe in der kurzen Zeit nur oberflächliche Eindrücke sammeln können, aber doch empfunden, daß es einen neubelebten nationalen Ehrgeiz gebe, und daß Vertrauen und Hoffnung auf die Entwicklung von freien politischen Institutionen gleichsam in der Luft lägen. Bismarck erzählte ihm dann belustigt von den großen Schwierigkeiten, die er überwinden musste, „um den Konflikt mit Österreich zustande zu bringen.“ Zu diesen Schwierigkeiten zählte er das Zaudern „des alten Herrn“ – gemeint war der König - , der überaus strenge Ansichten von Rechtschaffenheit und Treu und Glauben habe. Schwierig sei es auch wie immer, „die bornierte alte Bürokratie“ aus dem gewohnten ausgefahrenen Gleis zu bringen, wenn etwas Neues und Kühnes ausgeführt werden sollte. Schließlich sei es noch darum gegangen, seine diplomatischen Gegner und die deutschen Fürsten zu überlisten. Den schnellen und maßvollen Friedensschluß habe er dann gegen den Wunsch des Königs und der Militärpartei durchgesetzt, weil das österreichische Kaiserreich für Europa notwendig gewesen sei und nicht ganz zertrümmert werden durfte. Jetzt aber sei schon der Krieg mit Frankreich vorauszusehen, der den Deutschen von Louis Napoleon, dem „Abenteurer auf dem Thron“, aufgedrängt werde.

Es war weit nach Mitternacht, als Schurz sich verabschiedete. Bismarck meinte allerdings, sie hätten nur über Deutschland gesprochen, nicht über Amerika. Ob Schurz wohl bereit sei, am nächsten Tag zum Abendessen wiederzukommen?

So fand sich Schurz am nächsten Abend in einer großen Gesellschaft von ernsten ordensgeschmückten Herren. Es handelte sich um die Sachverständigenkommission für das neue Strafgesetzbuch unter der Führung des Justizministers. Schurz wurde den überraschten Juristen als General Carl Schurz aus den Vereinigten Staaten von Amerika vorgestellt. Zunächst wurde er neugierig gemustert, dann unterhielt er sich mit seinem Tischnachbarn, einem Richter aus Köln, zu dem er als Rheinländer sogleich Kontakt fand, und schließlich besonders lebhaft mit den anderen Mitgliedern der Kommission, als im Saal nebenan der Kaffee gereicht wurde. Als der Justizminister das Zeichen zum allgemeinen Aufbruch gab, hielt Bismarck Schurz zurück und bat ihn, noch etwas zu bleiben. Bei einem Glas Apollinaris setzte er sich mit ihm an einen kleinen Tisch, um ihn nun eingehend über die Verhältnisse in Amerika zu befragen.

Bismarck wollte wissen, ob Schurz immer noch ein überzeugter Republikaner sei, nachdem er nun eine Republik von innen heraus kennengelernt habe. Schurz bejahte diese Frage; nach seinen Erfahrungen garantiere die Republik der großen Mehrheit des Volkes mehr praktische Wohltaten und sei viel konservativer in ihren Tendenzen, als er es je vermutet hätte. Nach vielen weiteren Fragen über die politischen und sozialen Verhältnisse in den Vereinigten Staaten kam Bismarck immer wieder auf die Frage zurück, wie eine Gesellschaft auch nur halbwegs geordnet existieren könne, wenn doch die Macht der Regierung so beschränkt sei. Schurz antwortete, daß das amerikanische Volk sich kaum zu einem Volk mit so viel Selbstvertrauen, Energie und Fortschritt entwickelt hätte, wenn an jeder Pfütze ein Geheimrat oder ein Schutzmann gestanden hätte, um die Menschen davor zu bewahren, in sie hineinzutreten. In einer Demokratie mit schwachen Regierungsbefugnissen könne es im einzelnen schlecht, im ganzen aber gut gehen, während in einer Monarchie mit allgegenwärtiger Regierung die Dinge im einzelnen sehr glatt und gut, im ganzen aber schlecht laufen könnten.

Schurz war von Bismarcks Übersicht über die Probleme, auf die er das Gespräch brachte, sehr beeindruckt. In einem Brief an Margarethes Bruder Adolf Meyer meinte er, Bismarck drücke mit seiner starken Persönlichkeit allen politischen Fragen seinen Stempel auf.

Es sei kein Wunder, daß seine Gegner sich selbst dort, wo er nicht recht habe, nicht gegen ihn durchsetzen könnten. Es war wieder lange nach Mitternacht, als Schurz sich verabschiedete. Zwanzig Jahre später sollte er Bismarck als deutschen Reichskanzler wiedersehen.

Schurz und Margarethe verbrachten in Berlin noch einige Tage mit den mit Margarethe verschwägerten Familien Toberentz und dem beliebten Sänger Julius Stockhausen. Schurz machte auch noch einen Ausflug nach Spandau[141], wo er Margarethe die Stelle zeigte, an der Kinkel sich an einem Seil über die Gefängnismauer herabgelassen hatte. Dann kehrten sie zu den Kindern nach Wiesbaden zurück. Ende Februar fuhr die Familie nach Hamburg. Am 4. März schiffte sich Schurz auf dem Dampfer Germania ein. Seine Familie blieb in Deutschland und begab sich zurück nach Wiesbaden.

28. Kapitel
Zurück in Amerika

Erfolglose Anklage gegen Präsident Johnson

Am 20. März 1868 betrat Schurz wieder amerikanischen Boden. Wie sehr er sich auf die Rückkehr nach Amerika freue, hatte er noch von Deutschland aus an Gottfried Kinkel nach Zürich geschrieben[142]. Er habe in Amerika schon zu tiefe Wurzeln geschlagen. Die Reformbewegung, der er sich dort verschrieben habe, könne er nicht im Stich lassen. Auch könne man in Amerika sehr schnell die Ergebnisse eines überlegten und energisch betriebenen Vorhabens erkennen, während man sich in Deutschland ständig in Geduld üben müsse. Nein, in Deutschland könne er sich nicht mehr zuhause fühlen.

In Washington waren die Vorbereitungen für das gegen Präsident Johnson eingeleitete Amtsenthebungsverfahren *(„Impeachment“)* abgeschlossen. Im andauernden Machtkampf des Präsidenten mit dem Senat warfen die radikalen Republikaner, die den Senat beherrschten, dem Präsidenten vor, den Kriegsminister Stanton ohne die hierfür notwendige Zustimmung des Senats entlassen zu haben. Am 30. März saß Schurz auf den Zuhörerbänken des Senats, um das Eröffnungsplädoyer des Generals Butler zu hören, das den eigentlichen Verfahrensbeginn vor dem Senat einleitete. Schurz gehörte damals zu den Politikern, die einen möglichst schnellen Abbruch der Präsidentschaft Johnsons herbeisehnten. Nachdem er aber die Anklagerede Butlers gehört hatte, befielen ihn Zweifel, ob der Versuch, Johnsons Amtszeit vorzeitig zu beenden, gelingen könne. Zu trocken und langweilig wurden die Anklagepunkte abgehandelt. Das politische und moralische Gewicht der Vorwürfe gegen die Mißachtung der Schranken, die der Macht des Präsidenten gezogen waren, trat nicht klar hervor. Sollte das Verfahren längere Zeit dauern, werde sich die Volksstimmung gegen seine Urheber wenden.

Das Verfahren endete am 26. Mai mit Johnsons Freispruch. Die Entscheidung des Senats war mit einer Stimme Mehrheit getroffen worden. Dieses Ergebnis war nur deshalb zustande gekommen, weil auch einige Republikaner gegen die Amtsenthebung gestimmt hatten, darunter der Senator Henderson aus Missouri. Für Schurzens politische Laufbahn hatte dies Konsequenzen, die er damals noch nicht erkennen konnte.

Die Nominierung Grants

Schurz war am 3. April nach St. Louis zurückgekehrt. Preetorius und seine Kollegen begrüßten ihn mit großer Herzlichkeit. Auf seinem Schreibtisch türmte sich ein Berg von Briefen. Schurz stürzte sich in seine Arbeit. Wie er nun erfuhr, war er auch als Politiker wieder gefragt. Am 20. Mai fand in Chicago in Crosby's Opera House die National Convention der Republikanischen Partei statt, auf der ihr Präsidentschaftskandidat zu nominieren war. Dabei gab es keine Überraschungen. Gewählt wurde Ulysses S. Grant, der erfolgreiche General des Bürgerkriegs. Grant war nie Politiker gewesen. Er hatte auch nie einer politischen Partei angehört. Ob ein Kriegsheld ohne weiteres auch das Zeug zum Politiker habe – diese Frage stellte sich niemand. Das Volk, das ihn verehrte, würde ihn wählen.

Nun begann der Präsidentschaftswahlkampf gegen den demokratischen Kandidaten Seymor. Von überall her erreichten Schurz die Einladungen zu Auftritten in Wahlveranstaltungen. Jetzt war Schurz wieder in seinem Element. Es ging vor allem um die deutschen Stimmen des Mittelwestens. Schurz sprach in Illinois und in

Indiana und verpflichtete sich zu wenigstens acht Auftritten in Pennsylvania. Am 5. September sprach er im Cooper Institute zu den Deutschen in New York. Dort hatten sich mehrere hundert seiner früheren Soldaten versammelt, die ihn mit minutenlangem Beifall begrüßten. Immer wieder sprangen sie von ihren Stühlen auf, schwangen ihre Hüte und ließen ihren General ein um das andere Mal hochleben. Schurz bekannte, er sei so gerührt gewesen, daß ihm das Herz bis zum Hals schlug. Anschließend fuhr er nach Syracuse und schließlich noch zu einer einwöchigen Wahlkampftour in Illinois, die er am 19. September in Chicago mit einer großen Rede zu den Ergebnissen des Bürgerkriegs abschloss, die gedruckt unter dem Titel „The Road to Peace“[143] verbreitet wurde.

Schurz wird Senator

In den verbleibenden Wochen bis zum Tag der Präsidentschaftswahl am 3. November 1868wollte er sich Missouri widmen. Preetorius hatte ihn informiert, daß einer der beiden Plätze frei werde, die Missouri für den Senat in Washington zu vergeben habe. In Missouri wurden die Senatoren durch die Legislative gewählt. Der Senator Henderson habe wegen seiner Stimmabgabe im Impeachment-Verfahren zugunsten des Präsidenten Johnson angesichts der republikanischen Mehrheit in Missouris Legislative keine Aussicht mehr, in den Senat entsandt zu werden. Einige Zeitungen – so Preetorius - hätten in ihren Artikeln über die Nachfolgefrage bereits den Namen Schurz genannt.

Schurz hörte dies gerne. Die Möglichkeit, als Mitglied des mächtigen und prestigereichen Senats nach Washington zurückzukehren, erschien ihm wie ein Traum. In seinen Briefen an Margarethe schwärmte er, welche Chance sich hier für sie beide ergebe. Ein Sitz im Senat war für einen nicht in Amerika geborenen Amerikaner das höchste durch eine Wahl erreichbare politische Staatsamt. Er wäre der erste Deutsche, dem es gelungen war, dieses Amt zu erreichen.. Sie könnten sich die nächsten sechs Jahre komfortabel in Washington niederlassen und dort in einem Umfeld leben, von dem er wisse, daß sie es St. Louis vorziehe. Sie müßten auch keine finanziellen Einbußen erleiden. Seine Beziehungen zur Westlichen Post könne er aufrechterhalten, weil er auch als Senator für die Zeitung von größtem Wert sei[144]. Zugleich bat er Margarethe um Verständnis, daß er an Weihnachten nicht wieder nach Wiesbaden kommen könne. Er habe nämlich einen Rivalen, den General Loon, einen Kandidaten der republikanischen Parteifunktionäre. Diese würden von Missouris anderem Senator, dem Senator Drake, dirigiert. Schurz musste also kämpfen.

Im Januar 1869 kam es in Missouris Hauptstadt Jefferson City in diesem politischen Kampf zu einer mehrtägigen Redeschlacht, von der man dort in gespannter Erwartung – so Schurz an Margarethe[145] – als der „Schlacht der Giganten“ sprach. Es ging für ihn darum, in dieser öffentlichen Debatte die republikanische Fraktion der Legislative für sich zu gewinnen.

Schurz machte den Auftakt mit einer Rede, für die er sich die Ansprache zum Vorbild nahm, die Lincoln bei der Debatte mit Douglas in Quincy gehalten hatte. Die Rede war höflich und gemäßigt; die besten Trümpfe sparte er sich für seine Schlußrede auf. Am nächsten Tag sprachen dann der Kandidat Loon, der die Zuhörer allerdings nicht zu fesseln vermochte, und Senator Drake, der nun für seinen Schützling eintrat. Drake machte den Fehler, Schurz mit undeutlichen Verdächtigungen – warum war er wohl aus Deutschland geflohen? - persönlich anzugreifen, und dann, als er damit auf Mißfallen stieß, die Deutsch-Amerikaner insgesamt zu beschimpfen. Sie seien eine Schar Unwissender, die nicht einmal Englisch könnten, nur ihre deutschen Zeitungen läsen und unter der Führung von intriganten Cliquen stünden[146]. Er schloss dann mit einer langen Lobrede auf General Loon und sich selbst.

Drake hatte bereits zwei Stunden gesprochen, als das Publikum unruhig wurde und nach Schurz rief. Dieser betrat das Rednerpult und hatte – wie er später schilderte – leichtes Spiel. Er verglich sich mit David, der gleich mit zwei Goliaths zu kämpfen habe. Schon dies sorgte für Heiterkeit. Dann ging er auf die Vorwürfe gegen die Deutsch-Amerikaner ein. Wer habe wohl im Bürgerkrieg St. Louis und Missouri vor den Konföderierten gerettet? Wer sei wohl auf allen blutigen Schlachtfeldern von Missouri immer voran gewesen? „Die Deutsche, die Deutschen!" rief die aufgebrachte Versammlung. Punkt für Punkt wies er Drake's Vorwürfe zurück und ging zum Gegenangriff über. Wer regiere die Republikanische Partei in Missouri wie ein Diktator? Wer entfremde sogar die treuesten Anhänger der Partei? Wer stehe wohl in dieser Partei nahezu allein da, in einsamer Selbstvergötterung? Das Publikum war begeistert. Schurz beendete seine Rede in friedlichem Ton. Es sei nicht zu befürchten, daß zwei Senatoren aus demselben Staat sich ständig zankten. Er sei überzeugt, daß sie gegenseitig ihre unterschiedlichen Meinungen achteten. Die gemeinsame Parole müsse lauten: „Laßt uns Frieden halten". Damit hatte er den richtigen Ton getroffen. Unter großem Beifall kam er vom Podium zurück.

Am anderen Tag wählte die Republikanische Fraktion Schurz zu ihrem Kandidaten. Der Jubel sei unbeschreiblich gewesen, so berichtete Schurz nach Wiesbaden, bis um drei Uhr morgens scharten sich seine Anhänger um ihn, um ihm die Hand zu drücken, die bald nicht mehr zu gebrauchen war. Eine Musikkapelle gab ihm eine Serenade. Andere Kapellen marschierten auf den Straßen bis zum Tagesanbruch.

Einige Tage später kam es in der Gesetzgebenden Versammlung und im Senat von Missouri zu der förmlichen Abstimmung. Er erhielt alle Stimmen der republikanischen Mehrheit. In einer gemeinsamen Sitzung der beiden Häuser hielt Schurz eine Rede, der auch die Abgeordneten der Demokratischen Partei applaudierten. Am Abend dieses ereignisreichen Tages fuhr er nach St. Louis zurück, wo man ihn mit einem großen Fackelzug ehrte.

Am 4. März 1869 fand in Washington die Inaugurationfeier für Präsident Grant statt. Am gleichen Tag wurden auch die neugewählten Senatoren vereidigt. Schurz war unter ihnen. Sechzehn Jahre, nachdem er erstmals amerikanischen Boden betreten hatte, hatte er das höchste Wahlamt erreicht, das ein nicht in den USA geborener Staatsbürger erreichen konnte. Er war erst vierzig Jahre alt. Die letzten Nachrichten über Margarethes Gesundheitszustand schienen ihm günstig. Froh und voller Zuversicht blickte er in die Zukunft.

Dritter Teil

In Washington:

Senator und Innenminister

29. Kapitel
Der Senator

Endlich in Washington

Als Schurz am 16. Februar 1869 von St. Louis kommend die Hauptstadt Washington erreicht und den Senat aufgesucht hatte, um dort alte Freunde zu begrüßen, schrieb er an Margarethe[147], er habe sich unwillkürlich an seinen ersten Besuch vor fünfzehn Jahren erinnert. Mit wieviel Ehrfurcht habe er sich damals den großen Männern genähert, und wie hoch habe er die Ehre geschätzt, als ein Senator ihn in die Senatshalle geführt habe, damit er eine Sitzung dieses mächtigen Gremiums miterleben könne. „So ändern sich die Zeiten." Auch an Margarethes Anfall von Kleinmut müsse er denken, als sie befürchtet habe, seine Glanzperiode sei schon vorbei. Aber „wenn man Talent, ehrlichen Willen und Energie hat, geht man so leicht nicht unter, und die Tage, an denen ein Wolkenschatten über die Lebensbahn zieht, dienen nur dazu, das wieder hervorbrechende Sonnenlicht um so glänzender erscheinen zu lassen."

In der Tat hatte er sich vorgenommen, „einen glänzenden Senator zu machen"[148], und dazu gehöre nicht wenig. Seinen Platz im Senatssaal – es war der zweite Sessel in der vordersten Reihe - empfand er als zum Sprechen sehr günstig, „aber vorläufig werde ich mich bescheidenen Schweigens befleißigen"[149]. Über diesen Vorsatz setzte er sich allerdings bald hinweg. Er hatte sein lebhaftes Naturell nicht in Rechnung gestellt, das seinen politischen Eifer begleitete. Wie ihm die zahlreichen Glückwunschschreiben zeigten, mit denen er überhäuft wurde, galt er überdies nicht nur als Repräsentant des Staates Missouri, dessen Legislative ihn entsandt hatte, sondern als der jetzt hervorragendste Sprecher der Deutschamerikaner. Diese stellten mit einem Bevölkerungsanteil von 11,5 Prozent noch vor den Einwanderern aus Irland und England die größte Einwanderungsgruppe.[150]

Schurz war sehr enttäuscht, als Margarethe sich Anfang des Jahres nicht in der Lage gesehen hatte, ihren Kuraufenthalt in Wiesbaden zu beenden, um auf dem Platz vor dem Kapitol der großartigen Inaugurationsfeier des Präsidenten und der damit verbundenen Vereidigung der neuen Senatoren beizuwohnen. Im Oktober 1869 trat sie aber mit den beiden Töchtern die Reise über den Atlantik an. In dem Haus 139 F Street zwischen 20th und 21st Street richtete sich die Familie in Washington ein. Margarethe verstand es, ein bei der hauptstädtischen Gesellschaft bald sehr beliebtes Haus zu führen, wo man sich insbesondere samstags zur musikalischen Soirée traf, an der die ganze Familie mitwirkte. Jetzt konnte Schurz sich als in Washington angekommen betrachten[151]. Und am 28. Februar 1871 freute er sich über die Geburt eines Sohnes, der die Vornamen *Carl Lincoln* erhielt.

Im Senatsausschuss für Einsparungen

Schurz hatte gehofft, er werde einen Sitz im Auswärtigen Ausschuß (*Committee on Foreign Affairs*) erhalten. Insofern sah er sich enttäuscht, weil kein freier Sitz zur Verfügung stand. Formal wurden zwar die Senatsausschüsse jedes Jahr zu Beginn der Sitzungsperiode neu besetzt. Es entsprach aber der ständigen Praxis, daß der bisherige Inhaber eines Sitzes diesen beibehielt. Doch konnte Schurz sicher sein, daß er beim nächsten Freiwerden eines Sitzes berücksichtigt würde.

Seine anfängliche Enttäuschung wurde jedoch mehr als ausgeglichen, als er in das erst vor vier Jahren errichtete *Joint Select Committee on Retrenchment* gewählt wurde, dessen Aufgabe in der Suche nach Einsparmöglichkeiten im Bundeshaushalt bestand, der im

Bürgerkrieg aufgebläht worden war und nun dringend saniert werden musste. In den Zuständigkeitsbereich dieses Komitees fiel auch die von einer zunächst kleinen, aber einflußreichen Gruppe von republikanischen Politikern geforderte Reform des öffentlichen Dienstes (*Civil Service Reform*), zu deren prominentesten Vertretern neben George William Curtis, dem Politischen Redakteur der führenden Illustrierten *Harper's Weekly*, sehr bald Carl Schurz zählen sollte. Diese als Reformer bezeichnete Gruppe wollte den öffentlichen Dienst auf eine neue Grundlage stellen, insbesondere das Beutesystem (*spoil system*) durch ein auf Leistung beruhendes System (*merit system*) ersetzen.

30. Kapitel
Eine große Aufgabe:
Reform des öffentlichen Dienstes

Das herrschende „Beutesystem“

Das Spoil System (Beutesystem) – so benannt nach dem Ausspruch „To the victor belong the spoils!“ (“Dem Sieger gebührt die Beute”)[152] - hatte sich seit den Zeiten des Präsidenten Andrew Jackson im Jahre 1829 auf allen Ebenen der öffentlichen Verwaltung als selbstverständlich etabliert. Damals war der Grundgedanke des Systems allerdings ohne Zusammenhang mit der Parteipolitik formuliert worden. Präsident Jackson hatte verhindern wollen, daß eine starre Bürokratie jede Neuerung im Keim erstickte. Er hatte die Ursache für eine solche Fehlentwicklung in der Gewöhnung der Amtsinhaber an ihren Arbeitsplatz gesehen, den sie mit der Zeit gleichsam als ihr Eigentum betrachteten. Deshalb sollte die Amtszeit der Beschäftigten im öffentlichen Dienst auf jeweils vier Jahre begrenzt sein. Von der dadurch bewirkten Rotation seien günstige Wirkungen auf das gesamte System zu erwarten.[153]

Diese Hoffnung war jedoch spätestens nach dem Bürgerkrieg geschwunden. Die Rotation ließ die Dienststellen vielmehr zur Beute der Partei werden, die nach einem Wahlsieg über die Wiederbesetzungen entschied. Das Spoil System bedeutete somit auf Unionsebene, daß nach jeder Präsidentschaftswahl mehrere zehntausend Dienststellen des Bundes neu zu vergeben waren, und zwar an die Anhänger der siegreichen Partei, die für ihre Unterstützung belohnt wurden. Von ihnen wurde auch erwartet, daß sie im nächsten Wahlkampf wieder ihren Beitrag leisteten. Die Eignung der Bewerber für das Amt war allenfalls von sekundärer Bedeutung. Präsident Jackson hatte noch die Meinung vertreten, öffentliche Ämter seien so einfach zu verwalten, daß jeder einigermaßen intelligente Bürger sie ausfüllen könne. Diese Auffassung war schon für das ländliche Amerika umstritten, sie war jedenfalls spätestens mit der einsetzenden Industrialisierung obsolet.

Die ersten Auswirkungen des Systems lernte Schurz schon unmittelbar nach seiner Vereidigung kennen. Tausende von Postenjägern waren „wie Heuschrecken“ nach Washington eingefallen. Noch bevor um 10 Uhr vormittags die Sitzungstätigkeit oder die Besprechungen mit den Ministerien begann - so klagte er seiner Frau – , erhalte er schon den Besuch von zwanzig bis fünfundzwanzig Personen, dazu kämen dreimal täglich Berge von Briefen, die nicht einfach ignoriert werden könnten. Bis weit nach Mitternacht sitze er noch an seinem Schreibtisch. Im April legte der Senat noch eine Feriensitzung ein, die ausschließlich dazu diente, Ernennungen im öffentlichen Dienst zu bestätigen.

Schurz konnte nicht umhin, die Bittsteller zu unterstützen, soweit es ihm nur möglich war. Das wurde von ihm als selbstverständlich erwartet. Einem ungeduldigen Freund aus St. Louis, der sich für einen Bewerber als Vermittler eingeschaltet hatte, versicherte er, er tue sein Bestes. Doch erscheine ihm diese Ämtervergabe wie eine Lotterie, von der niemand wisse, nach welchem System die Treffer zustande kämen. Er habe sehr hart für seine Freunde gearbeitet. In manchen Fällen sei er erfolglos geblieben, in anderen wiederum in unerwartetem Maße erfolgreich. Es seien *office seekers* aus Missouri mit Konsulaten im Ausland belohnt worden, wobei wohl die göttliche Vorsehung von den selbstverständlichen Voraussetzungen für solche Ämter dispensiert haben müsse, weil anders manche Entscheidung nicht zu begreifen sei.[154] Die Absurdität dieses Systems der Vergabe öffentlicher Ämter habe sich hier so eklatant offenbart, daß selbst den einfältigsten Patrioten die Notwendigkeit einer Reform einleuchten müßte.

Der Kampf um die Reform

Der Kampf um die Civil Service Reform, insbesondere um die Ablösung des Beutesystems, sollte sich mehr als zwanzig Jahre hinziehen. Es ging den Beteiligten um weit mehr als die bloße Veränderung einer Besonderheit der öffentlichen Verwaltung. Es ging ihnen um eine Grundsatzfrage der politischen Moral, deren Bedeutung ihrer Meinung nach alle anderen Reformvorhaben überragte.[155] Sie wurde auf derselben Ebene gesehen wie einst die Sklavereifrage oder die Frage der Einheit der Union, über die es zum Bürgerkrieg gekommen war. Mit welchem Recht maßte der Parteiboss nach einer gewonnenen Wahl sich an, nach seinem Gutdünken Abertausende öffentlicher Dienststellen an Personen verteilen zu können, die ihm zu Willen gewesen waren? Welches Verständnis von bürgerlicher Freiheit und Gleichheit lag dem zugrunde? Diese Kernfrage der politischen Moral – und nicht nur der ebenfalls wichtige Hinweis auf die Erfordernisse einer modernen, auf Effizienz bedachten Staatsverwaltung – stand im Vordergrund der politischen Auseinandersetzung. Sie machte den geradezu religiösen Eifer erklärlich, mit dem die Reformer sich der Sache widmeten,[156] so wenn Schurz einem befreundeten Senator aus Missouri schrieb, er habe seit langem die Reform des öffentlichen Dienstes, die Zerschlagung der korrumpierenden und demoralisierenden Einflüsse der Ämterpatronage, die Anhebung des moralischen Niveaus des politischen Lebens als die vielleicht wichtigste Aufgabe für den Erfolg und das Fortbestehen der Institutionen der Republik gehalten.[157]

Besonders kritisch betrachtete Schurz die Ämtervergabe durch Präsident Grant. Dieser vergebe Dienststellen an seine Verwandten und eine große Zahl seiner alten persönlichen Freunde, ohne den Rat von Kongreßmitgliedern einzuholen. Das mache böses Blut.[158] Schurz erkannte bald, daß ihm der Sitz im *Committee on Retrenchment* ein großes Tätigkeitsfeld eröffnete. Hier konnte er sich der Reform des öffentlichen Dienstes widmen. Mit den Grundsätzen des preußischen Staatsdienstes vor Augen meinte er, einige gute Ideen beisteuern zu können. Vielleicht könne er es im Senat zum Wortführer der Reform bringen. Ein Erfolg dieser Reform wäre für das Land ein größerer Segen als die Entdeckung der reichsten Goldminen.

Schon mit seiner ersten Rede im Senat am 18. März 1869 machte Schurz sich ans Werk. Es ging um einen Antrag von Präsident Grant, das Gesetz über die Ämterbesetzung (*Tenure of Office Act*) aufzuheben. Dieses Gesetz besagte, daß ein Amtsinhaber, zu dessen Ernennung die Zustimmung des Senats erforderlich war, auch nur mit Genehmigung des Senats entlassen werden durfte. Auf die Verletzung dieser Vorschrift hatte sich das Amtsenthebungsverfahren gegen Präsident Andrew Johnson gestützt. Schurz plädierte dafür – allerdings vergeblich -, das Gesetz nicht aufzuheben, sondern nur seine Anwendung zu suspendieren, bis eine umfassende Lösung im Zuge der Civil Service Reform gefunden sei.

Während der Sommerpause, die er hauptsächlich an seinem Redaktionsschreibtisch in St. Louis verbrachte, arbeitete Schurz an einem Reformgesetz. Er baute dabei auf dem Entwurf auf, den sein Kollege Thomas A. Jenckes schon in zwei vorangegangenen Sitzungsperioden (1865 und 1867) im Retrenchment Committee eingebracht hatte, der aber im Senat nie zu Ende behandelt wurde. Es ging Schurz im wesentlichen darum, die Betrauung mit einem Amt des öffentlichen Dienstes vom Bestehen einer Prüfung durch eine Prüfungskommission abhängig zu machen, eine Probezeit von einem Jahr vorzusehen, das Dienstverhältnis nicht an die Amtsperiode des jeweiligen Präsidenten zu binden und eine Kündigung während des Laufs der Dienstzeit nur aus besonderen Gründen wie Dienstunfähigkeit oder Pflichtverletzung zuzulassen. Im Dezember brachte Schurz seinen Entwurf im Senat ein, der ihn sogleich an das Retrenchment Committee leitete. Der Senat aber beendete seine Sitzungsperiode im Sommer 1870 auch dieses Mal, ohne den Gesetzentwurf noch zu behandeln. Schurz war sich darüber im klaren, daß es schwierig sein würde, die Reform weiterzutreiben.

Sie hätte dem System der Ämterpatronage, wie Präsident Grant sie betrieb, starke Fesseln angelegt. Sie hätte auch vielen Gönnern der Republikanischen Partei die Aussicht genommen, sich durch lukrative Posten im öffentlichen Dienst für ihre Unterstützung entschädigen zu lassen.

Die „spoilsmen" im Kongreß wie in den Parteizentralen verteidigten den Status quo mit dem Argument, daß er den Einsatz vieler Bürger im Wahlkampf und damit eine lebendige Demokratie garantiere; denn warum sollten die Bürger für die politischen Ziele einer Partei kämpfen, wenn sie selbst dabei nichts zu gewinnen hätten? Besonders nahmen sie daran Anstoß, daß ihnen die Regeln des öffentlichen Dienstes in Großbritannien und auf dem europäischen Kontinent als Vorbilder vorgehalten wurden. Sollte sich in den USA eine den amerikanischen Idealen widersprechende Aristokratie bilden, wie man sie von Europa her kenne? Besonders Schurz wurde mit dem Argument bekämpft, er wolle in Amerika die ihm aus seiner Heimat bekannten „preußischen Verhältnisse" einführen.

Gleichwohl fand der Reformgedanke immer weitere Anhänger. Gerade in der Amtszeit Grants sorgten dafür die Skandale, in die Politiker und Parteizentralen verwickelt waren. Die Berichte darüber stützten die verbreitete Auffassung, daß sich angesichts des sichtbaren Verfalls der Sitten im öffentlichen Bereich etwas ändern müsse. Die gesamte Stadtverwaltung von New York war in die Hände des mafiosen „Boss Tweed" gefallen, der sich und seine Leute skrupellos bereicherte. Ebenfalls in New York hatten zwei Spekulanten am New York Gold Exchange versucht, das Goldangebot zu beschränken, um den Preis für Gold in die Höhe zu treiben. Dabei bezogen sie den Schwager von Präsident Grant in ihre Machenschaften ein, der den Verkauf von Gold durch die Regierung verhindern sollte. Daraufhin kam es an der Börse am 24. September 1869 zu einem „Schwarzen Freitag". Trotz der Einflußnahme des Schwagers verkaufte der Finanzminister zwar Gold aus dem Staatsbesitz, so daß sich der Goldhandel wieder normalisierte, der Eindruck einer schädlichen Kollaboration von Politik und Verwaltung blieb jedoch bestehen.

Dies war wohl der Grund, warum es 1871 am letzten Tag der folgenden Sitzungsperiode des Kongresses doch noch gelang, dem fälligen Gesetz über Ausgabenermächtigung eine Bestimmung anzufügen, die – in einem einzigen langen Satz – den Präsidenten ermächtigte, Regelungen für die Zulassung zum öffentlichen Dienst zu erlassen, die dessen Effizienz fördern und die Eignung des Kandidaten sicherstellen sowie die Pflichten der Beschäftigten im öffentlichen Dienst definieren sollten; ferner eine Personalverwaltung zur Umsetzung dieser Regelungen einzurichten.[159]

Zur allgemeinen Überraschung machte Präsident Grant von dieser Ermächtigung tatsächlich Gebrauch. Er setzte eine *Civil Service Commission* unter dem Vorsitz des Reformers George W. Curtis ein, die entsprechende Regelungen ausarbeiten sollte. Dies geschah in den folgenden beiden Jahren. Zum Verdruß vieler Politiker veranstaltete die Kommission in einigen Unionsbehörden bereits kompetitive Eingangsprüfungen. Schon im Jahre 1873 weigerte sich der Kongreß, die Kommission weiter mit finanziellen Mitteln auszustatten. Unter seinem Druck widerrief Grant 1875 die von der Kommission ausgearbeiteten Regelungen; die Civil Service Commission stellte ihre Tätigkeit ein. Sie hatte allerdings ein Beispiel gesetzt, an das die künftige Entwicklung anknüpfen konnte.

31. Kapitel
Entfremdung gegenüber Präsident Grant

Die Politik gegenüber dem Süden

Nicht nur in der Frage der Reform des öffentlichen Dienstes stellte Schurz sich mit einem Teil der republikanischen Fraktion im Senat gegen den eigenen Präsidenten. Die Entfremdung verstärkte sich noch durch den Zwiespalt in zwei weiteren zentralen Politikbereichen.

Das eine dieser Themen, mit denen sich der Kongreß immer wieder zu befassen hatte, war die Behandlung des Südens. Die Bundesverfassung war bereits durch Zusatzartikel ergänzt worden; diese Bestimmungen betrafen die Abschaffung der Sklaverei (1865) und die Bürgerrechte der ehemaligen Sklaven (1868). Nun garantierte der 1870 in Kraft getretene 15. Zusatzartikel noch ausdrücklich ihr aktives Wahlrecht. Bei der Behandlung des in diesem Artikel vorgesehenen Ausführungsgesetzes – dem sogenannten Ku Klux Klan Act – wich Schurz mit den „Liberal Republicans" von der harten Linie des konservativen Flügels seiner Partei ab. Die in dem neuen Gesetz vorgesehene Reaktion auf Mißstände und Ausschreitungen im Süden schienen ihnen exzessiv und kontraproduktiv. Hier meinte Schurz, daß der oft verbrecherischen Behandlung der Schwarzen und den skandalösen Tricks, mit denen sie von den Wahlurnen ferngehalten wurden, nicht durch Strafgesetze der Union und auch nicht durch den Einsatz von Bundestruppen beizukommen sei. Immerhin habe sich die nun schon sechs Jahre andauernde Militärverwaltung nicht als das geeignete Instrument erwiesen, um im Süden endlich wieder tragbare Zustände herbeizuführen. Auch schieße die vorgesehene Möglichkeit von Festnahmen ohne richterliche Kontrolle weit über das Ziel hinaus.

Entschieden wandte Schurz sich im Senat gegen das Vorhaben, den Präsidenten mit geradezu diktatorischen Vollmachten auszustatten, die leicht zugunsten seiner Partei mißbraucht werden könnten. Er meinte, daß eine umfassende Amnestie, die auch den ehemaligen Führern und damit der gesellschaftlichen Elite der Südstaaten wieder die Ausübung politischer Rechte gestatten würde, eher eine Beruhigung der Lage und eine Annäherung zwischen der weißen und der schwarzen Bevölkerung versprach. Als Kind der europäischen Aufklärung glaubte Schurz an die Macht der Vernunft, die auf mittlere Sicht die Weißen von ihrer rassistischen Einstellung abbrächte. Mit schwer verständlicher Naivität setzte er sich über die eigenen Erfahrungen hinweg, die er bei seinen Erkundungen im Süden gemacht hatte. Allen Gegenargumenten blieb er unzugänglich. Er mißtraute dem Präsidenten und den Parteizentralen im Norden mehr als den ehemaligen Sklavenhaltern.

Mit den demokratischen Senatoren stimmte er gegen das Gesetz, konnte sein Zustandekommen aber nicht verhindern. Noch im gleichen Jahr unternahm die Regierung Grant auf seiner Grundlage eine Offensive gegen den Ku Klux Klan. Auch unter Einsatz von Bundestruppen ließ sie Hunderte von Mitgliedern des Klans verhaften und vor Gericht stellen. Dies bewirkte in den kommenden Jahren einen deutlichen Rückgang der an Schwarzen verübten Gewaltverbrechen.[160] Die diskriminierende Einstellung der weißen Bevölkerung blieb allerdings bestehen.

Die Santo Domingo Affäre

Das zweite Thema, über das es mit Präsident Grant zum Streit kam, war die Santo Domingo Affäre. Durch sie entwickelte sich Schurz' Verhältnis zu Präsident Grant von der bloßen Entfremdung zum endgültigen Bruch. Im September 1869 hatte Schurz einen freigewordenen Sitz im *Committee on Foreign Affairs* erhalten, das unter dem Vorsitz des Republikaners Charles Sumner aus Massachusetts stand, den Schurz später als seinen besten Freund im Senat bezeichnete. Im Januar 1870 wurde das Committee mit einem Vertrag über den Erwerb des karibischen Inselstaats Santo Domingo (Dominikanische Republik) durch die USA befaßt. Ein Vertrauter Präsident Grants hatte den Vertrag zwischen den USA und diesem Staat unter Umgehung des Außenministers Fish am 3. Dezember 1869 mit dem Diktator Buonaventura Báez vereinbart. Grant war von amerikanischen Unternehmern zu dieser Aktion gedrängt worden. Diese versprachen sich von einer Annexion des Inselstaats Vorteile für ihre auf der Insel bereits begonnene Investitionstätigkeit. Die Aussicht auf einen Hafen für amerikanische Kriegsschiffe sollte dem Senat das Geschäft schmackhaft machen.

Der Auschuß des Senats lehnte es am 15. März 1870 ab, den Vertrag zu befürworten. Am 30. Juni wurde der Vertrag auch im Plenum des Senats abgelehnt. Sumner und Schurz hatten sich entschieden gegen ihn ausgesprochen. Schurz verwahrte sich gegen die Annexion mit einer merkwürdigen, damals aber vielen einleuchtenden Begründung: das Gebiet der USA solle nicht auf tropisches Gebiet ausgedehnt werden. Schurz konnte sich dabei auf eine verbreitete Theorie stützen, wonach der Zivilisationsstandard einer Bevölkerung von den klimatischen Bedingungen abhing, unter denen sie lebte. Am günstigsten schienen die gemäßigten Breiten. In den Tropen dagegen bedürfe es keiner besonderen zivilisatorischen Anstrengungen, um überleben zu können. Es sei deshalb nicht zu erwarten, daß die dort lebende Bevölkerung sich der Kultur des nordamerikanischen Kontinents anpassen würde. Als zweites Argument führte Schurz allerdings an, daß Präsident Grant seine verfassungsrechtlichen Kompetenzen überschritten habe. Er habe den Kommandanten der zu der Insel entsandten amerikanischen

Kriegsschiffe ermächtigt, dort kraft eigener Entscheidung einzugreifen, wenn die Gefahr bestand, daß Baez gestürzt würde. Es habe sich dabei um die Ermächtigung zu einem militärischen Angriff gehandelt, die nach der amerikanischen Verfassung der Zustimmung des Senats bedurft hätte.

Schurzens Rede im Senat hatte am 28. März begonnen, sie musste wegen der zahlreichen Zwischenfragen am anderen Tag fortgesetzt werden. Er glänzte in dem Frage- und Antwort-Spiel durch seine Schlagfertigkeit, bewies durch Beispiele aus der amerikanischen Geschichte seine gründlichen historischen Kenntnisse und lieferte eine beeindruckende verfassungsrechtliche Argumentation. Großes diplomatisches Geschick zeigten allerdings weder der Ausschußvorsitzende Sumner, der dieselbe politische Linie verfolgte, noch er selbst. In dieser für sich allein gesehen eher nebensächlichen Angelegenheit hatten sie Grant nicht nur einen schweren politischen Fehler, sondern auch einen Verfassungsbruch vorgeworfen. Das konnte nicht ohne Folgen bleiben.

Präsident Grant, der als ehemaliger General Widerspruch gegen seine Anordnungen nicht gewöhnt war, ließ einen Tag nach der Ablehnung des Annexionsvertrags im Senat den amerikanischen Botschafter in London John L. Motley abberufen, der auf Sumners Fürsprache hin ernannt worden war. Ein Jahr später, am 9. März 1871, verlor Sumner bei der routinemäßig anstehenden Neubesetzung der Ämter auf Grants Veranlassung den Vorsitz im Auswärtigen Ausschuss.[161] Auch Schurz wurde vom Zorn des Präsidenten getroffen. Zwar hatte er am 17. Juli 1870 an Präsident Grant geschrieben, daß er sich bei seinem Widerstand gegen den Santo Domingo-Vertrag nichts vorzuwerfen habe. Sein Widerstand sei keineswegs gegen ihn – den Präsidenten – gerichtet gewesen. Er hoffe, daß diese Frage nun erledigt sei, denn es sei sein aufrichtiger Wunsch, die Regierung Grant nach Kräften zu unterstützen. Er bat um einen Termin für ein Gespräch über Angelegenheiten, die für die Regierung und die Partei, der sie beide angehörten, von Bedeutung seien. Das Gespräch wurde gewährt, führte aber zu keiner Annäherung. Grant blieb einsilbig. Es war das letzte Mal, daß Schurz von ihm empfangen wurde.

32. Kapitel
Die Spaltung der Republikanischen Partei

Zwischen Tradition und Reform

Der Entfremdung im Verhältnis zu Grant entsprach die sich erweiternde Kluft zwischen den auseinanderstrebenden Flügeln der Republikanischen Partei, die sich in die *Liberals* und die *Radicals* spaltete. Dieser Gegensatz war deutlich zu erkennen, als in Missouri die Wahl des Gouverneurs und des Staatsparlaments bevorstand. Am 31. August 1870 trat die republikanische *State Convention* in Jefferson City zusammen[162]. Hier entstand Streit über die Frage, ob sich die Lage im Süden soweit gebessert habe, daß durch eine generelle Amnestie die Wiederherstellung der politischen Rechte der früheren Rebellenführer gerechtfertigt sei. Die Radikalen, jetzt verstärkt durch schwarze Delegierte, verneinten dies. Daraufhin verließen die Liberalen die Versammlung. Sie traten zwei Tage später gesondert zusammen und nominierten den früheren demokratischen Senator von Missouri Benjamin Gratz Brown für das Amt des Gouverneurs. Die reguläre Parteiversammlung hatte inzwischen den bisherigen Gouverneur Joseph W. McClurg nominiert. Die Demokratische Partei stellte keinen eigenen Kandidaten auf. Sie wollte Brown unterstützen.

Bei den Wahlen am 8. November 1870 wurde Brown zwar zum Gouverneur gewählt. Die Liberalen waren aber ein hohes Risiko eingegangen, wie sich darin zeigte, daß angesichts der Spaltung der Republikanischen Partei nunmehr die Demokraten im Parlament Missouris die Mehrheit der Sitze gewonnen hatten. Schurz musste befürchten, daß sich ein solches Ergebnis bei der nächsten Wahl in vier Jahren wiederholte; dann wären es die Demokraten, die über die Wiederbesetzung seines Sitzes im Senat entscheiden würden. Allerdings ließ sich Schurz, dem es hier wie so oft um eine Frage der politischen Moral ging, von solchen Überlegungen nicht beirren.

Auch auf Unionsebene nahm der Konflikt zwischen den Parteiflügeln nun an Schärfe zu. In der Santo Domingo-Angelegenheit wollte Präsident Grant seine Niederlage keineswegs hinnehmen. Über den Bericht einer Untersuchungskommission zu den Verhältnissen in dem Inselstaat kam es im März 1871 im Senat nochmals zu einer großen Diskussion[163], in der Schurz den Präsidenten nun auch direkt angriff und ihm vor allem den Mißbrauch seiner Kriegführungskompetenz vorwarf. Grant gab das Projekt schließlich auf, weil er erkannte, daß es wegen seiner anrüchigen Begleitumstände höchst unpopulär war.

Der Streit um Santo Domingo war nur ein Teil des Konflikts. Hier ging es um die Nutznießer und Geschäftemacher, die nach Auffassung der Liberalen die Administration korrumpierten. Der Konflikt manifestierte sich aber auch auf einigen anderen politischen Feldern. So nahmen Schurz und seine Freunde von der *American Free Trade League* gegen die von Grant betriebene Hochzollpolitik Stellung, die den inländischen Markt vor preisgünstigeren Auslandsimporten abschottete und den Industrieoligarchen nur noch weiteren Reichtum bescherte. Ebenso forderten sie, die in Bürgerkriegszeiten mit der Ausgabe von „*Greenbacks*“ begonnene inflationäre Aufblähung des umlaufenden Papiergelds zu beenden und den Dollar wieder an den Goldstandard zu binden.

Überall in der Union bildeten sich Kreise von „liberalen“ Republikanern, die sich vor allem gegen die Korruption wandten, die selbst im engsten Umfeld des Präsidenten zu beobachten war, ebenso dagegen, daß die Exekutive Kompetenzen an sich riß, die ihr nicht zustanden. Als Schurz dies am 12. August 1871 vor einer Versammlung von Deutschamerikanern in Chicago am Beispiel des im Fall Santo Domingo zutage getretenen Mißbrauchs der Kriegskompetenzen des Präsidenten erläuterte und erklärte, er werde aus diesem Grund eine Nominierung Grants für eine weitere Amtszeit nicht unterstützen, erhielt er großen Beifall. Am 20 September sprach er schließlich in Nashville, Tennessee, davon, daß er, weil die Demokraten zu reaktionär und die Radikalen unter den Republikanern nicht genügend progressiv seien, die Bildung einer neuen Partei befürworte.[164]

Schurz als Wortführer der Liberal Republicans

Nun war der Bann gebrochen. Im Januar 1872 trafen sich die Anhänger der Idee einer neuen Partei in Jefferson City, Missouri, und vereinbarten, auf nationaler Ebene eine Versammlung nach Cincinnati einzuberufen. Im April schlossen sich die an der Ostküste lebenden Anhänger dieser Idee in Cooper Union in New York an. Schurz rief dort die zahlreichen Teilnehmer unter großem Beifall zur Civil Service Reform, zur Beendigung der Hochzollpolitik und zur Amnestie in den Südstaaten auf. Angeheizt war die Stimmung bei den vielen anwesenden Deutschamerikanern noch durch seine Kritik an verdeckten Waffenverkäufen der amerikanischen Regierung an Frankreich während des deutsch-französischen Krieges von 1870/71, über die einige Zeitungen berichtet hatten. Anfang Mai trat die nach Cincinnati einberufene Versammlung zusammen. Schurz wurde zu ihrem Präsidenten gewählt. Er hielt eine eindringliche Rede zur Notwendigkeit von Reformen. Angesichts der selbst in hohen Regierungskreisen herrschenden Mentalität der Korruption und der Selbstbedienung sowie des raffgierigen Parteigeistes stehe diese Versammlung für ein neues Pflichtbewußtsein gegenüber der Nation und gegen die Arroganz der Macht.[165]

Nach der Annahme des Programms – es forderte eine Reform des öffentlichen Dienstes, eine Beendigung der gegen den Süden gerichteten Politik der *Reconstruction* und eine Neuordnung der Bundessteuern und der Zölle - ging es um die Nominierung des

Die Massenversammlung der Liberal Republicans in Cooper Union/New York am 12. April 1872. Lithographie

Präsidentschaftskandidaten. Schurz erklärte später, er habe als Versammlungsleiter den Anschein der Neutralität wahren wollen und deshalb darauf verzichtet, für einen bestimmten Kandidaten einzutreten. Ihm sei ohnehin selbstverständlich erschienen, daß die Kandidatur dem bekannten, aus der alten Präsidentenfamilie stammenden Charles Francis Adams Jr. zufallen würde, dem Enkel des früheren Präsidenten John Quincy Adams und Sohn des ehemaligen amerikanischen Botschafters in London. Mit Verwunderung nahm er zur Kenntnis, daß auch der Verleger der *New York Tribune*, Horace Greeley, kandidieren wollte. Greeley paßte nicht zu den Liberalen. Er war bekannt als Gegner der Civil Service Reform und als Befürworter einer Hochzollpolitik; den Liberalen hatte er sich nur wegen der auch von ihm befürworteten Amnestie für den Süden angeschlossen.

Im ersten Wahlgang erhielt Adams denn auch die meisten Stimmen, gefolgt von Trumbull, Greeley, Brown und anderen. Bei den folgenden Wahlgängen, in denen es um die absolute Mehrheit ging, kam es zur großen Überraschung. Brown, der Gouverneur von Missouri, erklärte der Versammlung, daß er zugunsten von Greeley auf die Kandidatur verzichte. Im sechsten Wahlgang erhielt daraufhin Greeley mehr als die Hälfte der Stimmen. Brown wurde anschließend von Greeley als Kandidat für das Amt des Vizepräsidenten benannt. Selbstverständlich stimmte die Versammlung zu.

Schurz erkannte, daß ihm ein schwerer politischer Fehler unterlaufen war. Dieses völlig unvermutete Ergebnis war eine Katastrophe. Die Aussichten seiner Liberalen hatten sich immer besser entwickelt. Jetzt wurden diese Aussichten mit *einem* Schlag durch einige Politiker, die offenbar eine geheime Abrede getroffen hatten, zunichte gemacht. Er meinte, die liberale Bewegung habe dadurch jede Anziehungskraft verloren. Denn gesiegt hatte offenbar gerade diejenige Sorte von Politikern, die diese Bewegung bekämpfen wollte. Jeder höhere moralische Anspruch sei damit verloren gegangen. Greeley stand nicht für das Programm der Liberalen in allen seinen Punkten. Darüber hinaus waren die Liberalen dringend auf die Stimmen der Deutschen angewiesen. Die Deutschen würden aber schon deshalb nicht für Greeley stimmen, weil dieser stets entschieden für ein gesetzliches Verbot alkoholischer Getränke eingetreten war. Sie sahen ihre geliebten Volksfeste bedroht. Schurz hatte geglaubt, die Deutschamerikaner für die neue Partei gewonnen zu haben. Jetzt sah er den Erfolg zwischen seinen Fingern zerrinnen. Alle Mühen waren vergeblich gewesen.

Am Abend ging der zermürbte Schurz zu einem Freund, dem in Oldenburg geborenen Richter John Stallo, bei dem sich noch andere deutsche Freunde eingefunden hatten. Bei einem Glas Wein saßen sie und waren ebenso niedergeschlagen wie er. Schurz wollte zunächst ablenken und meinte mit Blick aus dem Fenster, wo vor dem Haus gerade ein Universitätsgebäude im Bau war, sie sollten über Probleme der Universität sprechen. Er fand aber keine Resonanz. Da setzte er sich an das Klavier und spielte Chopins Trauermarsch. [166]

In den folgenden Wochen kam es zwischen Schurz und Greeley zu einem sehr freimütigen Briefwechsel, in dem Schurz versuchte,

Greeley von der noch ausstehenden förmlichen Annahme seiner Kandidatur abzubringen. Dies gelang ihm nicht. Greeley bestritt eine geheime Absprache mit Brown. Er erklärte sich aber damit einverstanden, seine Erklärung über die Annahme seiner Präsidentschaftskandidatur mit Schurz abzustimmen. Mit starken inneren Vorbehalten war Schurz nun doch bereit, Greeley zu unterstützen. Als Lichtblick erschien ihm, daß die Demokratische Partei keinen eigenen Kandidaten in das Rennen schickte, sondern das Ticket Greeley/Brown der Liberalen unterstützte. Die Republikanische Partei dagegen nominierte erwartungsgemäß Grant für eine zweite Amtsperiode. Es war somit klar, daß der Wahlkampf Greeley gegen Grant lautete. Schurz verfaßte den Wahlaufruf der Liberal Republicans[167].

Das Wahlkampfdebakel 1872

Die Wahlkampagne startete in St. Louis, Missouri, am 22. Juli 1872[168]. Schurz erwies sich wieder als unermüdlicher Wahlkämpfer. Seine Wahlversammlungen führten ihn nach North Carolina und von dort durch den gesamten Mittelwesten. Es ging ihm vor allem wieder darum, die Deutschen zu überzeugen. Er sah sich jetzt ungleich stärkeren Angriffen ausgesetzt als in früheren Zeiten. Als Gegenstück zu seiner *Westlichen Post*, die selbstverständlich auf seiner Seite stand, gründeten die regulären Republikaner die in New York erscheinende *Östliche Post*. Eine *German American United Association of the U.S.* hielt in New York eine Versammlung ab und votierte für Grant als Präsident. Sein alter Gefährte aus Revolutions- und Bürgerkriegszeiten Franz Sigel hatte in diesem Sinne zu den Deutschen gesprochen.

Am schlimmsten aber setzten ihm und Greeley die berühmt gewordenen Karikaturen zu, die der 1840 in Landau in der Pfalz geborene Thomas Nast in Harper's Weekly veröffentlichte. Nasts bissige Zeichnungen hatten einen wesentlichen Anteil an dem erfolgreichen Kampf gegen den korrupten „Boss“ Tweed gehabt, der jahrelang die Finanzen der Stadt New York geplündert und dadurch sich und seine Freunde in monströser Weise bereichert hatte. Nun wandte Nast sich mit beißender Ironie gegen Schurz, Greeley und die Liberalen Republikaner. Schurz und seine Freunde wurden in den unterschiedlichsten Assoziationen als Intriganten dargestellt, die andere – und nicht zuletzt die schwarze Bevölkerung im Süden – ins Unglück stürzten. Besonders Greeley nahm es sich zu Herzen, daß er auf diese Weise, gegen die er wehrlos war, verächtlich gemacht wurde. Voll Bitterkeit meinte er, er habe zuweilen den Eindruck, daß er nicht für das Amt des Präsidenten der USA, sondern für einen Sitz im Zuchthaus kandidiere. Davon, daß die Liberalen ihren Kampf in erster Linie gegen die immer weiter um sich greifende Korruption im öffentlichen Bereich führten, war in diesen Karikaturen nichts zu entdecken.

Am 8. November 1872 wurde General Grant mit großer Mehrheit wiedergewählt. Sein Nimbus als Sieger im Sezessionskrieg machte ihn unangreifbar. Horace Greeley, dessen Frau kurz vor dem Wahltag gestorben war, empfand die schwere Niederlage als einen weiteren Schicksalsschlag, den er nun nicht mehr überwinden konnte. Er war ein gebrochener Mann. Am 10. November sandte er Schurz ein Dankschreiben, das nur aus einem einzigen traurigen Satz bestand: er wünschte, er könne sagen, mit welch qualvollem Gefühl er ihm danke.[169] Nicht ganz drei Wochen später starb auch er.

"PLAYED OUT!"

Aussicht auf politische Erholung

Schurz und seine Liberal Republicans hatten dem ersten Anschein nach vergeblich gekämpft. Doch erschien seinen Freunden der Kampf der neuen Partei gegen den „Grantism“, der nun noch vier Jahre andauern sollte, wichtiger denn je. Der Aufstieg des Big Business, der unermeßliche Reichtum einzelner, die Verwandlung von Politikern in Lobbyisten und Agenten – dies alles hatte in weiten Bevölkerungskreisen den Eindruck gefördert, daß der Raffgier keine Grenzen gesetzt seien. Präsident Grant personifizierte in den Augen der Liberals diese in den Abgrund führende Entwicklung.

Es war genügend Material vorhanden, das es gestattete, bei den nächsten Wahlen mit dem Kampf gegen Schwindel und Korruption viele Wähler anzuziehen. Ein Skandal jagte den anderen. Schon im September 1872 hatte die New Yorker Zeitung „Sun“ die betrügerischen Machenschaften der *Crédit Mobilier of America* aufgedeckt. Diese Gesellschaft war mit dem Eisenbahnbau befaßt. Sie war von Anteilseignern der Union Pacific gegründet worden, die sie benutzten, um unter ihrem Mantel Staatszuschüsse, die für die Union Pacific bestimmt waren, in ihre eigene Tasche zu wirtschaften. Als eine Untersuchung durch den amerikanischen Kongress drohte, versorgte der Vorsitzende der Crédit Mobilier, der selbst Mitglied des Repräsentantenhauses war, eine Reihe seiner Abgeordnetenkollegen mit Aktien seiner Gesellschaft. Sie erhielten die Aktien zum Nennwert, der sich weit unter ihrem Handelswert bewegte.

Weiteres Aufsehen erregte der „Salary Grab“, eine Gesetzesinitiative, in der sich der Kongreß am letzten Tag seiner Sitzungsperiode, dem 3. März 1873, eine rückwirkende Erhöhung der Abgeordnetendiäten um fünfzig Prozent genehmigte.

Zur gleichen Zeit machte die Caldwell-Affäre offenbar, daß die Korruptionsmentalität nun den Senat in Washington erreicht hatte. Der im Eisenbahngeschäft tätige Caldwell war vom Parlament von

Kansas für die Zeit ab März 1871 in den U.S.-Senat entsandt worden. Gestützt von einer großen Kapitalgesellschaft hatte er einem Konkurrenten für 15000 Dollar dessen Verzicht auf die Kandidatur abgekauft. Carl Schurz beschrieb in seiner Rede im Senat am 14. März 1873 den Fortgang der Affäre[170]. Es sei im Parlament von Kansas das Gerücht umgegangen, daß bei der Wahl des Senators Geld zu verdienen sei. Der hieraus entstandenen Versuchung hätten viele nicht widerstehen können. Wenn der eine Abgeordnete für seine Stimme Geld erhalte, frage sich manch anderer, warum er seine Stimme unentgeltlich abgeben sollte. Die immer weiter wuchernde Praxis des Stimmenkaufs habe das individuelle Gewissen abgestumpft. Das Parlament von Kansas sei in einen Marktplatz verwandelt worden, auf dem man Stimmen kaufte und verkaufte. Senator Caldwell wartete den Ausgang der Untersuchung nicht ab, sondern trat zehn Tage später zurück.

Schurz in Deutschland

Schon im Mai 1872 war Margarethe mit den beiden Töchtern und dem kleinen Carl Lincoln nach Europa gefahren. Wegen ihres erneut schlechten Gesundheitszustandes wollte sie sich wieder in Wiesbaden behandeln lassen. Sie hatte dort eine Wohnung bezogen. Seit nunmehr fast einem Jahr hatte Schurz seine Familie nicht mehr gesehen. Im April 1873 unternahm er nun selbst eine Reise über den Atlantik, um sich mit seiner Familie zu vereinen. Am 26. April verließ er mit dem Schiff den Hafen von New York. In Wiesbaden traf er Margarethe und die Kinder.

Deutschland war jetzt – nach dem Krieg mit Frankreich - ein Bundesstaat unter preußischer Führung. Schurz meinte deutlich die Aufbruchstimmung der „Gründerzeit" zu spüren. Er unternahm einige nostalgische Reisen in das nunmehr deutsche Elsaß und zu seinem Geburtsort Liblar. Er war noch immer ein bekannter Mann.

Seine revolutionäre Vergangenheit und die Befreiung Kinkels waren noch nicht vergessen. Am 4. Juli machte er auf seinem Weg nach Wien in München Station. Zur freudigen Überraschung der dort lebenden Amerikaner erschien er bei ihrer durch ein Feuerwerk gekrönten Feier zum amerikanischen Unabhängigkeitstag. Selbstverständlich hielt er eine Festrede[171]. In Wien empfing ihn der Außenminister der Donaumonarchie Graf Gyula Andràssy, der wie Schurz nach der Revolution von 1848 in London eine vorübergehende Zuflucht gefunden hatte. Im Oktober kehrte Schurz in die USA zurück, dieses Mal mit seiner Familie, die wieder mit ihm in Washington lebte; nur die jüngere Tochter Marianne blieb zurück, um in Wiesbaden weiterhin die Schule zu besuchen.

33. Kapitel
Das letzte Jahr im Senat

Das neue Problem: Kampf gegen die Inflation

In Washington war die Politik allerdings mit einem ganz neuen Problem beschäftigt. Am 18. September hatte der Konkurs der mächtigen *J. Cooke & Company*, geschürt durch Börsenspekulationen großen Stils, eine Panik ausgelöst, die zu einem Sturz der Aktienkurse, zum Zusammenbruch vieler Unternehmen und zu einer Welle hoher Arbeitslosigkeit führte. Die Währung litt unter einer galoppierenden Inflation. Schurz sah sich nun vor einer neuen großen Aufgabe, der er sich wieder mit aller Energie widmete: dem Kampf gegen die Inflation.

Dabei hatte er einen schweren Stand. In der Frage „soft money“ oder „hard money“ waren die Meinungen quer durch die Parteien geteilt. Die Gläubiger, personifiziert durch die Banken an der Ostküste, traten für eine strenge Geldpolitik ein, die ländliche Bevölkerung im Mittelwesten, besonders die hochverschuldeten Farmer, sahen dagegen in einer Inflation die Möglichkeit, die drückende Last ihrer Schulden zu verringern.

Wie es seine Art war, widmete Schurz sich zunächst einem gründlichen Studium der wirtschaftspolitischen Literatur. Er kam zu der Auffassung, daß nur eine Politik des knappen Geldes die Wirtschaft auf mittlere Sicht vor schwerem Schaden bewahren konnte. Eindringlich warnte er im Senat, auf politischen Versammlungen und in Vorträgen seiner lecture tours vor den Gefahren des nicht durch Gold oder Silber gedeckten Papiergeldes. Am 27. Februar 1874 kam es im Senat während seiner großen Rede[172], die durch Zwischenrufe und Streitgespräche mit seinen Opponenten unterbrochen wurde, immer wieder zu Beifallskundgebungen von der Galerie, so daß der Sitzungspräsident schon mit der Räumung des Zuschauerraums drohte. Es ging um den Antrag eines Senators aus dem Mittelwesten, die während des Bürgerkrieges begonnene Ausgabe von *Greenbacks* zu erhöhen, mit anderen Worten: weiteres Papiergeld in Umlauf zu bringen, das nicht durch Gold oder Silber gedeckt war.

Hierzu holte Schurz weit aus. Er brachte Lehrbuch-Beispiele für den schädlichen Einfluß der Inflation im alten China, im mittelalterlichen Persien, sowie in Schottland und Frankreich in neuerer Zeit. Alle Versuche, die Wirtschaft durch das Drucken von Papiergeld wieder in Gang zu bringen und damit die Arbeitslosigkeit zu bekämpfen, hätten sich als vergeblich und schädlich erwiesen. Seinen Opponenten, die sich für die Farmer im Mittelwesten stark machten, hielt er entgegen, wie sehr die Inflation gerade die landwirtschaftlichen Interessen beeinträchtige. Der Farmer erhalte beim Verkauf seiner Produkte wegen des vom Weltmarkt ausgehenden Preisdrucks immer weniger, während er beim Einkauf seiner Produktionsmittel immer höhere Preise zu zahlen habe.

Als er seine Gegner in der Frage einer Neuordnung des Zentralbanksystems eines besseren belehren wollte, wurde ihm entgegengehalten, seine Ausführungen seien reine Theorie, mit denen er erfahrene Geschäftsleute nicht beeindrucken könne. Der Senator aus Indiana machte seiner Verachtung für theoretische Erwägungen mit den Worten Luft: „throw it to the dogs!“. Dies gab Schurz den willkommenen Anlaß, eine Anekdote über „Old Tatum“ zu erzählen, die später noch oft zitiert werden sollte.

Old Tatum sei ein alter Farmer aus den Südstaaten gewesen, den er während des Bürgerkriegs getroffen habe, ein praktischer Philosoph, der sich auf nichts verlassen wollte als auf seine fünf Sinne. Da er kaum schreiben konnte, habe er eine hochmütige Verachtung für das Bücherstudium zur Schau getragen. Einmal habe

Schurz die beiläufige Bemerkung gemacht, daß die Erde sich um die Sonne drehe. Da habe Old Tatum geglaubt, er solle wohl hinters Licht geführt werden. „Die Erde um die Sonne? Wo haben Sie das her?“ Nun, habe Schurz erwidert, ich habe es aus Büchern gelernt. „Schon wieder!“ habe Old Tatum gestöhnt, und er habe sein Lachen kaum unterdrückt; „schon wieder! Die Erde soll sich um die Sonne drehen! Aber sehe ich nicht jeden Tag mit meinen eigenen Augen, wie die Sonne sich um die Erde bewegt? Sehe ich sie nicht am Morgen hier aufgehen und am Abend dort drüben untergehen? Ihr Büchermenschen könnt doch Old Tatum nicht zum Narren halten.“

Welch große Leuchte, so fuhr Schurz im Senat fort, wäre Old Tatum wohl in der neuen Schule der Wirtschaftsexperten hier in diesem Senatssaal? Er hätte die Theorie vor die Hunde geworfen! Es gibt so viele Menschen in den USA, würde Old Tatum sagen, die Geld brauchen. Aber es gibt nicht genügend Geld. Was kann man dagegen tun? Wir müssen eben so viel Geld drucken, bis wir genügend davon haben. Natürlich könnte man ihm erwidern: „Mr. Tatum, diese Geldscheine sind kein richtiges Geld, es handelt sich nur um Versprechen, Geld zu zahlen. Je mehr man davon druckt, umso weniger wird es wert sein. Und je weniger es wert ist, desto weniger kann man im Geschäftsleben damit anfangen.“ Aber das würde Old Tatum nicht stören. Er würde sagen: „Sind diese Papiernoten nicht Dollars? Kann ich denn mit meiner Brille nicht lesen, daß dort steht: ein Dollar, zehn Dollar, hundert Dollar? Sind diese Papierdollars nicht Geld und damit Kapital? Muss das nicht jeder einsehen?“

Mit kurzweiligen Vergleichen griff Schurz auch die These seiner Gegner an, daß die Inflation gerade dem kleinen Mann zugute komme, weil dieser gewöhnlich der Schuldner sei und nicht der Gläubiger. Wer sind die Schuldner, wer die Gläubiger in diesem Land? Die Senatoren möchten doch einmal in ihren eigenen Haushalt schauen: nur sie selbst, die Senatoren, seien die Schuldner, nicht dagegen das Hauspersonal. Dieses habe nicht genügend Kredit, um Schulden machen zu können. In Wahrheit seien die kleinen Leute alle kleine Gläubiger. Sie seien es nämlich, die ihre kleinen Ersparnisse zur Sparkasse brächten, und damit im Falle einer Inflation den Schaden hätten.

Schurz' Kampf im Senat blieb vergeblich. Der Gesetzentwurf wurde gebilligt. Zu seiner großen Erleichterung legte Präsident Grant jedoch sein Veto ein. Das versöhnte Schurz zu einem guten Teil mit dem Mann, mit dem ihn sonst nichts mehr verband. Ein Gesetz, das im Kongreß im Januar 1875 eine Mehrheit fand[173], sollte mittelfristig die Rückkehr zum Goldstandard einleiten.

Das Ende des Mandats

Inzwischen standen in Missouri die Gouverneurs- und Parlamentswahlen heran. Da es damals das Parlament des Einzelstaats war, das die beiden Senatorensitze besetzte, die jedem Staat in Washington zustanden, ging es für Schurz nach Ablauf seiner sechsjährigen Amtszeit im Senat auch um die Frage seiner Wiederwahl. Schon im Mai hatte eine ihm wohlgesonnene Tageszeitung aus St. Louis, die sich etwas mißverständlich „Republican“ nannte, auf diese Konsequenz hingewiesen. Sie hatte Schurz' Verdienste hervorgehoben und war in einem Leitartikel dafür eingetreten, ihn in einer parteiübergreifenden Aktion wieder nach Washington zu entsenden. Seine Aussichten standen allerdings schlecht. Dies hatte nicht nur mit Parteipolitik zu tun, sondern auch mit seinem energischen Eintreten für eine im ländlichen Westen unpopuläre Währungspolitik, die an einem durch Gold gedeckten Dollar festhielt.

Schurz machte sich in dieser Hinsicht keine Illusionen. Von der Republikanischen Partei, die ihn 1869 auf den Schild gehoben hatte, konnte er als Abtrünniger nichts mehr erwarten. Sein Freund Emil Preetorius hatte ihm geschrieben, daß die Republikaner ihn haßten. Er erwiderte, daß er sich über Dankbarkeit in der Politik nie irgendwelchen Täuschungen hingegeben habe. Mit etwas bitterer Ironie meinte er, er wäre bei den Republikanern wohl nicht so verhaßt, wenn er sie nicht durch seine auf eigene Kosten erwiesenen Freundschaftsdienste zu Dankbarkeit verpflichtet hätte. Er war entschlossen, die von den Republikanern abgespaltene Missouri People's Party zu unterstützen, die sich mit der Demokratischen Partei in dem Ziel einig wußte, die verbreitete Korruption zu bekämpfen, die unter dem Namen *Grantism* bekannt geworden war. Im September begann er mit seinem Wahlkampf. Am 24. September hielt er für die Missouri People's Party in St. Louis eine vielbeachtete Rede über die großen zur Entscheidung anstehenden politischen Fragen.[174]

Die Republikaner erlitten bei der Wahl im November eine schwere Niederlage. Als Siegerin ging aber nicht die People's Party, sondern die Demokratische Partei hervor, die nunmehr über die Mehrheit in beiden Häusern der Legislative Missouris verfügte. Auf den im März 1875 vakant werdenden Sitz im Senat wählten die Demokraten den ehemaligen Südstaatengeneral Francis M. Cockrell, der diesen Sitz nach viermaliger Wiederwahl bis 1905 innehaben sollte.

Für Schurz neigte sich die Zeit im Senat damit ihrem Ende zu. Nach einer Vortragsreise im November, mit der er sein Einkommen aufbesserte, kehrte er nach Washington zurück. Am 11. Januar 1875 hielt er im Senat seine letzte Rede.[175] Sie befaßte sich mit den Problemen des Südens, insbesondere dem Eingreifen von Bundestruppen in New Orleans, das er - wie schon im Wahlkampf – scharf verurteilte. Schurz dachte nun daran, seine aktive Laufbahn als Politiker zu beenden und sich endlich den historischen Studien zu widmen, insbesondere eine politische Geschichte der Vereinigten Staaten von Amerika zu verfassen, wie er es sich schon in London vor seiner Auswanderung vorgestellt hatte. Für ein solches Werk sei, so hatte ihm ein Verleger in Philadelphia mitgeteilt, mit großer Nachfrage zu rechnen.

Zunächst aber musste er mit seiner Familie wieder nach Europa reisen. Margarethe, die ihre Abneigung gegen St. Louis nicht hatte überwinden können und deshalb in Washington geblieben war, befand sich wieder bei schlechter Gesundheit. Ein Aufenthalt in der Schweiz sollte ihr helfen.

Vor seiner Abreise durfte Schurz noch erfahren, daß sein Ansehen durch seine politische Niederlage nicht gelitten hatte. In Zeiten schlimmster Korruptionsaffären hatte er den Ruf eines integren Politikers, der in politischen und wirtschaftlichen Fragen gleichermaßen sattelfest war und mit seinem Elan die Massen anziehen konnte. Immer noch galt er wie selbstverständlich als der Sprecher der Deutschamerikaner. Dies zeigte sich kurz vor seiner Abreise nach Europa in den großen Ehrungen, die ihm überraschend zum Ende seines Wirkens als Senator zuteil wurden. Schon in St. Louis wurde er am 16. April 1875 mit einem großen Fest verabschiedet. Am 27. April fand zu seinen Ehren in New York im Ballsaal des Restaurants Delmonico ein Abendessen statt, zu dem sich über zweihundert Gäste eingefunden hatten, mit illustren Vertretern aller politischen Richtungen sowie von Größen aus Wirtschaft und Kultur. Am Tag darauf wurde im gleichen Saal für ihn ein „German Dinner" gegeben. Hier wurden die Reden in deutscher Sprache gehalten. Schurz schloss seine Dankesworte mit dem Satz: „Ich liebe mein Vaterland, aber das mindert nicht meine Liebe zu Amerika." Zum Abschluß nahm er noch die Ehrung durch deutschamerikanische Vereine entgegen, die – angeführt von einer Blaskapelle – in einem Fackelzug aufmarschiert waren. Nachdem ein Gesangverein deutsche Lieder dargeboten hatte, hielt er noch eine kleine Rede, mit der er den Abend abschloss.

An diesen letzten Tagen vor seiner Abreise war deutlich zu erkennen, daß Schurzens politische Karriere noch keineswegs zu Ende war. In einer kleinen Runde traf er sich noch mit seinen politischen Freunden, den Reformern. Dort wurden bereits Fragen der Strategie in Bezug auf die nächsten Präsidentschaftswahlen besprochen, die im November des kommenden Jahres anstanden. Von einer eigenen Partei war keine Rede mehr. Sie wollten jetzt als

„Unabhängige“ („*Independents*“) auf die großen Parteien Einfluß nehmen. Mit einem indianischen Namen für einen unabhängigen Weisen, der dem Häuptling seine Ratschläge gab, nannte man sie allgemein die “Mugwumps“.

Ausklang in Deutschland

Die Schiffsreise nach Europa endete zunächst bei Margarethes Familie in Hamburg. Selbstverständlich war der deutschen Reichsregierung die Ankunft des prominenten Deutschamerikaners bekannt. Schurz erhielt eine gemeinsame Einladung der Präsidenten des Deutschen Reichstags und des Preußischen Landtags nach Berlin. Ihm zu Ehren wurde im Hotel St. Petersburg ein Bankett veranstaltet, an dem hervorragende Vertreter aus Politik und Wissenschaft teilnahmen, darunter der Pathologe Rudolf Virchow und der Historiker Theodor Mommsen. Im Juli machte Schurz einen Abstecher nach London und begab sich anschließend mit Margarethe zur Kur nach Thusis im Schweizer Kanton Graubünden.

Schon nach kurzer Zeit erreichten ihn dort Bitten seiner Freunde, er möge umgehend in die USA zurückkehren, um im Wahlkampf um das Amt des Gouverneurs von Ohio mitzuwirken. Besonders Charles Francis Adams bedrängte ihn, weil der Ausgang dieser Wahl eine Vorentscheidung in der Währungsfrage bringe. Der gegenwärtige Gouverneur Allen, der sich für die Demokraten zur Wiederwahl stellte, war ein Vertreter des weichen Geldes. Wenn er sein Amt erfolgreich verteidige, wäre dies ein schwerer Schlag für die Unabhängigen. „If we don’t kill him, he will kill us.“ Deshalb müsse der Kandidat der Republikaner, Rutherford B. Hayes, unterstützt werden. Die einzige Waffe, die erfolgversprechend sei, seien die deutschen Stimmen. Diese aber könne nur Carl Schurz mobilisieren. Seine Anwesenheit in Ohio sei deshalb dringend notwendig.

Schurz zögerte. Nach allem, was er von Hayes gehört hatte, hielt er ihn zwar für einen Kandidaten, der seine Unterstützung verdiente. Er sah aber keinen dringenden Grund, in den Wahlkampf einzugreifen. Am 22. Juli schrieb er an Adams[176], die Unabhängigen würden sich zu voreilig auf eine der Parteien festlegen. Sie müßten vielmehr beide Parteien dazu bringen, sich um ihre Unterstützung im späteren Präsidentschaftswahlkampf zu bemühen. Die Freunde ließen jedoch nicht locker. Immer wieder erhielt er dringende Post. Am 18. August versicherte er Adams schließlich, er werde am nächsten Tag die Rückreise antreten. Er werde versuchen, für sich eine Schiffskabine für die erste Septemberwoche zu reservieren.

Margarethe konnte die Strapazen einer langen Reise noch nicht auf sich nehmen. Sie war wieder krank geworden und überdies schwanger. Sie blieb noch mit den Kindern in Hamburg bei ihren Geschwistern, während er die Reise über den Atlantik antrat.

34. Kapitel
Das politische Comeback

Wahlkampf in Ohio für Rutherford B. Hayes

Am 27. September 1875 hielt er in der überfüllten, im Viertel der Deutschen gelegenen Turner Hall in Cincinnati seine erste Wahlkampfrede[177]. Die New York Times war von dieser Rede so begeistert, daß sie lange Passagen wörtlich abdruckte. So arbeitete Schurz sich von Ort zu Ort durch Ohio. Am 12. Oktober war Wahltag. Hayes ging als Sieger hervor. Charles Francis Adams gratulierte : der Skalp des unterlegenen Gouverneurs Allen hänge nun an Schurzens Gürtel. Die Welt werde es leider nie erfahren, aber er – Adams – sei eine wesentliche Ursache für dieses erfreuliche Ergebnis gewesen, weil er Schurz habe bewegen können, aus Europa zurückzukommen. Auch der Vorsitzende des *State Republican Committee* bedankte sich überschwenglich für Schurzens wesentlichen Beitrag zum Sieg des republikanischen Kandidaten. Er bat Schurz, ihm die Höhe seiner Auslagen bekanntzugeben, damit die Partei sie ihm ersetzen könne. Schurz – obwohl nach wie vor in Geldnöten - lehnte dieses Angebot ab. Der Erfolg sei ihm Lohn genug.

In der Tat war jetzt erreicht, was die Unabhängigen angestrebt hatten. Sie waren eine ernstzunehmende Kraft, die das Wahlergebnis beeinflussen konnte. Sie befanden sich im Aufwind.

Schweres Unglück

Mitte Oktober war auch Margarethe mit den Kindern in die USA nachgekommen. Schurz hatte für sie ein Appartement in New York gemietet. Er selbst nahm zunächst seine Arbeit in der Redaktionsstube der Westlichen Post in St. Louis wieder auf. Eine Vortragsreise führte ihn aber bald wieder an die Ostküste.

Kurz nach der Jahreswende brach über die Familie schweres Unglück herein. Erst wurde Schurz zu seinem schwerkranken Vater nach Monee in Illinois gerufen. Schurz' Eltern lebten dort bei der Familie seiner älteren Schwester Anna. Bei seinem Besuch hatte er den Eindruck, sein Vater, der in seinem 79. Lebensjahr stand, werde sich wieder erholen. Kaum war er aber nach New York zurückgekehrt, erreichte ihn die Todesnachricht. Am 17. Februar war sein Vater gestorben.

In New York lag zu dieser Zeit die hochschwangere Margarethe auf dem Krankenbett. Sie wurde am 5. März von einem Jungen – Herbert – entbunden. Die Geburt hatte sie völlig entkräftet. Am 16. März starb auch sie. Sie war nur 42 Jahre alt geworden.

Die Trauerfeier am 18. März fand im engsten Familien- und Freundeskreis in der Schurz'schen Wohnung statt. Zwischen zwei Trauerliedern, gesungen von einem Chor der Liederkranz-Society, sprach der mit der Familie bekannte Reverend Frothingham. Die Verstorbene habe gerne zurückgezogen gelebt, sei aber immer fröhlich gewesen. Sie habe an der Neuen Welt Gefallen gefunden. Ob in einer stillen Stadt im Westen oder im unruhigen Washington, sie sei immer die Gleiche geblieben, voll edler Gefühle, großzügig und verständnisvoll.

Schon weil eine Trauerrede die Hinterbliebenen trösten soll, war ein tieferes Eingehen auf Margarethes Lebenswirklichkeit nicht angebracht gewesen. Durch das, was sie unerwähnt ließ, ging diese Rede aber doch etwas an der Realität vorbei. Richtig ist: Margarethe hatte für ihre Familie gelebt. Sie war die wichtigste Stütze ihres Mannes. Dies blieb sie auch, wie beider Briefwechsel zeigt, in den vielen und oft auch langen Zeiten, in denen sie zu ihrem großen Kummer von ihrem Mann getrennt war. Im Januar 1869 hatte sie von Wiesbaden aus die Frau ihres Neffen Willy Westendarp, die ebenfalls unter der Trennung von ihrem Mann litt, mit dem Hinweis auf ihre eigene Lage zu trösten versucht:

„O! wenn ich Dir erzählen würde wie diese ersten Trennungen nach einem Jahr des ruhigen Glücks, mit ein paar Tagen der Trennung anfing, wie dann allmählig oft Wochen daraus wurden und dann Monate! Ich litt jedesmal so unbeschreiblich, daß selbst die Ärzte sagten, diese tiefen Gemüths-Aufregungen dürften sich nicht oft wiederholen! Ich schlief nämlich nie wenn Carl fort war, sah ihn immer in Gefahr und Noth und rieb mich vor Angst ganz auf! ... Dann kam das schaurigste von Allem, der Krieg. 3-4 Jahr, sah ich meinen Geliebten nur wochenweise in großen Zwischenräumen – und doch ... trotz aller Kämpfe und Entbehrungen, ich habe immer versucht nicht allein an mich zu denken, sondern ihn so viel es ging ungebunden und frei seinen Weg gehen zu lassen! Ich wußte bestimmt, daß selbst unsere große Liebe in einem beständigen sich Ansehn und in einem gänzlichen Abschließen von der Außenwelt allmählig alltäglich geworden wäre!“[178]

Und: Margarethe war auch krank. Die Ärzte konnten die Ursache ihres chronischen Leidens und ihrer immer wieder auftretenden Depressionen nicht erklären. Es handelte sich keineswegs, wie Carl vor der Auswanderung ihrem Bruder gegenüber diagnostiziert hatte, um bloße Folgen der Langeweile einer Tochter aus wohlhabendem Hause, einer Langeweile, die durch die in Amerika auf sie wartenden Aufgaben beendet würde. Margarethe litt vielmehr an einer ernsten chronischen Krankheit, die sich durch ihre Aufenthalte in der Schweiz und in Wiesbaden lindern, aber nicht heilen ließ. Hinzu kam ihr Heimweh, das durch die oft monatelange Abwesenheit Carls noch gesteigert wurde. Vielleicht weigerte sie sich deshalb so entschieden, nach St. Louis am Mississippi zu ziehen, weil sie an der Ostküste näher an Europa lebte. Vielleicht fehlte ihr auch das kulturelle Umfeld, das sie in der Großstadt Hamburg gewöhnt war, und für das ihr der amerikanische Mittelwesten mit seinen einfacheren Vergnügungen – anders als ihr Mann dies in seinen Briefen nahelegte – keinen Ersatz bot. Fünfmal war sie in beschwerlichen Fahrten – zunächst noch in der Zeit der Segelschiffe – nach Europa gereist. Zweimal war sie länger als ein Jahr, einmal sogar mehr als zwei Jahre mit den Kindern dort geblieben.

So war es nur konsequent, daß sie nach einer vorübergehenden Bestattung im New Yorker Friedhof Greenwood nach Hamburg überführt und bereits am 3. Juli 1876 im Grabgewölbe der Familie Meyer auf dem St.-Petri-Friedhof beigesetzt wurde. 1914 wurden ihre sterblichen Überreste auf den Ohlsdorfer Friedhof umgebettet. Seit 1965 ist die Grabstätte allerdings oberirdisch geräumt.[179] Margarethe liegt nun unter einer bloßen Rasenfläche, versteckt und umrahmt von großen Büschen.[180] Kein Stein, kein Schild, kein Hinweis - nichts erinnert dort an sie. Man kann nicht einmal erkennen, daß dort Menschen begraben liegen.

Ein lebhaftes Bild von Margarethe hat man nur noch in Watertown, Wisconsin. Die Watertown Historical Society gedenkt in dieser Stadt durch eine Erinnerungstafel der Gründung des ersten Kindergartens in Amerika durch „Margarethe Meyer Schurz“ im Jahre 1856. Am 27. August 2006 feierte Watertown in Gegenwart des Erziehungsministers von Wisconsin und zahlreicher Honoratioren den 150. Jahrestag dieses Ereignisses.

Carls Mutter, als Witwe nunmehr auch alleinstehend, zog von Monee in Illinois nach St. Louis, um dort, wo Carl nach wie vor als Herausgeber der Westlichen Post tätig war, mit den großen Töchtern für die beiden kleinen Kinder Carl Lincoln und Herbert zu sorgen.

„Es gibt für einen Kummer wie diesen“, schrieb Schurz vier Wochen nach Margarethes Tod einem Kondolenten, „keinen wirklichen Trost. Er muss ertragen werden. Der Verlust der Gefährtin der Jugendzeit ist kein Trauerfall wie jeder andere. Der beste Teil des eigenen Lebens ist verloren gegangen. Die Freuden der Vergangenheit werden verdunkelt durch Trauer, und die Zukunft erscheint hohl und leer. Ich werde es ertragen lernen, meine ich, und mich auf die Pflichten des Lebens konzentrieren und sie erfüllen, so gut ich kann.“ Seinem jungen Freund Henry Cabot Lodge schrieb er: „ Die Schönheit des Lebens ist vorbei“; er werde sich dennoch bemühen, sich nützlich zu machen.

Der Aufruf der Unabhängigen

Schurz stürzte sich in die Arbeit. Er war der unbestrittene Führer der Unabhängigen. Die Notwendigkeit von Reformen war weithin akzeptiert, der Kampf gegen die Korruption allgemein für dringend notwendig gehalten. Ein neuer Skandal bewegte die Öffentlichkeit. Am 2. März war ein Mitglied der Bundesregierung, der Kriegsminister Belknap, im Senat angeklagt worden, weil er Schmiergelder angenommen hatte. Mit seinen Freunden von den Unabhängigen bemühte Schurz sich nun weiter um Gleichgesinnte, die – unabhängig von jeder Parteilinie – Einfluß nehmen sollten auf die anstehenden Präsidentschaftswahlen, und zwar auf die Wahlprogramme der Parteien ebenso wie auf die Auswahl der Kandidaten.

Schurz entwarf den Aufruf zu einer Konferenz in New York. Dort versammelten sich am 15. Mai etwa 200 Personen im 5th Avenue Hotel. Den Vorsitz übernahm der Präsident der Yale University, Theodore D. Woolsey. Sekretär der Veranstaltung war der Harvard-Student Henry Cabot Lodge, der später als Senator einer der einflußreichsten Konservativen der amerikanischen Politik werden sollte. Die Versammlung wählte ein Komitee, dem die Ausarbeitung eines Resolutionsentwurfs oblag. Vorsitzender des Komitees war Carl Schurz..

Am nächsten Tag lag der von Schurz verfaßte und von seinem Komitee gebilligte Resolutionsentwurf mit der Überschrift „*Address to the People*" der Versammlung vor[181]. Der Text nahm eingangs Bezug auf die sich ausbreitende Korruption, die ausgerechnet das Jahr verdunkle, in dem die Vereinigten Staaten den hundertsten Jahrestag der Unabhängigkeitserklärung feierten. Es gelte jetzt, alle Anstrengungen zu unternehmen, um den guten Namen der Nation zu retten. Es folgten die Prüfsteine für die kommenden Präsidentschaftswahlen. Hier ging es um die endgültige Beendigung der Bürgerkriegsfolgen, um die Bindung der Währung an den Goldstandard und um die Wiederherstellung moralischer Maßstäbe in Regierung und Verwaltung, vor allem durch die Beseitigung des *spoils system* bei der Vergabe öffentlicher Ämter. Die Versammlung appellierte an alle Bürger ungeachtet einer Parteizugehörigkeit, ihre Stimme nur solchen Kandidaten zu geben, die diese Grundsätze beachteten. Sie wählte überdies ein aus fünf Personen bestehendes Ständiges Komitee, wieder mit Carl Schurz als Vorsitzendem, das nach Abschluß der Tagung an die Stelle der Versammlung treten sollte.

Mit großer Spannung wurde nun die Aufstellung der Präsidentschaftskandidaten durch die beiden großen Parteien erwartet. Am 14. Juni trat die *National Convention* der Republikanischen Partei in Cincinnati, Ohio, zusammen, um ihren Präsidentschaftskandidaten zu wählen. Schurz war bei dieser Versammlung anwesend, hielt sich aber im Hintergrund. Es war zunächst ungewiß, ob nicht einer der bekannten Favoriten das Rennen machen würde. Für völlig inakzeptabel hätte Schurz den Bewerber James G. Blaine gehalten, einen begnadeten Redner, der die Massen mitreißen konnte. Blaine war wenige Tage vor Beginn der Konferenz unter starken Korruptionsverdacht geraten. Es hieß, er habe sich in seinem politischen Amt als Sprecher des Repräsentantenhauses bereichert. Nach mehreren Wahlgängen wich die Versammlung auf den Bewerber aus, der auf nationaler Ebene noch keine Rolle gespielt hatte, nämlich den Governeur von Ohio Rutherford B. Hayes, für den Schurz im Jahr zuvor in den Wahlkampf um das Gouverneursamt gezogen war.

Zwei Wochen später, es war der Tag, an dem Schurz an der Harvard-Universität die Würde eines Ehrendoktors der Rechte verliehen wurde, wählte in St. Louis, Missouri, auch die Demokratische Partei ihren Präsidentschaftskandidaten. Siegreich war Samuel J. Tilden, der Gouverneur des Staates New York. Er hatte sich durch die Zerschlagung zweier mafia-ähnlicher Gangstervereinigungen einen Namen gemacht, die mit Verwaltung und Gerichten in New York verwoben waren und in großem Maßstab öffentliche Gelder in ihre privaten Kassen geleitet hatten.

Die Kandidaten beider Parteien erfüllten die Anforderungen, die die Unabhängigen in ihrer „*Address to the People*" aufgestellt hatten. Das Ständige Komitee beschloss am 30. Juni, für keinen von ihnen eine besondere Empfehlung abzugeben. Jeder sollte selbst entscheiden, welchen Kandidaten er bevorzugte. So kam es, daß die Unabhängigen gespalten waren und teils für Tilden, teils für Hayes votierten.

Schurz im Präsidentschaftswahlkampf für Hayes

Schurz hatte sich schon früh und ohne zu zögern für Hayes entschieden. Dies fiel ihm umso leichter, als er, um die Sache der Unabhängigen zu fördern, bereits im Jahr zuvor den ihm damals unbekannten Hayes beim Kampf um das Amt des Gouverneurs von Ohio unterstützt hatte. Traditionsgemäß war Hayes bei der Nominierungsversammlung nicht anwesend gewesen. Die Erklärung, daß er die Kandidatur annehme, stand noch aus. Doch schon am 21. Juni, also noch vor der Aufstellung des demokratischen Kandidaten, sandte Schurz an Hayes einen Brief[182] mit Vorschlägen zum Inhalt einer Annahmeerklärung. Ohne eine Antwort abzuwarten, ließ Schurz am übernächsten Tag einen weiteren Brief[183] folgen. Geschickt brachte er seine Stellung als Sprecher der wichtigen Wählergruppe der Deutschamerikaner ins Spiel. In beiden Schreiben rekapitulierte er die Positionen der Unabhängigen und beschwor Hayes, diese Grundsätze nicht nur zu zitieren, sondern sie ausdrücklich als seine eigenen Überzeugungen kenntlich zu machen. Vor allem die unabhängigen Deutschen in Amerika hätten wenig Vertrauen mehr in Bekundungen von Parteien, würden aber seinen persönlichen Worten glauben.

Viele von Schurz' politischen Freunden waren erstaunt, aber auch enttäuscht, daß er so früh und so eindeutig an die Seite des republikanischen Präsidentschaftskandidaten getreten war. In einem Brief an Charles Francis Adams vom 9. Juli[184] begründete Schurz seine Entscheidung für Hayes damit, daß die Unabhängigen bei Hayes auf dessen Politik Einfluß nehmen könnten; Tilden halte er zu sehr für einen Demagogen und Drahtzieher des Parteiapparates als für einen prinzipientreuen Politiker. Als die gegen ihn gerichteten Vorwürfe noch nach Wochen nicht verstummen wollten, nahm Schurz einen kritischen Artikel der deutschsprachigen New Yorker „Staats-Zeitung" zum Anlaß, seine Entscheidung auch öffentlich zu verteidigen. Dem Herausgeber dieser Zeitung, der ebenfalls zu den Unabhängigen zählte, trug er in einem langen Schreiben seine Gründe vor. Darüber hinaus rechtfertigte er sich am 31. August in Cincinnati in einer öffentlichen Rede[185], in der er sich wiederum für Hayes aussprach. Nicht jeder ließ sich überzeugen. So enge Kampfgefährten wie die Adams-Brüder und Henry Cabot Lodge hielten weiterhin zu Tilden. Am 4. September schrieb Henry Adams an Lodge in ironischem Ton, daß Schurzens Führungsrolle ja nun wohl beendet sei. Ein Führer, der seine Gefolgschaft auf diese Art und Weise behandle, sei in Wahrheit nur ein Irrlicht. Er hoffe, Schurz werde den ersehnten Platz im Kabinett erhalten, aber darüber hinaus vergessen, daß seine Freunde gearbeitet hatten, um ihn zu ihrem partei-unabhängigen Führer zu machen. Die Unabhängigen oder Liberal Republicans hatten damit ihren Zusammenhalt verloren. Sie hatten sich von selbst aufgelöst.[186]

Hayes wird Präsident

Am 7. November fand die Präsidentschaftswahl statt. Das Wahlergebnis ließ allerdings noch Monate auf sich warten. Erst am 2. März des folgenden Jahres, einen Tag vor dem Termin zur Vereidigung des neuen Präsidenten, entschied eine unabhängige Wahlkommission zugunsten Hayes. Der Entscheidung der Kommission waren informelle Verhandlungen der Parteien vorausgegangen. Offenbar hatte die Demokratische Partei sich damit zufrieden gegeben, daß ihren Vertretern aus den Südstaaten die Selbstregierung der Einzelstaaten ohne Einmischung der Union und ein vollständiges Ende der Militärverwaltung in Aussicht gestellt wurde, ebenso die Aufnahme des demokratischen Senators David M. Key aus Tennessee in das Kabinett in Washington.

Den ganzen Winter über hatte Schurz mit Hayes in regem Briefverkehr gestanden. Hayes hatte ihm erklärt, er müsse über seine Antrittsrede und über die Zusammensetzung seines Kabinetts nachdenken. Zu diesen Fragen würde er gerne die Meinung seiner Freunde hören.

Schurz reagierte sofort. Er empfahl Hayes dringend, in seiner Antrittsrede klar und offensiv das Wahlprogramm zu vertreten. Auf mehreren Seiten entwarf er die Rede in ihren wesentlichen Punkten. In einem weiteren Brief machte er Hayes sodann die erbetenen Vorschläge zur Zusammensetzung des Kabinetts. Von sich selbst sagte Schurz kein Wort. Es gab aber andere, die für ihn sprachen. Sein Freund *Murad Halstead*, Journalist in Cincinnati, teilte ihm am 16. Februar mit[187], er habe Hayes in einer dreistündigen Unterredung dringend empfohlen, ihn – Carl Schurz – in das Kabinett aufzunehmen, entweder als Außen- oder als Innenminister. Das Innenministerium sei für ihn wohl am besten geeignet. Vier Tage später schrieb Halstead erneut[188]. Er habe nochmals mit Hayes gesprochen. Seine Antwort sei sehr günstig gewesen. Gleichwohl sah Halstead genügend Anlaß, um Schurz zu fragen, ob er irgendeine Gefahr sehe, daß er als Mitglied des Kabinetts dort ein „unruhestiftendes Element“ sein könnte? Wie könne er mit John Sherman, dem Bruder des Generals Sherman, auskommen, der als Finanzminister im Gespräch sei?

In dieser Zeit der Anspannung ereilte Schurz die nächste Todesmeldung. Am 13. Februar war nach kurzer Krankheit seine Mutter gestorben. Zum dritten Mal binnen zwölf Monaten, so schrieb er Hayes vier Tage später, habe der Tod an seine Tür gepocht und erst seinen Vater, dann seine Frau, und jetzt seine Mutter zu sich geholt. Das seien erschütternde Schläge gewesen, von denen man sich nicht leicht erhole. Aber wie trostlos und einsam das Leben auch werden könne, die Pflichten blieben bestehen. Ihre Erfüllung erleichterten ihm das Überleben.

Am 25. Februar schrieb Hayes nun endlich an Schurz, er habe schon lange beabsichtigt, ihn einzuladen, Mitglied seines Kabinetts zu werden[189]. Er bot ihm vorrangig das Innenministerium an. Als nächstes käme das Postministerium in Betracht. Das Außenministerium wolle er William M. Evarts anbieten, dem Sproß einer alten New Yorker Familie, dessen Großvater zu den Unterzeichnern der Unabhängigkeitserklärung zählte; mit dem Finanzministerium sollte John Sherman betraut werden. Schurz war hocherfreut. Er betrachtete das ehrenvolle Angebot als ein Zeichen des Vertrauens, auf das er immer stolz sein werde. Er entschied sich für das Amt des Innenministers.

35. Kapitel
Der Innenminister

Ernennung zum Innenminister

Am 1. März 1877 trat Schurz seine Reise von St. Louis an die Ostküste an. Er begab sich zunächst nach New York, wo er bei einem seiner besten Freunde aus deutschen Revolutionszeiten, dem bekannten Kinderarzt Dr. Abraham Jacobi, den weiteren Gang der Dinge in Washington abwarten wollte. Auch Hayes war am 1. März abgereist. Er hatte sich von seinem Amtssitz als Gouverneur in Ohio sogleich nach Washington begeben. Am 2. März hatte das Wahlkomitee seine Entscheidung zu seinen Gunsten getroffen. Am 3. März wurde er in kleinem Kreise im Weißen Haus vereidigt. Am 5. März fand die öffentliche Inauguration statt, bei der er seine Antrittsrede hielt. Es war im wesentlichen die Rede, wie Schurz sie entworfen hatte. Sie enthielt einen Satz, der noch oft zitiert werden sollte: Schurz hatte die Aussage empfohlen, daß er seiner Partei am besten dadurch diene, daß er dem öffentlichen Wohl diene.[190] Hayes übernahm diesen Vorschlag: „He serves his party best who serves his country best."[191]

Am 10. März erteilte der Senat den vom Präsidenten für das Kabinett vorgeschlagenen Kandidaten die notwendige Zustimmung. Schurz musste – ebenso wie Außenminister Evarts und der demokratische Südstaatler David M. Key aus Tennessee - zwei Gegenstimmen hinnehmen[192]. Noch am gleichen Tag leistete Schurz gemeinsam mit den anderen Kabinettsmitgliedern seinen Amtseid.

Das Kabinett von Präsident Rutherford B. Hayes (vorne), am Tischende Innenminister Carl Schurz. Zeitgenössische Lithographie.

Die Befürchtung auch mancher seiner Freunde, daß Schurz sich wegen seiner oft festgefügten Meinungen nicht in das Kabinett einpassen könne, erwies sich als grundlos. Zu Präsident Hayes und seiner Familie entwickelte sich eine Freundschaft, die auch nach dem Ende der Amtszeit anhielt. Ihre gegenseitige Achtung manifestierte sich nicht nur in der Zugehörigkeit des Innenministers zu dem „inneren Zirkel" im Kabinett, zu dem außer ihm noch Schatzminister John Sherman und Außenminister William M. Evarts zählten. Die First Lady, Lucy Hayes, veranstaltete gerne informelle Gesellschaftsabende, zu denen zahlreiche Freunde und Verwandte in das Weiße Haus eingeladen wurden, darunter auch viele junge Leute, die Leben in den Abend brachten.[193] Schurz war mit seinen nun schon erwachsenen Töchtern ein gern gesehener Gast, zumal er sich zur allgemeinen Freude gerne an das Klavier setzte. Einmal wurde, als Mrs. Hayes verhindert war, Schurz' Tochter Agathe gebeten, die Rolle der Gastgeberin zu übernehmen. Bis zu seinem Tod im Jahre 1893 nahm Hayes lebhaften Anteil an Schurzens öffentlichem Wirken als Journalist und Autor.

Carl Schurz spielt bei Präsident Hayes, dessen Familie und Kabinettskollegen im Weißen Haus am Klavier. Zeitgenössische Lithographie.

Das Ministerium

Nach der Leistung seines Amtseids wurde Schurz von seinem Amtsvorgänger Zachariah Chandler im Innenministerium eingeführt. Von diesem Ministerium hieß es, daß dort alle Sachgebiete versammelt seien, für die sich kein anderes Ministerium interessiert habe. In der Tat war es schwer, das übergreifende Kriterium zu benennen, das als das gemeinsame Dach der dort ausgeübten Tätigkeiten bezeichnet werden konnte.

Das Ministerium gliederte sich in vier größere Abteilungen und einige kleinere Ämter. Die größeren Abteilungen waren das Patent Office mit 89 Prüfern, die jedes Jahr mit etwa 400 Sekretären und Gehilfen rund zwanzigtausend Patentanträge bearbeiteten und dreizehntausend Patente erteilten; das Pension Office mit etwa 350 Angestellten in Washington und 18 regionalen Agenten, das insbesondere für die Renten der Kriegsversehrten des Bürgerkriegs zuständig war; das General Land Office, das mit 156 Angestellten in Washington und mit 90 regionalen Außenstellen das gewaltige öffentliche Grundvermögen verwaltete und im Rahmen der Siedlungspolitik verkaufte; schließlich das Office of Indian Affairs mit 50 Sachbearbeitern in Washington und 69 Agenturen vor Ort, deren Aufgabe in der Verwaltung der Indianerreservate bestand. Auch die Verwaltung der riesigen Territorien im Westen, die noch nicht zu Staaten erhoben waren, und die Sorge für die Liegenschaften der Union in Washington zählten zu den Aufgaben des Innenministeriums.[194]

Beendigung der Reconstruction im Süden

Das Problem, das die neue Regierung als erstes in Angriff nahm, fiel allerdings nicht in den Geschäftsbereich des Innenministeriums. Es war die Herstellung eines neuen Verhältnisses zum Süden. Insoweit war der Kompromiß auszuführen, der mit der Demokratischen Partei als Gegenleistung für deren Anerkennung des Wahlsiegs des republikanischen Kandidaten Hayes vereinbart worden war. Als Zeichen einer neuen Politik, die den Süden nicht mehr durch militärische Präsenz der Union auf den rechten Weg bringen, vielmehr dessen Recht auf Selbstbestimmung (*home rule*) achten wollte, befahl Hayes die Unionstruppen, die in South Carolina und Louisiana noch um die Parlamentsgebäude stationiert waren, in die Kasernen zurück.[195] Die im Süden so verhaßte Politik der *Reconstruction* war damit sichtbar beendet. Es war allerdings nur der Schlußpunkt einer Entwicklung, die schon unter Präsident Grant eingesetzt hatte. Tilden hätte bei den Präsidentschaftswahlen nicht die hohen Wahlsiege im Süden erringen können, wenn die schwarze Bevölkerung nicht von den Wahlurnen ferngehalten worden wäre.. Nicht nur schlossen gesetzliche Vorschriften der Einzelstaaten, die etwa Analphabeten das Wahlrecht versagten, von vornherein achtzig Prozent der früheren Sklaven von den Wahlen aus. Die Unionstruppen waren auch nicht gegen die massive Einschüchterung der schwarzen Bevölkerung – etwa durch den Ku Kux Klan - und die damit einhergehenden Wahlmanipulationen eingeschritten

Der Norden beschäftigte sich jetzt nur noch mit seinen eigenen Sorgen. Die wirtschaftliche Depression, die seit dem Bankenkrach von 1873 angehalten hatte, kulminierte in dem großen Streik, der im Sommer 1877 mit der Arbeitsniederlegung der Eisenbahnarbeiter in West-Virginia begann. Die Arbeiter protestierten gegen die zweite Lohnkürzung, die ihnen innerhalb eines Jahres zugemutet wurde. Durch Sympathiestreiks weitete sich der Streik schnell über das gesamte Industriegebiet aus. Es kam zu gewalttätigen Ausschreitungen, zu deren Bekämpfung die Regierung Unionstruppen einsetzte. Am 29. Juli hatten diese den Streik mit Waffengewalt niedergeschlagen. Mit dem Gegensatz von Kapital und Arbeit und der Frage nach der Rolle des Staats gegenüber freier wirtschaftlicher Tätigkeit war jetzt ein neues Kapitel nationaler Politik aufgeschlagen; der Süden stand nicht mehr im Vordergrund des politischen Interesses, die schwarze Bevölkerung wurde schutzlos der *home rule* durch die Weißen überlassen.[196]

Immerhin: gegen Ende ihrer Amtszeit gelang es der Regierung Hayes, der Wirtschaft bei reichlich vorhandenem Kapital und niedrigen Zinsen zu einer neuen Blüte zu verhelfen.[197] Im Kampf gegen die Inflation hatte die Regierung – so sah es jedenfalls Schurz – das Vertrauen der Geschäftswelt und insbesondere der Industrie zurückgewonnen..

Die Reform des öffentlichen Dienstes (Civil Service Reform)

Schon in der ersten Kabinettssitzung am 12. März 1877 stand die Civil Service Reform auf der Tagesordnung. Schurz und Evarts wurden beauftragt, eine entsprechende Regelung zu entwerfen. Einige Eckpunkte waren ihnen vorgegeben. Für die Anstellung der

Bewerber war eine Prüfung vorzusehen; höhere Ämter waren nicht von außen, sondern durch Beförderungen zu besetzen.

Schurz hatte in so vielen öffentlichen Reden und Presseartikeln wie auch im Senat das Beutesystem bekämpft und für einen leistungs- und wettbewerbsbezogenen öffentlichen Dienst gestritten. Jetzt sah er die Gelegenheit gekommen, dem Land einen großen und dauerhaften Dienst zu erweisen. Er führte im gesamten Geschäftsbereich des Innenministeriums die Regeln ein, die den genannten Prinzipien entsprachen. Einstellung, Beförderung und Kündigung durften nicht mehr von parteipolitischer Protektion abhängig sein.

Präsident Hayes unterstützte diese Bemühungen. Als sichtbares Zeichen setzte er eine Kommission ein, die offenbare Mißstände in der Zollbehörde von New York untersuchen sollte. Als diese Kommission wenig später vorschlug, die Kontrolle des Zollamts durch die New Yorker Parteizentrale der Republikaner zu beenden, hatte sich Hayes allerdings den New Yorker „Boss“ seiner eigenen Partei, den Senator Roscoe Conkling, zum Feind gemacht. Das New York Custom House war das stärkste politische Machtinstrument, über das die Partei verfügte. Es war die größte der 135 in den amerikanischen Hafenstädten errichteten Zollbehörden. Von den 281 Millionen Dollar Einnahmen im Unionshaushalt von 1877 fielen auf den Zoll 131 Millionen und auf die Steuern 119 Millionen Dollar.[198] Einkommenssteuern gab es noch nicht. Das New York Customs House verbuchte 70 Prozent der gesamten nationalen Zolleinnahmen. Sein Leiter bezog ein Jahresgehalt von 12.000 Dollar und damit um 4.000 Dollar mehr als der Finanzminister.[199]

Die Versuche, die Civil Service Reform voranzutreiben, für die Carl Schurz die treibende Kraft war[200], wurden nun zu einem Kräftemessen zwischen der Regierung Hayes und Conkling, der als Vorsitzender des zuständigen Senatsausschusses die für die Besetzung der Spitzenpositionen im öffentlichen Dienst notwendige Zustimmung des Senats hintertreiben konnte.

An ein vom Kongreß zu beschließendes Gesetz zur Reform des öffentlichen Dienstes war bei diesen unsicheren Abstimmungsverhältnissen nicht zu denken. Zur Befriedigung der Reformer erließ Präsident Hayes aber am 22. Juni 1877 eine regierungsinterne Regelung, die Civil Service Order, die den im öffentlichen Dienst Beschäftigten die aktive Teilnahme an Wahlkämpfen ebenso verbot wie den Parteien das üblich gewordene Einsammeln von Parteispenden bei den Beschäftigten. Diese Vorschrift konnte zwar von jedem späteren Präsidenten zurückgenommen werden. Ihre Ausführung war jedoch ein Schritt in die richtige Richtung und diente als Beweis dafür, daß die günstige Wirkung einer der Allgemeinheit und nicht der jeweils herrschenden Partei verpflichteten Praxis nicht nur ein Hirngespinst weltfremder Reformer war, sondern tatsächlich erreicht werden konnte. [201]

In seinem eigenen Ministerium wurde Schurz sogleich aktiv, um dem besonders schlechten Ruf zu begegnen, in den die Abteilung für Angelegenheiten der Indianer durch Vetternwirtschaft, Korruption und Unfähigkeit geraten war. Etliche seiner Indianer-Agenten, die vor Ort die Regierung repräsentierten, sollten sich in den sogenannten *Indian Rings* mit den Händlern und Lieferanten der Indianerstämme zusammengefunden und auf Kosten der Indianer Gewinne durch überhöhte Preise und minderwertige Lieferungen erzielt haben.

Im Juni 1877 setzte Schurz einen Untersuchungsausschuß ein, der eine Reihe von Korruptionsfällen aufdeckte, ebenso Mängel in der Aufsicht und Kontrolle durch die zuständigen Beamten des Ministeriums. Noch während der Ausschuß tätig war, lösten seine Untersuchungen ein Revirement aus, das zuletzt auch die Zentrale erreichte. Dieses längst angebrachte Durchgreifen erregte großes Aufsehen, zumal Schurz der einzige Minister war, der Ausnahmen von den angeordneten Grundsätzen nicht zuließ.[202] Er stärkte dadurch sein Ansehen in der Öffentlichkeit als konsequenter und unbestechlicher Reformer. Hayes und ihm war es zu verdanken, daß das *spoil system* schließlich in der öffentlichen Meinung ausgedient hatte. Nur den Führungen der politischen Parteien musste noch bewußt werden, daß sie den Reformern nicht mehr ohne Schaden für sich selbst Widerstand leisten konnten.[203]

36. Kapitel
Schutz von Natur und Landschaft

Sehr früh befaßte Schurz sich auch mit dem bis dahin vernachlässigten Natur- und Landschaftsschutz, insbesondere dem Schutz der riesigen Wälder des nordamerikanischen Kontinents. Schurz stellte bei seinen Reisen im Lande fest, daß der Raubbau am Wald geradezu groteske Formen angenommen hatte, und er befürchtete, daß es den Wäldern schließlich ergehen würde wie den Büffelherden, die innerhalb weniger Jahrzehnte ausgerottet waren. Die Schuld am Rückgang der Wälder fand er zum einen bei den Holzfällern, Siedlern und Bergleuten, die sich nirgends darauf beschränkten, das von ihnen wirklich benötigte Holz zu schlagen, sondern die bei dieser Tätigkeit ganze Berghänge verwüsteten. Dann die Holzdiebe, die in den öffentlichen Wäldern in großem Ausmaß Holz schlugen, um es in andere Länder zu exportieren. Schließlich seien es die Jäger und Goldsucher, deren unbeaufsichtigte Lagerfeuer und Kochstellen verheerende Waldbrände verursachten. Begünstigt werde diese Art des Vandalismus durch eine gleichgültige Öffentlichkeit, die eher an den kurzfristigen Gewinn als an die in weiterer Zukunft zu erwartenden Folgen des rücksichtslosen Raubbaus dachte.

Als Innenminister war Schurz für die Ländereien der öffentlichen Hand zuständig. Er schritt nunmehr gegen den kommerziellen Raubbau an den seinem Schutz unterstellten Wäldern ein und ließ gerichtliche Verfahren gegen die Täter einleiten. Daneben ließ er umfassende Grundregeln für die nachhaltige Bewirtschaftung der Wälder insgesamt ausarbeiten, um ihre klimatische Funktion zu erhalten und die Wüstenbildung zu vermeiden. Dazu bedurfte es allerdings eines entsprechenden Gesetzes, das der Kongreß erlassen müßte. Die Empfehlungen hierzu, die er bereits in seinem ersten Jahresbericht im Dezember 1877 an den Kongreß richtete, stießen dort aber auf großen Widerstand. Die Nutznießer des Raubbaus hatten ihre Beschützer in der hohen Politik. Seine Vorschläge wurden als die Aktion eines „Sentimentalisten" und Träumers abgetan. Zugleich wurde wieder auf seine ausländische Herkunft angespielt. Er wolle den Unterschied zwischen den engen Verhältnissen in Deutschland und der Weite und Größe des amerikanischen Kontinents nicht wahrhaben und deshalb im Land der Freiheit ein preußisches Reglement einführen.

Ein Gesetzesvorhaben konnte Schurz unter diesen Umständen nicht auf den Weg bringen, doch hatte er einen ersten Anstoß für einen umfassenden langfristigen Landschaftsschutz gegeben. Auf den Schurz'schen Vorschlägen bauten andere auf. Der Gedanke des Landschaftsschutzes und insbesondere des Schutzes der Wälder hatte schon etliche Anhänger gefunden. Zwei Jahre zuvor war die *American Forestry Association* gegründet worden, ein Jahr zuvor der *Boston Appalachian Mountain Club*, der die Berge in Neu-England im ursprünglichen Zustand erhalten wollte. Noch heute rühmt das *American Conservation Movement* Schurz' Leistung, weil er der erste Innenminister gewesen sei, der ein aktives Interesse an einem umfassenden Naturschutz gezeigt und eine weitblickende Politik des Landschaftsschutzes vertreten habe, wie etwa die Einrichtung von Waldschutzgebieten und den Aufbau einer Bundesforstverwaltung. Der nach ihm benannte *Mount Schurz*, ein Dreitausender im Yellowstone-Park, erinnert heute noch an seine Leistungen zum Schutze von Natur und Landschaft[204].

37. Kapitel
Die „Indianerpolitik"

Schurz hatte nach seinem Amtsantritt zunächst versucht, sich in die vielfältigen Aufgaben seines Ministeriums mit Blick auf die Fragen der Dienstreform einzuarbeiten. Mit der allgemeinen Politik in Bezug auf die Indianer hatte er sich nicht besonders beschäftigt, vielmehr zunächst die bereits von seinen Vorgängern initiierte Politik fortgeführt. Das war – wie er später selbst erkannte - ein schwerer Fehler.

Die Indianerreservate

„Die Geschichte unserer Beziehungen zu den Indianern" – so schrieb Carl Schurz nach dem Ablauf seines Ministeramts in der Zeitschrift *North-American Review*[205] - „besteht zum großen Teil aus gebrochenen Verträgen, ungerechten Kriegen und grausamer Ausbeutung."

Über Jahrzehnte hinweg waren die Indianerstämme skrupellos aus ihren Siedlungsgebieten und Jagdgründen gedrängt worden. Schon in den Anfängen der amerikanischen Republik war die Meinung verbreitet, daß weiße Siedler und nomadisierende Indianer nicht in Frieden nebeneinander leben könnten. Diese Auffassung verfestigte sich während der Amtszeit des Präsidenten Andrew Jackson zu einer Doktrin, die der Kongress im Jahre 1830 mit dem *Indian Removal Act* billigte. Danach sollten die Indianer von den Weißen getrennt werden; die östlich des Mississippi lebenden Stämme waren in „Reservate" jenseits des Flusses „umzusiedeln".

Nach den Vorstellungen der Politiker im Osten würden die Indianer dort ausreichend Raum finden, um nach ihrer Tradition als

Nomaden leben und der Jagd nachgehen zu können. Die riesigen Büffelherden, die durch die Prärien zogen, ließen die Frage nach ausreichender Jagdbeute gar nicht erst auftreten. Den Indianern wurde versprochen, daß sie die neuen Wohngebiete für ewige Zeiten erhielten. Eine Besiedlung der Plains bis zu den Rocky Mountains durch Weiße lag noch außerhalb jeglicher Vorstellung.

Schon die Umsiedlung in das neue „Indian territory" , die oft mit dem Wort Vertreibung treffender bezeichnet war, hatte zu gewaltsamen Auseinandersetzungen zwischen Indianern und Regierungstruppen geführt. Diese Kämpfe endeten auch nicht, als die Stämme das ihnen zugewiesene Land westlich des Mississippi erreicht hatten. Denn die Erklärung der Regierung, diese Reservate zu garantieren und zu schützen, verlor bald ihren Wert.

Zunächst führte die Entdeckung von Gold und anderen Bodenschätzen zu einem unaufhaltsamen Strom von Prospektoren, Minenarbeitern, Spielern und Abenteurern. Dann überquerten die Siedlungswilligen in ihren Planwagen den Mississippi, angelockt von einem der folgenreichsten Gesetze der amerikanischen Geschichte, dem *Homestead Act*, den Präsident Lincoln noch während des Bürgerkriegs im Jahre 1862 unterzeichnet hatte. Dieses Gesetz überließ jedem Haushaltsvorstand unentgeltlich ein Bodenareal von 160 acres (65 ha) auf bisher unbewirtschaftetem öffentlichem Grund (*public domain*), wenn er darauf eine Farm errichtete und den Boden fünf Jahre lang kultivierte. Hunderttausende nahmen dieses Privileg in Anspruch. Zur gleichen Zeit wurden die Pläne für eine transkontinentale Eisenbahn vom Mississippi bis zum Pazifik entwickelt. Eisenbahngesellschaften erhielten von der Regierung zehn Meilen breite Grundstücksstreifen zum Bau ihrer Strecken. Der Bürgerkrieg war 1865 gerade beendet, als schon die ersten Schienen gelegt wurden. Im Juli 1869 fuhr der erste Zug in sechseinhalb Tagen von Kalifornien nach New York.

Die Indianer waren gezwungen, sich vor dem Ansturm der Siedler, der Goldsucher, der Abenteurer in immer neue Reservate zurückzuziehen; nirgends fanden sie trotz der mit der amerikanischen Regierung geschlossenen Verträge eine sichere Zuflucht. Die riesigen Büffelherden waren binnen weniger Jahre verschwunden. Sie waren durch schießwütige Weiße abgeschlachtet worden. Immer wieder kam es zu Überfällen und Kämpfen, die sich zu einem jahrzehntelangen Kleinkrieg mit den verschiedenen Stämmen summierten.

Die „Umsiedlung" der Poncas

Den ersten unmittelbaren Einblick in die eigentliche Indianerpolitik erhielt Schurz nach eigenen Worten erst im Herbst 1877, als ihn eine Häuptlingsdelegation der Poncas in Washington mit ihrer jüngsten Geschichte konfrontierte[206]. Die Poncas waren ein kleiner, aus etwa 700 Personen bestehender Stamm, der bis Anfang 1877 in einem durch Vertrag mit der amerikanischen Regierung festgelegten Reservat im südöstlichen Dakota lebte. Im Jahre 1868 hatte die Regierung auch mit dem weit größeren Stamm der Sioux einen Vertrag über ein neues Reservat abgeschlossen, das – offenbar durch ein Versehen auf der Seite Washingtons – auch das Gebiet der Poncas umfaßte. In der Folge war es zu ständigen Auseinandersetzungen zwischen den kriegerischen Sioux und den Poncas gekommen. Daraufhin hatte der *Commissioner of Indian Affairs* die Umsiedlung der Poncas in das weiter südlich gelegene Omaha-Reservat vorgeschlagen. Die Häuptlinge der Poncas schienen auf Drängen des örtlichen Indian Agent zunächst damit einverstanden. Im August 1876 beschloss der amerikanische Kongreß durch Gesetz die Umsiedlung, allerdings nicht in das unweit gelegene Omaha-Reservat, sondern in das fünfhundert Meilen südlich gelegene Indian Territory im späteren Oklahoma, und stellte einen Betrag von 25.000 Dollar zur Deckung ihrer Kosten bereit. Einen Tag vor dem Amtsantitt von Präsident Hayes, am 3. März 1877, ordnete der Kongreß die Übersiedlung der Sioux in das gesamte ihnen im Vertrag von 1868 zuerkannte Gebiet an, das auch das bisherige Reservat der Poncas umfaßte.

Im April machte sich dieser Stamm auf den Weg zu dem ihm zugedachten neuen Reservat. Es wurde ein Marsch unter schlimmsten Strapazen. Eine epidemische Krankheit breitete sich aus, die bei zahlreichen der erschöpften Teilnehmer, vor allem bei den Kindern, zum Tode führte. Am Ziel angekommen, betrachteten die Häuptlinge das Reservatsgebiet als für eine dauerhafte Niederlassung ungeeignet. Sie wollten deshalb beim „Großen Vater" in Washington vorsprechen. Dies wurde ihnen gestattet. Im Herbst 1877 trafen sie in der Hauptstadt ein.

Schurz war von den Berichten der Poncashäuptlinge über die Leiden ihres Volkes tief berührt. Die Häuptlinge allerdings wünschten von ihm – sie nannten ihn wegen seiner Brille „Four Eyes" - die Erlaubnis zur Rückkehr in ihr altes Reservat. Dies schien Schurz ohne eine Änderung der gesetzlichen Entscheidung des Kongresses nicht möglich. Schurz konsultierte überdies den angesehenen Philantropen William Welsh aus Philadelphia, der schon lange sehr energisch für die Sache der Indianer eintrat. Auch dieser war der Meinung, daß die Rückkehr der Poncas in ihr altes Reservat sehr wahrscheinlich zu gewaltsamen Auseinandersetzungen mit dem mächtigen Stamm der Sioux führen würde, die inzwischen bereits in dem früheren Gebiet der Poncas lebten.

Es war Schurz' großer Fehler, daß er sich nicht für Verhandlungen mit den Sioux einsetzte, um eine Rückkehr doch noch zu ermöglichen. Er ließ den Häuptlingen aber eine Reihe weiterer im Indian Territory gelegene Gebiete vorschlagen, aus denen sie selbst das für sie am besten geeignete auswählen könnten. Damit zeigten sich die Häuptlinge letztlich einverstanden. Die Poncas wählten ein neues Gebiet am Arkansas River, das ebenso groß war wie ihr altes Reservat. Ihnen wurde eine Entschädigung zugesagt, die ihnen den Aufbau einer neuen Existenz ermöglichen sollte. Für die Auszahlung der Entschädigung von 140.000 Dollar war allerdings eine Haushaltsentscheidung des Kongresses notwendig. Jahr für Jahr stellte Schurz entsprechende Anträge, die immer wieder übergangen wurden, bis eine von außen lancierte öffentliche Kampagne den Kongreß zum Handeln zwang.

Kampf und Vermittlung

Die Umsiedlung der Poncas erwies sich später als das in der Öffentlichkeit hervorstechendste, aber keineswegs das einzige oder gar größte Problem, das Schurz in seiner Indianerpolitik zu bewältigen hatte. Ganz im Gegenteil - auch bei anderen Stämmen kam es zu Widerstand gegen die Reservatspolitik sowie zu Konflikten mit den weißen Siedlern, Goldsuchern, Abenteurern, die in langwierigen Kämpfen von letztlich überlegenen Regierungstruppen entschieden wurden, so 1877 im Falle der Nez Percé in Idaho, im Yellowstone Park und in Montana oder von 1877 bis 1879 der Northern Cheyennes in Oklahoma und Nebraska. Seine gesamte Amtszeit über waren auch die Zusammenstöße mit den Apachen an der Tagesordnung. Die Indianerpolitik beanspruchte denn auch den größten Teil seiner Arbeitskraft. Kennzeichnend war eine Äußerung seines politischen Freundes Henry Adams in einem Brief an Henry Cabot Lodge vom Herbst 1878; Adams beklagte sich darin, daß man mit Schurz nur noch über Indianer sprechen könne. Schon im Dezember 1877 hatte er über Schurz geschrieben, Holz und Indianer seien derzeit dessen einzige geistige Nahrung.[207]

Schurz ließ es an Gründlichkeit nicht fehlen. Im August 1879 trat er eine sechswöchige Inspektionsreise zu den Indianerreservaten an, die ihn auch zu den Poncas führte. Eine zweite Reise führte ihn ein Jahr später bis zur Pazifikküste und von San Francisco über Sacramento, Yosemite, Salt Lake City zurück zum Yellowstone. In diesem Fall zählten zu seiner Begleitung auch seine beiden Töchter Agathe und Marianne und der Sohn des Präsidenten Hayes. Schurz wurde bei den verschiedenen Stämmen als Vertreter des Großen Vaters in Washington friedlich und mit feierlichem Zeremoniell empfangen. Dies änderte aber nichts daran, daß die Reibungen zwischen weißen Siedlern und den von der Jagd lebenden Indianern eine Quelle ständiger Konflikte bildeten. Wenn sie nicht von den Unionstruppem mit Waffengewalt zu Lasten der

Indianer beendet werden sollten, erforderten sie den diplomatischen Einsatz des Innenministers. So war Schurz zwischen seinen beiden Inspektionsreisen im Herbst 1879 mit einem sich aufschaukelnden Konflikt zwischen einem Stamm der Ute-Indianer und den Siedlern von Colorado konfrontiert, in dem es zuletzt darum ging, die Vernichtung des Stammes durch die Weißen abzuwenden.

Carl Schurz besucht die Sioux Indianer
im DakotaTerritorium 1879

Ausgangspunkt des Falles war die Zerstörung einer Indian Agency in Colorado durch Angehörige des Stammes der Ute, die als Meeker-Massaker in die amerikanische Geschichte einging.

Der erst 1878 zum Indian Agent für die White River Ute Reservation ernannte Nathan Meeker war darauf bedacht, die Utes umgehend zu Ackerbauern zu machen. Die Utes betrachteten dies als einen Angriff auf ihre Selbstbestimmung. Ihre Aufgabe sei die Jagd. Als Meeker ihre Pferdekoppel umpflügen ließ, kam es zu einer tätlichen Auseinandersetzung mit dem Medizinmann der Utes. Meeker rief anschließend Unionstruppen herbei. Als diese am 11. Oktober die Indian Agency erreichten, fanden sie abgebrannte Gebäude und die nackten und skalpierten Leichen von Meeker und den zehn männlichen Agenturangehörigen. Die Frauen und Kinder waren entführt worden.

Die weiße Bevölkerung von Colorado war schockiert. Der Gouverneur von Colorado forderte unter allgemeinem Beifall die Ausweisung oder die Ausrottung des Stammes. Die militärische Reaktion wurde allerdings noch hinausgezogen, weil sie das Leben der entführten Frauen und Kinder gefährden konnte. Dies war die Chance für eine unblutige Lösung des Konflikts. In dieser Situation griffen Chief Ouray, ein alter, bei den Weißen und insbesondere bei Schurz sehr angesehener Häuptling der Utes, der zur Zeit des Massakers abwesend gewesen war, und auf der anderen Seite Carl Schurz selbst ein.

Der für einen benachbarten Ute-Stamm zuständige Indian Agent Charles Adams - ein vor dem Bürgerkrieg in die USA eingewanderter Deutscher, der in Pommern als Karl Adam Schwanbeck geboren war – verhandelte im Auftrag von Schurz mit Ouray, erreichte die Freilassung der Geiseln und brachte im Januar 1880 in Absprache mit Schurz einige Ute-Häuptlinge nach Washington. Dort wurde zwischen den Ute und der amerikanischen Regierung ein neuer Vertrag geschlossen, dem der Kongreß im Sommer durch ein Gesetz zustimmte.

Der Stamm der Utes musste Grund und Boden seines gegenwärtigen Reservats an die Regierung abtreten, Colorado verlassen und in ein Reservat 350 Meilen weiter westlich ziehen. Einzelne Angehörige des Stamms konnten bleiben und für ihren eigenen Gebrauch unentgeltlich Grundstücksparzellen von 160 acres erhalten. Das übrige Land würde die Regierung als öffentliches Land behandeln und verkaufen. Von dem Erlös würden die Schadenersatzforderungen wegen des Massakers abgesetzt. Der verbleibende Betrag werde an die Angehörigen des Ute-Stamms verteilt. Die mit dem Stamm nach Westen ziehenden Indianerfamilien sollten in gleicher Weise ein Stück Land zur Bewirtschaftung erhalten, ebenso jährliche Unterstützungsleistungen der Regierung. Entsprechend dieser Vereinbarung zogen die Ute im Jahre 1881 in das Gebiet des späteren Staates Utah, der nach ihnen benannt wurde..

Ein Strafverfahren wegen des Massakers konnte nicht durchgeführt werden, weil die Täter unerkannt blieben. Einwänden der Philanthropen gegen den Vertrag entgegnete Schurz, er allein sei es gewesen, der durch sein Eingreifen die Utes vor ihrer Vernichtung durch einen Rachefeldzug bewahrt habe. Nur der Wegzug des Stammes aus Colorado habe entsprechende Vergeltungsschläge einer haßerfüllten Umgebung auch für die Zukunft verhindern können.[208] Häuptling Ouray hatte ihn sehr geschätzt. Als er starb, hinterließ er Schurz seine Hirschlederjacke und -hose, sein Pulverhorn und seinen Tabaksbeutel.

Eine andere Politik: Assimilierung der Indianer

Schurz hielt es für absehbar, daß es bald keine Gebiete mehr geben würde, in denen die Indianerstämme ihren Unterhalt sichern und gemäß ihren Traditionen existieren könnten. Damit aber schien ihm die Reservatspolitik mit der ihr zugrunde liegenden Trennungsdoktrin gescheitert. Er zog daraus den Schluß, daß nur durch Assimilierung das Überleben der Indianer zu sichern sei. Wollten sie nicht untergehen, so mussten die nomadisierenden Jäger zu Ackerbauern werden. Auch sollte nicht mehr der Stamm der Grundeigentümer sein, vielmehr sollten seine einzelnen Mitglieder Parzellen erhalten, die sie als Eigentümer bewirtschaften konnten. Diejenigen, die nicht als Bauern arbeiten wollten, sollten Berufe aufnehmen, wie sie in der Gesellschaft der Weißen üblich und notwendig waren. Vor allem müßten ihre Kinder Schulen besuchen, die ihnen die Grundlagen boten, um in einer weißen Gesellschaft als Gleichberechtigte bestehen zu können. Freilich ginge damit die Auflösung des Indianerstamms als politische Einheit einher. Schurz betrachtete dies als unausweichlich; wollten die Indianer nicht mit dem Stamm untergehen, so hätten sie keine Alternative.

Aus diesem Grund setzte Schurz sich vehement für die Einrichtung von Schulen für Indianer ein und begrüßte insbesondere Internatsschulen wie das *Hampton Institute* in Virginia, die *Carlyle Barracks* in Pennsylvania und *Forest Grove* in Oregon in der Erwartung, daß die Absolventen zu ihren Familien zurückkehren und die zivilisatorischen Errungenschaften der Weißen weitergeben würden. Für besonders wichtig hielt er, daß diese Schulen auch Mädchen offenstünden. Die Indianer müßten lernen, ihre Frauen zu respektieren. Dazu sei es notwendig, daß den Frauen zu mehr Selbstachtung verholfen werde. Mit der Erziehung der Mädchen von heute erziehe man bereits die Generation von morgen.

Konflikt mit dem Kriegsministerium

Als wichtige Vorbedingung für einen Erfolg dieser Politik erschien ihm die Abwehr aller Versuche des Kriegsministeriums, die Zuständigkeit für die gesamte Indianerpolitik an sich zu ziehen. Das Kriegsministerium hatte diese Zuständigkeit im Jahre 1849 an das Innenministerium verloren. Seither wurden die Unionstruppen nur auf Hilfeersuchen durch die Indian Agents tätig. In der Auseinandersetzung hierüber hatte Schurz einen schweren Stand. Von dem kommandierenden General der Army William T. Sherman, der in den letzten Tagen des Bürgerkriegs mit seiner berüchtigten Politik der verbrannten Erde auf dem Weg von Atlanta zum Atlantik brutal und rücksichtslos die Lebensgrundlagen der dort lebenden Zivilbevölkerung zerstört hatte, oder von General Sheridan, dem der Satz zugeschrieben wurde, daß die einzigen guten Indianer, die er kennengelernt habe, tote Indianer gewesen seien, konnte Verständnis für solche Erziehungsleistungen nicht erwartet werden.

Überdies war die Armee erst vor kurzer Zeit von Indianern schwer gedemütigt worden. Zu lebhaft war noch die Schlacht vom Little Bighorn River in Montana vom Juni 1876 in Erinnerung, als die Sioux unter dem Häuptling Sitting Bull eine unter dem Befehl des Generals Custer stehende Truppe von 264 Mann vernichtet hatten. Seither forderte das Kriegsministerium für die Beziehungen zu den Indianern mit besonderem Nachdruck eine Alleinzuständigkeit. Das Innenministerium mit seinem Indian Commissioner und den vor Ort die Verbindung zu den Indianern haltenden Indian Agents hatte sich nach Auffassung der Armee oft zu nachgiebig verhalten und zuviel Verständnis für die Wünsche der unzivilisierten Wilden gezeigt.

Der Kongreß setzte hierzu ein Komitee ein, das dem Für und Wider in der Zuständigkeitsfrage nachgehen sollte. Schurz trat im Dezember 1878 selbst vor dem Komitee auf und wies offenbar überzeugend auf die Gefahren hin, die eine Betrauung des Militärs mit der Indianerpolitik nach sich ziehen würde. So blieb der Wunsch des Kriegsministeriums unerfüllt. Schurz erreichte sogar, daß der Kongreß die finanziellen Mittel bereitstellte, damit das Innenministerium den Indian Agents eine indianische Stammespolizei zur Seite stellen und somit in kleineren Fällen auf die Hilfe des Militärs verzichten konnte.[209]

Schurz hatte sich persönlich mit dem Festhalten an seiner Zuständigkeit für die Indianerpolitik sicherlich keinen Gefallen getan. Die Indianerpolitik war eine undankbare Aufgabe. Es konnte leicht geschehen, daß er zwischen die Mühlsteine der Interessengruppen und Parteien, der Bergbauinvestoren, der Eisenbahngesellschaften, der weißen Siedler im Westen und der nicht minder rührigen Philantropen an der Ostküste geriet und zerrieben wurde.

Zwischen den Mühlsteinen: erneut die Poncas

Das letzte Jahr seiner Amtszeit musste Schurz mit einer gewissen Bitterkeit erfüllen. Er war der Sündenbock für eine vom Kongreß gesetzlich festgelegte Politik, die er selbst für gescheitert hielt und an deren Entwicklung er nicht beteiligt gewesen war. Anlaß waren wieder die Poncas.

Im Januar 1879 war der Sohn des Poncas-Häuptlings Standing Bear gestorben. Der Häuptling wollte ihn in seiner alten Heimat im Norden begraben. Da es den Indianern verboten war, fremde Reservate aufzusuchen, machte er sich mit der Leiche heimlich auf den Weg. Er hatte schon den größten Teil der 500 Meilen langen Strecke hinter sich, als er Ende März von dem Befehlshaber der in Omaha stationierten Bundestruppen festgenommen wurde. Von diesem Vorfall erfuhr ein Journalist der örtlichen Zeitung, Thomas Tibbles, der sich für die Sache der Indianer einsetzte. Mit ihm befreundete Anwälte stellten für Standing Bear beim Bundesrichter in Omaha den Antrag auf Standing Bears Freilassung. Nach kurzer Verhandlung entsprach das Gericht Anfang Mai diesem Antrag. Die Entscheidung erregte in der amerikanischen Öffentlichkeit großes Aufsehen. Hatte nicht der amerikanische Supreme Court in ständiger Rechtsprechung daran festgehalten, daß Indianer keine Personen im Sinne des amerikanischen Prozeßrechts und damit ohne Antragsrecht seien, und stellte die Entscheidung nicht einen wichtigen Pfeiler der Reservats- und Trennungspolitik in Frage? Der Vertreter der Indian Agency wollte deshalb Beschwerde zum Supreme Court einlegen. Carl Schurz wies ihn jedoch an, die Entscheidung zugunsten Standing Bears auf sich beruhen zu lassen.

Das Schicksal von Standing Bear hatte das Interesse der Zeitungen und der mit den Indianern sympathisierenden Philanthropen der Ostküste geweckt. Tibbles organisierte deshalb eine Vortragsreise von Standing Bear und seiner Gerichtsdolmetscherin Bright Eyes, der Tochter eines Omaha-Häuptlings, die in New Jersey eine private höhere Schule für junge Frauen besucht hatte und nun als Lehrerin der Indianerkinder im Omaha-Reservat tätig war. Bei ihren Veranstaltungen ging es um die Reservatspolitik des Innenministeriums am Beispiel der unmenschlichen Behandlung der

Poncas. Ihre Vorträge appellierten sehr erfolgreich an die Gefühle der Besucher. In Boston, New York und anderen Städten kam es zu Protestkundgebungen von philanthropischen Aktivisten. Politiker wie der Senator Henry L. Dawes aus Massachusetts und der Gouverneur dieses Staates nahmen die Gelegenheit wahr, sich besonders zu profilieren. Die Schuld an der von ihnen geschilderten unmenschlichen Politik schoben sie dem Innenministerium zu und dabei besonders dem herzlosen Bürokraten Carl Schurz, der als Ausländer die in seiner Heimat herrschenden monarchistischen Praktiken nunmehr in das freie Amerika importieren wolle.

Vergeblich wies Schurz in Briefen und Zeitungsartikeln darauf hin, daß er es gewesen war, der ein Rechtsmittel gegen die Freilassung von Standing Bear verhindert habe, daß die Anordnung der Umsiedlung der Poncas durch ein vom Kongreß erlassenes Gesetz erfolgt sei, das noch vor seiner Amtszeit erlassen worden war, und daß sein an die Gesetze gebundenes Ministerium verpflichtet gewesen sei, diese zu befolgen. Vergeblich erklärte er auch, daß er die Ungerechtigkeit, die den Poncas widerfahren sei, schon im ersten Jahresbericht seines Ministeriums gerügt habe. Dies sei zu einer Zeit geschehen, als noch keiner der Philanthropen sein Herz für die Poncas entdeckt hatte. Auch habe er von Anfang an den Kongreß aufgefordert, eine Entschädigung für die Poncas festzusetzen, sei aber auch bei den Senatoren, die sich nun auf Kundgebungen gegen ihn wandten, auf taube Ohren gestoßen.

In dieser Situation kam Präsident Hayes seinem Innenminister zu Hilfe. Er setzte eine Kommission ein, die er zur Hälfte mit Personen aus dem Kreis der Philanthropen besetzte. Die Kommission führte Vernehmungen durch und besuchte die Poncas im Indian Territory. Sie berichtete dem Präsidenten, daß die Häuptlinge in ihrem Reservat bleiben wollten. Von den Vorwürfen gegen Schurz war nicht mehr die Rede. Abschließend gab der Präsident in einer besonderen Botschaft an den Kongreß die Grundsätze seiner Indianerpolitik bekannt und empfahl, den Stamm der Poncas angemessen zu entschädigen. Anerkennend schrieb Senator Dawes dem

Präsidenten hierauf, daß er jedem Wort dieser Botschaft beipflichte; diese sei seines hohen Amtes und seines noblen Charakters würdig. Sie werde als eines der großen Staatsdokumente in die amerikanische Geschichte eingehen. Dawes war es offenbar entgangen, daß sein Intimfeind Schurz es gewesen war, der die Botschaft des Präsidenten verfaßt hatte.

Lösung der Indianerfrage?

Schurz meinte nach dem Ende seiner Amtszeit[210], daß jedenfalls von zwei Parteien keine akzeptablen Lösungen der Indianerfrage zu erwarten seien: selbstverständlich nicht von denen, die glaubten, „der einzige gute Indianer ist der tote Indianer", aber auch nicht von den anderen, die als Philanthropen von den das politische Handeln umgebenden Umständen absähen und jede Reduktion der Indianerreservate als Teil eines systematischen Landraubs von Spekulanten betrachteten. Auch diese Idealisten könnten doch nicht glauben, daß angesichts des Siedlungs- und Erschließungsdrucks „in 25 Jahren ab heute" in irgendeinem Teil Amerikas noch viele Millionen *acres* wertvollen Landes ausschließlich als Jagdgründe für die Indianer bereitstehen könnten. Die Frage sei nur, ob dieses Land den Indianern nach ständigen feindlichen Zusammenstößen geraubt werde, oder ob sie durch faire Mittel veranlaßt werden könnten, die Ländereien, die sie nicht zum Betrieb einer Farm oder eines Gewerbes benötigten, zu einem angemessenen Preis zu verkaufen. Daß er selbst manchen Fehler begangen habe, räumte Schurz ein. Gerade im Falle der Poncas hatte er zu starr an der bis dahin geltenden Linie festgehalten, statt zu versuchen, das Leiden dieses Stammes durch die Suche nach anderen Lösungen abzuwenden.

Schurz' Vorschläge zur Indianerpolitik wurden von seinem Nachfolger Kirkwood weiterverfolgt und fanden sich schließlich in einem vom Kongreß beschlossenen Gesetz wieder, dem *General*

Allotment Act oder – gebräuchlicher – dem *Dawes Act* von 1887, benannt nach dem Senator Henry L. Dawes aus Massachusetts, der den Gesetzentwurf eingebracht hatte. Daß auch dieses Gesetz auf dem Gebiet der Indianerpolitik den Bedürfnissen der Indianer nicht auf Dauer genügen konnte, ist heute allgemein anerkannt. Bis weit in das 20. Jahrhundert hat die amerikanische Indianerpolitik mehrmals zwischen den Zielen der Assimilierung der indianischen Minderheit und des Schutzes der traditionellen Stammesgemeinschaften geschwankt. Beide Ziele haben sich dabei einander angenähert.

In einem wichtigen Punkt war Schurz' Prognose zur Zukunft des Indian Territory weit früher eingetroffen, als er selbst es gedacht hatte. Im Jahre 1889 wurde das Territorium von Oklahoma zur Besiedlung freigegeben. Seine Fläche umfaßte auch das Indian Territory. Auf einen Startschuß hin stürmten am 22. April 1889 etwa zwanzigtausend Siedler in dieses Gebiet, um sich das beste Gelände für ihre künftigen Niederlassungen zu sichern. Viele Tausend folgten diesem Ansturm nach. Die großen Jagdgründe für die Indianer waren damit verschwunden.

38. Kapitel
Das letzte Jahr

Die Präsidentschaftswahlen 1880

Hayes hatte schon in seinem Wahlkampf und in seiner Antrittsrede als Präsident erklärt, daß er keine zweite Amtszeit anstrebe. Seine eigene Amtszeit endete im März 1881. Demgemäß musste die Republikanische Partei noch im Jahre 1880 einen Kandidaten für seine Nachfolge suchen. Schurz, jetzt noch Innenminister, fühlte sich wie immer aufgerufen, auf die Kandidatenaufstellung Einfluß zu nehmen und dem von ihm unterstützten Bewerber Ratschläge zu erteilen.

Als Bewerber für die republikanische Kandidatur schien es zunächst um die Wahl zwischen Ex-Präsident Ulysses S. Grant und dem Senator James G. Blaine aus Maine zu gehen. Grant hatte gerade eine Reise um die Welt absolviert und war in Europa und Asien mit großen Ehrungen empfangen worden. Er strebte jetzt eine dritte Amtszeit an, die damals in der amerikanischen Verfassung noch nicht ausgeschlossen war. Blaine war ein Politiker, der es verstand, mit brillanten Reden die Massen anzuziehen. Schurz lehnte beide ab. Gegen Grant hatte er schon vor acht Jahren gekämpft, als es um dessen zweite Amtszeit ging. Das Ausmaß an Korruption, das sich unter Grant gezeigt hatte, war Grund genug, ihn auch jetzt abzulehnen. Blaine hatte schon vier Jahre zuvor um die Kandidatur gekämpft, diesen Kampf aber gegen Hayes verloren. Er stand in dem begründeten Verdacht, seine Position als Sprecher des Repräsentantenhauses zugunsten von Transaktionen eingesetzt zu haben, an denen er persönlich interessiert war. Welche Schande für die Republikanische Partei wäre es doch, so schrieb Schurz einem Anhänger Blaines, daß ausgerechnet die Partei, die sich zu strengen moralischen Grundsätzen bekenne, das höchste Amt der Republik einem Mann übertragen wolle, von dem aus amtlichen Urkunden und der veröffentlichten Korrespondenz feststehe, daß er seine hohe Position als Sprecher des Repräsentantenhauses zu seinem eigenen finanziellen Vorteil ausgenützt habe. Das sei gewiß nicht die Republikanische Partei, der er – Schurz – gedient habe.[211]

Als der republikanische Nationalkonvent am 2. Juni 1880 endlich im 35. Wahlgang den Kandidaten kürte, konnte Schurz zufrieden sein. Es war keiner der beiden Favoriten, sondern der Kompromisskandidat James A. Garfield, der auf einer kleinen Farm in Ohio geboren war und es noch vor seinem 30. Lebensjahr zum Professor für alte Sprachen und zum Präsidenten des Hiram College in Ohio gebracht hatte. Als evangelischer Prediger bereiste er in den Sommermonaten das Land. Er hatte dadurch Anschluss an konservative Politiker gefunden und war schließlich seit Jahren der Fraktionsvorsitzende der Republikanischen Partei im Repräsentantenhaus des amerikanischen Kongresses. Schurz zeigte sich zufrieden. Seit vielen Jahren kenne er Garfield sehr gut, schrieb er an Henry Cabot Lodge; irgendein unehrenhaftes Verhalten sei bei ihm völlig ausgeschlossen. Die Unabhängigen Republikaner könnten sich zu diesem Kandidaten nur gratulieren.

Wie nicht anders zu erwarten, trat Schurz sogleich in einen Briefwechsel mit dem Kandidaten ein, in dem er ihm seine Ratschläge mitteilte. Er hatte zu kritisieren, daß die Aussagen Garfields zur Civil Service Reform und zur Frage der harten Währung in der Erklärung zur Kandidatur zu vague geblieben seien. Es gelang Garfield jedoch, Schurz zu beruhigen. Vom 20. Juli an, als er eine große Rede in Minneapolis hielt, beteiligte Schurz sich mit aller Kraft an der Seite Garfields am Wahlkampf, mit einer Unterbrechung nur durch seine Inspektionsreise zur pazifischen Küste.

Bei den Präsidentschaftswahlen am 3. November 1880 blieb Garfield Sieger gegen den Kandidaten der Demokratischen Partei, General Winfield S. Hancock. Es war ein knapper Sieg, der Schurz zu denken geben musste. Hancock war im Bürgerkrieg als Kommandeur eines Korps der Nordstaaten-Armee an der entscheidenden Schlacht von Gettysburg beteiligt gewesen, die die Niederlage des Südens eingeleitet hatte. Gleichwohl hatte er jetzt sämtliche Wahlmännerstimmen der Südstaaten erhalten. Dagegen war dem republikanischen Präsidenten Hayes nicht gelohnt worden, daß er einen Schlußstrich unter die im Süden verhaßte Politik der *Reconstruction* gezogen hatte. Die schwarze Bevölkerung hatte an den Wahlurnen des Südens keine Rolle gespielt. Durch Tricks und durch Drohungen war sie von der Wahl ferngehalten worden. Schurz hatte gegenüber Garfield von Anfang an klargemacht, daß er kein politisches Amt anstrebe. Um so leichter konnte er Garfield bei der Besetzung der Kabinettsposten beraten. Er begrüßte die Ernennung Samuel Kirkwoods zu seinem Nachfolger als Innenminister, der dieses Amt in seinem Sinne weiterführen würde. Er freute sich, daß die Wünsche der Parteibosse in New York weitgehend unerfüllt geblieben waren, nämlich bis auf die Ernennung des früheren Parteisekretärs Chester Arthur zum Vizepräsidenten.

Abschiedsfeiern

Die vierjährige Amtszeit des Innenministers endete am 8. März 1881. Auch wenn er vieles, was ihm wichtig erschien, nur anstoßen, nicht aber vollenden konnte, zollten seine politischen Freunde ihm doch Respekt und Anerkennung. Ihm zu Ehren veranstalteten sie im März in Boston wieder zwei große Feiern. Am ersten Abend waren, wie schon bei seinem Abschied als Senator, die Spitzen der Gesellschaft Neu-Englands anwesend. Politik, Wirtschaft, Literatur und Wissenschaft waren vertreten.[212] Anderntags gaben ihm die Deutschamerikaner ein „Rheinisches Nachtessen" in Bostons „Turn-Halle", in dessen Verlauf dreihundert Gäste mit Begeisterung deutsche Lieder sangen. Nach wie vor war er trotz allen Parteienstreits ein hochangesehener Politiker und ein Mann, den die große Mehrzahl der Deutschamerikaner als ihren bewunderten

Vertreter betrachtete. Und es war sein politisches Credo, als er der begeisterten Versammlung zurief, es sei die Pflicht eines guten Bürgers, zuerst Patriot zu sein, und dann erst Republikaner oder Demokrat. Selbst wenn er, wie er immer wieder betonte, kein weiteres Amt suchte, so war damit auch klar, daß er auf eine Mitwirkung am politischen Leben nicht verzichten wollte.

39. Kapitel
Wende in der Civil Service Reform

Attentat auf Präsident Garfield

Viele republikanische Parteifreunde, die sich um den Sieg ihres Kandidaten verdient gemacht hatten, machten sich Hoffnung auf die Übertragung eines öffentlichen Amtes. Aber Garfield zeigte sich frustriert angesichts der nicht enden wollenden Schlange von *office seekers* und den zermürbenden Beratungen darüber, welche Stelle jeder Einzelne erhalten sollte. Und es war ein unzufriedener Bewerber, der den Abbruch seiner Präsidentschaft herbeiführte. Am 2. Juli 1881 – Garfield war noch keine vier Monate im Amt – betrat er mit seinem Außenminister Blaine die *Baltimore and Potomac Railroad Station* in Washington, als ein enttäuschter Postenjäger zwei Pistolenschüsse auf ihn abfeuerte. Am 19. September erlag Garfield seinen Verletzungen. Vizepräsident Chester Arthur musste nun das Amt des Präsidenten fortführen.

Der Pendleton Act

Die tödlichen Schüsse auf Garfield hatten eine breite Öffentlichkeit aufgeschreckt. Sie hatten deutlich gezeigt, zu welchen Auswüchsen das Patronagesystem führen konnte. Das Attentat gab der für August 1881 bereits geplanten Gründung einer *National Civil Service Reform League* unter dem Vorsitz von William Curtis einen zusätzlichen Impuls.[213] Jetzt schien der Boden bereitet, um auch den Kongreß zu einem Umdenken zu veranlassen und die Grundsätze der Civil Service Reform in einem Gesetz zu verankern. In Zusammenarbeit mit Carl Schurz und den Reformern der neu gegründeten *League* brachte der demokratische Senator Pendleton aus Ohio einen Gesetzentwurf ein, wonach die Einstellung oder Beförderung aus politischen Gründen im öffentlichen Dienst verboten werden sollte, ebenso eine Entlassung wegen der Weigerung eines Beamten, Parteispenden zu zahlen. Eine Kommission sollte ein System der Dienstgrade im öffentlichen Dienst und Aufnahmeprüfungen zur Auswahl der Kandidaten für eine Dienststelle erarbeiten. Noch unter dem Eindruck des Attentats stimmten nun große Mehrheiten in beiden Häusern des Kongresses dem Gesetzentwurf zu. Der neue Präsident Arthur konnte das Gesetz am 16. Januar 1883 unterzeichnen.

Schurz war mit dem *Pendleton Act* noch nicht am Ziel seiner Wünsche angelangt. Das Gesetz betraf nur einen begrenzten Kreis von Bundesangestellten, insbesondere nur Beschäftigte in der Hauptstadt selbst, und damit nur zwölf Prozent aller Inhaber von Bundesämtern. Aber ein Anfang war gemacht, die große Wende war eingeleitet. Endlich war es ein Bundesgesetz, das die Reform des öffentlichen Dienstes abstützte und insoweit der Willkür des jeweiligen Präsidenten oder seiner Minister ein Ende setzte. Schurz durfte diese „Magna Charta“ der Civil Service Reform auch als seinen eigenen zäh errungenen Erfolg betrachten.

Vierter Teil

Journalist. Schriftsteller.
Unabhängiger Staatsmann

40. Kapitel
Journalist und Schriftsteller

Chefredakteur der New York Evening Post

Schurz war nun wieder Privatmann. Im März 1881 war die Zeit seines Ministeramts abgelaufen. Er suchte nun eine neue berufliche Wirkungsstätte. Zwar bezog er noch Einkünfte aus seiner Beteiligung an der „Westlichen Post“, dies reichte aber nicht aus, um ihm einen für seine gesellschaftlichen Verpflichtungen auskömmlichen Unterhalt zu sichern. Als Minister hatte er ein Jahresgehalt von 8000 Dollar erhalten[214]. Davon habe er – schrieb er später einem befreundeten Politiker – keine Rücklagen bilden können. Die mit dem Amt verbundenen Auslagen seien zu hoch gewesen.[215]

Zum Glück bot ihm sein guter Bekannter Henry Villard, der gerade einen Mehrheitsanteil an der New Yorker Evening Post gekauft hatte, die Stellung eines Chefredakteurs dieser Zeitung an[216]. Villard war 1853 als Achtzehnjähriger aus Deutschland in die USA ausgewandert und hatte hier einen neuen Namen angenommen. Geboren war er in Speyer als Heinrich Hilgardt. Zunächst Journalist, war er nach dem Bürgerkrieg im Eisenbahngeschäft tätig gewesen. Er war Präsident der Northern Pacific Railroad geworden, dann Präsident der Edison Electric Company, der Vorläuferin von General Electric.

Als weitere Redakteure hatte Villard die bekannten Journalisten Horace White von der Chicago Tribune und E. L. Godkin von der Wochenzeitung Nation angeworben. Das Angebot war reizvoll, konnte Schurz doch in Leitartikeln dieses angesehenen Blattes seine politischen Ansichten verbreiten. Sein Ansehen als einflußreiche Persönlichkeit wurde dadurch noch erhöht. Zu seiner Stellung als ehemaliger Senator und Minister und als unbestrittener Repräsentant der Deutschamerikaner kam nun noch diejenige eines Publizisten, dem die Möglichkeit offenstand, zu allen nur möglichen Themen Stellung zu nehmen und gehört zu werden. Schurz machte davon eifrigen Gebrauch.

Seine Leitartikel betrafen zumeist Themen der Bundespolitik, an vorderster Stelle Vorhaben der Regierung oder Ereignisse im Kongreß. Er befaßte sich mit Affären im öffentlichen Dienst oder den Methoden der Parteipolitik. Er kritisierte die Bundeszuschüsse an staatliche Schulen als verderbliche Eingriffe in die Selbstverwaltung der Einzelstaaten, verteidigte die chinesischen Arbeiter in Kalifornien gegen eine unfaire Gesetzgebung und trat immer wieder für eine bessere Behandlung der Indianer ein. Zu seinen interessantesten Beiträgen zählten seine außenpolitischen Kommentare. So schrieb er über die außerordentlichen Machtbefugnisse Bismarcks und geißelte die deutschen Sozialistengesetze. Er berichtete über antisemitische Ausschreitungen in Ungarn und nahm Stellung gegen weltweite Auswüchse der Bigotterie.[217]

Die Arbeit in der Redaktion erwies sich allerdings bald als schwieriger, als Schurz es sich vorgestellt hatte. Seine und Godkins Leitartikel zeigten zunehmend starke Divergenzen. Godkin war äußerst konservativ, während Schurz stärker an den sozialen Aspekten eines zu kommentierenden Ereignisses interessiert war. Schließlich mündeten die sachlichen Meinungsunterschiede in eine persönliche Abneigung gegeneinander, die sich noch dadurch verstärkte, daß Godkin Schurz die Schuld am Rückgang der verkauften Auflage zuschob. Als Godkin angesichts eines Eisenbahnerstreiks in einem Leitartikel forderte, die Eisenbahnunternehmen müßten nach militärischem Vorbild organisiert und geführt werden, war für Schurz die Grenze des Erträglichen erreicht. Ende 1883 schied er aus der Redaktion aus.

Schriftsteller

Schurz verfügte nun über nur noch geringe Einkünfte. Er meinte, die Politik habe ihn arm gehalten. Einige wohlhabende Freunde bildeten deshalb – ohne sein Wissen – ein Komitee zur Errichtung eines Fonds zu seinen Gunsten. Der Fonds sollte 100.000 Dollar umfassen. Als Schurz im März 1884 von dieser Aktion erfuhr, beeilte er sich zwar, sich für diesen Freundschaftsbeweis zu bedanken, lehnte aber das großzügige Geschenk zugleich entschieden ab. Zum einen könne er noch arbeiten. Zum anderen wüßte er nicht, welche entsprechende Gegenleistung er erbringen könnte.

Da aber seine finanzielle Lage im Jahre 1884 tatsächlich sehr bedrückend wurde, löste Schurz seinen Haushalt auf, sandte seine Kinder zu einem vorübergehenden Aufenthalt zu den immer hilfsbereiten Verwandten in Hamburg und nahm selbst Wohnung in New York bei seinem alten Freund Abraham Jacobi, der bis an sein Lebensende sein treuer Gefährte bleiben sollte[218]. Jacobi hatte Schurz kurz vor der Befreiung Kinkels auf der Eisenbahnfahrt nach Berlin getroffen. Er hatte selbst wegen revolutionärer Umtriebe in Untersuchungshaft gesessen, wurde im „Kommunistenprozeß" zu Köln 1852 freigesprochen, musste aber in Minden eine Gefängnisstrafe von sechs Monaten wegen „Majestätsbeleidigung" verbüßen, ehe ihm die Auswanderung in die USA glückte. Als Pionier der Pädiatrie und späterer Gründungspräsident der amerikanischen kinderärztlichen Vereinigung[219] hatte er sich einen Namen gemacht.

Schurz widmete sich nun der schon lange entbehrten schriftstellerischen Arbeit. Er wollte sich wie schon so oft mit der Geschichte Amerikas beschäftigen. Er nahm seine Vortragsreisen wieder auf und sprach Anfang 1885 im Süden über Benjamin Franklin, den er für einen der größten, wenn nicht überhaupt den größten Amerikaner hielt. Überdies widmete er sich einer zweibändigen Biographie über den früheren Außenminister Henry Clay, die 1887 in der renommierten American Statesmen Series erschien. Diesem Werk verdankte er die Ehrenmitgliedschaft in der Massachusetts

Historical Society. Unter den zahlreichen Artikeln und Vorträgen, die er zu allen nur denkbaren Themen veröffentlichte, stach besonders die Besprechung einer mehrbändigen Biographie Abraham Lincolns hervor, die in der Juni-Ausgabe 1891 des Atlantic Monthly zu lesen war. Die Besprechung geriet zu einer eigenen Biographie, die ihren besonderen Reiz dadurch erhielt, daß sie aus eigenem Erleben Lincolns Persönlichkeit charakterisierte und den Ursachen der Faszination nachging, die er – nach seinem Tode noch stärker als zu seinen Lebzeiten - auf andere Menschen ausübte.

Leben in New York

Gegen Ende 1885 war er wieder in der Lage, in New York eine eigene Wohnung zu beziehen und die Kinder dorthin zurückzuholen. Seine beiden Töchter Agathe und Marianne führten den gemeinsamen Haushalt und betreuten auch die viel jüngeren Geschwister, den vierzehnjährigen Carl und den neunjährigen Herbert[220]. Carl wurde später Rechtsanwalt, Herbert studierte zunächst Jura, fand aber soviel Gefallen an Auftritten als Schauspieler, daß er im Jahr 1900 nach London fuhr, um dort Schauspielunterricht zu nehmen. Dort starb er mit vierundzwanzig Jahren an einem Schlaganfall.

Schurz behielt den Mittelpunkt seines Lebens in New York. Ruhelos wie er war, wechselte er mehrmals die Wohnung. Zuletzt zog er 1902 in ein Haus an der 91. Straße, das ihm sein Freund und Nachbar Andrew Carnegie zur Verfügung stellte. Im Jahr 1892 kaufte er ein altes Farmhaus – „Solitude" - in den Pocantico Hills bei Tarrytown, das von New York aus sehr leicht zu erreichen war. Regelmäßig empfing er hier die sonntäglichen Besuche seiner Freunde, mit denen er gemeinsame Spaziergänge unternahm. Nach vier Jahren verkaufte er das Haus und zog zurück in die Stadt. Im Sommer hielt er sich nun mit seiner Familie in Bolton Landing am Lake George auf. Er war früher schon häufig zu Gast bei der Familie Jacobi in deren Sommerhaus am Lake George gewesen. Dort errichtete er nun im Jahre 1896 auf dem Grundstück nebenan sein eigenes Blockhaus. Schon vor dem Frühstück fand er Zeit für Spaziergänge am See, zu Mittag kamen häufig seine Nachbarn Jacobi herüber. Nachmittags widmete er sich seinen schriftstellerischen Arbeiten, neben sich ein Fernglas, mit dem er vom Schreibtisch aus verfolgen konnte, was sich auf dem vor ihm liegenden See ereignete.[221]

Fanny Chapman

Schon im Winter 1879/80 war ein Ereignis eingetreten, das, wie er sich ausdrückte, der Einsamkeit seines Herzens ein Ende setzte. Schurz, damals in seinem 50. Lebensjahr, lernte bei seinem guten Bekannten Henry Adams die 33jährige Fanny Chapman kennen, die Tochter eines Richters aus Doylestown in Pennsylvania. „Ich war arm und bin wieder reich“, schrieb er ihr, als sie ihm versichert hatte, daß seine Liebe sie glücklich mache. Auf einer Europareise mit ihrer Schwester folgte sie seinen Spuren und stand in Paris vor dem Haus Nr. 17 am Quai Saint-Michel, in dem er als politischer Flüchtling gewohnt hatte, mit Tränen in den Augen, wie sie ihm gestand.[222] Von einer Heirat konnte allerdings keine Rede sein, weil Schurz auf seine bei ihm lebenden Töchter Rücksicht nehmen musste. Agathe war wohl unverheiratet geblieben, um ihm den Haushalt führen zu können. Sie war nur um wenige Jahre jünger als seine Freundin. So blieb Fanny und ihm nur übrig, sich so oft wie nur möglich zu treffen und im Übrigen eine intensive Korrespondenz zu führen. Dies geschah in deutscher Sprache, denn Fanny hatte ihm zuliebe sehr schnell Deutsch gelernt.

Anders als seine Briefe an Margarethe, in denen er nie versäumt hatte, ausführlich über seine politischen Kämpfe zu berichten und seine Erfolge hervorzuheben, wirkt diese Korrespondenz eher abgeklärt und oft melancholisch. „Ach, meine gute Herzensfanny,“ so schrieb er ihr an seinem 63. Geburtstag resignierend, nachdem er von der kleinen Feier berichtet hatte, die seine Kinder für ihn veranstaltet hatten, „wie wünsche ich, unsere Korrespondenz hätte jetzt anders sein können, als sie geworden ist, - für Dich und für mich. Die späten Tage des Lebens werden doch so leicht trübe. Sollte man sie sich noch mehr trüben, als wirklich nötig ist? So gingen mir heute allerlei Gedanken durch den Kopf von dem, was hätte sein können und sein sollen, und was nicht geworden ist. Aber was hilft das Klagen! Dein Glück hat mir immer warm am Herzen gelegen, aber ich habe es Dir leider nicht schaffen können."

Das vertraute Verhältnis zu Fanny, in dem sie einander ihre Liebe versicherten, blieb bis zu seinem Tod bestehen. Fanny überlebte ihn um zwanzig Jahre.

41. Kapitel
Der unabhängige Staatsmann

Die „unabhängigen Republikaner"

Im November 1884 standen Präsidentschaftswahlen bevor. Es war höchst unwahrscheinlich, daß die Republikanische Partei den Präsidenten Arthur als Kandidaten für eine weitere Amtszeit nominieren würde. Sein Außenminister Blaine erschien nunmehr als die überragende Persönlichkeit. Er hatte das außenpolitische Prestige der Vereinigten Staaten gesteigert und sich damit in der amerikanischen Öffentlichkeit einen guten Namen gemacht. Er hatte sich im Streit um die alleinige Kontrolle eines Schiffahrtskanals vom Atlantik zum Pazifik gegen Großbritannien durchgesetzt, er hatte im Salpeterkrieg zwischen Chile und Peru erfolgreich zugunsten amerikanischer Interessen interveniert und er hatte im November 1881 die lateinamerikanischen Staaten für das kommende Jahr zu einem Panamerikanischen Kongreß nach Washington eingeladen, der die eurozentrische Ausrichtung der Außenpolitik korrigieren sollte. Im Dezember 1881 hatte Blaine sein Amt aufgegeben, um sich ganz der Vorbereitung einer erneuten Kandidatur für die Präsidentschaft widmen zu können.

Für Carl Schurz war dies der Anlaß, eine Konferenz des Komitees der Unabhängigen Republikaner einzuberufen, um Blaine, der ihm wegen seiner Korruptionsaffäre nach wie vor für das Amt des Präsidenten gänzlich ungeeignet erschien, einen auch für die Reformer annehmbaren Kandidaten entgegenzustellen. Es half Blaine nichts, daß er eine Außenpolitik betrieben hatte, die auch im Schurz'schen Sinne große Anerkennung verdiente. Blaine verkörperte für Schurz den Typ eines korrupten Politikers. Von dieser Rolle konnte ihn weder Zeitablauf noch späteres gemeinwohlorientiertes Handeln befreien. Am 23. Februar 1884 – es war zur Feier von Washingtons Geburtstag – trafen sich die Unabhängigen in der Academy of Music in Brooklyn. Schurz verwies in seiner Rede auf die Grundsätze Washingtons, des ersten Präsidenten der USA , die noch immer gültig seien und denen die Parteiinteressen unterzuordnen seien. Es gebe andere republikanische Politiker, die man guten Gewissens unterstützen könne – Schurz nannte vor allem den Senator George F. Edmunds aus Vermont - , niemals aber dürfe Blaine dieses Amt erlangen.

Am 3. Juni 1884 trat der republikanische Nominierungskonvent in Chicago zusammen. Schurz war als Beobachter anwesend. Als Blaine dort im vierten Wahlgang die erforderliche Stimmenmehrheit erhalten hatte, zog der enttäuschte Schurz seine Uhr und sagte mit erstaunlich wenig Sinn für die politische Realität, dafür aber mit einem gewissen Pathos: „Von dieser Stunde an datiert der Tod der Republikanischen Partei.“ [223]

Hinwendung zum Demokraten Grover Cleveland

Für die Republikaner unter den Reformern war damit der schlimmste Fall eingetreten. Was war zu tun? In Boston versammelten sich zehn Tage später einige fünfhundert, um diese Frage zu beraten, in New York lud Joseph Harper, der Herausgeber des einflußreichen „Harper's Weekly“, ihre führenden Köpfe zu sich ein. Curtis, der Präsident der im August 1881 gegründeten *National Civil Service Reform League*, führte auch hier den Vorsitz, aber es war Schurz, der die notwendigen Schritte vorschlug und erläuterte. Man kam überein, nunmehr auf die Demokratische Partei Einfluß zu nehmen, damit diese mit der noch ausstehenden Auswahl ihres Präsidentschaftskandidaten eine annehmbare Alternative böte

Schurz vermittelte diesen Kontakt über einen guten Bekannten, den demokratischen Senator von Delaware Thomas Bayard. Wenn er, Bayard, nicht selbst kandidieren wolle, was ihn sehr freuen würde, möge er doch auf eine Kandidatur des Demokraten Grover Cleveland hinwirken, des früheren Bürgermeisters von Buffalo, der vor einigen Jahren sogar gegen den Widerstand der demokratischen Parteifunktionäre in New York seine Kandidatur als Gouverneur durchgesetzt hatte und mit überwältigender Mehrheit in dieses Amt gewählt worden war.

Die Nominierungskonferenz der Demokratischen Partei fand am 11. Juli in Chicago statt. Wiederum gegen den erbitterten Widerstand der Parteigrößen in Tammany Hall ging Cleveland schon im zweiten Wahlgang als Sieger hervor. Der Versammlungsleiter gab dieses Ergebnis mit den Worten bekannt: „Wir lieben ihn wegen seiner Feinde, die er sich gemacht hat."

Der Abtrünnige

Diese Wahl war ganz im Sinne von Carl Schurz. Die republikanischen Reformer mussten sich aber spätestens jetzt entscheiden, ob sie den Demokraten Cleveland offen unterstützen und damit – wie schon zu Zeiten Grants - mit ihrer eigenen Partei brechen sollten. Diese Entscheidung fiel Schurz nicht schwer. Für ihn war dies eine Frage der politischen Moral. In wesentlichen Fragen – und darum gehe es hier - hatte das Wohl des Landes Vorrang vor den Interessen der Partei. Er war bereit, offen für den Demokraten Cleveland und gegen den Kandidaten der Republikanischen Partei einzutreten.

Zu Schurz' Enttäuschung wollten zwei der jungen und vielversprechenden Politiker aus den Reihen der Unabhängigen, nämlich der 23jährige Theodore Roosevelt und der 34jährige Henry Cabot Lodge, nicht die Seiten wechseln, vielmehr aus Gründen der Parteiräson nun doch Blaine unterstützen. Vergeblich schrieb Schurz am 12. Juli 1884 an Lodge[224], daß die Aufstellung Blaines eine demoralisierende Wirkung für das ganze Land habe. Natürlich könne man in einer Partei Konzessionen in weniger wichtigen Programmpunkten machen. Es gebe aber eine moralische Grenze für solche Konzessionen, diese sei hier erreicht.

Henry Cabot Lodge antwortete mit einer eingehenden Rechtfertigung seines Verhaltens[225]. Er sei als Führer der Delegation des Staates Massachusetts auf der republikanischen Nominierungsversammlung für den Senator Edmunds als Präsidentschaftskandidaten eingetreten. Als klar geworden war, daß Blaine die Abstimmung für sich entschieden habe, sei dieser von der gesamten Versammlung einstimmig nominiert worden. Er hielte es für unehrenhaft, wenn er nachträglich den Eindruck erwecke, dies sei nicht ernstgemeint gewesen. Er werde weiterhin für seine eigenen unabhängigen Auffassungen eintreten. Von der Opposition zu einem einzelnen Politiker könne man nicht die Mitgliedschaft in einer Partei abhängig machen. Unabhängig von Ausgang der Präsidentschaftswahl werde die Republikanische Partei bestehen bleiben. Als einfaches Mitglied könne er noch von einigem Nutzen sein. Durch einen Austritt zerstöre er aber jeden Einfluß, der nötig sei, um in der Politik Gutes zu bewirken. Schurz wiederholte hierzu[226], daß die Pflicht gegenüber dem Land in jeder Hinsicht allen Pflichten vorgehe, die man der Partei schulde, musste aber erkennen, daß an Lodges wie auch an Roosevelts Haltung nichts mehr zu ändern war.

Schurz als „Rätsel“

Auch manchem ihm sonst wohlgesonnenen Politiker fiel es schwer, den rigiden Kurs der parteipolitischen Unabhängigkeit zu verstehen, dem Schurz sich verschrieben hatte. Als Ex-Präsident Hayes drei Jahre später Schurz zu der Biographie über Henry Clay beglückwünschte[227], drängte er ihn zugleich, nunmehr doch eine umfassende Autobiographie zu verfassen. Wie lehrreich könnte diese sein! Denn Schurz sei in gewisser Weise ein Rätsel. Er möge sich selbst erläutern. Schurz konnte ihm antworten, er habe mit der Autobiographie bereits begonnen. Hayes möge ihm aber mitteilen, worin er das Rätsel sehe, von dem in seinem Brief die Rede war.

Hayes erwiderte[228], für ihn selbst gebe es nichts Rätselhaftes, aber Schurz wisse, welche feste Bindung der durchschnittliche Engländer, Schotte, Ire oder Amerikaner zu seiner Partei habe; diese zu lösen werde fast als ein Verbrechen betrachtet. Schurz möge folgendes bedenken: vor 1872 sei er ein Republikaner gewesen. Dann habe er diese Partei verlassen und die Demokraten unterstützt. 1876 habe er sich wieder zu den Republikanern gesellt. So sei es bis 1880 geblieben. Nunmehr - 1884 - sei er wieder zu den Demokraten gewechselt. Für die durchschnittlichen Parteimitglieder gebe es hierzu zwei Auffassungen. Die weniger intelligenten sähen hier kein Rätsel. Sie sähen egoistische Motive am Werk. Die besser informierten Mitglieder dagegen seien durchaus der Meinung, daß Schurz ein ehrenwerter und aufrechter Mann sei. Sie hielten sein Verhalten aber für merkwürdig. Insofern sei er ein Rätsel, das seine Lösung gewöhnlich in den folgenden Sätzen finde: „er ist eben ein Deutscher" oder „er glaubt an den Freihandel" oder „er ist ein guter und ehrenwerter Mann mit außerordentlichen Talenten, aber ohne praktisches Geschick in seinem politischen Verhalten." Ob Schurz nun wisse, was er gemeint habe?

42. Kapitel
Schurz und Grover Cleveland

Wahlkampf für Cleveland

Mit voller Kraft warf Carl Schurz sich in den Wahlkampf, um für Cleveland und gegen Blaine zu sprechen. Mit großer Begeisterung, so berichtete die New York Times, wurde seine Rede im Grand Opera House in Brooklyn am 6. August 1884 aufgenommen, wohin sein Komitee der Unabhängigen eingeladen hatte[229]. Obwohl sie nur reine Tatsachen enthalten habe, werde es sich hier um die bemerkenswerteste Rede dieser Wahlkampagne handeln. Es habe lange Jahre gedauert, bis es in der amerikanischen Politik eine Gelegenheit gegeben habe, einen solchen Appell an die gesunden Instinkte und das Ehrgefühl amerikanischer Bürger zu richten, wie dies durch Carl Schurz' Ansprache in dieser Versammlung geschehen sei. Schurz zitierte darin einen fünfzehn Jahre zurückliegenden Briefwechsel, die sogenannten *Mulligan letters* aus dem Jahre 1869, aus denen sich ergab, daß Blaine als Sprecher des Repräsentantenhauses in anrüchige Eisenbahngeschäfte verwickelt war. Es sei nun genug der Korruption. Würde Blaine gewählt, wäre dies ein Präzedenzfall. Und von Präzedenzfall zu Präzedenzfall würde die Flut der Korruption immer breiter und könnte alles überwältigen, was die Amerikaner hochhielten und worauf sie heute noch stolz seien.

Demgegenüber pries Schurz den Demokraten Cleveland. Mit ihm habe man nun einen Kandidaten, der in der Führung öffentlicher Ämter gezeigt habe, daß er stets, wenn das öffentliche Wohl es erforderte, nicht nur der oppositionellen Partei widerstanden habe, sondern – was viel schwieriger sei – auch den Wünschen seiner Parteifreunde[230]. Es müsse allen politischen Parteien gezeigt werden, daß nichts zu gewinnen sei, wenn eine Regierung sich dem Verdacht der Korruption aussetze.

Clevelands Gegner bemühten sich, einen dunklen Fleck aus seiner Vergangenheit ans Licht zu zerren, der in dem prüderiegesättigten geistigen Klima Amerikas gefährlich werden konnte. Einige protestantische Geistliche hatten schon warnend ihre Hände erhoben. Es war nämlich bekannt geworden, daß Cleveland Vater eines unehelichen Kindes war. Diese Nachricht konnte den Sieg kosten. Clevelands Anhänger waren deprimiert. Nur schwer erholten sie sich von diesem Schock, bis sie bemerkten, daß ein ironischer Vergleich, den einer der Unabhängigen aus der Gruppe um Curtis gewagt hatte, in Wahlversammlungen dazu verhalf, die Proportionen zurechtzurücken. Cleveland habe, so ließen sich seine Parteigänger nunmehr vernehmen, in seinen öffentlichen Ämtern einen guten Charakter und große Fähigkeiten gezeigt, während einzuräumen sei, daß in seinem Privatleben manches zu wünschen übrig blieb. Blaine habe sich demgegenüber im öffentlichen Leben als schwach und unehrenhaft, als Ehemann und Vater jedoch als bewundernswert erwiesen. Als Schlußfolgerung wurde den Wählern empfohlen, dafür zu sorgen, daß jeder Kandidat dort tätig werden sollte, wo er sich am meisten ausgezeichnet habe: Cleveland in einem öffentlichen Amt, Blaine im Privatleben.

Vor allem auf Wahlkampftour im Mittelwesten war Schurz in seinem Element. Am 6. September sprach er vor sechstausend Deutschamerikanern in Milwaukee. Allein in Ohio hielt er 22 Reden, zum Teil auf deutsch und auf englisch. Am 27. September war er wieder in New York, zwei Tage später sprach er in einer großen Versammlung vor Deutschamerikanern in der Academy of Music. Eine zweite Runde führte ihn im Oktober nach Chicago und über Buffalo, der Heimatstadt Clevelands, zurück nach New York, wo er am 19. Oktober eine weitere Versammlung abhielt[231].

Aus der Präsidentschaftswahl am 7. November 1884 ging Cleveland als Sieger hervor. Die Wahl fiel außerordentlich knapp aus. Im Staat New York, dessen Wahlmänner den Ausschlag gaben, betrug der Unterschied zwischen den Kandidaten nur 1.149 von mehr als 1,1 Millionen abgegebenen Stimmen. Der Demokrat Cleveland hätte wohl nicht gesiegt, hätten sich die Unabhängigen nicht so sehr für ihn eingesetzt, und insbesondere Carl Schurz, der seinen starken Einfluß auf die deutschamerikanische Wählerschaft eingebracht hatte.

Schurz als lästiger Mahner

Schon in seinem Gratulationsschreiben vom 15. November beglückwünschte Schurz den Wahlsieger Cleveland nicht nur zu seinem persönlichen Erfolg, sondern auch zu den unschätzbaren Möglichkeiten, die sich ihm für den Dienst an seinem Lande eröffneten. Er könne die Parteipolitik jetzt auf eine höhere Ebene heben, indem er einen entscheidenden Schlag gegen das „Beutesystem" im öffentlichen Dienst führe. Falls Cleveland seinen Rat als privater Bürger wünsche, stehe er gerne zur Verfügung. Cleveland könne sicher sein, daß er weder für sich noch für einen seiner Freunde ein Amt suche.

In zwei langen Briefen[232] beschwor er Cleveland, Posten im öffentlichen Dienst ungeachtet der Parteizugehörigkeit und nur nach Verdienst zu vergeben, und Beamte, die sich bewährt hatten, nicht zu entlassen, um sie durch einen Anwärter der anderen Partei zu ersetzen. In einem persönlichen Gespräch[233] erörterte er mit Cleveland die Zusammensetzung des künftigen Kabinetts. Schurz beobachtete auch weiterhin die Zeitungskommentare und sonstigen Regungen der öffentlichen Meinung, lobte Aktionen, die er für richtig hielt, und sparte im Übrigen nicht mit Kritik.

Angesichts der ständigen Ratschläge, die er von Schurz und seinen Refomern in Sachen Civil Service Reform erhielt, zeigte sich Cleveland mit der Zeit gereizt. Die wiederholten Mahnungen fielen ihm verständlicherweise lästig. Er wolle stets das Richtige tun, erklärte er gegenüber Schurz, doch sei es schwierig, allen gutgemeinten Rat-schlägen zu folgen. Er nehme jeden Morgen seine Bürde auf und trage sie bis zum späten Abend, und manchmal sogar bergauf.

Auch durch diese deutlichen Worte ließ Schurz sich nicht zum Schweigen bringen. Nicht zuletzt befürchtete er, er könnte sich zum Gespött der in der Republikanischen Partei verbliebenen „Unabhängigen" machen, wenn Cleveland die Erwartungen nicht erfüllte, mit denen er dessen Unterstützung begründet hatte. Nach zwei Jahren musste er allerdings feststellen, daß der Präsident auf seine Briefe nicht mehr antwortete. Im Januar 1887 berichtete ihm ein Besucher des Präsidenten[234], der Präsident sei über manche Briefe verärgert gewesen, er wisse aber sehr wohl, daß Carl Schurz in Wahrheit ein Freund sei. Wie aber solle er inmitten seiner Geschäfte drei oder vier Stunden finden, um einen solchen Brief zu beantworten? Schurz hatte für diesen Einwand kein Verständnis[235]. Er selbst habe sich als Innenminister immer die Zeit genommen, um Briefe zu beantworten, die eine Antwort verdienten. Wenn der Präsident vielleicht diese drei oder vier Stunden nicht finden könne, möge er daran denken, daß er – Schurz – drei oder vier Monate lang Zeit fand, um für Clevelands Wahl zu kämpfen.

Durch seine Konzentration auf die Reform des öffentlichen Dienstes musste Schurz in der Tat den Eindruck erwecken, als sei an den Leistungen der Regierung nur Kritikwürdiges festzustellen. Dieser Eindruck entsprach aber durchaus nicht seinem Gesamturteil über die Regierungsarbeit. Schurz kannte die Schwierigkeiten, die Cleveland zu bewältigen hatte. Dazu zählten vor allem die Folgen des Industrialisierungsprozesses in Wirtschaft und Gesellschaft, der von ständig wiederkehrenden und zum Teil gewalttätigen Arbeitskämpfen um höhere Löhne und den Acht-Stunden-Tag begleitet war, ebenso die Unterwerfung der Politik unter die hemmungslosen Bedürfnisse des „Big Business". Den weit überhöhten und diskriminierend festgesetzten Frachtraten der großen Eisenbahngesellschaften, die die Agrarprodukte aus dem Westen stark verteuerten, begegnete der Kongreß im Februar 1887 auf Veranlassung Clevelands mit dem *Interstate Commerce Act* , einem Gesetz, das erstmals dem Big Business Schranken setzte. Mit der Reform des

Steuer- und Zollwesens und der Kürzung der Staatsausgaben, die als zweiter Akt hätte folgen sollen, stieß Präsident Cleveland dagegen auf anhaltenden Widerstand im Senat. Dem Präsidenten konnte Schurz hieraus keinen Vorwurf machen.

Als Cleveland im September 1887 seine jährliche Botschaft an den Kongreß ausschließlich der Reform der Schutzzollpolitik widmete, zeigte Schurz sich zufrieden, daß dieses auch von Unabhängigen geförderte Projekt kraftvoll in die Wege geleitet werden sollte.

43. Kapitel

Die Reise nach Deutschland 1888

Schurz dachte nun, eine Reise nach Deutschland würde der Arbeit an seiner Autobiographie nützen. An Ort und Stelle wollte er in staatlichen Archiven suchen. Ihm würde wieder vieles klar vor Augen stehen, was er vielleicht schon fast vergessen habe. Darüber hinaus versprach er sich auch neue Erwerbsmöglichkeiten. In den USA vertrat er seit einiger Zeit die Interessen der deutschen Aktionäre zweier amerikanischer Eisenbahngesellschaften, mit denen er in Deutschland über das weitere Vorgehen sprechen könnte. Auch sonst ließen sich vielleicht geschäftliche Kontakte herstellen, die ihn von seinen immer wieder auftretenden finanziellen Sorgen entlasteten. Und schließlich hoffte er, bei einem Aufenthalt in Berlin an seinen Besuch vor zwanzig Jahren anknüpfen und seine Bekanntschaft mit dem inzwischen zum Reichskanzler avancierten Fürsten Bismarck erneuern zu können.

Kurz vor Schurzens Abreise starb am 19. März 1888 der deutsche Kaiser Wilhelm I. Die *German Societies* in New York veranstalteten zwei Tage später eine Gedenkfeier, bei der Carl Schurz den Verstorbenen würdigte[236]. Dies war für einen „Achtundvierziger" nicht selbstverständlich. Im Revolutionsjahr 1848 hatte sich der damalige preußische Kronprinz und spätere deutsche Kaiser die Bezeichnung „Kartätschenprinz" zugezogen. Er hatte zeitweilig sogar nach England fliehen müssen. Bei der Einnahme der Festung Rastatt war er der Oberbefehlshaber der preußischen Belagerungstruppen gewesen. Wieviele Kämpfer für die freiheitliche Verfassung der Paulskirche waren damals standrechtlich erschossen worden, wieviele wurden in das Zuchthaus gebracht, von den Flüchtlingen gar nicht zu sprechen. Doch Schurz hielt eine versöhnliche, um Verständnis werbende Rede, die dem Mann galt, der der erste Kaiser des neuen Deutschen Reichs geworden war. An einer Zeitenwende habe Wilhelm I. die alte Zeit in ihrer gewinnendsten Form vertreten. Nicht nur die Wohlfahrt seines Volkes, auch der

Frieden in Europa sei seine Sorge gewesen. Die in deutscher Sprache gehaltene Rede wurde in der New York Times in englischer Übersetzung abgedruckt, in Deutschland aber im Original verbreitet. Dies sicherte Schurz bei seinem Besuch in der alten Heimat von Anfang an eine ungewöhnliche Aufmerksamkeit.

Am 11. April 1888 trat Schurz mit seinen vier Kindern und seinem Schwager Adolph Meyer die Fahrt von New York nach Bremen an. Am 28. April war er in Berlin, wo er im Hause seines zu dieser Zeit in Berlin lebenden Freundes Henry Villard wohnte. Anderntags wurde zu seinen Ehren im Kaiserhof-Hotel ein Bankett gegeben, bei dem der Sohn des Reichskanzlers, Graf Herbert Bismarck, Mitglieder des Reichstags und andere Persönlichkeiten des öffentlichen Lebens anwesend waren.. Der Führer der Nationalliberalen Partei und Reichstagsabgeordnete Professor Rudolf Gneist eröffnete den Reigen der Tischreden mit einer Eloge auf Schurz. Er rühmte ihn als beliebten Redner, als General im Bürgerkrieg, als Senator und als Mitglied der amerikanischen Regierung. Dabei sei er immer derselbe seinen Grundsätzen treue Mensch geblieben. In seiner Erwiderung bezeichnete Schurz sich „als einfachen amerikanischen Bürger deutscher Geburt“, der wie alle Deutschamerikaner die Vereinigung Deutschlands unter der Führung der Hohenzollern begrüßt habe. Er bewundere den Reichskanzler, der seine Siege benutze, um den Frieden zwischen den europäischen Nationen aufrechtzuerhalten. Nach ihm folgten für den seit längerem erkrankten amerikanischen Botschafter dessen Erster Sekretär und schließlich Graf Herbert Bismarck . Sie beleuchteten das Verhältnis zwischen Deutschland und den USA, um dessen weitere gedeihliche Entwicklung sich beide Staaten bemühen wollten.[237]

Der Reichskanzler selbst widmete Schurz am 4. Mai einen ganzen Nachmittag, an dem sich die beiden Herren, wie schon einmal vor der Reichsgründung, glänzend unterhielten. Am anderen Tag

Reichskanzler Otto von Bismarck empfängt Carl Schurz bei dessen Deutschlandbesuch im Jahr 1888. Lithographie.

war Schurz bei Bismarck zu einem Diner im Radziwill-Palast eingeladen

Der Korrespondent der New York Times berichtete in der Kolumne „Aus der alten Welt", daß der großartige Empfang, der Carl Schurz von den Regierenden in Berlin zuteil wurde, dort viel Gesprächsstoff geboten habe[238]. Es sei nicht erwartet worden, daß die „Junker-Partei" Schurz' Besuch so günstig aufnehmen würde. Man habe aber keinerlei Vorbehalte von irgendeiner Seite gespürt. Bismarck habe sich gegenüber Schurz überaus herzlich und aufmerksam gezeigt. In freundlichem Ton, wenn nicht gar bewundernd, erinnerten die Zeitungen an die Rolle von Schurz bei der Befreiung Kinkels aus dem Spandauer Gefängnis.

Auch für seine wirtschaftlichen Verhältnisse war die Reise nach Deutschland ein Erfolg. Am 6. August nahm Schurz ein Angebot der Hamburg-Amerikanischen Packetfahrt-Actiengesellschaft (HAPAG) an, ab Januar in New York als Repräsentant dieser Schiffahrtsgesellschaft zu fungieren. Die HAPAG wollte im kommenden Jahr den Schnelldampferdienst Cuxhaven - New York aufnehmen. Schurz war dieses Angebot höchst willkommen. So konnte er im November mit seiner Familie die Rückreise von Deutschland nach Amerika ohne finanzielle Sorgen antreten. Seiner Ankunft in New York widmete die New York Times einen besonderen Artikel.[239] Als das Dampfschiff vom Land aus ins Blickfeld kam, habe jeder Beobachter eine Figur auf dem Oberdeck erkennen können, deren Erscheinungsbild allen Amerikanern wohlbekannt sei. Schurz zeigte sich allerdings den Journalisten gegenüber recht einsilbig. Er schien müde, das Schiff hatte sich tagelang in einem schweren Sturm befunden. Schurz gab kein Interview zu seiner Reise, sondern erklärte lediglich, er habe Material für ein historisches Werk gesammelt und im Übrigen seinen in Deutschland erkrankten Sohn Carl betreut.

Am 1. Dezember gaben die deutsch-amerikanischen Gesellschaften *Liederkranz* und *Arion* dem aus Deutschland zurückgekehrten Schurz einen enthusiastischen Empfang in der Liederkranz-Halle an der 58. Straße. Die New York Times berichtete auch über dieses Ereignis in allen Einzelheiten.[240] Es waren über tausend Gäste anwesend, darunter 180 Chorsänger. Die Spitzen des deutschen Establishments in New York waren anwesend. Die schier endlose Namensliste wurde vom Vorsitzenden des Liederkranz William Steinway angeführt, dem deutschamerikanischen Klavierfabrikanten. Nach dessen Einführungsrede erhob sich der gesamte Saal, stieß mit einem ohrenbetäubenden dreifachen Hochruf auf den Gast an und sang ein Willkommenslied. Als der Applaus sich gelegt hatte, gab Schurz seiner Freude darüber Ausdruck, daß die Deutschamerikaner sich über die Parteigrenzen hinweg hier eingefunden hätten. Er berichtete eingehend über seine Reiseeindrücke aus der schönen früheren Heimat, dem nun auch politisch geeinten Deutschland, das sich jetzt aufgrund seiner neu gewonnenen Stärke sicher fühlen könne und sich auf einem guten Weg befinde. Schurz schloss mit der in seinen Reden vor Deutschamerikanern oft gehörten Aufforderung, diese sollten Deutschland nicht nur durch

Lobpreisungen ehren, sondern auch dadurch, daß sie die besten deutschen Eigenschaften mit den besten Charakterzügen Amerikas vereinten.

44. Kapitel
Erneut für Cleveland

Die Anfrage der Republikaner

Die amerikanische Innenpolitik hatte Schurz auch in Deutschland nicht losgelassen. Schon im Juli 1888 war er von den Republikanern gebeten worden, in die USA zurückzukehren und im nun beginnenden Präsidentschaftswahlkampf das republikanische Ticket mit dem Kandidaten Harrison zu unterstützen. Schurz antwortete erst am 15. September mit einem langen Schreiben[241]. Darin räumte er ein, daß Präsident Cleveland, der als demokratischer Kandidat eine zweite Amtszeit anstrebte, zwar in einer für das amerikanische Volk so wichtigen Sache wie der Civil Service Reform keineswegs alle seine Versprechen eingehalten habe, meinte aber, die Verhältnisse würden sich auch unter einem republikanischen Präsidenten Harrison nicht ändern. In keiner der beiden Parteien seien die hohen Funktionäre nämlich an der Beseitigung des Beutesystems interessiert. Überdies sei Harrison nur ein Feigenblatt für den eigentlichen Kandidaten, der im Falle eines Sieges der Republikaner die Herrschaft ausüben werde, nämlich James G. Blaine.

Schurz' Entscheidung für Cleveland

Auf der anderen Seite, so schrieb Schurz weiter, habe Cleveland in seiner letzten Botschaft an den Kongreß erklärt, er wolle die hohen Schutzzölle beseitigen. Dies sei ein besonders wichtiges Vorhaben, weil die amerikanische Wirtschaft in diesem Fall ihre besonderen Stärken ausspielen könne, nämlich ihren Erfindergeist, ihre produktive Energie und ihre handwerkliche Geschicklichkeit.

Ebenso wichtig sei der Kampf gegen die Trusts. Durch Monopole und Kartelle würden die Preise ebenso überhöht wie durch den Schutzzoll. Der Trust sei nichts anderes als der jüngere Bruder des Schutzzolls. Die Republikaner entzögen sich jedoch dieser Einsicht. Bei ihnen hätten die Protektionisten die Oberhand.

Als unabhängiger Bürger, der er sei, könne er unter diesen Umständen Harrison nicht unterstützen. Vielmehr, falls er rechtzeitig zur Wahl in die USA zurückkehre, werde er seine Stimme Cleveland geben. Diesen Brief veröffentlichte Schurz als seinen Beitrag zur Unterstützung des amtierenden Präsidenten. Er selbst kam allerdings erst nach der Präsidentschaftswahl zurück.

Intervall: Präsident Harrison 1889-1893

Cleveland verlor diese Wahl. Er konnte zwar bei weitem die meisten Wählerstimmen, nicht aber die Stimmenmehrheit der nach Einzelstaaten unterschiedlich gewichteten Wahlmännerzahl auf sich vereinigen. Wie Schurz es befürchtet hatte, leitete der neue Präsident eine politische Wende im Sinne der konservativ-republikanischen Parteizentrale ein. Das einzige Zugeständnis war der unter dem Druck der öffentliche Meinung im Sommer 1890 zustande gekommene *Sherman Antitrust Act*, der Wettbewerbsbeschränkungen durch Unternehmen unter Strafe stellte. Wegen seines überaus dehnungsfähigen Wortlauts blieb dieses Gesetz in der Praxis zunächst ohne Wirkung. Demgegenüber sorgte der *McKinley Tariff Act* vom 1. Oktober 1890 für noch höhere Schutzzölle bei der Einfuhr von Produkten, die auch im Inland hergestellt wurden, und der *Sherman Silver-Purchase Act* für eine weitere Einschränkung des Goldstandards in der Währungsfrage. Das Schatzamt wurde verpflichtet, monatlich viereinhalb Millionen Unzen Silber – die doppelte Menge wie bisher - im unveränderten Verhältnis zum Goldpreis von 16:1 und damit weit über dem Marktpreis anzukaufen und entsprechend Geld in Umlauf zu bringen. Schurz hatte oft genug zum Ausdruck gebracht, daß er diesen wirtschaftspolitischen Kurs für verhängnisvoll hielt. Zu allem Überfluß bereitete Harrison das territoriale Ausgreifen der Union in den Pazifik, nämlich die von Schurz ebenfalls schon früher bekämpfte Annexion Hawaiis vor. Nur das Ende seiner Amtszeit verhinderte die Behandlung des Annexionsvertrags im Senat.

Präsident Clevelands zweite Amtszeit (1893 – 1897)

Im Jahr 1892 standen die neuen Präsidentschaftswahlen bevor. Gegen wiederum hartnäckigen Widerstand der demokratischen Funktionärsspitze setzte Cleveland seine Kandidatur durch. Mit 617 gegen 114 Stimmen hatte er auf dem Parteitag deren Favoriten David Hill, den Gouverneur von New York, besiegt. Dies war ganz im Sinne von Carl Schurz, der den Gegenkandidaten schon bei den New Yorker Gouverneurswahlen bekämpft hatte, weil er ihn zur demokratischen Funktionärsclique der Tammany Hall zählte, die den Staat New York als ihr Eigentum betrachte.[242] Schurz wurde von Clevelands Leuten gebeten, bei einer Wahlveranstaltung in Brooklyn zu sprechen. Wegen einer schon länger andauernden Krankheit musste er ablehnen, schrieb aber am 8. September einen offenen Brief, in dem er zur erneuten Wahl Clevelands aufrief[243].

In den Vordergrund stellte er die Reform der Schutzzollpolitik. Er meinte, die Abschirmung des eigenen Marktes durch hohe Einfuhrzölle schwäche die Übernahme von Selbstverantwortung, sie lasse die Wirtschaft nach Regierungshilfe rufen. Überdies bereichere die Hochzollpolitik die Arbeitgeber, denn sie beruhe auf der falschen Vorstellung, daß die Arbeitgeber so menschenfreundlich seien, ihren Arbeitern mehr als den Marktwert ihrer Arbeit zu zahlen. Schließlich führe die Hochzollpolitik indirekt zur Korruption. Die Geldmacht unternehme alles nur Mögliche, um die Wahlkampfkasse der sie unterstützenden Partei zu füllen. Diese versuche dann durch ihre Zollgesetzgebung, der Geldmacht die großen finanziellen Profite zu sichern.

Bei der Demokratischen Partei hingegen habe sich Cleveland gegen die Parteifunktionäre durchgesetzt. Er genieße eine erstaunliche Zustimmung im Volk. Cleveland werde auch die Frage der Silberwährung in den Griff bekommen. Diese Frage sei weniger eine Frage zwischen den Parteien als zwischen der Ostküste und dem nicht-industrialisierten Westen. Es werde sich zeigen, daß unter Cleveland die inflationäre Silberpolitik in seiner eigenen Partei an Boden verliere.

Schließlich sei auch die Frage des Stimmrechts der Schwarzen in den Südstaaten nur durch Cleveland angemessen zu lösen. In einer erstaunlichen Verkennung der dort betriebenen Rassenpolitik meinte Schurz, die derzeitigen Schwierigkeiten im Süden entstünden daraus, daß die weiße Bevölkerung eine Vorherrschaft der Schwarzen fürchte, wenn diese als eine geschlossene Gruppe handelten. Die Rassenfrage werde sich von selbst lösen, wenn sich die Stimmen der Schwarzen auf die verschiedenen Parteien verteilten. Diese Entwicklung sei auf dem besten Weg, die Beziehungen zwischen Weiß und Schwarz im Sinne einer gegenseitigen Kooperation zu verbessern. In dieser Situation wäre es unverantwortlich, wie von den Republikanern geplant, im Kongreß ein Gesetz zu erlassen, das für die Überwachung von Wahlen auf nationaler Ebene den Einsatz durch Bundestruppen vorsehe.

Dieses Mal war Cleveland bei den Präsidentschaftswahlen wieder erfolgreich. Im November 1892 siegte er über den Amtsinhaber Harrison. Zugleich erreichte seine Demokratische Partei, die bisher nur über die Mehrheit im Repräsentantenhaus verfügt hatte, auch die Mehrheit im Senat und damit die Herrschaft in beiden Häusern des Kongresses.

Schurz wird Leitartikler in Harper's Weekly

Am 31. August 1892 war George William Curtis verstorben, der Herausgeber von *Harper's Weekly*, der zugleich Vorsitzender der *National Civil Service Reform League* war. Curtis zählte zu Schurz' engerem Freundeskreis. Curtis' Tod wirkte sich auf Schurz' persönliche wie auch politische Karriere aus. Schurz folgte ihm in der Redaktion der Zeitschrift als ständiger Leitartikler, eine Position, die ihm wöchentlich zu allen nur möglichen Themen weites Gehör verschaffte. Diese Position behielt Schurz bis Januar 1897. Ebenso folgte er Curtis an die Spitze der im Jahre 1881 gegründeten Civil Service Reform League. Als Präsident dieser Vereinigung war er schon dieser Position wegen damit befaßt, weiterhin die Fortschritte bei der Reform des öffentlichen Dienstes zu kontrollieren und anzumahnen.

Schurz sparte denn auch wiederum nicht mit Ratschlägen an den künftigen Präsidenten. Noch vor der Amtseinführung am 4. März 1893 drängte er Cleveland, die Währungsfrage zu lösen und die Civil Service Reform voranzutreiben.

Cleveland war sich bewußt, daß er in Schurz den einflußreichen *elder statesman* vor sich hatte, dessen Stimme nicht nur bei den Deutschamerikanern beachtet wurde. So übermittelte er Schurz auf dessen Bitte vorab eine Kopie seiner Antrittsrede, damit dieser sie zum frühestmöglichen Zeitpunkt in Harper's Weekly kommentieren konnte. Mit ausdrücklicher Genehmigung Clevelands übersandte Schurz dem Präsidenten künftig seine wöchentlichen Leitartikel in dieser Zeitschrift.

Die Weltausstellung Chicago 1893

Clevelands Amtszeit verlief weniger erfolgreich als sein Wahlergebnis hoffen ließ. Es hieß später, sein einziger wirklich populärer Akt sei die Eröffnung der Weltausstellung in Chicago gewesen, die er am 1. Mai 1893 vornahm. Diese Ausstellung, die dem 500. Jahrestag der Entdeckung Amerikas durch Columbus gewidmet war, zeigte das amerikanische Volk in einem Bild hoffnungsfroher Aufbruchsstimmung. Die Ausstellung ließ die Bürger die Möglichkeiten ahnen, die der amerikanischen Industrie insbesondere auf dem neuen Gebiet der Elektrotechnik offenstanden. Erstmals wurde eine Beleuchtungsanlage gezeigt, die mit Wechselstrom betrieben wurde. Auch die architektonische Gestaltung des Ausstellungsgeländes erregte Aufsehen. Die mehr als zweihundert Bauten, die in ihrer Gesamtheit als „White City“ bezeichnet wurden, wirkten stilbildend für die amerikanische Architektur der nächsten Jahrzehnte.

Zahlreiche Nationen widmeten der Ausstellung einen eigenen Tag. Beim German Day am 15. Juni war es wie selbstverständlich Carl Schurz, der die Festrede hielt[244]. Schurz ließ es sich nicht nehmen, voller Stolz die Exponate aus Deutschland hervorzuheben, vom Nürnberger Spielzeug bis zum Kruppstahl, vom Meißener Porzellan zu den Werkzeugmaschinen, von der Eisenbahn zur Chemie, zur Technik und zur Kunst, von den einfachen Schulbüchern bis zu den kompliziertesten Apparaten. Dies alles sei auch ein Verdienst der deutschen Universität, an der – wie in keinem anderen Land – die Wissenschaft um ihrer selbst, um des reinen Wissens willen betrieben und dann in der Praxis auch angewendet werde. Dies sei eine Inspiration für die Deutschamerikaner. Sie müßten das Beste, das in der deutschen Eigenart liege, in ihrer neuen Heimat in Amerika einbringen.

Die Depression 1893

Diese Hochstimmung überdeckte allerdings nur eine seit etwa zwei Jahren fortschreitende wirtschaftliche Flaute, die sich nun zu einer Depression verdichtete. Zwischen April und Oktober 1893 schlossen einige hundert Banken und fielen einige tausend Unternehmen in Konkurs. In den Städten stieg die Arbeitslosigkeit, die Farmer auf dem Land konnten ihre Ernte nicht mehr verkaufen. Eine erste Unruhe zeigte sich 1894 bei einer merkwürdigen landesweiten Demonstration von Arbeitslosen, Tramps und Bettlern, die von drei selbsternannten „Generälen“ des „Commonwealth of Christ“ in der Form eines Marsches auf Washington organisiert wurden. Arbeitslose aus der gesamten Union forderten vom Kongreß die Finanzierung öffentlicher Arbeiten. Wie viele andere hatte sich auch der junge Schriftsteller Jack London von San Francisco aus auf den Weg gemacht; er kam allerdings nur bis zum Mississippi – in „Abenteurer des Schienenstrangs" hat er die Belagerung und Erstürmung eines Eisenbahnzugs durch zweitausend Demonstranten beschrieben. Der Marsch erregte Aufsehen, war aber schlecht organisiert. Nur fünfhundert Teilnehmer kamen rechtzeitig am 1. Mai in Washington an. Die Anführer wurden - wegen „Betretens des Rasens" vor dem Capitol - festgenommen. Daraufhin verlief sich die Menge.

Doch war dies nur ein erstes Wetterleuchten. Weniger friedlich endete im gleichen Monat der Streik der Waggonbauer der *Pullman Palace Car Company* in Chicago. Dort legten die Streikenden die mit Pullmanwagen bestückten Eisenbahnzüge lahm. Dadurch brach auch der gesamte Postverkehr zusammen. Als Präsident Cleveland Bundestruppen nach Chicago entsandte, um das unionsweite Funktionieren der Post zu sichern, zerstörten Demonstranten Züge, plünderten Gebäude und steckten sie in Brand. Erst nach einigen Tagen hatten die Bundestruppen die Ordnung wieder hergestellt. Der Einsatz von Soldaten gegen Arbeiter in Zeiten schlimmer wirtschaftlicher Not war nicht geeignet, den Glauben an die Führungskraft des Präsidenten zu stärken. Der Gouverneur von Illinois, der in der Pfalz geborene Demokrat John Peter Altgeld, übte, ebenso wie die Gewerkschaften, scharfe Kritik an diesem Vorgehen. Die Gegensätze in der Demokratischen Partei vertieften sich.

Ebenso wie Schurz betrachtete Präsident Cleveland zwei Gesetze aus der Amtszeit seines Vorgängers als wesentliche Ursache der Depression: die Einschränkung des Goldstandards durch den Sherman Silver Purchase Act sowie die Hochzollpolitik durch den McKinley Tariff Act. Im Oktober 1893 hatte der Präsident erreicht, daß der Kongreß den Sherman Silver Purchase Act aufhob. Dagegen weigerte sich der Kongreß, die Schutzzölle zu reduzieren. Bei diesem Versuch, den Import billiger Auslandsware zu ermöglichen und die Oligarchie des Big Business aufzubrechen, wurde der Präsident von der eigenen Partei im Stich gelassen. Den Grund hierfür sah Schurz[245] darin, daß Cleveland sich durch sein eigenwilliges Verhalten auch die Wortführer seiner eigenen Partei im Senat zu politischen Gegnern gemacht hatte. Von den Republikanern hatte Cleveland wegen deren Nähe zum Big Business ohnehin keine Unterstützung zu erwarten.

Schurz für die Reformansätze Clevelands

Anders als noch in Clevelands erster Amtszeit stand Schurz jetzt voll hinter dem Präsidenten. Er sah in ihm einen aufrechten Charakter, der sein Amt nicht als Außenposten seiner Partei betrachtete, sondern als eine ihm anvertraute öffentliche Aufgabe, die er ohne Rücksicht auf persönliche Nachteile zu erfüllen hatte.[246]

Eine in diesem Geist getroffene Maßnahme war die *Presidential Order* vom 6. Mai 1896 zur Regelung des öffentlichen Dienstes. In dieser Verordnung erstreckte Cleveland den Anwendungsbereich des Civil Service Acts auf 40.000 weitere Stellen, so daß nunmehr 90.000 Stellen nicht mehr nach parteipolitischen Gesichtspunkten besetzt werden konnten. Überdies wurde das Verhältnis von Grundsatz und Ausnahme umgekehrt. Alle Stellen, die von den Bundesministerien verwaltet wurden, unterlagen nun grundsätzlich den reformierten Regelungen; Ausnahmen bedurften einer besonderen Anordnung. Schurz lobte diese *Executive Order* – etwas voreilig, wie sich bald zeigen würde - als den wirksamsten Schlag, der je gegen das Beutesystem gerichtet worden sei. Cleveland habe damit mehr für diese große Sache getan als alle seine Vorgänger zusammen.

Als sich im Jahre 1896 das Ende von Clevelands Präsidentschaft näherte, hatte Cleveland sich durch seine betont unabhängige Handlungsweise viele Feinde gemacht: die Farmer im Westen wegen seines Festhaltens am Goldstandard, die Industriellen im Osten wegen seines Angriffs auf die hohen Schutzzölle, die Gewerkschaften wegen des Einsatzes von Bundestruppen im Pullman-Streik; allgemein hatte er wegen des Zusammenbruchs von Banken und

Unternehmen in der Panik von 1893 an Vertrauen verloren. Auf dem demokratischen Parteitag am 7. Juli 1896, der den Kandidaten für die nächste Präsidentschaft zu wählen hatte, wurden Clevelands Anhänger niedergeschrieen. Gewählt wurde William Jennings Bryan, ein strikter Anhänger der Silberwährung, der unter dem Jubel der Versammlung den Befürwortern des Goldstandards in biblischem Pathos zurief[247]: „Du sollst auf den Arbeiter nicht diese Dornenkrone drücken. Du sollst ihn nicht an ein Kreuz aus Gold schlagen!“

45. Kapitel
Für den Republikaner
William McKinley

Schurz und William McKinley

Drei Wochen zuvor hatte die Republikanische Partei den Gouverneur von Ohio, William McKinley, zu ihrem Präsidentschaftskandidaten gewählt. McKinley trat für den Goldstandard ein, versprach aber auch eine weitere Erhöhung der Schutzzölle. Über diese Themen wurde der Wahlkampf geführt.

Keiner der Kandidaten entsprach Schurzens Vorstellungen. Schurz stand vor der Wahl, sich jeder Empfehlung zu enthalten oder Kompromisse zu machen. Es schien ihm klar, daß wegen der Währungsfrage für ihn kein Weg zur Unterstützung von Bryan führte. Auch gegenüber McKinley hatte er große Vorbehalte, insbesondere weil dieser einen hohen Schutzzoll propagierte. Schon der geltende Tariff Act. trug McKinley's Namen. Als Senator hatte er das Gesetz in der Ära Harrison im Senat auf den Weg gebracht. Andererseits war McKinley ein Vertreter des Goldstandards. Dies war für Schurz von entscheidender Bedeutung. Als er zu Beginn des Wahlkampfs von republikanischer Seite gefragt wurde, ob er nicht für McKinley Wahlreden halten wolle, erklärte er sich bereit, für die Sache des „harten Geldes“ einzutreten, nicht aber für das republikanische Programm insgesamt. Er werde deshalb nicht auf Parteiversammlungen sprechen, sondern auf Veranstaltungen der *National Sound Money League*, einer nicht parteigebundenen Organisation mit Sitz in Chicago. In diesem Rahmen hielt er einige Ansprachen, die selbst bei der deutschstämmigen Bevölkerung in Chicago gut ankamen. Schurz verstand es wieder, die wirtschaftspolitischen Fragen mit moralischen Positionen zu verbinden. Dementsprechend lautete der Titel seiner zentralen Rede, die er am 5. September 1896 in der Central Music Hall in Chicago hielt: „Honest Money and Honesty".[248]

Enttäuschung über Präsident McKinley 1897 – 1901

McKinley ging als Sieger aus der Präsidentschaftswahl hervor. Schurz wußte, daß nunmehr dem Goldstandard keine Gefahr mehr drohte, andererseits aber auch an der Schutzzollpolitik nichts zu ändern war. Sein Bestreben war nun, die Civil Service Reform zu sichern und weiterzuführen. An dem Tag, an dem McKinley als Präsident der USA vereidigt wurde, schrieb Schurz ihm im Namen der National Civil Service Reform League, der Präsident möge die Civil Service Commission als ein parteipolitisch nicht gebundenes Organ behandeln und deshalb von einem Auswechseln der Kommissionsmitglieder absehen. Die größtmögliche Aufrechterhaltung der Kontinuität liege im öffentlichen Interesse. McKinley, der in dieser Hinsicht unter dem gewaltigen Druck der republikanischen Parteibosse stand, gab in seiner diplomatisch unverbindlich formulierten Antwort der Hoffnung Ausdruck, er werde in Zusammenarbeit mit Schurz und anderen interessierten Personen einen praktikablen Plan für die notwendigen Reformen entwickeln können.

Einige Wochen nach der Inaugurationsfeier nahm McKinley in New York an der Einweihung der Gruft für den verstorbenen General Grant teil. Er bat Schurz zu einem Gespräch in das Windsor Hotel. Dort versicherte er Schurz, daß er selbst ein überzeugter Civil Service Reformer sei. Er hoffe, daß seine Regierung in dieser Hinsicht nichts zu wünschen übrig lasse. Eine ähnliche Versicherung gab er Schurz am 1. Juli in einem Gespräch unter vier Augen, das er im Weißen Haus nach einem Abendessen mit seinem Kabinett mit ihm führte, zu dem auch Schurz eingeladen war.[249] Noch in seiner ersten Jahresbotschaft an den Kongreß am 6. Dezember

1897 stellte McKinley fest, das durch den Pendleton Act eingeführte Civil Service System werde von der Bevölkerung allgemein gebilligt; er werde sich bemühen, es aufrechtzuerhalten und auszuweiten.[250]

Gleichwohl hielt McKinley den Pressionen seiner eigenen Partei nicht stand. Am 29. Mai 1899 erließ er eine Executive Order, mit der er große Teile der Cleveland'schen Erweiterungen des Civil Service Acts zurücknahm. Fast 6000 Amtsstellen wurden aus dem Reformsystem herausgenommen; bei weiteren 4000 Positionen wurden die Qualifikationsprüfungen abgeschafft. Tausende von Stellen, die in den folgenden Jahren zur Durchführung spezieller Programme, etwa für die Volkszählung oder die Unterstützung der Landwirtschaft geschaffen wurden, kamen von vornherein nicht mehr unter den Schutz des reformierten Systems.

Am 14. Dezember 1899 rechnete Carl Schurz in seinem Bericht[251] an die Jahresversammlung der National Civil Service Reform League in Indianapolis mit dieser Politik des Präsidenten ab, von dem er sich getäuscht fühlte. Er wies auch auf die Versprechen im Wahlkampfprogramm der Republikanischen Partei hin. Die Executive Order vom 29. Mai sei der schlimmste Rückschlag, den die Civil Service Reform je erlitten habe.

Er zählte die negativen Beispiele auf, die sich dem enttäuschten Bürger schon jetzt durch den Wegfall der Qualifikationsprüfungen gezeigt hätten. So seien die Arbeiten für die in diesem Jahr durchgeführte Volkszählung häufig deshalb unbrauchbar gewesen, weil die damit befaßten Dienststellen mit Personen besetzt waren, die weder richtig schreiben noch einfachste Berechnungen durchführen konnten, so zum Beispiel, wie ein Vorgesetzter berichtete, nicht 100.000 durch 4.038 zu dividieren vermochten. Die Hälfte der eingesetzten Personen habe keine korrekten Ergebnisse abgeliefert.

Die schlimmsten Mißbräuche aus der Zeit des Beutesystems würden erneut praktiziert. So seien in Ohio, dem Heimatstaat des Präsidenten, von allen Personen im öffentlichen Dienst Beiträge für den Wahlkampffonds seiner Partei eingesammelt worden, wobei mit ausgesprochenem Zynismus Instruktionen dazu gegeben worden seien, wie die Strafvorschriften des Civil Service Acts umgangen werden könnten.

Ein neues Thema

Gleichwohl war Schurz wie auch den anderen Reformern klar, daß der Kampf um die Reform des öffentlichen Dienstes sich seinem Ende näherte. Schon mit dem Pendleton Act war die Entwicklung auf die richtigen Schienen gehoben worden. Das reformierte System hatte seine wesentlichen Tests bestanden. Die große Öffentlichkeit stand hinter ihm. Die Zeiten, in denen Korruption das ganze Land überzogen hatte, waren vorbei. Mit der Industrialisierung hatten sich die Forderungen der Wirtschaft an die Leistungsfähigkeit des öffentlichen Dienstes verschärft. Die Gesellschaft konnte sich die Besetzung seiner Positionen und die ständige Umbesetzungen nach dem Belieben der jeweils herrschende Partei nicht mehr leisten.

Die Jahresversammlung der National Civil Service Reform League vom Dezember 1899 war die letzte, die Schurz als Präsident leitete. Schon im Sommer hatte er bekanntgegeben, daß er dieses Amt aufgeben wolle. Da die Ziele der League im Grundsätzlichen erreicht waren, wollte Schurz sich nun mit ganzer Kraft einer neuen politischen Problematik widmen, die sich seit wenigen Jahren in den Vordergrund geschoben hatte und nach seiner Meinung die Grundfesten aushöhlte, auf denen seit der Zeit der Gründerväter Jefferson und Washington die amerikanische Republik ruhte. Es war dies das Ausgreifen der amerikanischen Außenpolitik auf fremde Territorien, das dem schlechten Beispiel der europäischen Kolonialpolitik folge und mit dem amerikanischen Verständnis von Freiheit und Demokratie nicht zu vereinbaren sei. Auch insofern hatte ihn Präsident McKinley schwer enttäuscht. In der Tat war auch für die amerikanische Politik das Zeitalter des Imperialismus angebrochen. Es ging Schurz darum, den Anfängen zu wehren.

Fünfter Teil

Der Antiimperialist

46. Kapitel

Gegen den Imperialismus der Republikaner

Amerikanische Weltmission?

Der Gedanke an eine Annexion fremder Territorien jenseits des nordamerikanischen Kontinents war schon früher vereinzelt in Bezug auf lateinamerikanische Gebiete aufgetaucht. Schurz hatte in seiner Zeit als Senator die Diskussion um Santo Domingo in Erinnerung. In dieser Frage war es zum Bruch mit Präsident Grant gekommen. Den Versuch eines Ausgreifens in den Pazifik während der Regierungszeit des Präsidenten Harrison erlebte er, als die amerikanische Regierung eine von ihr unterstützte Revolution auf Hawaii zum Anlaß nehmen wollte, einen Annexionsvertrag mit der neuen Regierung zu schließen. Außenminister Blaine hatte schon 1881 erklärt, die Inselgruppe sei „ein Teil des amerikanischen Systems". Präsident Harrison hatte den Annexionsvertrag noch am 15. Februar 1893 an den Senat gesandt, um dessen notwendige Zustimmung einzuholen. Präsident Cleveland, der zwei Wochen später sein Amt antrat, zog dieses Ersuchen jedoch zurück, als sich herausstellte, daß der amerikanische Gesandte Stevens die Revolutionäre unterstützt hatte. Carl Schurz war sich nicht sicher, ob Präsident McKinley als Nachfolger Clevelands das Ersuchen an den Senat nicht erneuern würde. Seine Unterredungen mit dem Präsidenten beruhigten ihn jedoch durch dessen Versicherung, daß an eine Annexion Hawaiis nicht gedacht sei.

Präsident McKinley konnte auch dieses Versprechen nicht einhalten. Schon wenige Monate nach seinem Amtsantritt – im Juni 1897 – griff er das ursprüngliche Annexionsvorhaben wieder auf und sandte den Vertrag mit einem neuen Ratifikationsersuchen an den Senat. Er entsprach dabei dem vor allem in der Republikanischen Partei verbreiteten Wunsch, das eigene Land in die Rolle einer Weltmacht zu heben. Der ehemalige Mitstreiter in der National Civil Service League, der jetzt zum *Assistant Secretary of the Navy* aufgestiegene Theodore Roosevelt, war einer der eifrigsten Befürworter einer amerikanischen Weltmachtrolle. In einer Rede vor dem Naval War College in Newport hatte Roosevelt ausgerufen, kein Triumph des Friedens komme den höchsten Triumphen des Krieges gleich (*"no triumph of peace is quite so great as the supreme triumphs of war"*)[252]. Eine lange Friedenszeit tendiere dazu, ein Volk zu verweichlichen und unpatriotisch werden zu lassen. Eine große Kriegsflotte müsse gebaut werden, um gegen Interventionen und Anmaßungen europäischer Mächte gewappnet zu sein.

Dieser Kampfgeist, aufgeladen noch durch den Glauben an die „offenbare Bestimmung" („manifest destiny") der amerikanischen Nation, der es aufgegeben sei, über ihre Grenzen hinaus Freiheit und Demokratie zu verbreiten, kulminierte nun in einem Konflikt mit Spanien um dessen Kolonialverwaltung auf Kuba.

Der Spanisch-Amerikanische Krieg 1898

1895 war auf Kuba ein Aufstand gegen das Regime des spanischen Generalgouverneurs entflammt. Kubanische Flüchtlinge unterstützten von New York und anderen amerikanischen Städten aus die Aufständischen. Amerikanische Investoren fürchteten um ihre Zucker- und Tabakplantagen. Präsident Cleveland hatte im Dezember 1896 in seiner letzten Botschaft an den Kongress erklärt, es gebe für das geduldige Warten der USA auf ein Ende der spanischen Mißwirtschaft eine Grenze. Sollte Spanien nicht in der Lage sein, Leben und Eigentum auf Kuba zu schützen, so werde die amerikanische Regierung die spanische Souveränität über die Insel nicht länger anerkennen; die Anerkennung müsse einer höheren Verpflichtung weichen.

Im Februar 1898 entlud sich die politische Spannung aufgrund zweier Vorfälle: zunächst veröffentlichte eine amerikanische Zeitung am 9. Februar den Wortlaut eines privaten Briefs des spanischen Botschafters in Washington, der ihr zugespielt worden war. Der Brief enthielt äußerst abfällige Bemerkungen über den Präsidenten McKinley. Sodann ereignete sich am 15. Februar auf dem amerikanischen Kriegsschiff *Maine*, das im Hafen von Havanna vor Anker lag, eine Explosion, die das Schiff versenkte und mehr als 260 Mann der Besatzung in den Tod riß. Die öffentliche Erregung in den USA war groß. Pulitzers *Yellow Press* und Hearsts Sensationspresse heizten die Stimmung an. Präsident McKinley wurde gedrängt, gegen Spanien zu den Waffen zu greifen. Die spanische Regierung versuchte, durch Zugeständnisse einen Kriegsausbruch zu verhindern. Dies war angesichts der aufgeputschten Stimmung vergeblich. Am 19. April votierte der Kongress für die Anerkennung der Unabhängigkeit Kubas, verlangte den sofortigen Rückzug Spaniens von der Insel und autorisierte den Präsidenten, diese Resolution mit militärischer Gewalt durchzusetzen. Immerhin nahm der Kongreß auf Vorschlag des Senators Teller noch eine Zusatzresolution an, in der klargestellt wurde, daß die USA Kuba nicht annektieren, sondern die Insel dem kubanischen Volk zur Selbstregierung überlassen wollten.

Von Florida aus entsandte die amerikanische Regierung Landtruppen nach Kuba. Unter diesen Truppen befand sich auch ein pittoreskes Freiwilligenregiment aus Cowboys, Indianern, Jägern und einigen Absolventen von Harvard und Yale. In diesem Regiment der „Rough Riders“ gelangte Theodore Roosevelt zu einiger Berühmtheit, der – obwohl *Assistant Secretary of the Navy* - auf eigenen Wunsch hier als Oberstleutnant (Lieutenant Colonel) Dienst tat. Allerdings wurden diese Truppen nach einigen Anfangserfolgen durch Malaria und andere tropische Krankheiten kampfunfähig. Im Juli gelang es jedoch der amerikanischen Flotte, die spanischen Kriegsschiffe zu zerstören und damit den Krieg in der Karibik für sich zu entscheiden. Kuba und überdies Puerto Rico fielen in amerikanische Hand.

Der Krieg gegen Spanien beschränkte sich nicht auf die Karibik. Noch im April erhielt die gerade in Hongkong vor Anker liegende Pazifikflotte der USA , die aus sieben Schiffen bestand, den Befehl zum Auslaufen. Ihr Ziel waren die unter spanischer Kolonialherrschaft stehenden Philippinen. Am 1. Mai versenkte sie die in der Manila Bay stationierten spanischen Kriegsschiffe.

Durch Vermittlung Frankreichs kam es am 12. August zum Waffenstillstand. Spanien unterwarf sich den amerikanischen Kapitulationsbedingungen: Unabhängigkeit für Kuba, Abtretung von Puerto Rico, Rückzug aus den Philippinen. Über das weitere Schicksal der Philippinen sollte eine Friedenskonferenz in Paris entscheiden. Um die gleiche Zeit schlossen die USA mit Hawaii mit Zustimmung des amerikanischen Kongresses den Annexionsvertrag.

Schurz und die Anti-Imperialisten

Carl Schurz hatte die in diesem Krieg zutage getretene amerikanische Politik mit immer größerem Befremden verfolgt. In Briefen an Präsident McKinley und in seinen Leitartikeln in Harper's Weekly hatte er unentwegt angemahnt, sich nicht durch Stimmungen zum Verrat an amerikanischen Prinzipien hinreißen zu lassen.

Schon im März und April hatte er die ständigen Berufungen der Anhänger kriegerischen Eingreifens auf die „nationale Ehre" und den „amerikanischen Patriotismus" gerügt. Die USA mit ihren 75 Millionen Einwohnern seien wesentlich stärker als Spanien mit seinen 18 Millionen. Auch an wirtschaftlichen Ressourcen seien die USA bei weitem überlegen. Es fördere die nationale Ehre der Nation unendlich mehr als jedes großsprecherische Aufplustern, wenn der Stärkere sich gegenüber dem Schwächeren großzügig zeige und kriegerische Akte vermeide, bis alle ehrenhaften Versuche der Friedenswahrung erschöpft seien.[253] Patriotisch sei derjenige, der sein Land liebe und ihm treu diene. Wer in Zeiten öffentlicher Erregung den heißblütigen Rufen nach einem unnötigen Krieg widerstehe, diene seinem Land weitaus besser als derjenige, der unter dem Vorwand eines höherrangigen Patriotismus nach einem unnötigen Krieg rufe, und zwar besonders dann, wenn er anderen das Kämpfen überlasse. Selbst in Kriegszeiten zeige sich der wahre Patriot darin, daß er nicht nur den äußeren Feind bekämpfe, sondern mit gleicher Wachsamkeit und Kraft den falschen Patriotismus zuhause.

In einer Rede vor der Nationalen Konferenz der *Civic Federation* zur künftigen Außenpolitik der USA sagte er im August 1898, daß sich die Annexion bisheriger Kolonien aus drei Gründen verbiete. Es handle sich zum einen um eine Frage der Moral und der Ehre, daß die zur Begründung des militärischen Eingreifens genannten Ziele eingehalten würden, nämlich insbesondere die Befreiung der betreffenden Gebiete von der Kolonialherrschaft. Zweitens führe eine Annexion zu einer Ungleichbehandlung oder sogar Ausbeutung der unterworfenen Bevölkerung; dies widerspreche der amerikanischen Staatsidee. Eine Aufnahme dieser Länder als weitere Staaten der Union sei politisch nicht zu wünschen, weil dies die amerikanischen demokratischen Institutionen der USA gefährde. Sollten die neuerworbenen Gebiete nämlich gleichberechtigt an den amerikanischen Regierungsinstitutionen teilnehmen, so würde das Land der lateinamerikanischen Politik geöffnet, die zur chaotischsten und korruptesten ihrer Art gehöre.[254] Drittens sei es auch nicht notwendig, zur Förderung amerikanischer kommerzieller Interessen diese Gebiete in das amerikanische Territorium einzuverleiben. Solchen Interessen könne durch den Abschluß spezieller Wirtschaftsabkommen Rechnung getragen werden.

Schurz wandte sich auch gegen die Behauptung, es sei Amerika durch eine „manifest destiny“ (eine „offenbare Bestimmung“) oder einen „Akt der Vorsehung“ aufgetragen, seine Macht zur Verbreitung seiner Prinzipien einzusetzen.[255] Der Gebrauch dieser religiösen Begriffe verdecke nur die Flucht aus der eigenen Verantwortung; es handle sich um bloße Phrasen an der Grenze zur Blasphemie. An den Schriftsteller Björnsterne Björnson, der in einem offenen Brief an den *New York Herald* für eine gemeinsame anglo-amerikanische Kolonialpolitik geworben hatte, schrieb er[256], daß die amerikanische Republik mit ihren freien Institutionen, die Abraham Lincoln als „government of the people, by the people and for the people" definiert habe, solange bestehen könne, als sie diese Prinzipien achte. Sie werde moralisch zerfallen, wenn sie über sie hinwegsehe. Freie Institutionen seien unvereinbar mit einer Kolonialpolitik, mit gewaltsamen Eroberungen und willkürlicher Herrschaft über eine unterworfene Bevölkerung.

Noch am gleichen Tag warnte Schurz auch Präsident McKinley eindringlich vor einer Annexion als Ergebnis der anstehenden Friedensverhandlungen. Der Kongress habe erklärt, es handle sich hier um einen Befreiungskrieg mit humanitärem Ziel; der Krieg diene nicht der eigenen Größe. Wenn die USA diese Grundlage der politischen Moral verließen, würde die Regierung von den anschließenden Schwierigkeiten überwältigt werden.[257]

Schurz stand mit seinem Protest nicht allein. Unter seiner Führung hatte sich wie schon 1884 eine parteiübergreifende Bewegung von „Unabhängigen" gebildet, deren Ziel die Abwehr einer imperialistischen Außenpolitik der amerikanischen Regierung war. Diese Bewegung setzte sich zunächst im Kern aus einer sich als Elite verstehenden Gruppe von Bürgern der Ostküste zusammen. Es waren Angehörige traditionsreicher Familien aus Neu-England, die ihren Stammbaum bis zur Unabhängigkeitserklärung zurückführen konnten, ferner an den Universitäten Harvard und Yale lehrende Professoren oder aus diesen Hochschulen hervorgegangene Intellektuelle, schließlich auch renommierte Außenstehende wie der Multimillionär Andrew Carnegie und der Schriftsteller Mark Twain.[258] Dieser Kreis traf sich zunächst im Juni 1898 zu einer Vorbesprechung in Boston. Am 11. November 1898 folgte die Gründung der *Anti-Imperialist League* in New York. Diese beobachtete zunächst die in Paris laufenden Verhandlungen über den Friedensvertrag mit Spanien

Der Friedensvertrag von Paris 1898

Die Verhandlungen in Paris hatten Ende September 1898 begonnen. Zunächst war dabei noch keine Rede von einer Abtretung der Philippinen. Der amerikanische Vertreter forderte nur das Gebiet von Luzon zur Errichtung eines Flottenstützpunkts. Unter dem Druck wirtschaftlicher Interessen und der von Henry Cabot Lodge und Theodore Roosevelt forcierten imperialistischen Ziele änderte McKinley jedoch die Instruktionen für die amerikanische Delegation. Jetzt ging es um die Abtretung der Inselgruppe an die USA. Am 1. Dezember 1898 wandte sich Schurz an den Senator George F. Hoar, der ebenfalls zu den Antiimperialisten zählte. Er schlug ihm vor, sich für ein Gesetz einzusetzen, das die Frage der Annexion tropischer Länder einem Volksentscheid unterwerfen sollte. Schurz verkannte die Lage wohl drastisch, wenn er an den Erfolg eines solchen Antrags glaubte oder auch daran, daß nach einer dann folgenden Aufklärungskampagne das amerikanische Volk die Annexionspolitik mit einer überwältigenden Mehrheit ablehnen würde.

Der Vertrag von Paris wurde am 10. Dezember 1898 unterzeichnet. Der Senat genehmigte ihn im folgenden Februar. Die USA vereinbarten mit Spanien dessen Verzicht auf Kuba, die Übertragung von Puerto Rico und der Pazifikinsel Guam auf die USA sowie - gegen eine Entschädigung von 25 Millionen Dollar - die Abtretung der Philippinen.

47. Kapitel
Widerstand der Anti-Imperialisten

Die philippinische Aufstandsbewegung

Der Kampf der Antiimperialisten gegen eine amerikanische Kolonialpolitik und das ihr zugrunde liegende Verständnis von Amerikas Weltmachtrolle musste damit weitergehen. Der Vertrag von Paris nahm keine Rücksicht auf die philippinische Aufstandsbewegung, die zunächst mit dem amerikanischen Militär kooperiert hatte. Der Anführer der Aufständischen, Emilio Aguinaldo, der sich zu Beginn des Spanisch-Amerikanischen Krieges im Exil befand, war von dem Befehlshaber der amerikanischen Flotte, General Dewey, nach Hongkong eingeladen worden. Dort hatte Dewey mit Aguinaldo vereinbart, er werde ihn mit der Flotte auf die Philippinen bringen und mit Waffen versorgen. So geschah es auch. Die aufständischen philippinischen Truppen standen am 13. August 1898 mit den Amerikanern vor Manila. Außerhalb Manilas waren sie diejenigen, die die Herrschaft ausübten. Doch gegen Ende der Pariser Verhandlungen, als sich abzeichnete, daß die Philippinen an die USA abgetreten würden, wollte die amerikanische Regierung von der Herrschaft einer durch die Aufständischen gebildeten Regierung nichts mehr wissen. Im Februar 1899, zwei Tage vor der Genehmigung des Vertrags von Paris durch den amerikanischen Senat, kam es zu einer ersten bewaffneten Auseinandersetzung zwischen der amerikanischen Garnison in Manila und den Truppen Aguinaldos. Der anschließende Guerillakrieg zog sich über drei Jahre hin, bis die Erhebung von den US-Truppen endgültig niedergeschlagen war.

Auch in Bezug auf Kuba konnte von einer Unabhängigkeit des Inselstaats keine Rede sein. Der amerikanische Senat hatte einer Selbstregierung Kubas nur unter der Bedingung zugestimmt, daß die neue kubanische Verfassung einen Zusatz erhielt, wonach die USA zur Intervention berechtigt seien, wenn es galt, die Unabhängigkeit Kubas von fremden Mächten zu bewahren oder eine Regierung aufrechtzuerhalten, die Leben, Eigentum und persönliche Freiheit angemessen schütze. Kuba war damit ein amerikanisches Protektorat geworden.

„My country, right or wrong!"?

Für die antiimperialistische Bewegung waren dadurch die schlimmsten Befürchtungen Wahrheit geworden. Statt die Völker von der Kolonialherrschaft zu befreien und ihnen die Selbstregierung zu ermöglichen, waren die USA nur an die Stelle der bisherigen Kolonialherren getreten und führten deren Herrschaft über die unterworfene Bevölkerung fort.

Geradezu fieberhaft versuchte Schurz nun, dem amerikanischen Volk die Gefährdung der amerikanischen politischen Traditionen durch eine imperialistische Politik vor Augen zu führen und es aufzurütteln. Die Texte seiner Reden wurden gedruckt und auf dem ganzen Kontinent als Pamphlete verteilt. Der mit ihm befreundete Andrew Carnegie, ein engagierter Kämpfer für den Weltfrieden, erbot sich, die Kosten zu übernehmen. Am 28. Dezember 1898 schrieb ihm Carnegie, dies sei die Art, wie er das gute Werk unterstützen könne. Schurz habe den Verstand, und er habe das Geld. Er könne etwas Geld der Verbreitung von Schurz' Verstand widmen („*That is the way in which I can aid the good work. You have brain and I have dollars. I can devote some of my dollars to spreading your brain.*" Carnegie sprach ihm Mut zu. Schurz solle nicht den Glauben an die Republik oder an den Triumph der Demokratie verlieren.[259]

So hielt Schurz Ansprachen am 4. Januar 1899 zur Semestereröffnung an der University of Chicago (The Issue of Imperialism)[260]; am 7. April 1899 vor der American Academy for Political and Social Sciences in Philadelphia (Militarism and Democracy)[261], am 17. October 1899 vor der Anti-Imperialistic Conference in Chicago (The Policy of Imperialism)[262]; am 22. Februar 1900 vor der Philadelphia Anti-Imperialistic Conference (For the Republic of Washington and Lincoln)[263].

Die bekannteste dieser Reden war wohl die Ansprache vor den Teilnehmern der Anti-Imperialistic Conference in Chicago vom 17. Oktober 1899, die das Programm der American Anti-Imperialist League beschloss. Er stellte im einzelnen dar, wie der Revolutionär Aguinaldo von den Amerikanern hintergangen worden war: wie er von General Dewey nach Hongkong eingeladen wurde, wie er zur Kooperation mit den amerikanischen Truppen überredet wurde, wie ihm vorgespiegelt wurde, er und seine Aufständischen würden als Alliierte behandelt, wie in Cuba sei das Ziel die nationale Unabhängigkeit der Philippinen. Der Vertrag von Paris sei in Wahrheit kein Friedensvertrag gewesen; es habe sich um eine brutale Kriegserklärung gegen die eigenen Alliierten, die Filippinos, gehandelt, die für die Freiheit und Unabhängigkeit von fremder Herrschaft kämpften. Schon am 21. Dezember 1898 habe Präsident McKinley die Erklärung über die amerikanische territoriale Souveränität über die Philippinen abgegeben, wobei der amerikanische Militärkommandant in Manila angewiesen worden sei, die Militärregierung über den gesamten Archipel zu erstrecken und die sich dagegen wehrenden Filipinos durch Waffengewalt zu unterwerfen.

Er, Carl Schurz, plädiere für die Sache der amerikanischen Ehre und Selbstachtung, der amerikanischen Interessen, der amerikanischen Demokratie, ja für die Sache des amerikanischen Volkes gegen eine Regierung, die das Land in einen ungerechten Krieg gestürzt und die es durch einen skandalösen Treubruch gegenüber einem für seine Freiheit kämpfenden Volk entehrt habe. Die Regierung habe systematisch versucht, die Öffentlichkeit zu täuschen und in die Irre zu führen; sie habe in verfassungswidriger Weise die

Carl Schurz und zwei weitere Anti-Imperialisten versuchen vergeblich, Uncle Sam eine Diätmedizin anzubieten. Präsident William Mc Kinley als Schneider passt derweil Uncle Sam neue Kleider an. Karikatur von John S. Pughe, 1900.

Entscheidung über Krieg und Frieden an sich gerissen und die Prinzipien und Ideale, die die amerikanische Politik leiten sollten, mißbraucht.

Hinter dem berühmten, aber täuschenden Ruf des amerikanischen Kriegsschiffskommandanten *Stephen Decatur* aus dem Jahre 1815: „*Our country, right or wrong!*“ verstecke sich ein nur scheinbarer Patriotismus. Die - später vielzitierte - Losung des wahren Patriotismus müsse lauten: „*Our country, right or wrong – when right, to be kept right, when wrong, to be put right.*“

Präsidentschaftswahlen 1900

Der Kampf gegen die imperialistische Politik stand für Carl Schurz auch im Mittelpunkt seiner Überlegungen bei den nun folgenden Präsidentschaftswahlen. Schurz und seine Freunde hatten schon im Frühjahr erneut mit dem Gedanken der Gründung einer dritten Partei gespielt, ihn aber wieder verworfen. So musste er sich wohl oder übel für einen der Kandidaten der großen Parteien entscheiden. Im November 1900 standen sich zum zweiten Mal für die Republikanische Partei Präsident McKinley und für die Demokraten William J. Bryan gegenüber. Auf der Seite McKinleys focht als Kandidat für die Vizepräsidentschaft nunmehr Theodore Roosevelt.

Bei den letzten Präsidentschaftswahlen hatte Schurz mit großer Überzeugung für McKinley und gegen Bryan gestritten, der das von ihm abgelehnte inflationäre „Free Silver"- Programm vertreten hatte. Nunmehr aber waren McKinley und insbesondere Theodore Roosevelt für ihn das größere Übel. Die Imperialisten stellte er auf die Stufe der früheren Sklavenhalter. Da Bryan die imperialistische Politik ebenfalls ablehnte, entschloss sich Schurz, nunmehr doch für Bryan einzutreten. Am 28. September 1900 hielt er eine große Rede „For Truth, Justice and Liberty"[264] in der Cooper Union in New York. Es ging dabei allerdings weniger um Bryan; die Rede richtete sich vor allem gegen McKinley. Es gelang den Antiimperialisten aber nicht, die breite Öffentlichkeit für ihre Ziele einzunehmen. Vielmehr begeisterten die kriegerischen Töne, die eine Stärkung der eigenen Macht forderten, die große Mehrheit des Volkes.

McKinley ging aus der Präsidentschaftswahl als weit überlegener Sieger hervor. Am 4. März 1901 begann seine zweite Amtszeit. Schon am 5. September des gleichen Jahres wurde er jedoch das Opfer eines tödlichen Attentats. Ein fanatischer polnischer Einwanderer hatte ihn erschossen. An seine Stelle trat nunmehr der von Schurz gerade wegen seiner imperialistischen Vorstellungen bekämpfte Theodore Roosevelt.

Menschenrechte für ein Kolonialvolk?

Die Philippinen waren nun amerikanisches Territorium. Sie kamen jedoch nicht aus den Schlagzeilen der amerikanischen Presse.

Der Guerillakrieg zwischen den Aufständischen und den amerikanischen Truppen wurde auf beiden Seiten mit großer Grausamkeit geführt. Die Anti-Imperialisten verwiesen auf die Berichte über Folterungen und willkürliche Tötungen, die sich die amerikanischen Besatzungstruppen hätten zuschulden kommen lassen. Es ging um willkürliche Vernichtungsaktionen und wahllose Erschießungen gefangener Aufständischer und Zivilisten, die von amerikanischen Generälen zumindest geduldet und gedeckt wurden. Berüchtigt war die Anweisung des amerikanischen Generals Smith, daß „Gefangene nicht gemacht" würden. Dieser Befehl betraf alle männlichen Einwohner, die außerhalb festgelegter Bezirke angetroffen wurden und „fähig waren, Waffen zu tragen". Smith hatte erläutert, daß diese Fähigkeit vom zehnten Lebensjahr an bestehe. Zum anderen ging es um Folterungen bei Verhören. Hier war besonders die sogenannte „water cure" berüchtigt. Bei dieser verbreiteten Verhörmethode wurde der am Boden festgehaltenen Verhörperson ein Bambusrohr in den Mund gestoßen und durch dieses Rohr Kloakenwasser eingeflößt. Dies sei eine allgemein geübte Praxis gewesen. Aufsehen erregte der Fall eines katholischen Priesters; er sei an drei Tagen hintereinander dieser Prozedur unterworfen worden und beim dritten Mal gestorben[265].

Präsident Roosevelt wollte diese Praktiken zunächst nicht wahrhaben. Die Anti-Imperialisten erreichten jedoch, daß der Senat beschloss, die Vorwürfe zu prüfen. Mit der Untersuchung wurde allerdings der „Ständige Ausschuß für die Philippinen" beauftragt, dessen Vorsitz der bekennende Imperialist Henry Cabot Lodge innehatte. Er führte die Anhörungen in einer Weise, daß die Aussagen der Zeugen dominierten, die sich bemühten, die Vorfälle zu bagatellisieren. Um solchen Vertuschungsaktionen den Boden zu entziehen, setzte die Anti-Imperialist League ein eigenes Untersuchungskomitee ein, das seine Erkenntnisse dem Senat zur Verfügung stellen sollte. Dieses Komitee wurde von Charles Francis Adams Jr. geleitet. Auch Carl Schurz gehörte dem fünfköpfigen Gremium an. Die Kommission förderte Berichte über Grausamkeiten zutage, die in der Presse ein großes Echo fanden. Sie faßte ihre

Untersuchungen in einer Denkschrift zusammen, die sie an Präsident Roosevelt mit der Forderung nach weiteren Untersuchungen übersandte.[266]

Der Kriegsminister Elihu Root veranlaßte daraufhin, Folterungen und willkürliche Tötungen militärgerichtlich zu ahnden. Die Strafen aber, die Militärgerichte für solche Vergehen verhängten, wurden nach Auffassung der AntiImperialisten der Schwere der Tat bei weitem nicht gerecht. Schurz meinte in einem Brief an Andrew Carnegie, die Strafen seien nicht schwerer als diejenigen, die Bettler für einen kleinen Diebstahl erhielten.[267] Besonders beanstandete er, daß die Filipinos selbst sich nicht auf die in der amerikanischen Verfassung verbürgten Grundrechte berufen konnten. Die USA übten zwar die souveräne Herrschaft über das koloniale Territorium aus, doch waren ihre Behörden dort – wie der amerikanische Supreme Court in den *Insular Cases*[268] entschied – nicht ohne weiteres an die Sicherungen der amerikanischen Verfassung gebunden. „Die Verfassung folgt nicht der Flagge".

Gegen die weitere Präsidentschaft Theodore Roosevelts 1905

Für die Präsidentschaftswahlen von 1904 war Theodore Roosevelt von der Republikanischen Partei für eine Fortsetzung seines Amtes nominiert worden. Roosevelts imperialistischer Kurs verbot es Carl Schurz, sich auf dessen Seite zu stellen.. Der Demokratische Parteitag in St. Louis hatte den Richter Alton B. Parker zum Kandidaten gekürt. Parker stand Schurz schon deshalb näher, weil er für die Unabhängigkeit der Philippinen eintrat. Am 11. Juli 1904 versicherte Schurz[269] dem demokratischen Kandidaten, daß er ihm auch wegen seiner Haltung in den weiteren politischen Fragen – Civil Service Reform, Schutzzölle, Goldstandard – seinen aufrichtigen Respekt bezeuge. Im September 1904 verfaßte er einen „Offenen Brief an den Unabhängigen Wähler"[270], in dem er auf 44

Druckseiten darlegte, warum sich die Wähler nicht für Roosevelt, sondern für Parker entscheiden sollten.

Gegen Roosevelt hob er besonders hervor, daß dieser die USA als den obersten Polizisten des amerikanischen Kontinents betrachte und öffentlich jedem Staat mit amerikanischer Intervention drohe, der sich in wirtschaftlichen und politischen Angelegenheiten nicht amerikanischen Vorstellungen gemäß verhalte oder seine Schulden nicht bezahle. Roosevelt sei ein außerordentlich interessanter und pittoresker Machtpolitiker, der zur Zeit der Kreuzzüge ein ihm angenehmes und ruhmreiches Handlungsfeld gefunden hätte, der aber heute in befremdlicher Weise ein Verständnis für die höheren moralischen Ziele moderner Zivilisation vermissen lasse.[271]

Der Einsatz der Anti-Imperialisten war allerdings auch bei diesen Wahlen erfolglos. Roosevelt trug einen überwältigenden Wahlsieg davon. Für den demokratischen Kandidaten stimmten nur die Südstaaten. Carl Schurz konnte allenfalls darin einige Befriedigung finden, daß er Roosevelts Hang zu einer imperialistischen Politik zutreffend eingeschätzt hatte. Roosevelt hatte seine zweite Amtszeit noch nicht angetreten, als er seine Ergänzung der Monroe-Doktrin bekannt gab. Am 4. Dezember 1904 erklärte er, daß Amerika nicht nur, wie es dieser Doktrin entsprach, das Recht in Anspruch nehme, europäische Einflußnahmen auf die nord- und südamerikanische Hemisphäre abzuwehren, sondern darüber hinaus auch in anderen Konflikten intervenieren werde, wenn dies erforderlich sei, um in Lateinamerika eine zwischenstaatliche oder innerstaatliche Ordnung wieder herzustellen.

48. Kapitel
Schiedsgerichtsbarkeit und Abrüstung

Ein erster Schritt?

Carl Schurz hatte nun wohl erkannt, daß das amerikanische Volk das Streben nach der Weltmachtrolle billigte und davon nicht abzubringen war. Seine Aufmerksamkeit richtete sich nunmehr verstärkt auf allgemeine Prinzipien einer internationalen Weltordnung. Im April 1896 hatte er in einer Ansprache vor der *Arbitration Conference* in Washington hervorgehoben, welche hervorragende Rolle die USA bei der friedlichen Beilegung von internationalen Streitigkeiten spielen könnten[272]. Es war dies zur Zeit des Konflikts zwischen Venezuela und Großbritannien um die Grenze zu British Guyana, in dem Präsident Cleveland sich auf die Seite Venezuelas gestellt hatte; die Anwendung von Waffengewalt zwischen den USA und Großbritannien lag damals nicht mehr fern. Schurz meinte, die beiden großen Nationen sollten ein Beispiel für die schiedsgerichtliche Beilegung des Konflikts setzen, das in der gesamten Staatenwelt Widerhall finden würde. Schon 1872 habe sich im Alabama-Streit zwischen den beiden Staaten gezeigt, daß ein solcher Konflikt durch den Schiedsspruch eines im beiderseitigen Einverständnis eingesetzten Tribunals beendet werden könne. Das Ideal allerdings, das er vor Augen habe, sei ein weltweites Abkommen über die schiedsgerichtliche Erledigung von internationalen Streitigkeiten, bei denen diplomatische Bemühungen gescheitert seien. Tatsächlich wurde der venezolanische Grenzstreit durch einen Schiedsspruch beigelegt. Ein erster Schritt zu einer allgemeinen Schiedsgerichtsbarkeit wurde durch die Haager Konferenz von 1899 getan, die den Haager Schiedshof einrichtete und ihn mit Verfahrensregeln aus stattete. Allerdings gelang es nicht, sich auf eine allgemeine Verpflichtung der Staaten zu einigen, ihre Konflikte dem Schiedsgericht zu unterbreiten.

Darüber hinaus setzte Schurz sich für eine Politik der allgemeinen Abrüstung ein. Er unternahm dies in einem Brief gegenüber Präsident Roosevelt, von dem er ursprünglich am wenigsten erwartet hätte, zu diesem Thema auf Verständnis zu stoßen.

Der Briefwechsel mit Theodore Roosevelt

Roosevelt hatte in dem 1904 zwischen Rußland und Japan geführten Krieg, der amerikanischen Handelsinteressen schadete, Deutschland und Frankreich davor gewarnt, Rußland zu Hilfe zu kommen. Andernfalls würden die USA Japan zur Seite stehen und diesem Staat die notwendige Hilfe leisten. Im folgenden Jahr schloss er ein Geheimabkommen mit der japanischen Regierung, in dem die USA die japanische Herrschaft über Korea anerkannte und Japan seinerseits die amerikanische Herrschaft über die Philippinen zu achten versprach. Als Japan und Rußland vom Krieg erschöpft waren, wurden ihre Vertreter im August 1905 zu Verhandlungen in Portsmouth im amerikanischen New Hampshire eingeladen, wo sie einen Friedensvertrag schlossen. Roosevelt erhielt für seine Rolle bei der Beendigung dieses Kriegs den Friedensnobelpreis.

In seinem Gratulationsschreiben an Roosevelt aus Anlaß der Verleihung des Nobelpreises sprach Schurz am 6. September 1905 das Thema der Abrüstung an.[273] Die hohen Rüstungskosten, die sich die Nationen in immer stärkerem Maße aufluden, seien schon einer der Beweggründe für die Einberufung der Haager Konferenz gewesen. Roosevelt könne der Welt einen großen Dienst erweisen, wenn er mithelfe, diese Lasten zu vermindern. Natürlich gebe es starke Hindernisse für eine schrittweise Abrüstung der Mächte, wie Stolz, Eifersucht, Mißtrauen, traditionelles Denken und dergleichen. Aber er – der amerikanische Präsident – habe heute eine so einzigartige Stellung, daß er den Anstoß für eine neue Entwicklung geben könnte.

Roosevelt antwortete umgehend und ausführlich[274]. Er sei sich selbst nicht darüber im klaren, was in Sachen Abrüstung getan werden könne oder was getan werden sollte. Wäre er einer der konventionellen Friedensapostel, so hätte er nichts tun können, um Frieden zu stiften. Hätte Japan nicht in den letzten zwanzig Jahren aufgerüstet, wäre dies für Japan ein trauriges Jahrhundert geworden. Hätten die USA nicht den Krieg mit Spanien geführt oder in Panama eingegriffen, wäre die ganze Menschheit der Verlierer gewesen. Während die Türken die Armenier abschlachteten, hätten die europäischen Mächte Frieden gehalten und dadurch Schande auf sich geladen.

Im Inneren der Staaten sorge die Polizeigewalt für den Frieden. Es gebe aber keine vergleichbare internationale Streitkraft, die im Falle eines Friedensbruchs angerufen werden könne. Sehr oft hänge der Frieden von einer ordnungsstiftenden Großmacht ab, so wie Großbritannien das Mittelmeer von Piraten befreit und dort die Pax Britannica gestiftet habe. Es wäre eine Katastrophe, wenn die freien und zivilisierten Nationen abrüsteten, während die despotischen und barbarischen Mächte gerüstet blieben. Roosevelt räumte allerdings ein, daß nicht leicht zu entscheiden sei, wann eine Macht als frei und zivilisiert zu gelten habe.

Dies alles bedeute aber nicht, daß ein Versuch, zu einer allgemeinen Abrüstung zu kommen, hoffnungslos sei. So sei es zum Beispiel nicht notwendig, die amerikanische Flotte weiter zu vergrößern. In jedem Fall müsse bedacht werden, daß nichts Nützliches bewirkt werden könne ohne die klare Anerkennung des politischen Grundsatzes, daß Recht und Gerechtigkeit (righteousness) dem Frieden vorgehe.

Schurz wollte sich damit nicht zufrieden geben. Er versuchte nun, Roosevelt davon zu überzeugen, daß die Lage hoffnungsvoller sei als dieser sie dargestellt habe[275]. Zumindest das derzeit zu beobachtende Wettrüsten könne unterbunden werden. Zum einen gebe es das 1899 vereinbarte Haager Tribunal zur schiedsgerichtlichen Streiterledigung und die friedensstiftende Rolle Dritter, die gerade bei der Beendigung des japanisch-russischen Krieges zu beobachten gewesen sei. Zum andern habe erst kürzlich eine internationale Streitkraft einen Konflikt beendet, nämlich die vereinte Aktion der Mächte in China anläßlich des Boxer-Aufstands. Zwar existiere noch kein allgemeiner, ausgearbeiteter Plan für die Einzelheiten einer Abrüstung, es müsse aber wohl genügen, wenn die Vertreter der Mächte zusammenträten, um einen solchen Plan auszuarbeiten.

Der Versuch, einen solchen Abrüstungsvertrag zustande zu bringen, wurde bei der Haager Friedenskonferenz von 1907 vergeblich unternommen. Schurz erlebte diese Konferenz nicht mehr.

49. Kapitel
Die letzten Tage

Krankheit und Tod

Im Mai 1906 erschien auf der Titelseite der New York Times vier Tage hintereinander ein Bulletin über den Gesundheitszustand von Carl Schurz. Am 11. Mai lautete die Überschrift: „CARL SCHURZ VERY LOW"; an den folgenden Tagen hieß es: „CARL SCHURZ: NO BETTER", „CARL SCHURZ STRONGER", und am 14. Mai: „CARL SCHURZ SINKING": Am 15. Mai kam die Todesnachricht. Carl Schurz; der „Soldat, Staatsmann, Schriftsteller" war am Tag zuvor frühmorgens verstorben.

In seinem Sterbezimmer hatten zu dieser Zeit seine beiden Töchter Agathe und Marianne und sein Sohn Carl Lincoln gewacht. Seine Schwester Antonie war aus Milwaukee gekommen. Sein engster Freund, Dr. Abraham Jacobi, mit dem er seit Jahren in New York und in Bolton Landing lange Spaziergänge unternommen hatte, war ebenfalls anwesend. Mit ihm hatte er noch in den letzten Tagen das „Du" vereinbart. Auch Edward L. Preetorius aus St. Louis war angereist, ebenso einige weitere Mitglieder des näheren Freundeskreises.

Kaum hatte Dr. Jacobi den Tod von Carl Schurz bekanntgegeben, als bereits die Beileidstelegramme von Präsident Roosevelt aus Washington und von Prinz Heinrich von Preußen aus Berlin eintrafen. Im Laufe der nächsten beiden Tage folgten noch zahlreiche weitere Beileidsbekundungen aus Amerika und aus Deutschland. Der deutsche Botschafter in Washington überbrachte ein Schreiben des deutschen Kaisers.

Zwei Tage nach seinem Tod wurde Carl Schurz beerdigt. Er war zunächst in der Wohnung aufgebahrt. Wie beim Tod Margarethes, so fand auch bei ihm eine auf den engsten Familien- und Freundeskreis beschränkte schlichte Trauerfeier statt. Obwohl allerdings die Zahl der Trauergäste möglichst klein gehalten werden sollte, waren drei große ineinander übergehende Räume gedrängt voll. Die Trauerreden hielten in englischer Sprache der in Deutschland geborene Professor an der Cornell University Dr. Felix Adler, der Schurz als Gründer der Gesellschaft für ethische Kultur nahegestanden hatte,. und in Schurz' Muttersprache Dr. Jacobi. Dazu sang ein Quartett der Arion Society.

Die Beerdigung sollte in Sleepy Hollow vor den Toren New Yorks stattfinden. Als der Sarg aus dem Haus getragen wurde, machte die Polizei durch eine Absperrung den Weg frei. Drei Stunden lang hatte sich eine große Menschenmenge angesammelt, um den Trauerzug zu sehen. Der Weg ging durch die Fifth Avenue und die 42nd Street zur Grand Central Station, wo ein Sonderzug wartete.

Unterwegs hatte es stark zu regnen begonnen. Die Trauergemeinde am Grab ließ sich davon nicht beeindrucken. Andrew Carnegie und der frühere amerikanische Botschafter in London Joseph H. Choate standen gemeinsam unter einem Schirm, ihre Zylinder in der Hand. Auch hier war das Zeremoniell betont kurz und schlicht. Die Rede am Grab hielt Dr. Hollis P. Frissell, der Präsident des Hampton Institutes, des von Schurz als Innenminister geförderten Internats für junge Schwarze und Indianer. Einige Sänger des Liederkranz-Chors sangen zwei deutsche Trauerlieder. Dann wurde der Sarg in das Grab versenkt, in dem seit einigen Jahren bereits der jüngere Sohn Herbert ruhte.

Nachrufe

Zu einer großen allgemeinen Gedenkveranstaltung, in der sie die Verdienste des Verstorbenen im Namen ganz Amerikas rühmen wollten, trafen sich seine Freunde und Anhänger am 22. November 1906 in der New Yorker Carnegie Hall. Deren Saal war bis auf den letzten Platz besetzt. Hunderte der draußen wartenden

Menschen mussten abgewiesen werden. Die Repräsentanten aller Facetten des amerikanischen politischen, wirtschaftlichen und kulturellen Lebens waren hier versammelt, dazu viele einfache Männer und Frauen, die durch ihre Anwesenheit einen Mann ehren wollten, der für viele als vorbildlicher „amerikanischer Patriot ausländischer Geburt“ eine unabhängige moralische Instanz und ein mutiger Wegweiser in politischen Fragen geworden war. So sah es der Leiter der Versammlung, Joseph H. Choate, und so rühmten ihn unter vielen Rednern der frühere amerikanische Präsident Grover Cleveland, der Präsident der Harvard-Universität Charles W. Eliot und der Sprecher der schwarzen Bevölkerung Amerikas, Booker T. Washington. Eingerahmt war die Feier durch das New York Symphony Orchestra mit dem Trauermarsch aus Wagners Götterdämmerung und dem Vorspiel zu den Meistersingern. Wohl noch nie – so schrieb die New York Times in ihrem Bericht über diese Veranstaltung – habe es in der Geschichte der Stadt eine so großartige Anerkennung des Lebenswerks eines Einwanderers gegeben, zumal dieser zur Zeit seines Todes nur ein privater Bürger war.

Die Tugenden des Verstorbenen, die die Redner besonders hervorhoben, waren Ehrenhaftigkeit, Mut, und die Unterordnung der eigenen Person unter das Wohl der Allgemeinheit. Ex-Präsident *Cleveland* sprach von der Unerschrockenheit, mit der Schurz für Reformen in öffentlichen Angelegenheiten eingetreten war, ohne auf die Zahl der Gegner selbst in der eigenen Partei zu achten. Die Beziehung zu einer politischen Partei habe er immer nur als ein Bündnis von Gleichgesinnten zur Erreichung eines Ziels aufgefaßt, das vor dem eigenen moralischen Urteil Bestand haben musste. Immer sei ihm bewußt geblieben, daß im Falle eines Konflikts die Treue zu einer Partei einem höheren Recht weichen musste, auch wenn ein Abweichen von der Parteilinie persönliche Nachteile nach sich zog. Die politische Unabhängigkeit, wie sie Carl Schurz demonstrierte, schütze ein Volk vor den Übeln, die aus dem Machtstreben unverantwortlich handelnder Parteiapparate folgten.

Sein Verhältnis zum Parteiwesen, das – wie schon Präsident Hayes es formuliert hatte – vielen Menschen ein „Rätsel" aufgab, führte allerdings dazu, daß Schurz sich oft in der Rolle des Außenstehenden wiederfand, der zu bestimmten politischen Themen starke Impulse gab, sie auch in Wahlkämpfen propagierte, sie aber nicht selbst durchsetzen konnte. Mit seiner Distanz zu den Parteiapparaten musste er sich selbst zumeist mit der Rolle des Beraters oder des Schiedsrichters zufrieden geben. Dabei scharte sich um ihn ein Freundeskreis, der ebenfalls aus unabhängigen Geistern bestand, eine - nach ihrem Selbstverständnis - führende Elite. Die Stellung als nicht parteigebundener Unabhängiger, die Schurz in seinem späteren Leben genoß, hatte es ihm allerdings auch erspart, die Last der politischen Durchführung der von ihm vorgeschlagenen Politik tragen zu müssen. Er sei am besten in der Opposition gewesen, hieß es in einem ihn rühmenden Nachruf in der New York Times drei Tage nach seinem Tod.

Der Sprecher der schwarzen Bevölkerung, *Booker T. Washington*, nannte Schurz einen großen Menschen, der schon im Bürgerkrieg für die Emanzipation der schwarzen Rasse und danach auch für die Indianer eingetreten sei. Die wahrhaft Großen hätten sich niemals geschämt, sich als Freunde eines benachteiligten Volkes zu zeigen. Die Freundschaft, die Carl Schurz ihnen bewiesen habe, habe das Selbstbewußtsein der Schwarzen gehoben. Diese Schurz sehr gewogene Aussage des unbestrittenen Führers der schwarzen Bevölkerung macht deutlich, daß er zu Schurz' Lebzeiten noch keine Aussicht auf eine kurzfristige politische Lösung der Rassenfrage gesehen hatte, auch nicht – wie die von Schurz nach dem Ende des Bürgerkriegs bekämpften radikalen Republikaner glaubten – durch einen Einsatz von Unionstruppen in den ehemaligen Sklavenstaaten. Ein Ende der Rassendiskriminierung hing von einem Abflauen des Rassenhasses der Weißen ab. Ein militärisches Eingreifen hätte wohl nur das Gegenteil bewirkt; der Haß wäre nur weiter angeheizt worden. Wenn andererseits die Schurz'sche Hoffnung auf den mäßigenden Einfluß der Vernünftigen trog, so hatte er sich in einem

Irrtum befunden, in dem auch die Führer der ehemaligen Sklaven befangen waren.

Auch ein deutscher Gastprofessor an der Universität Harvard, der Philologe *Eugen Kühnemann* aus Breslau, ergriff das Wort. Er wies das Auditorium darauf hin, daß Carl Schurz' politische Aktivitäten in Amerika vor dem Hintergrund des deutschen Idealismus gesehen werden müßten. Hier in Amerika meinte Schurz das Land gefunden zu haben, das er sich erträumt hatte, ein Land, in dem Recht und Gerechtigkeit herrschten, eine demokratische Republik der universellen und wahren Freiheit. Daraus habe er die Kraft bezogen, mit der er Amerika diente.

Würdigung

In der Tat waren die demokratische Staatsform und die politische Freiheit des Einzelnen die beiden Prinzipien, zu denen sich schon der Student Schurz, angeleitet durch seinen akademischen Lehrer Gottfried Kinkel, mit großer Entschiedenheit bekannt hatte. Als einer der führenden Köpfe des Bonner Demokratischen Vereins hatte er sich gegen die Vorstellung vom Gottesgnadentum gewandt, auf das sich der preußische König berief. Für die von der deutschen Nationalversammlung beschlossene demokratische Verfassung war er bereit gewesen, sein Leben einzusetzen, sowohl im bewaffneten Kampf selbst wie auch angesichts der Todesstrafe, mit der er im Falle seiner Gefangennahme rechnen musste.

Als politischer Flüchtling und Auswanderer in Amerika musste er nicht mehr um eine neue Verfassung kämpfen. Jetzt ging es um die Fortentwicklung einer bereits bestehenden Verfassung und um die Durchsetzung einer Politik, die seinen der gescheiterten deutschen Revolution entnommenen Prinzipien entsprach. Dies galt etwa für die Abschaffung der Sklaverei und die Reform des öffentlichen Dienstes, der den Parteibossen entrissen werden musste.

Wenn Schurz als Einzelner großen politischen Einfluß hatte, sogar jahrzehntelang amerikanischen Präsidenten ins Einzelne gehende Ratschläge für ihre Antrittsreden geben konnte, die sehr ernst genommen wurden, so lag dies – abgesehen von seinen intellektuellen Fähigkeiten, für die seine Ehrendoktorate der Universitäten Harvard, Columbia, George Washington in St. Louis, und Wisconsin sprechen mögen - an seinem Ansehen bei einem großen Teil der Wähler. Er war zum einen ein großer Redner. Sein Lebenselixier waren seine Auftritte vor vollen Sälen in den nahezu ununterbrochen stattfindenden Wahlkämpfen, übertroffen vielleicht nur noch von seinen Reden während der sechs Jahre, in denen er Senator in Washington war. Dort konnte er durch seine Eloquenz, seine Sachkenntnis und seine Schlagfertigkeit glänzen. Vor allem aber sicherte ihm die Fähigkeit, die moralischen Fragen einer bestimmten Politik aufzudecken und zu erläutern, ein fasziniertes Publikum.

Der Harvard-Professor *Kuno Francke*, der Schurz auf einer großen Wahlversammlung zugunsten Clevelands erlebt hatte, faßte seinen Eindruck in diesem Sinne zusammen: „Das war noch immer der Bonner Student von Achtundvierzig mit seinem unbesiegbaren Glauben an die Idee, der unerschrockene Verfechter moralischer Prinzipien gegenüber den Verlogenheiten des Metternich'schen Systemes; das war noch immer der kühne Befreier Kinkels, der unentmutigte Patriot des Londoner Exils. Das war aber zugleich der Mann, der diese hohen Überlieferungen seiner deutschen Vergangenheit ganz und gar in den sachlichen Dienst am amerikanischen Gemeinwesen gestellt hatte und der dadurch zu dem hervorragendsten Anwalt einer weit über selbstische Gruppeninteressen erhabenen, nationalen Reform der gesamten inneren und äußeren Politik geworden war."[276]

Ebenso wichtig war, daß er – zu Recht – als der Sprecher der deutschen Einwanderer galt, deren Wählerpotential bei knappem Wahlausgang den Ausschlag geben konnte. Zu seinen wichtigsten historischen Leistungen zählte deshalb sein Beitrag zum Wahlsieg Abraham Lincolns, eines Präsidenten, der die Einheit der Union bewahrte und das Ende der Sklavenhaltergesellschaft im Süden einleitete, der vor allem aber ein bleibendes Vorbild für die moralische Integrität eines demokratisch gewählten Staatenlenkers wurde.

Sein letzter politischer Kampf allerdings musste Carl Schurz zur großen Enttäuschung geraten. Es war sein Eintreten gegen eine imperialistische Außenpolitik, die seiner Vorstellung von amerikanischen politischen Grundsätzen widersprach. Eine große Mehrheit des amerikanischen Volkes war vom Glauben an eine gottgewollte Mission erfaßt, an einen von der Vorsehung erteilten Auftrag, die amerikanischen Ideale in der Welt zu verbreiten und durchzusetzen. Dagegen konnte ein einzelner Mahner nur vergeblich ankämpfen. Auch die deutschen Einwanderer versagten Schurz hier ihre Gefolgschaft.

Eher erfolgversprechend erschien unter diesen Umständen der Einsatz für die friedliche Beilegung internationaler Streitigkeiten durch ständige internationale Schiedsgerichte. Hier war Schurz einen weiten Weg gegangen. Wie sehr hatte er noch in seinem Züricher Exil im November 1849 den Krieg, insbesondere den Revolutionskrieg, verherrlicht, als er einem Freund schrieb: „.Ein sittliches Moment hat der Krieg von unberechenbarer Bedeutung: man lernt in dem Streben nach einem höhern Ziele mit Leichtigkeit über die Güter des Lebens und das Leben selbst hinwegsehen. ... So ist es denn der Krieg, vor allem der Revolutionskrieg, der alle im Volk schlummernde Tüchtigkeit gewaltsam aufrüttelt; er ist es, der das Volk recht eigentlich mannhaft und mächtig macht nach innen und außen, indem aus ihm der höchste Grad von Kraftbewußtsein entspringt.“[277]

Von dieser Kriegsbegeisterung des jungen Revolutionärs war schon im Sezessionskrieg nichts mehr geblieben. Im November 1862 machte er Präsident Lincoln auf „die schrecklichen Opfer“ aufmerksam, „die von den Soldaten, den Witwen und Waisen gebracht werden“, und hatte hinzugefügt: „Ich weiß nicht, ob Sie jemals ein Schlachtfeld gesehen haben. Ich versichere Ihnen, Herr Präsident, es ist ein furchtbarer Anblick."[278]

Schließlich hatte Schurz sich gegen Ende des Jahrhunderts mit der bei ihm gewohnten Intensität dafür eingesetzt, ein System der friedlichen Beilegung internationaler Konflikte zu schaffen. Doch konnte er die im neuen Jahrhundert unternommenen ersten Schritte auf diesem auch heute noch lange nicht beendeten Weg nicht mehr erleben, weder den Bau des Friedenspalastes in Den Haag, den Schurz' Freund Andrew Carnegie finanzierte, noch die Gründung des Ständigen Internationalen Gerichtshofs im Jahre 1920, der dort seinen Sitz erhielt,

Besonders in seinen letzten Lebensjahren bewegte Schurz das Verhältnis der Deutschamerikaner zu ihrer alten Heimat und die Beziehungen der Vereinigten Staaten zu Deutschland. Ein Grund hierfür mochte sein, daß er in diesen Jahren auf zahlreichen Gedenkfeiern sprach und Grabreden für die alten deutschen Freunde hielt, wie im Falle des Präsidenten des Liederkranz-Clubs und Klavierfabrikanten William Steinway oder des Generals Franz Sigel, an dessen Sarg er, von Erinnerungen überwältigt, seine Rede abbrechen musste. Ein anderer Grund war sicherlich, daß er intensiv an seiner Autobiographie arbeitete, die er allerdings nicht mehr vollenden konnte. Schurz hatte nie einen Zweifel daran gelassen, daß er sich als Amerikaner betrachtete, allerdings als Amerikaner deutscher Herkunft.

Schon seine Reden zum 50. Jahrestag der deutschen Revolution von 1848 und bei den Trauerfeiern der Deutschen in New York zu Kaiser Wilhelm I. und zu Bismarck hatten ihn zu einer intensiven Beschäftigung mit seinen eigenen Ursprüngen geführt. „Als treuer Bürger der großen amerikanischen Republik sind wir hier" – so hatte er seine Rede auf den toten Bismarck begonnen – „deren politisches Glaubensbekenntnis von Abraham Lincoln ausgedrückt wurde in den Worten 'Regierung des Volkes, für das Volk, und durch das Volk'. Wir sind weit entfernt, dieses Glaubensbekenntnis zu vergessen, wenn wir als Sprossen des deutschen Stammes uns hier versammeln, um einen Lorbeerzweig aufs Grab eines der größten Söhne des alten Vaterlandes zu legen, der andern Sinnes war." Mit Begeisterung hatte er 1871 den Zusammenschluß der deutschen Staaten zu einem einheitlichen Reich begrüßt, in einer ersten Aufwallung in St. Louis sogar eine schwarz-weiß-rote Fahne vor dem Redaktionsgebäude der „Westlichen Post" gehißt. Er hatte aber nicht vergessen, daß die Forderungen der Achtundvierziger nach freiheitlicher Demokratie immer noch nicht erfüllt waren, daß die Deutschen *„das klägliche Schauspiel boten eines Volkes, das wohl denken, dichten, träumen, wünschen und hoffen konnte, aber sich nicht zu einem großen Entschluß zu sammeln und zu entscheidender Tat aufzuraffen verstand.*" Gleichwohl: sein gern gebrauchter Vergleich des Verhältnisses der Einwanderer zur neuen und zur alten Heimat mit der Liebe eines Mannes zu seiner Braut und zu seiner Mutter erwies sich als geradezu verführerisch überzeugend: Beides sei miteinander vereinbar.

Was ihm als ein Albtraum erschien, war ein schwerer Konflikt zwischen den USA und Deutschland. Vielleicht wirkte hier seine Erinnerung an die deutsch-amerikanische Auseinandersetzung um die Kolonie Samoa fort. Wie wäre eine solche Krise zu vermeiden? Unter seinen Papieren lag ein unvollendet gebliebener Brief[279], der sich mit dieser Frage befaßte. Darin ging es - elf Jahre vor dem Eintritt der USA in den ersten Weltkrieg - um die Gefahr einer bewaffneten Auseinandersetzung zwischen den beiden Staaten. Schurz schrieb, daß er eine Entfremdung oder gar einen Krieg zwischen Deutschland und den USA für äußerst unwahrscheinlich halte. Eine solche Entwicklung sei nur vorstellbar als Folge einer krisenhaften Zuspitzung, in der eine Regierung einem plötzlichen Impuls unüberlegt nachgebe. Gerade um einer solchen Situation vorzubeugen trete er für ein System der schiedsgerichtlichen Streitbeilegung ein, ein System, das auch den Frieden zwischen Deutschland und Amerika bewahren sollte. Es ist unbekannt geblieben, an wen dieser Brief gerichtet war.

In New York erinnern heute an Carl Schurz ein „dem Freund der Freiheit und dem Verteidiger der Menschenrechte" gewidmetes Denkmal im Morningside Park an der Columbia University und auf der anderen Seite Manhattans der Carl Schurz Park mit Blick über den East River. Der zweithöchste Berg im Yellowstone Park – Mount Schurz – ist nach ihm benannt. Die beiden Kriege zwischen den USA und Deutschland haben diesen Zeichen der Erinnerung an den großen Deutschamerikaner nichts anhaben können, der in Amerika das Land der Freiheit fand und in seiner neuen Heimat nicht müde wurde, mit den Idealen der deutschen Revolution von 1848 an Ausbau und Reform einer „Regierung des Volkes, mit dem Volk, für das Volk" mitzuwirken.

Anhang

Anmerkungen

[1] dazu *F. Keßler*, S. 46 ff.
[2] *F. Keßler*, S. 52.
[3] *Graf Wolff-Metternich*, Carl Schurz und seine deutsche Heimat, in: Erkelenz/Mittelmann, S. 11 ff.
[4] vgl. *F. Keßler*, S. 56.
[5] Lebenserinnerungen I, S. 17.
[6] am 24.10.1839, F. Keßler, S. 61.
[7] *F. Keßler*, S. 68.
[8] s. *Braubach*, Carl Schurz als Bonner Student, S. 25 ff.
[9] Brief vom 27.1.1846, Lebenserinnerungen III, S. 8.
[10] Ungedrucktes aus der Jugendzeit von Karl Schurz, mit Einleitung von Julius Goebel, Deutsch-Amerikanische Geschichtsblätter, 1929 (XXIX), S 7 ff.; „Richard Wanderer", a.a.O., S. 14.
[11] *Schicketanz* S. 182.
[12] *Althaus*, Erinnerungen an Gottfried Kinkel, in: Nord und Süd, Bd. 24, Jan. 1883, S. 230.
[13] Lebenserinnerungen I, S.114.
[14] Lebenserinnerungen I, S. 114.
[15] Lebenserinnnerungen I, S. 97.
[16] *Nipperdey*, S. 600.
[17] *Nipperdey*, S. 595 f.
[18] *Nipperdey*, S. 598.
[19] *Dannehl*, S. 185.
[20] *Strodtmann*, Gottfried Kinkel II, S. 64.
[21] *Dannehl*, S. 186 f.
[22] *Frotscher/Pieroth*, Rn. 287.
[23] *Frotscher/Pieroth*, Rn. 298; *Heikaus*, Die ersten Monate der provisorischen Zentralgewalt für Deutschland [Juli bis Dezember 1848], 1997.
[24] Lebenserinnerungen I, S. 131.

[25] Lebenserinnerungen I, S. 132..
[26] *Braubach*, Bonner Professoren, S. 42.
[27] *Dannehl*, S. 150.
[28] Lebenserinnerungen, S. 32.
[29] *Dannehl*, S. 153.
[30] *Dannehl*, S. 156.
[31] *Schurz*, Studentencongreß, S. 32.
[32] *Schurz*, Studentencongreß, S. 40.
[33] abgedruckt bei *Dannehl*, S. 195 ff.
[34] *Dannehl*, S. 198.
[35] *Kaiser*, S. 13.
[36] *Kaiser*, S. 13.
[37] Lebenserinnerungen I, S.134.
[38] Lebenserinnerungen I, S.144.
[39] *Dannehl* S. 207.
[40] *Dannehl*, 292.
[41] *Dannehl*, 195, 205.
[42] Lebenserinnerungen I, S.143; *Dannehl*, S. 294.
[43] Brief an den Studienfreund Louis Lehmann (Anfang 1850), in: W. Keßler, Briefe, S. 259.
[44] *Nipperdey*, S. 625.
[45] *Braubach*, Bonner Professoren, S. 55.
[46] *Heikaus*, S. 247.
[47] in: *Braubach*, Bonner Professoren, S. 156.
[48] *Braubach*, Bonner Professoren, S. 65.
[49] *Blos*, S. 522; *Nipperdey*, S. 600..
[50] *Braubach*, Bonner Professoren, S. 188; *Dannehl*, S. 340.
[51] Lebenserinnerungen I, S. 174 ff; *Kaiser*, S. 73 f.
[52] *Braubach*, Bonner Professoren, S. 126 f.
[53] Lebenserinnerungen I, S. 197.
[54] Brief vom 21.7.1849, in: Lebenserinnerungen III, S. 45.
[55] Brief vom 23.7.1849, Lebenserinnerungen III, S. 49.
[56] Lebenserinnerungen I, S. 221 ff.

[57] Braubach, Bonner Professoren, S. 115.
[58] Lebenserinnerungen I S. 251.
[59] *Ferber*, Carl Schurz und Gottfried Kinkel nach der März-Revolution, in: Erkelenz/Mittelmann, S. 40 f.; *Bollert*, S. 496 ff.
[60] *Braubach*, S. 119. Strodtmann nahm das Lied in seine 1950 im Selbstverlag erschienene Gedichtsammlung *Lieder der Nacht* auf, dort S. VII.
[61] Lebenserinnerungen I, S. 275.
[62] Lebenserinnerungen I, S. 279.
[63] Brief an Margarete Blesing vom 8.5.1850, in: Erkelenz/Mittelmann, S. 47.
[64] *Kessel*, Briefe Schurz an Kinkel, S. 91.
[65] *Kessel*, Briefe Schurz an Kinkel, S. 26.
[66] *Kessel*, Briefe Schurz an Kinkel, S. 41.
[67] Lebenserinnerungen I, S. 390.
[68] Lebenserinnerungen I, S. 410.
[69] Lebenserinnerungen I, S. 412.
[70] Lebenserinnerungen III, S. 86.
[71] *F. Keßler*, S. 78 ff.
[72] *Trefousse*, S. 42.
[73] Brief vom 27.9.1852, in: *Kessel*, S. 109.
[74] Brief vom 20.19.1852, in: Lebenserinnerungen III, S. 96.
[75] Erinnerungen II, S. 4.
[76] *Wittke*, Press, S. 185.
[77] *Trefousse*, S. 48.
[78] Erinnerungen II, S. 12.
[79] Erinnerungen II, S. 28.
[80] Brief v. 9.10.1854, in: *Schafer*, Intimate Letters, S. 137.
[81] Erinnerungen II, S. 38.
[82] Brief vom 25.3.55, in: *Kessel*, S. 123.
[83] *Malwida von Meysenbug*, Tagebuch einer Idealistin, II, S. 77 ff.
[84] Brief v. 25.3.55, in: *Kessel*, S. 124.
[85] Lebenserinnerungen II, S. 48 f.
[86] Lebenserinnerungen II, S. 46 f.
[86] Brief vom 1. 12. 56, in: *Kessel*, S. 129.

[86] Brief vom 1.12.1856, in: *Kessel*, S. 132.
[87] Brief vom 1. 12. 56, in: *Kessel*, S. 129.
[88] Brief vom 1.12.1856, in: *Kessel*, S. 132.
[89] Berger 1996, S. 23, eingehend auch Stolz, S. 67 ff..
[90] *Wittke*, German Language Press, S. 98.
[91] *Trefousse*, S. 66.
[92] *Trefousse*, S. 313 Fn. 28.
[93] Erinnerungen III, S. 152.
[94] *Trefousse*, S. 68.
[95] *Trefousse*, S. 69.
[96] *U.S. Supreme Court* DRED SCOTT v. SANDFORD, 60 U.S. 393 (1856).
[97] *Trefousse*, S. 70.
[98] Lebenserinnerungen II, S. 77.
[99] Trefousse, S. 72.
[100] *Trefousse*, 72.
[101] *Bancroft*, Speeches I, S. 48.
[102]*Trefousse*, S. 74.
[103] *Trefousse*, S. 77.
[104] *W. Keßler*, S. 68
[105] *Bancroft*, Speeches I, S. 79 ff.
[106] *Zucker*, 48er, S. 134 ff.
[107] *Wittke*, German-American Press, S. 145.
[108] *Zucker*, 48er, S. 136 f.
[109] *Bancroft*, Speeches I, S. 122.
[110] *Trefousse*, S. 90.
[111] *Trefousse*, S. 90 f.
[112] *Thompson/Brown*, in: Zucker, 48er, S. 137 ff.; Wittke, S. 146 f.; Trefousse, S. 93 f.
[113] Trefousse, S. 94.
[114] *Bancroft*, Speeches I, S. 191.
[115] Brief an Lincoln, 12. 6. 1862, Lincoln Papers.
[116] *Bancroft*, Speeches I, S. 209.

[117] Brief vom 10.11.1862, in: *Bancroft*, Speeches I, S. 211.
[118] *Bancroft*, Speeches, S. 213.
[119] Brief vom 24.11.1862, in: *Bancroft*, Speeches, S. 219.
[120] *Bancroft*, Speeches I, S. 221.
[121] *Lonn* In: Zucker, 48er, S. 187.
[122] Lebenserinnerungen II, S. 249.
[123] Lebenserinnerungen II, S. 273.
[124] The Treason of Slavery, in: *Bancroft*, Speeches, S. 225.
[125] Brief vom 18.4.1865, Lebenserinnerungen III, S. 256.
[126] Brief vom 21.4.1865, Lebenserinnerungen III, S. 258.
[127] *Schafer*, Intimate Letters, S. 341.
[128] Schurz, Report on the Condition of the South, S. 430.
[129] Lebenserinnerungen II, S. 440.
[130] Brief an Petrasch vom 23. April 1866, in: *Schafer*, Intimate Letters, S. 361.
[131] Brief vom 10. 6. 1866, Lebenserinnerungen III, S. 276.
[132] *Trefousse*, S. 162.
[133] *Bancroft*, Speeches II, S. 377.
[134] *Bancroft*, Speeches VI, S. 319 f.
[135] *Wittke*, German-language Press, S. 96.
[136] *Wittke*, S. 8.
[137] Brief an Margarethe vom 21. 9.1867, in: *Schafer*, Intimate Letters, S. 398.
[138] Brief vom 4.9.1867, in: *Bancroft*, Speeches I, S. 418.
[139] Lebenserinnerungen II, S. 481 ff.
[140] Lebenserinnerungen II, S. 488 ff.
[141] Brief an Kinkel vom 24.2.1868, in: *Kessel*, S. 143.
[142] Brief vom 24.2.1868, in: *Kessel*, S. 142 f.
[143] *Bancroft*, Speeches I, S. 419 ff.
[144] Brief vom 29.11.1868, in: Lebenserinnerungen III, S. 325.
[145] Brief vom 10.1.1869, in: Lebenserinnerungen III, S. 329.
[146] Lebenserinnerungen II, S. 513.
[147] Brief vom 16.2.1869, Lebenserinnerungen III, S. 335
[148] Brief vom 24. 1. 69. Lebenserinnerungen III, S. 333.
[149] Brief vom 10. 3. 69, Lebenserinnerungen III, S. 336.

[150] *Helbich* u.a., S. 22, dort Fn. 22.
[151] *Trefousse*, S. 176.
[152] *van Riper*, S. 30.
[153] *van Riper*, S. 36 f.
[154] Brief vom 18.4.1869, in: *Bancroft*, Speeches I, S. 482.
[155] *van Riper*, S. 63.
[156] *van Riper*, S. 81 ff.
[157] Brief vom 20.1.1872, in: *Bancroft*, Speeches II, S. 315, 318.
[158] Brief an Margarethe vom 20.3.1869, *Schafer*, Intimate Letters, S. 475.
[159] Civil Appropriation Act, 16 U.S. Statutes 514 (1871), s. *van Riper*, S. 68.
[160] *Foner*, S. 454 ff.
[161] *Foner*, S. 496.
[162] *Trefousse*, S. 191.
[163] *Bancroft*, Speeches II, S. 177.
[164] The Need of Reform and a New Party, in: *Bancroft*, Speeches II, S. 257.
[165] Eingangsrede vom 2. Mai, in: *Bancroft*, Speeches II, S. 354.
[166] Brief an Bowles vom 11. Mai 1872, in: *Bancroft*, Speeches II, S. 369.
[167] *Bancroft*, Speeches II, S. 388.
[168] *Bancroft*, Speeches II, S. 392.
[169] *Bancroft*, Speeches. II, S. 443.
[170] *Bancroft*, Speeches II, S. 450.
[171] Münchner Neueste Nachrichten vom 6. Juli 1873.
[172] *Bancroft*, Speeches II, S. 473.
[173] Specie Resumption Act , 14 Jan. 1875.
[174] *Bancroft*, Speeches III, S. 74.
[175] *Bancroft*, Speeches III, S. 115.
[176] *Bancroft*, Speeches III, S. 157.
[177] „Honest Money", in: *Bancroft*, Speeches III, S. 161.

178 Brief an Amély Westendarp vom 21.1.1869, in: *Erkelenz/Mittelmann*, S. 223 f.
179 Grabdokument 76103; W. Keßler, S. 93.
180 Grabstelle Z 16 Nr. 191-210.
181 *Bancroft*, Speeches III, S. 240.
182 *Bancroft*, Speeches III, S. 248.
183 *Bancroft*, Speeches III, S. 252.
184 *Bancroft*, Speeches III, S. 258.
185 *Bancroft*, Speeches III, S. 290.
186 *Bancroft*, Speeches, III, S. 369.
187 *Bancroft*, Speeches III, S. 388.
188 *Bancroft*, Speeches III, S. 402.
189 *Bancroft*, Speeches III, S. 403.
190 *Bancroft*, Speeches III, S. 372.
191 *Hoogenboom*, Hayes, S. 55.
192 *Hoogenboom*, Hayes, S. 56.
193 *Hoogenboom*, Hayes, S. 219.
194 *Hoogenboom*, Hayes, S. 103 ff.
195 *Foner*, S. 582.
196 *Foner*, S. 587.
197 *Hoogenboom*, Hayes, S. 125.
198 *Hoogenboom*, Hayes, S. 110 ff., 132.
199 *Hoogenboom*, Hayes, S. 111.
200 *Hoogenboom*, Hayes, S. 103.
201 *Hoogenboom*, Hayes, S. 225.
202 *van Riper*, S. 76.
203 *Hoogenboom*, Hayes, S. 77 f.
204 U.S. Geographical Survey, 1885.
205 *Bancroft*, Speeches IV, S. 116.
206 Gesamtdarstellung des Falles im offenen Brief an den Gouverneur von Massachusetts vom 9.12.1880 in: *Bancroft*, Speeches IV, S. 50 ff.
207 Fuess, S. 264.
208 Schreiben vom 1.4.1880 an den (Philadelphia) *Telegraph*, in: *Bancroft*, Speeches III, S. 504.

[209] *Hoogenboom*, Hayes, S. 161.
[210] *Present Aspects of the Indian Problem*, Juli 1881, in: *Bancroft*, Speeches IV, S. 116, 145 f.
[211] Brief vom 15.6.1884, in: *Bancroft*, Speeches IV, S. 205.
[212] *Fuess*, S. 275.
[213] *Hoogenboom*, Hayes, 211.
[214] *Hoogenboom*, Hayes, 105.
[215] *Bancroft*, Speeches IV, S. 294.
[216] *Villard* II, S. 338.
[217] *Nevins*, S. 450 ff.
[218] *Trefousse*, S. 264.
[219] American Pediatric Society, gegründet 1888.
[220] *Trefousse*, S. 273.
[221] *Trefousse*, 257, 273.
[222] Brief vom 22. Mai 1881.
[223] *Trefousse*, S. 261.
[224] *Bancroft*, Speeches IV, S. 215.
[225] Brief vom 14.7.1884, in: *Bancroft*, Speeches IV, S. 218.
[226] Brief vom 16.7.1884, in: *Bancroft*, Speeches IV, S. 221.
[227] Brief vom 2.7.1887, in: *Bancroft*, Speeches IV, S. 479.
[228] Brief vom 9.7.1887, in: *Bancroft*, Speeches IV, S. 480.
[229] *Bancroft*, Speeches IV, S. 224 ff.
[230] *Bancroft*, Speeches IV, S. 267.
[231] *Bancroft*, Speeches IV, S. 286.
[232] vom 10.12.1884 und vom 3.1.1885, in: *Bancroft*, Speeches IV, S.297, 305.
[233] *Bancroft*, Speeches IV, S. 354.
[234] *Bancroft*, Speeches IV, S. 470.
[235] Brief vom 3.2.1887, *Bancroft*, Speeches IV, S. 474.
[236] *Bancroft*, Speeches IV, S. 495.
[237] New York Times, 1. Mai 1888.
[238] New York Times, 6. Mai 1888
[239] New York Times, 25.11.1888.

[240] New York Times, 2. Dezember 1888.
[241] *Bancroft*, Speeches IV, S. 510.
[242] *Bancroft*, Speeches V, S. 232.
[243] *Bancroft*, Speeches V, S. 87.
[244] *Bancroft*, Speeches V, S. 181.
[245] *Bancroft*, Speeches V, S. 342, 362.
[246] *Bancroft*, Speeches V, S. 342, 345.
[247] *Young*, William McKinley, in: Beschloss, S. 291.
[248] *Bancroft*, Speeches V, S. 276.
[249] *Bancroft*, Speeches VI, S. 272.
[250] van Riper, S. 172.
[251] *Bancroft*, Speeches VI, S. 122.
[252] *Bancroft*, Speeches V, S. 400.
[253] *Bancroft*, Speeches V, S. 455.
[254] *Bancroft*, Speeches V, S. 485.
[255] *Bancroft*, Speeches V, S. 512.
[256] *Bancroft*, Speeches V, S. 513.
[257] *Bancroft*, Speeches V, S. 518.
[258] Zimmermann, S. 330.
[259] *Bancroft*, Speeches V, S. 531.
[260] *Bancroft*, Speeches VI, S. 1.
[261] *Bancroft*, Speeches VI, S. 48.
[262] *Bancroft*, Speeches VI, S. 77.
[263] *Bancroft*, Speeches VI, S. 150.
[264] *Bancroft*, Speeches VI, S. 215.
[265] New York Times vom 24. 9.1902.
[266] Text New York Times, 28. Juli 1902; 24. Sept. 1902.
[267] Brief vom 2.8.1902, in: *Bancroft*, Speeches IV, S. 295.
[268] s. *Zimmermann*, S. 394.
[269] *Bancroft*, Speeches VI, S. 351.
[270] *Bancroft*, Speeches VI, S. 359, 394.
[271] *Bancroft*, Speeches VI, S. 400.
[272] *Bancroft*, Speeches V, S. 260.
[273] *Bancroft*, Speeches VI, S. 431.
[274] Brief vom 8.9.1905, in: *Bancroft*, Speeches VI, S. 435.

[275] Brief vom 14.9.1905, in *Bancroft*, Speeches VI, S. 436.
[276] *Francke*, in: Erkelenz/Mittelmann, S. 243.
[277] *F. Keßler*, Briefe, S. 250 f.
[278] *Bancroft*, Speeches I, S. 213
[279279] *Bancroft*, Speeches VI, S. 444.

Carl Schurz: Schriften, Reden, Briefe

-- , Lebenserinnerungen, Berlin, Band 1 1906, Band 2 1907, Band 3 (Briefe und Lebensabriß) 1912

--, The Reminiscences of Carl Schurz, 3 Bände, New York 1907/1908; in Band 3: Sketch of Carl Schurz's Political Career, 1869-1906 by Frederic Bancroft and William A. Dunning

-- , Richard Wanderer. Ein episch-lyrisches Gedicht, Deutsch-Amerikanische Geschichtsblätter 29 (1929), S. 14 ff.

-- , Der Studentencongreß zu Eisenach am 25. September 1848, seine Bedeutung und seine Resultate, Bonn 1848

--, The True Problem, The Atlantic Monthly, 19 (1867), S. 371 ff.

--, Report On The Condition Of The South, 1865, Reprint Whitefish o.J.

--, Henry Clay, 2 Bände, 1887

--, Abraham Lincoln, Atlantic Monthly 67 (1891), S. 721 ff.

--, Rede auf Bismarck. Gehalten bei der Trauerfeier in New York am 18. Oktober 1898, Deutsch-Amerikanische Geschichtsblätter 29 (1929), S. 137 ff.

-- , Briefe an Fanny Chapman, Handschriftenabteilung der Universitätsbibliothek Münster

Bancroft, Frederic (Hrsg.), Speeches, Correspondence and Political Papers of Carl Schurz, 6 Bände, New York 1913

Schafer, Joseph (Hrsg.), Intimate Letters of Carl Schurz 1841-1869, Madison 1928

Kessel, Eberhard, Die Briefe von Carl Schurz an Gottfried Kinkel, Heidelberg 1965

Keßler, Walter, „...ich liefere Dir nur den Commentar" – 15 bisher unbekannte Briefe von Carl Schurz, Zeitschrift für die Geschichte des Oberrheins 135 (1987), S. 217 ff.

Literatur

Adams, Charles Francis, Jr., Charles Francis Adams. An Autobiography, New York 1916, Neuauflage 1968

Althaus, Erinnerungen an Gottfried Kinkel, Nord und Süd 24 (Feb. 1883), S. 227 ff.; 25 (April 1883), S. 55 ff.

Berger, Manfred, Frauen in der Geschichte des Kindergartens: Margaretha Schurz, http://www.kindergartenpaedagogik.de/399.html

Bollert, Martin, Kinkel vor dem Kriegsgericht, Preußische Jahrbücher 155 (1914), S. 488 ff.

Bowers, Claude, The Tragic Era: The Revolution after Lincoln, Cambridge, Mass., 1929

Braubach, Max, Bonner Professoren und Studenten in den Revolutionsjahren 1848/49, Köln 1967

Braubach, Max, Carl Schurz als Bonner Student, in: Erkelenz/Mittelmann (s. unten), S. 25 ff.

Brown, Dee, Begrabt mein Herz an der Biegung des Flusses, Augsburg 2003

Burgess, J.W., Carl Schurz und Abraham Lincoln, in: Erkelenz/Mittelmann (s. unten), S. 137 ff.

Dannehl, Otto, Carl Schurz. Ein deutscher Kämpfer, Berlin 1929

Deloria, Vine/Lytle Clifford, American Indians, American Justice, Austin 1983

Donner, Barbara, Carl Schurz the Diplomat, Wisconsin Magazine of History 20 (1937), S. 291 ff.

Draeger, Marianne/Draeger, Otto, Die Carl Schurz Story, Vom deutschen Revolutionär zum amerikanischen Patrioten, Berlin 2006

Easum, Chester Verne, The Americanization of Carl Schurz, Chicago 1929

Erkelenz, Anton/ Mittelmann, Fritz, Carl Schurz. Der Deutsche und der Amerikaner, Berlin 1929

Faust, Albert, The German Element in the United States, Boston 1909

Ferber Gertrud, Carl Schurz und Gottfried Kinkel nach der Märzrevolution. Aus Geheimakten, Pressenachrichten und alten Briefen, in: Erkelenz/Mittelmann (s. oben), S. 38 ff.

Foner, Eric, Reconstruction. America's Unfinished Revolution 1863-1877, New York 2002

Francke, Kuno, Carl Schurz und das Germanische Museum der Harvard-Universität, in: Erkelenz/Mittelmann (s. oben), S. 243 ff.

Freitag, Sabine (Hrsg.), Die 48er. Lebensbilder aus der deutschen Revolution 1848/49, München 1998

Frotscher, Werner/Pieroth, Bodo, Verfassungsgeschichte, 5. Auflage München 2005

Fuess, Claude, Carl Schurz. Reformer (1829-1906), New York 1932

Goebel, Julius, Karl Schurz als Deutsch-Amerikaner, Deutsch-Amerikanische Geschichtsblätter 29 (1929), S. 102 ff.

Heikaus, Ralf, Die ersten Monate der provisorischen Zentralgewalt für Deutschland. Juli bis Dezember 1848, 1997

Helbich, Wolfgang/Kamphoefner, Walter/ Sommer, Ulrike, Briefe aus Amerika. Deutsche Auswanderer schreiben aus der Neuen Welt 1830-1930, München 1988

Heynen, Walter, Kinkels Flucht. Eine Schurz-Nachlese auf Grund der Akten, Preußische Jahrbücher 236 (1934), S. 162 ff.

Hoogenboom, Ari, Outlawing the Spoils: A History of the Civil Service Reform Movement, 1865-1883, 1961

--, The Presidency of Rutherford B. Hayes, Kansas 1988

Jackson, Helen, A Century of Dishonor, New York 2. Auflage 1985, Neuauflage Norman 1995

Jenkins, Elizabeth, How the Kindergarten Found Its Way to America, Wisconsin Magazine of History 14 (1930), S. 48 ff.

Kaiser, Renate, Die politischen Strömungen in den Kreisen Bonn und Rheinbach 1848-1878, Bonn 1963

Keßler, Fritz, Ein Leben für und mit Carl Schurz. Christian Schurz und seine Familie, Bonner Geschichtsblätter 1980, S. 46 ff.

Keßler, Walter, Carl Schurz. Kampf, Exil und Karriere, Köln 2006

Kimminich, Otto, Deutsche Verfassungsgeschichte, 2. Auflage Baden-Baden 1987

Kinkel, Gottfried, Otto der Schütz, 67. Auflage, Stuttgart 1888

Kinkel, Johanna, Hans Ibeles in London, 1860, Nachdruck Frankfurt 1991

Klaus, Monica, Johanna Kinkel. Romantik und Revolution, Köln 2008

--, Liebe treue Johanna! Liebster Gottit!. Der Briefwechsel zwischen Gottfried u. Johanna Kinkel 1840-1858, 3 Bde 2008

Kunze, Michael, Der Freiheit eine Gasse. Traum und Leben eines deutschen Revolutionärs, München 1990

Lamb, Brian, Booknotes. Stories from American History, New York 2001

Lodge, Henry Cabot, Selections from the Correspondence of Theodore Roosevelt and Henry Cabot Lodge 1884-1918, 2 Bände, New York 1925

Lonn, Ella, The Forty-Eighters in the Civil War, in: Zucker A. E. (s. unten), S. 182 ff.

Meysenbug, Malwida von, Memoiren einer Idealistin, 3 Bände, 10. Auflage Berlin 1906

Miller, Daniel, Early German American Newspapers, Lancaster 1911

Monroe, Marie Jussen, Biographical Sketch of Edmund Jussen, Wisconsin Magazine of History 12 (1928), 146 ff.

Morgan, Bayard, Carl Schurz, in: Zucker A. E. (s. unten), S. 221 ff.

N.N., The Story of the Ponca, www.nebraskastudies.org/0600/stories/0601_0101.html

Neininger, Albert, Rastatt. Als Residenz, Garnison, Festung. Rastatt 1961

Nevins, Allan, The Evening Post. A Century of Journalism, New York 1922, Neuauflage 1968

Nipperdey, Thomas, Deutsche Geschichte 1800-1866. Bürgerwelt und starker Staat, München 1994

Olson, Audrey, St. Louis Germans, 1850-1920: St. Louis Germans, 1850-1920: the nature of an immigrant community and its relation to the assimilation process, New York 1980

Osterhammel, Jürgen, Sklaverei und die Zivilisation des Westens, München 2000

Paine, Albert, Th. Nast: His Period and His Pictures, New York 1904

Reinhardt, Stefan, Die Darstellung der Revolution von 1848/49 in den Lebenserinnerungen von Carl Schurz und Otto von Corvin, Frankfurt/Main 1999

Riper, Paul van, History of the United States Civil Service, 1958

Ross, Earle, The Liberal Republican Movement, New York 1910, Neuauflage 1970

Sautter, Udo, Geschichte der Vereinigten Staaten von Amerika, 4. Auflage Stuttgart 1991

Schafer, Joseph, Carl Schurz. Militant Liberal, Evansville, Wisconsin 1930

Schicketanz, Frank, The „Lebenserinnerungen“ of Carl Schurz: A Critical Reading, Konstanz 1987

Schmidt, Klaus, Gerechtigkeit – das Brot des Volkes. Johanna und Gottfried Kinkel, Stuttgart 1996.

Schumacher, Hermann, Carl Schurz, in: Erkelenz/Mittelmann (s. oben), S. 78 ff.

Seitz, Don, Joseph Pulitzer: His Life and Letters, New York 1924

Stadelmann, Rudolf, Soziale und politische Geschichte der Revolution von 1848, Darmstadt 1962

Stampp, Kenneth, America in 1857. A Nation on the Brink, Oxford 1990

Stolz, Gerd, Das Leben der Margarethe Meyer Schurz. Wegbereiterin des Kindergartens in den USA, Husum 2007

Strodtmann, Adolph, Lieder der Nacht, Bonn 1850

-- , Gottfried Kinkel – Wahrheit ohne Dichtung, 2 Bände, Hamburg 1851

Tagg, Larry, The Generals of Gettysburg: The Leaders of America's Greatest Battle, http://www.rocemabra.com/~roger/tagg/generals/index.html

Thompson, Lawrence/Braun Frank, The Forty-Eighters in Politics, in: Zucker A. E. (s.unten), S. 111 ff.

Trefousse, Hans, Carl Schurz, 2. Auflage New York 1998

Twain, Mark, Carl Schurz, Pilot, Harper's Weekly (May 26, 1906)

Valentin, Veit, Geschichte der deutschen Revolution, 2 Bände Weinheim 1998

Villard, Henry, Memoirs of Henry Villard, Journalist and Financier, 1835-1900, 2 vol., Westminster 1904

Wallman, Charles, The German Speaking Forty-Eighters, Builders of Watertown, Wisconsin, 3. Auflage Madison 1999

Wersich, Rüdiger (Hrsg.), Carl Schurz: Revolutionär und Staatsmann. Sein Leben in Selbstzeugnissen, Bildern und Dokumenten, München 1979

Whyte, William, Chronicle of Early Watertown, Wisconsin Magazine of History, 4 (1921), S. 287

Wiggers, Moritz, Gottfried Kinkels Befreiung, Die Gartenlaube 1863, S. 104 ff; 120 ff; 134 ff.; 152 ff.

Winkler, Heinrich August, Der lange Weg nach Westen, 2 Bände, 5. Auflage München 2002

Wittke, Carl, Carl Schurz and Rutherford B. Hayes, Ohio Historical Quarterly 65 (1956), S. 337 ff.

--, The German Language Press in America, Lexington 1957

Wolff-Metternich, Dr. Graf, Carl Schurz und seine deutsche Heimat, in: Erkelenz/Mittelmann, S. 11 ff.

Wright, Benjamin (ed.), The Federalist, by Alexander Hamilton, James Madison, John Jay, New York 2004

Zimmermann, Warren, First Great Triumph. How Five Americans Made Their Country a World Power, N.Y. 2002

Zucker A.E. (ed.), The Forty-Eighters. Political Refugees of the German Revolution of 1848 , New York 1950

Bildnachweis

AKG Images: S. 328
Denver Public Library: S. 294;
HarpWeek: S. 257
Library of Congress: S. 356
Ullstein Bild: S. 280, 281
Watertown Historical Society: S. 253
Wisconsin Historical Society: S. 143,
Schafer, Intimate Letters (1928): 139
Schurz, Reminiscences I (1907/08): S. 35, 101, 113,

23562674R00228

Printed in Poland
by Amazon Fulfillment
Poland Sp. z o.o., Wrocław